向北航行

——北航云课堂

邓怡◎主编

北京航空航天大学出版社
BEIHANG UNIVERSITY PRESS

内 容 简 介

本书共分 9 章，分别介绍北京航空航天大学的试点示范学院，包括信息类、航空航天类、理科类、社会科学类、提前招生类，涵盖北京航空航天大学所有本科招生学院。每个学院版块由学院整体情况介绍和北京航空航天大学云课堂专业介绍组成。其中，云课堂专业介绍部分邀请各学院院长或学科专业领头人执笔，并附有视频讲座资料，以多种形式方便同学们在不同场景下学习和使用。

本书旨在从多维度详细介绍北京航空航天大学的各个学院，便于高一、高二的同学了解专业、设立奋斗目标；另外，本书也可作为高考后填报志愿和大一同学选择专业时的参考资料。

图书在版编目（CIP）数据

向北航行：北航云课堂 / 邓怡主编 . -- 北京：北京航空航天大学出版社，2021.3

ISBN 978-7-5124-3458-5

Ⅰ . ①向… Ⅱ . ①邓… Ⅲ . ①高等学校—教学研究—北京—文集 Ⅳ . ① G642.0-53

中国版本图书馆 CIP 数据核字（2021）第 039441 号

向北航行——北航云课堂

主编 邓 怡

策划编辑 周世婷 蔡 喆 责任编辑 张 凌

*

北京航空航天大学出版社出版发行

北京市海淀区学院路 37 号 (邮编 100191) http：//www.buaapress.com.cn

发行部电话：（010）82317024 传真：（010）82328026

读者信箱：goodtextbook@126.com 邮购电话：（010）82316936

艺堂印刷（天津）有限公司印装 各地书店经销

*

开本：710 × 1 000 1/16 印张：28 字数：514 千字

2021 年 4 月第 1 版 2021 年 4 月第 1 次印刷

ISBN 978-7-5124-3458-5 定价：168.00 元

若本书有倒页、脱页、缺页等印装质量问题，请与本社发行部联系调换。联系电话：010-82317024

编　委　会

前　言

“人生的道路虽然漫长，但紧要处常常只有几步，特别是当人年轻的时候。”① 专业选择是我们在年轻时做出的最重要的选择之一，它关系到一个人十几到二十岁时主要的时间、精力与专注力的投入方向，牵涉到一个人未来职业发展方向的选择范围。因此，专业选择不容马虎，一定要认真对待，多方面搜集信息，了解专业的实际情况和自己的真实需要，慎重做出选择。

本书共分 9 章，分别介绍北京航空航天大学（简称北航）的试点示范学院，包括信息类、航空航天类、理科类、社会科学类、提前招生类，涵盖北京航空航天大学所有本科招生学院。每个学院版块由学院整体情况介绍和北京航空航天大学云课堂专业介绍组成。其中，云课堂专业介绍部分邀请各学院院长或学科专业领头人执笔，并附有视频讲座资料（扫描专业介绍最后的二维码即可观看），以多种形式方便同学们在不同场景下学习和使用。

本书旨在从多维度详细介绍北京航空航天大学的各个学院，便于高一、高二同学了解专业、设立奋斗目标；另外，本书也可作为高考后填报志愿和大一同学选择专业时的参考资料。

本书由北京航空航天大学招生就业处邓怡主编。在本书的编写过程中，得到了北京航空航天大学各本科招生学院和各学科主讲老师的大力支持，在此一并表示感谢。希望本书能对高中和大一的同学们初识专业、了解专业、选择专业提供帮助。

编　者

2020 年 11 月

① 出自《创业史》。《创业史》是一部反映农业合作化运动的史诗式巨著，在我国当代文学史上占有突出的地位。原文：人生的道路虽然漫长，但紧要处常常只有几步，特别是当人年轻的时候。没有一个人的生活道路是笔直的，没有岔道的，有些岔道口譬如政治上的岔道口，个人生活上的岔道口，你走错一步，可以影响人生的一个时期，也可以影响人生。

目　录

1 理科试验班类（高等理工学院）

高等理工学院（沈元荣誉学院）

学院介绍

学院概览

高等理工学院创办于2002年9月，原名“高等工程学院”（简称高工）。2016年11月，以我国航空航天高等教育事业开拓者——著名空气动力学家、北航名誉校长、中国科学院资深院士沈元先生的名字，冠名为“沈元荣誉学院”。

作为北航的荣誉学院，高等理工学院是学校最早成立的高素质人才培养基地和教育改革试验基地，是教育部“基础学科拔尖学生培养计划”（简称“拔尖计划”）的承载学院。建院以来，学院始终坚持“强化基础、突出实践、重在素质、面向创新”的教育方针，汇聚国内外一流师资和优质资源，将“导师制、小班化、个性化、国际化”贯穿荣誉教育全过程，全面实施“书院制”育人，在本科生和博士生培养方面推行了一系列卓有成效的改革，开创了一条符合人才成长规律、适应创新人才发展的拔尖人才培养道路，形成了“志存高远、胸怀天下、严谨求实、自由开放”的特色文化，培育了一大批具有远大理想、高尚情怀、国际化视野和一流竞争力的创造型人才和学术领军人才，打造了北航高素质领军领导人才培养的“第一品牌”，赢得了教育界的广泛关注和良好的社会声誉。

本科专业及培养体系

学院本科生培养坚持“通专融合、书院育人、动态管理、分类卓越”的理念模式，开设以数理基础、通识教育为主体的荣誉课程，实施差异化、个性化的培养方案和学业导师、发展导师的“双导师制”，推行思想思辨自觉化、社会公益常态化、创新培养全程化、自我管理立体化的“四化育人”，培养学生爱党爱国、立志远大、全面发展、成人成才。

学院面向全校各理工类专业，培养学制为四年。低年级实施优质的理科基础教育和通识教育，引导学生基于学习能力与兴趣志愿完成专业选择、开启专业探索；高年级开展专业学习，组织开展创新实践、社会实践、专业实习和国际交流，促进学生创新能力培养和国际化视野提升。

本科毕业时完成荣誉教育培养的学生，将获得学校颁发的“北航荣誉教育”经历证书。

学院近年来与美、加、法、英等国的 15 所世界顶尖高校及研究机构建立了深度合作，形式覆盖国际课程、假期学校、科研实习、联合学位等多种类型。本科生近三年在学期间国际化经历比例超过 55%，历届毕业生升学率达 95%，其中约 60% 在北航深造，5% 到国内其他一流大学学习，30% 进入国外一流大学。

（以下部分为高等理工学院宣传片《定义》内容，该视频以在校学生和老师讲述的方式带你走进高等理工学院）

大学将是一个怎样的世界，在最好的青春岁月，我们将如何成为更好的自己？

初到高工，我们都有着学霸的标签，而在标签之下，则是我们即将定义的青春。

这里的学生才华出众，勤勉好学。“人才”二字，在于德才兼备、知行合一，在于已识乾坤大、犹怜草木青。

浩瀚星海是梦想的坐标，更是前行的方向。我们在这里弘扬空天报国、敢为人先的北航精神，攀登科学高峰，追逐人生的诗和远方。

人才成长需要厚植培养沃土，在高工，我们打造全新的荣誉教育生态，构建拔尖人才培养体系，实行“一制三化”，注重学科交叉，推行本博贯通，全面实施书院制育人，培养具有远大理想、高尚情怀、国际化视野和一流竞争力的创新人才。

我们的课程体系和培养方案，由全校一流的导师团队量身打造。从此，“基础”二字不再只是知识的堆砌，而是跨学科思维下的格物致知。

拥有最大的专业选择自主权，是我来到高工的原因。在这里，学习严密的公式推导、主流的编程语言，尝试复杂的电路设计、精巧的航模制作，聆听大师的高谈阔论，感受科研的精妙神奇，我也找到了志趣所在，开启了探索宇宙的第一步。

在确定专业方向后，我们每个本科生都能从全校的知名教授中自主选择学业导师，对别人来说，导师或许会让人联想到难写的论文、难做的毕设，但于我而言，导师意味着精准透彻的 idea、可以交心的挚友，是本科四年最熟悉温暖的指路明灯。

学院的博士生学长学姐会担任本科生的发展导师，无论是专业选择、科技实践还是未来规划，针对不同的问题，他们总能给我们清晰的指导和帮助。有了他们的悉心关怀，未来的大学生活，我们无惧挑战。

作为高工的博士生，我享有更多对话学术大师、接触领域前沿的机会。学院的荣誉奖学金支持我开展科技探索和国际交流，我们的研究从基础到前沿，脚步从这里走向世界。

在高工，不同的学科背景常常碰撞出新奇的火花。学科交叉为自由发展折射无限可能，将仿生方法用于开发智能机器人，用量子理论研究三维图像处理，突破界限，感知与创造的惊喜无处不在。

在这里，每个同学都有独特的打开方式，每个奇思妙想都能得到认可和支持。作为首个与德国 FESTO 合作的亚洲团队成员，我参与研发的仿生机器人亮相全球最大的汉诺威工业展，我的同学用 MATLAB 调试智能循迹小车，用板材组装贴地式飞行器，每个人都在自己热爱的领域自由探索、创造。

爱造梦的高工人有脚踏实地的严谨，也有仰望星空的浪漫，各类文体活动是学术以外的另一抹亮色，热爱学习的我们，也在这里更加热爱生活。

志存高远，胸怀天下，不仅要读万卷书，更要行万里路。学院与世界名校的交流合作，让我们有更多机会与世界对话。学问凌峰，目光致远，中国情怀，国际素养，是高工人共同的成长目标。

在这里，博学慎思，明辨笃行。

在这里，定义世界，定义自己。

在这里，以梦为马，不负韶华。

2021 年高等理工学院将踏上新的旅程，华丽转型升级，成为理工科拔尖创新人才培养“国家队”。最新消息敬请关注北航招生微信公众号相关推送。

马齐爽

高等理工学院建设和本科人才培养

大家好，我是北航高等理工学院常务副院长马齐爽。下面我来介绍一下高等理工学院的情况，主要包括两部分，分别是学院建设情况和本科人才培养情况。

学院建设情况：

高等理工学院成立于2002年9月，是北航首个拔尖创新人才培养试点学院，成立之初的定位是北航高素质人才培养基地和教育改革试验基地（“两地”定位），当时的名称叫高等工程学院。

学院自成立以来获得了快速的发展：

2006年成立了高等理工学院博士生班；

2009年获批北京市人才培养模式创新试验区；

2011年获批教育部基础学科拔尖学生培养试验计划（简称“拔尖计划”）；

2015年成功转型，确立了“两院两地”发展定位，即教育部“拔尖计划”承载学院、北航荣誉学院和北航未来学术领军人才培养基地和北航本科书院制教育试验基地，招生人数由每年50人左右达到现在的每年200人左右；

2016年更名为高等理工学院，并冠名沈元荣誉学院。

高等理工学院自建院之初，就以为国家培养具有远大理想、高尚情怀、国际化视野和一流竞争力的创造型人才和学术领军人才为目标，并在办学过程中逐渐明确了指导思想，分别是：

① 注重顶层设计。学院在2015年成功转型的基础上明确为理工结合的荣誉学院，并统筹全校各类理工类试验班建设。

② 坚持荣誉导向。搭建荣誉教育平台、促进优势资源汇聚，推行荣誉教育制度、促进优势资源共享，发挥荣誉激励作用、促进拔尖学生成长成才。

③ 加强机制探索。建立开放式的荣誉教育体系，打造优质的精英教育环境，全方位服务于人才培养目标。

本科人才培养情况：

在本科人才培养方面，首先我们建立了荣誉教育管理体系，这个结构图包括一个大圈加三个小圈，如下图所示。大圈是荣誉教育工作委员会，是学校层面的，主要制定大政方针，包括确定首席教授人选。三个小圈分别是：教学工作指导委员会，负责日常的培养方案制定、培养质量监督等；书院工作指导委员会，负责实行全方位的书院管理；基础学科拔尖学生培养工作领导小组，由教务处牵头，负责教学研究以及教学成果推广。

根据教育部的总体安排，拔尖计划 1.0 包含数学、物理、生物、化学、计算机五个专业，为此我们成立了荣誉教育联盟，成员单位包括数学科学学院、物理学院、化学学院、生物与医学工程学院、计算机学院和高等理工学院，联盟的主要作用就是对标拔尖计划的人才培养目标，为所有的学生夯实理论基础提供高质量教育平台。

我们在招生上采取两种方式，以高考直录为主，同时还有一部分通过二次选拔进入高等理工学院。学院近五年的招生情况如下图所示，我们可以看到学院每年的招生规模在 200~300 人之间，这个规模符合我们对于荣誉教育或者精英教育人数的比例界定，占北航每年本科新生总人数的比例不到 10%。

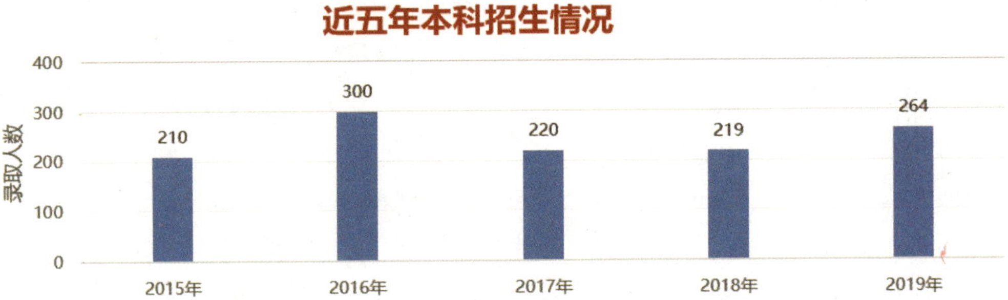

学院的人才培养模式主要有五个特点，分别为：

① 一入多出，即理科入口，理工科出口；

② 荣誉导向，即推行荣誉教育，学生有进有出，双向流动；

③ 资源汇聚，即把学校优势资源汇聚到一起，为学生提供良好的教育环境；

④ 国际融合，即依托校、院两级国际化平台，为学生国际化培养提供有力支持；

⑤ 书院管理，即实施全方位、四年制的书院统一管理。

与人才培养模式相匹配，我们为每个学生定制个性化培养方案。下面按照顺序来介绍：

第一学年是进行基础教育和通识教育，在第一学年的暑假开办至少 6 周的暑假学校，为下一步的专业学习提供支持；

第二学年根据学生的能力和意愿选择物理、化学、生物、计算机等拔尖计划专业并实施单独的培养方案，或者选择其他各类工科专业，实施注重学科交叉融合能力的培养方案；

第三学年就是加强专业学习，同时开展游学经历计划，鼓励学生分批分类地赴国际一流大学交流学习；

第四学年学生完成本科专业学习，并根据培养方案完成毕业要求，分别实施博士预备期计划和出国预备期计划，并开始相关学习和准备。

总的来说，在学院的四年大致就是这样安排的，并在培养过程中根据学生发展意愿进行差异化分类培养，主要分成三个层次：第一是基础培养标准，也就是初级标准，只要满足培养方案下限要求就可以顺利毕业；第二是学术深造培养标准，即以攻读博士为培养出口，需要多修数理基础课程和核心专业课程，为学术深造建立扎实的理论功底和充足的知识储备；第三是国际成才培养标准，即以学生出国留学为培养出口，需要提高外语水平和跨文化交流能力，为国际化求学发展奠定基础。

高等理工学院在人才培养方面的另一重要举措就是建立了荣誉课程体系，主要包括基础课程、通识课程和专业课程。其中基础课程共计 66 学分，包括数学与自然科学类 15 门课程 63 学分、工程技术类 3 学分；通识课程共计 34 学分，与全校学生一致；专业课程要求是在 60 学分左右，学院不规定学生的具体课程，学生只需要在相应的课程集中选择。此外，学院还定制了精品的荣誉课程，主要包括数学分析、高等代数、基础物理学、基础化学、基础生命科学、数学建模、概率统计等，而且这些课程全部按照理科要求来学习。对于外语，只作为必要的考察环节，不作为必修课程，只要学生通过大学生四、六级英语考试或者雅思、GRE、托福等，就可以满足考查要求。

我们学院非常重视国际化办学，国际交流非常广泛，学生参与国际交流的比例在全校名列前茅。目前学院主要有四类国际化平台：第一类是暑期学校，主要包括英国剑桥学术文化交流营、美国 ASU 寒假学校和法国巴黎暑期学校等；第二类是科研实习，学院与包括美国哈佛大学、UT Austin、UCSD、理海大学，英国 UCL、爱丁堡大学，加拿大蒙特利尔大学，法国 INRIA 等著名高校和科研院所建立了合作关系；第三类是与英国爱丁堡大学建立了联合学位项目；第四类是学期交换，学校的远航计划有一系列项目可供学生选择。

上面已经简要介绍了高等理工学院的培养过程。下面我就学院的主要育人特色进行介绍，主要包括暑期预备学校、大一暑期学校、可进可出动态管理、分专业方法、学业导师制、本博贯通培养（凌峰计划）、国际发展支持（致远计划）、书院制全人教育 8 个方面。

① 暑期预备学校。所有被高等理工学院录取的新生须提前一周左右到校报到，参加“暑期预备学校”，进行深度入学教育，为学生积极投入大学四年学习生活预热。

② 大一暑期学校。将第一学年结束的暑期作为第三学期，学院将开办不少于 6 周的暑期学校，学生进行相关专业基础课程学习和训练，为全面开始专业学习提供支持。

③ 可进可出动态管理。这也就是大家最关注的荣誉教育，我们的培养实行可进可出、动态管理，从进口来说，包括高考直接录取和二次选拔；从出口来说，主要包括退出荣誉教育和转出学院，受到两次学业预警的学生需要退出荣誉教育转为普通专业培养模式，但留在书院、学籍不变，转专业退出高等理工学院就按照学校教务处规定办理。

④ 分专业方法。学生入读高等理工学院之后，第一年采用通识教育，同时为了帮助学生在一学年之后选择自己热爱并适合的专业，我们设置了一门课程叫学业指导研讨课。这门课就是利用整整一年时间，邀请不同学院、不同领域、不同专业的专家教授对北航各学院的专业特色、人才培养、科学研究等情况做介绍，带领学生逐渐深入认识他想要选择的专业。最后在第一学年结束的时候，学生根据自己的志向和能力选择专业，每个专业原则上也有名额上限的限制。同学们最为关心的可能就是，如果选不到自己喜欢的专业怎么办？参照往年专业选择结果来看，这种情况

出现的概率非常低，万一出现，学生也可以选择退出荣誉教育实现专业任选，当然这属于极特殊的情况。

⑤ 学业导师制。经过多年的办学探索与不断优化，高等理工学院的“一制三化”培养模式持续完善，这里的“一制”就是指导师制，导师制在学院已经成功实施了 17 年，效果非常好。具体来说，就是学院为每个本科生配备一个高水平的专业指导教师，每个导师接受学生人数的上限是 5 人。导师的主要作用是指导专业学习和科研实践；同时，导师也可以为这些学生开设专业研讨班，加强学生的专业教育和科学素养。

⑥ 本博贯通培养（凌峰计划）。学院在 2006 年就成立了博士生班，也就是我们常说的高博班，高博班的目标就是培养更高素质、更高层次的人才。为了更好地完善本博衔接、强化精英教育，我们提出了“凌峰计划”。该计划允许优秀本科生提前开展毕业设计工作，同时，在大四学年可以修习高博班课程，提前进入博士阶段培养。当然，为了促进本博贯通式的人才培养，我们还有更大力度的奖励资助和政策支持。

⑦ 国际发展支持（致远计划）。高等理工学院的国际化办学水平是非常高的，在全校名列前茅。我们立志于让每个学生在大学四年期间都有海外高校学习或者交流的经历，具体举措包括四个层面：一是为有志于国际化发展的优秀学生提供充分支持和帮助，开展出国咨询和相关能力的培训；二是实施了包括“起点”“风帆”“基石”“阶梯”“灯塔”五个子计划在内的国际发展支持计划；三是在国际化平台方面，学院拥有全英文课程、海外暑期学校、科研实习、学期交换、联合学位等各类国际化项目；四是学院设立了“高等理工学院学生短期出国访学基金”，该项目为参与国际交流的学生提供全额或者部分的资助。

⑧ 书院制全人教育。书院制是学院最大的育人特色之一，从 2002 年建院开始就为学生打造书院制的原生培养环境，而且是目前北航唯一一个实施全人书院制和本科四年全阶段书院制的学院。书院制教育有很多特色，主要负责学生的日常管理和服务，目标是通过开展全人教育，实现对学生精神的培育和人格的塑造。

讲到这里，大家可能也很关心我们的生源质量。总的来说，作为北航的荣誉学院，多年来我们一直是北航高考录取的最高分，也是高中生报考北航填报志愿时的首选目标，一大批优秀学生汇聚在荣誉学院。我提供一组简单的数据：2019 年我们学院招收了 264 人，拔尖率达到 20%，远远超过其他专业的招生。2020 年学院的在校生人数达到了 1031 人，根据发展预期，我们学院的本科生规模后续将稳定在 1000 人左右。

下表列出了我们的一部分育人成果，主要是本科生近三年来的获奖情况，有数学建模竞赛、力学竞赛、物理竞赛、程序设计竞赛和科技作品竞赛等，可以说我们还是取得了不错的成绩。

育人成果：获奖情况（近三年部分）

竞赛名称	获奖情况
美国大学生数学建模竞赛	特等提名奖：2 队 4 人
	一等奖：14 队 42 人次
	二等奖：14 队 38 人次
全国大学生数学建模竞赛	一等奖：5 队 15 人次
	二等奖：13 队 39 人次
全国大学生数学竞赛（非数学组）	一等奖：7 人
	二等奖：1 人
全国大学生英语竞赛	特等奖：2 人
	一等奖：6 人
	二等奖：18 人
全国周培源大学生力学竞赛	特等奖：1 人
	一等奖：1 人
	二等奖：2 人
全国部分地区大学生物理竞赛	一等奖：13 人
	二等奖：11 人
全国大学生挑战杯科技作品竞赛	一等奖：1 项
ACM 国际大学生程序设计竞赛	银牌：2 人

本科毕业去向我想大家也非常关心。对 2012—2020 届本科生的毕业去向我们做了一个统计，如下图所示。可以看到，学院的本科升学率平均在 95% 左右，其中国内升学率 65% 左右（本校约 50%，外校约 15%，且近年保研和直博比例超过 50%），出国深造率在 30% 左右，这个数据应该是全校第一的。从长远发展来看，学院的博士毕业生中约 80% 进入到世界一流高校或研究单位任职。

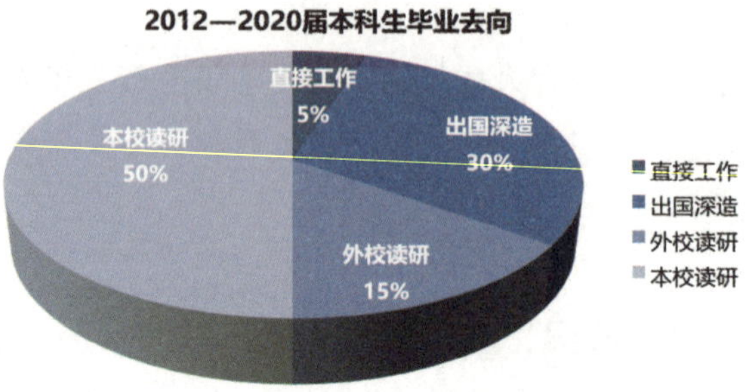

下图是我们近年培养学生的一些代表，他们活跃在课程学习、学科竞赛、科技探索、文艺体育、社会工作等各个方面，这里有北航本科生最高荣誉“沈元奖章”（曾名“金质奖章”）获得者，有北航“励志成才表率”称号获得者，还有“北航榜样——青春榜样之星”获得者。学院学生还参与了2019年新中国成立70周年天安门国庆大阅兵，组成了群众游行第九方阵“关键抉择”，簇拥着邓小平巨幅画像走过天安门广场，接受祖国和人民的检阅。

从2002年首届招生到现在，一大批“高工”人在全球各地、各行各业崭露头角，有任教于世界知名高校的，也有自主创新创业的，还有更多人奋斗在我国重大战略需求和国际学术前沿的第一线。上页下部的图中就是我们简单列的一些优

秀校友，还有很多人的名字没有写进来，希望全球校友再接再厉，不断进取，继续为我们的国家建设和世界发展贡献智慧和力量，也期待更多的优秀学生加入到高等理工学院的大家庭里来。

育人成果：校友成长

- 2006 届毕业生 苏昊在 UCSD（加州大学圣迭戈分校）任教
- 2006 届毕业生 陈南江创办北京华晟智造科技有限公司
- 2007 届毕业生 韩铮、戴晓伟在美国硅谷创办泽普科技公司
- 2008 届毕业生 刘强先后于美国达特茅斯学院、UT Austin（德州大学奥斯丁分校）任教
- 2008 届毕业生 常江成为知名作家、编剧，作品《大军师司马懿之军师联盟》
- 2008 届毕业生 戴玉婷、刘翔龙、唐狄音在北航任教
- 2009 届毕业生 郭晓晨在美国里海大学任教
- 2009 届毕业生 朱占星在北京大学任教
- 2010 届毕业生 曹洋在英国爱丁堡大学任教
- 2010 届毕业生 吴文斐在清华大学任教
- 2010 届毕业生 祝薇在北航任教
- 2012 届毕业生 柏佳茹在纽约州立大学任教

我的介绍到此结束，谢谢大家！

扫描二维码查看哔哩哔哩完整视频

2 理科试验班类（中法工程师学院）

中法工程师学院

学院介绍

学院概览

北航中法工程师学院是在中法两国教育部门支持下，由北京航空航天大学与法国中央理工大学集团共同创建的，于 2005 年开始通过高考面向全国招生；2015 年开始招收国际学生，并采用混班制教学。学院整合中法两国优质教育资源，本—硕贯通，培养高水平国际通用工程师。学院隶属于北京航空航天大学，同时也是法国中央理工大学集团的一员。

师资队伍

学院共有在编教师 35 人。预科阶段（大一到大三）的数学、物理、工业科学等基础课程由具有法国预科教师资质的教授担任团队负责人；工程师阶段（大四至研二）的专业课程由北航、法国、比利时等著名高校的在职一线教师讲授。

科学研究

学院利用自身优势，积极发展国际科研合作，依托北航、法国国家科研中心和中央理工大学集团，由院士、知名教授领衔，组建了4个中法联合实验室，在材料、力学、信息、可靠性等领域搭建高端科研教学平台。

本科专业及培养体系

实施本—硕连贯的培养方式，完全学制为6.5年；基于国际接轨的课程体系，中、法、英三语教学，国内国外培养相结合。本科阶段结束时，毕业生可获得北航的“数学与应用数学”“信息与计算科学”“应用物理学”“工程力学”四个专业之一的学士学位。硕士阶段结束时，毕业生可获得北航的“系统工程”或“电子信息”或“机械”专业的硕士学位，以及工程师职衔（获法国工程师职衔委员会（CTI）及欧洲工程师教育体系（EUR-ACE）认证）。

就业、升学、出国情况

100%的学生具有出国交流学习机会。参加0.5年、1年和2年出国交流的学生，免海外学费并可申请各类奖学金资助（学生人均获资助3.2万元）。参加双学位项目的学生可获国外院校的工程师学位；第三年在国外学习的学生，可申请所在高校的硕士学位。学院保持高质量就业，遍布航空航天、电子、信息、金融贸易等领域。

徐平

聚优质资源，育精英人才——北航中法工程师学院

各位同学大家好！非常高兴有机会向大家介绍北航中法工程师学院，我是徐平。在我们招生指南的介绍里，大家可以看到中法工程师学院是中法教育合作的典范，当然这个合作典范并不是我们学院或者学校自封的，这是在合作办学的过程中，中法两国领导人和同行对我们学院的评价。在两国政府的支持下，学院自2005年成立以来，在教学模式探索、人才培养方面取得了一些非常显著的成绩，得到了社会各界的广泛关注和赞誉。

学院采用本—硕连贯培养，本科阶段专业有四个，包括“数学与应用数学”、“信

息与计算科学”、“应用物理学” 和 “工程力学”。大家可能注意到了，这四个专业在北航其他的理科试验班和工科试验班里都有，也就是说中法工程师学院包含了理科试验班和工科试验班的一些专业，是一个理工科融合的学院，这是一方面；另外一方面大家可能也注意到，这四个专业都入选了教育部推出的 “强基计划”，所以说我们这个学院也有强基计划的元素在里面，强化基础也是我们学院的一个很显著的培养特点。

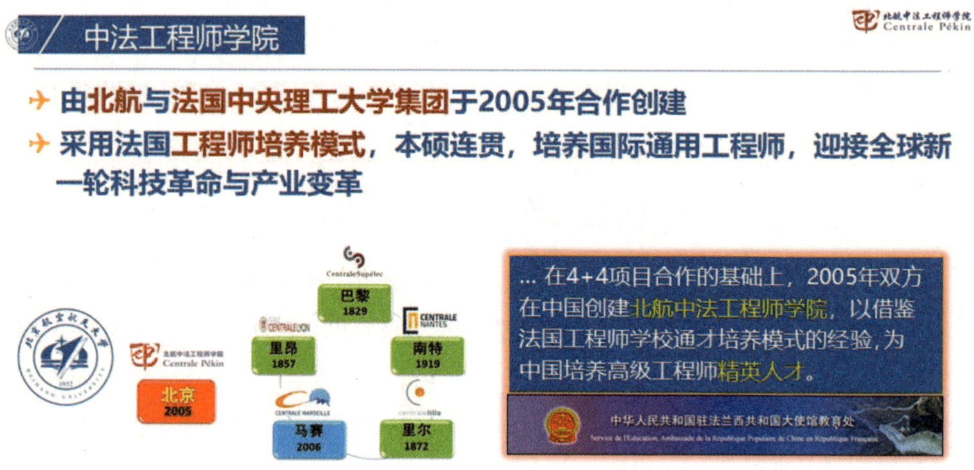

一、学院使命

北航中法工程师学院是由北航与法国中央理工大学集团合作创建的，中央理工大学集团包括巴黎、里昂、南特、马赛、里尔的五所学院。中国驻法国大使馆教育处对学院的办学特点有些说明，我们可以从网站上面看到，学院是在中法两国高校间 4+4 项目的基础上，由中国和法国政府合作，共同创建了北航中法工程师学院，目的是借鉴法国工程师人才培养的经验，为中国培养高级工程师精英人才，这是学院的主要使命。

从 2004 年签订合作协议，2005 年开始通过高考面向全国招生以来，中法工程师学院已经走过了 15 年的发展历程，到目前已经有 9 届工程师毕业生。2010 年学院第一次通过了最长期限为 6 年的法国 CTI 认证，同时也通过欧洲教育体系的认证；2016 年学院第二次通过 CTI 认证，2015 年学院入选了教育部 “推进计划”。

中法工程师学院是一所示范性的、非盈利性的机构，所谓的非盈利性是指整个培养过程中，无论在国内学习还是在国外学习，学费只要人民币5500元/年。当然了，这并不是一个不差钱的问题，这表明了国家对于中外合作办学的一个态度，也就说怎样通过北航中法工程师学院的示范作用，去引领中外合作办学，这是示范性的一个方面。

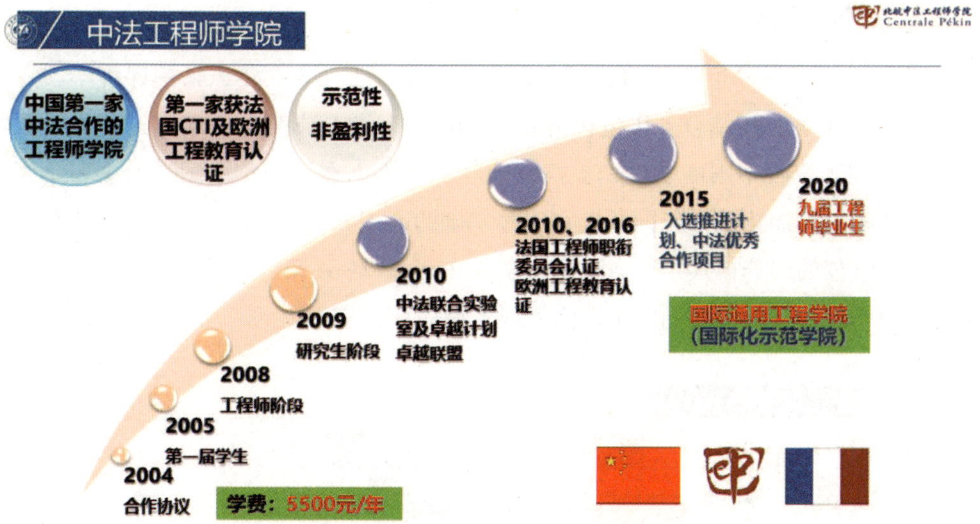

另外一方面是，刚才提到，2015年的时候我们入选了“推进计划”。基于“推进计划”，2017年学校成立了国际通用工程学院，这也是成立这个学院的缘起。我们知道，现代社会科技发展非常迅速，各种新的技术、新的领域、新的理念、新的行业不断地涌现。为了应对各种新的变化、新的挑战，我们国家推出了新工科，这是科学+技术+产业的一个结合。那么新工科的产出是什么？它的产出很重要的一方面就是培养出通用工程师人才。

高等工程人才培养模式探索也是学院的使命之一，也就是说为我们国家探索高素质工程人才培养的新模式，培养具有全球视野、系统思维、协同创新能力，能够胜任世界多样性变化的工程领域的领军领导人才；当然，学院还有另外一个使命是服务于国家大外交。

为满足国家建设和社会发展对于人才的需求，我们要培养高素质的工程领导领军人才，那么怎么来培养呢？为什么要跟法国合作呢？下面我们来看一下法国工程师职衔委员会（CTI）对于工程师人才的一个定义：工程师人才应该能提出、学习并出色而具有创新性地解决有关产品、系统、服务，甚至是资金及商业化竞争机制中出现的一些复杂的问题。这些复杂问题包括发明、设计、生产和实施等，同时定义中也对工程师人才的素质提出了要求，包括应该具有非常扎实的科学文化基础，掌握全面的技术、经济、社会和人文的知识；也就是说，跟新工科、卓越工程师计划在人才培养的理念和要求上是吻合的。

二、培养模式

学院采用本—硕连贯的培养模式，完整的学制是6.5~7年，采用课程学习、项目实践与企业实习相结合，国内国外培养相结合。这是学院整个培养过程中的教学安排。学院既招收中国的学生，也招收国际的学生。在第一年中国学生主要是强化法语，外国学生强化汉语，同时也有一些基础的通识教育；在第二、第三年主要采用法国预科学校的培养模式，重点强调科学＋工程基础；在第三年结束的时候，有一个实习，一个月的实习，我们叫生产实习或者说叫蓝领实习。

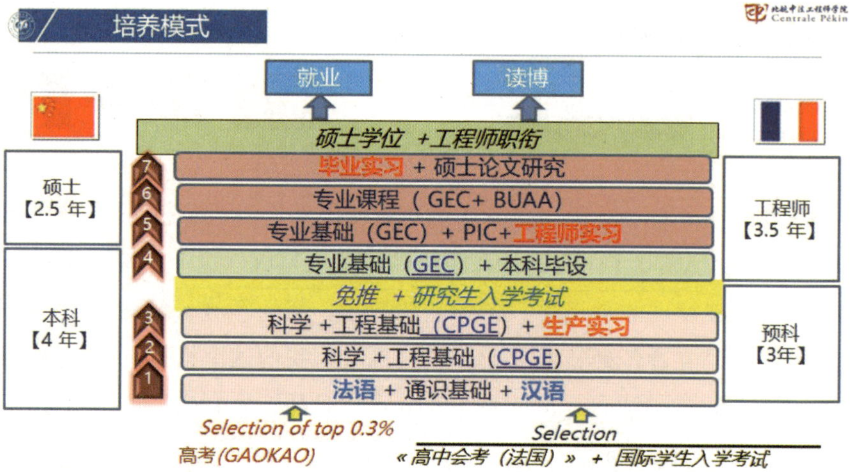

从第三年以后到第四年，在国内我们说是本科四年级，对于法国培养模式是工程师一年级，因为从第四到第六年属于工程师阶段，按照国内体系，这一阶段涉及大四上学期进行的保研。中法工程师学院绝大多数的升学都是通过保研来实现的。进入研究生阶段，学生可以在“系统工程”或“电子信息”、“机械”的专业框架下，根据自己的意愿，在全校范围内选择导师，这是学院的优势之一。

工程师的第一年、第二年主要强化专业基础，到第三年的时候有很多的专业课；在研一结束的时候，有一个为期3个月的“见习实习”；在研二结束的时候，有一个

6个月的“工程师实岗实习”或毕业实习。所以说在整个培养过程中，有比较多的实习。这种三段式的实习分别持续1个月、3个月、6个月，总共有10个月的实习。同时学生还需要完成本科的毕业论文和研究生的毕业论文，所以说整个培养阶段学习的强度是非常大的，这也是学院培养模式的一大特点，在就读期间，学生就有机会与企业进行广泛而深入的接触。

当然，在中法工程师学院很多的课程都采用法语来教学，学生基本上从第二学期开始，就要接触一些科学，或者科学技术类的用法语讲授的课程。那么很多家长可能比较担心，我孩子没有学过法语怎么办？这一点家长不用担心，我们所有的法语教学都从零开始，就是零基础开始。从第一年开始比较强化法语；第二年、第三年法语的课时会逐渐减少，但是用法语讲授的数学、物理、工业科学的课程，或者说用法语讲授的科学技术类课程会逐步地增加，这样就能保持学生的法语水平始终非常高；另外，在第三年以后，学生去国外交流的时候，语言上面没有障碍。我们要求在预科结束之后，也就是三年结束之后，学生的法语水平90%以上达到B1，70%以上达到去法国留学的时候，满足使馆签证的要求B2。当然，对于我们学院来讲，学生去法国留学，法国使馆不要求我们的学生提供B1、B2的证书，他们非常认可我们的法语的教学水平。

除了法语之外，还有大量的数学、物理、化学和工业科学的课程，这里面我们说有很多门次及大强度的数学、物理课程，也就是说在基础教学方面，学院的培养是非常扎实的，看一下整个的统计数据，我们可以看到学时或者说学习的强度非常大。当然了，我们说这个强度大是相对于北航的其他院系，或者说相对于其他的高校；但是如果对比法国，法国的预科学校对应于我们这边的二、三年级，他们每周的学时也是非常多，强度也很大。因为要实现精英培养，必须要有非常扎实的基础，学习需要非常刻苦努力。

那么为什么要强化基础，为什么要有这么多的所谓的硬课呢？我们知道，当你站在科研和技术创新最前沿的时候，才会体会到基础研究的重要性。特别是在当前这个形势下，在中美双方有摩擦、有冲突的情况下，当我们被人家卡脖子的时候，你更能体会到基础研究或者说基础跟现代工程研究的结合有多么重要。

华为的创始人任正非曾经说过，我们华为公司有700多个数学家、800多个物理学家，还有120多个化学家，还有很多很多的工程师，为什么要有这么多的基础研究的科学家呢？目的是要有原创性的一些发明、原创性的一些成果，这样的话才能实现自力更生，在出现特殊情况的时候，公司才能生存，国家才能发展。

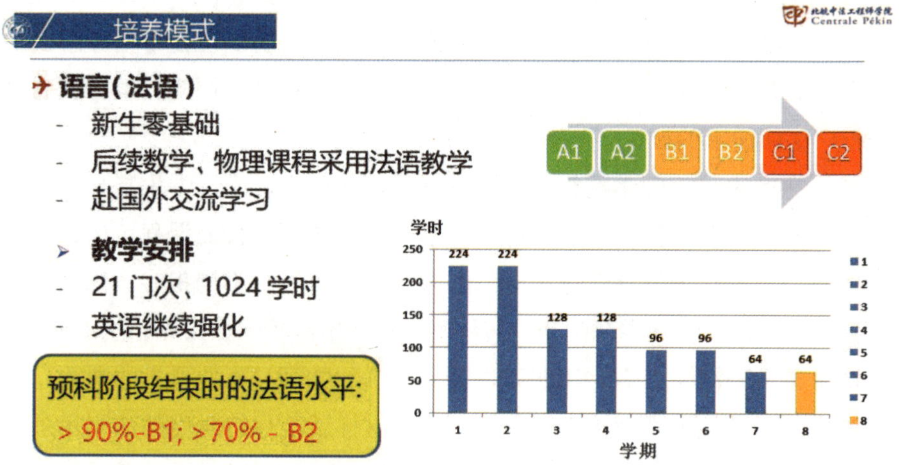

三、国际交流

作为一所国际化的学院，有很多国际交流，学生国际交流的项目和活动非常多，我们在这里给大家展示一下。国际交流主要是从大二第一学期结束之后开始，分短期的和中长期的交流。短期的是指访学，比如说10天、半个月左右的访学。中长期主要是一学期以上的，也可以叫留学，有一学期、一年和两年的，等等。

短期的交流从大二寒假开始，这个时候学生们已经有一些法语基础了，到法国去了解一下文化，了解一下学习情况等，有助于提高学生对于整个学习过程的认识，也为未来去法国留学做好思想上的准备。这个访学并不是说简单地去观光，我们有几方面的安排，一方面我们说要进入法国的家庭，很多同学是住在法国家庭里面的，你能切身地去体会法国的人文环境；另外一方面，还有很大一部分工作是要到法国的预科学校里面，到预科班里面，插班进到他们的教室，和法国的学生同堂上课，因为我们两边的课程和教学计划是接轨的，教学质量是相当的。去那边要做随堂的学习，同时可能会参加一系列的考核，当然还包含一系列的文化交流活动。

此外，还有其他形式的短期交流，比如说去国外参加竞赛。2019年5月的时候，我们中法工程师学院的本科学生去法国参加工业科学与技术奥林匹亚竞赛，期间还有许多其他文化科技方面的交流。

除了短期交流之外，更多的是一学期以上的访学，或者一学期以上的留学，派出的学校除了法国五所中央理工大学之外，还包括了另外一所跟中法工程师学院有点类似的卡萨布兰卡中央理工大学，这些是我们学院的专属项目。除了这些专属项目之外，还有一些项目是学校额外提供的项目，比如说可以去法国的高电、波尔多一大，比利时的自由大学，等等，有很多的学校可以申请，可以去交流学习。

在留学过程中，双方是互免学费的。所谓双方互免学费，是指法国的学生来我们学院的时候，我们免收学费；我们的学生去法国、去比利时的时候，也是免收学费，所以出国留学并不会给同学和家长增加负担。

除了我们学生出去留学之外，学院每年也招收国际留学生到我们这边来学习，中外学生采用混班教学。刚才我介绍了，第一年的时候中国学生强化法语，外国学生强化汉语，然后第二年、第三年开始，中国学生和外国学生就在同一课堂学习了。从 2015 年开始，我们每年都招收国外的留学生，目前每个年级都有留学生与中国学生一起参加学习。2015 年招收的留学生，2019 年已经毕业，目前在法国里昂中央理工大学继续学业。

四、质量保障

在合作办学的过程中，怎样保障培养质量，是同学们特别关注的问题。中法工程师学院的质量保障包括两部分：外部质量保障和内部质量保障。

外部质量保障来自我们国家的教育部，以及学校的教务处，还有法国教育部。法国教育部督学每隔一到两年都会来学院做实地的考察评估，同时法国 CTI，也就是法国工程师职衔委员会每隔三年，也会做一个评估考核，来认证我们学院的资质，也就是说颁发工程师学衔的资质。

内部质量保障中很重要的一项叫学业指导，也就是对学生的学业评估与指导，这项工作在每次期中考试结束之后进行，到时各科的老师聚在一起，把学生的考试成绩都汇集在一起来看，哪些学生在哪些科目上面有问题，然后进一步来做分析。针对学生的问题，我们会有指定的老师和学生去交流，同时对学生下一步的学业做进一步的指导；甚至包括对于有些学生，我们判断他可能不适合于学习法语，或者不适合于法语环境，会建议他转到别的学院去；如果说有些学生是因为心理上的原因，或者家庭原因，我们也会及时与学生和家长做沟通，来保证更好地完成学业。

另外，我们培养通用工程师，学生的就业包括就业的领域、地域非常多样化。

学院在这些年的办学过程中，已经有非常大的影响力，影响力的产生主要是基于我们学院的一个理念，就是以质量来树精品，把人才培养质量放在首位。我们可以看下面这个图，这是双学位学生在法国五所中央理工大学学习的情况，我们可以看到，我们学生的整体水平与中央理工大学学生是相当的，也就是说我们的教学质量与法国五所中央理工大学的教学质量是能相匹配的。

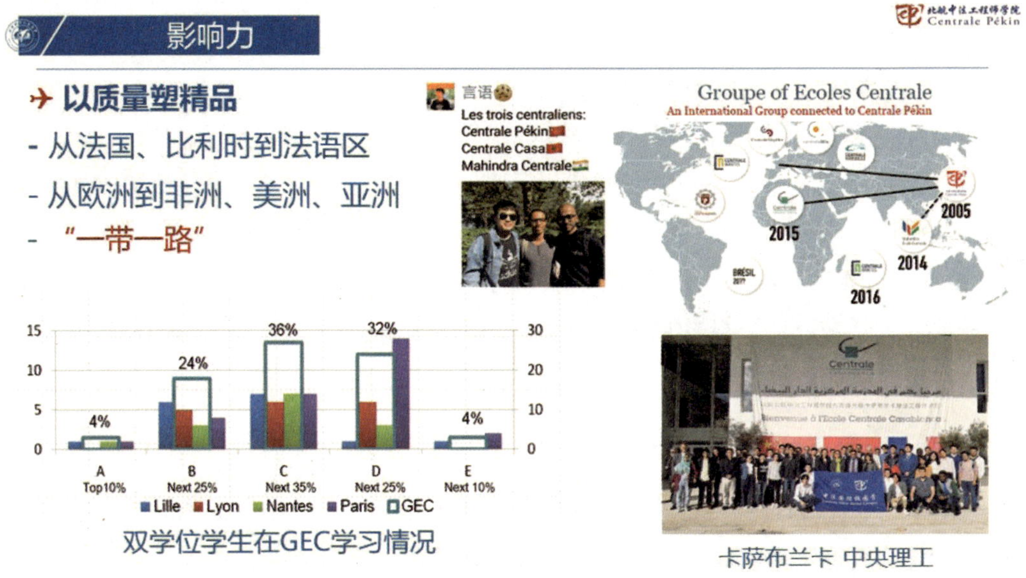

五、社会服务

作为国内首家中法合作办学机构，学院牵头成立了中法合作办学发展联盟；为了服务于地方经济和地方人才培养，学院牵头成立了北京市卓越工程师高校联盟。在学院合作办学过程中，得到了两国政府的大力支持，多位国家的领导人，包括法国的三位前任和现任总理都曾经到访过学院。

下图展示的是我们学院 2015 年成立 10 周年的时候，在钓鱼台举办的颁奖仪式。出席颁奖仪式的有时任国务委员、国务院副总理刘延东，还有法国的外长法比尤斯，在台上的还有我们的校长徐惠彬院士、副校长张广军院士，还有我们的首任院长郑志明院士。在那次颁奖仪式上也总结了我们学院 10 年的办学过程，与会者对学院的办学成果有非常高的评价。

接下来我们还会继续努力，为学院的发展，为我国人才培养模式的探索，为国家的大外交做出更大的努力。谢谢大家！

扫描二维码查看哔哩哔哩完整视频

3 工科试验班类（国际通用工程学院）

国际通用工程学院（国际化示范学院）

学院介绍

学院概览

学院2015年入选由国家外国专家局和教育部共同实施的“高校国际化示范学院推进计划”，2018年加入美国工程院重大挑战学者计划（NAE Grand Challenges Scholars Program,GCSP），是北航“新工科”建设国际化人才培养及教育教学改革的品牌学院。校长徐惠彬院士担任学院管理委员会主任，英国利兹大学首席教授文东升担任学院院长。

师资队伍

学院倾力构建融合“全球视野、教学引领、北航特色”于一体的师资团队。现有中外教师30余名，他们为学生授课并担任学生成长导师和学术导师。外籍教师主要来自全球招聘或学院通过“$1 \rightarrow n$”合作方式建立的合作伙伴学校。

科学研究

通过和航空科学与工程学院、机械工程及自动化学院、电子信息工程学院、宇航学院和中法工程师学院等专业学院合作，开展以交叉创新、前沿引领为目标的通用工程科学研究。

学院将本科专业及培养体系对标国外顶尖大学的课程体系和教学方法，集北航拔尖工科人才培养办学经验和优势实验实践平台，融合航空航天、机械制造及电子计算机三大学科，构建“新工科”建设背景下的国际通用工程人才培养模式。全面培养兼具工程科学基础及交叉学科素养的协同创新能力，打造具有“国际视野（International）、通专融合（Interdisciplinary）、创新开放（Innovation）、知行合一（Integration）”品质的工程领军（Leadership）人才（I^4L）。

核心课程采用全英文授课，学生学费与其他学院相同，学院在学院路校区办学。

就业、升学、出国情况

本科学制四年，在工科试验班内按照“航空航天工程”和“机械工程”两个专业进行培养。学生可申请国家留学基金委、学校、学院或企业等资助，出国交流或交换。毕业成绩合格者可获北航工学学士学位证书和毕业证书，考评合格者可获GCSP荣誉证书和北航工程领导力项目证书。学生以继续深造为发展目标，学院积极推荐学生赴国际顶尖大学攻读硕士或博士学位。

文东升

我们在这里等你——国际通用工程学院（高校国际化示范学院）

同学们好！我是北京航空航天大学国际通用工程学院院长文东升。首先简单介绍一下自己：我本科毕业于北航飞行器设计与应用力学系，硕士在清华大学，博士在英国牛津大学，之后一直在英国高校工作，为英国利兹大学首席教授。2016年回到母校，担任国际通用工程学院院长。

在这里，我向大家介绍北航国际通用工程学院（简称国通学院）。我的介绍内容分为五个部分。

首先介绍一下学院的招生。

北航的招生分为四大类、四小类。四大类就是航空航天类、信息类、理科试验班类和社会科学试验班。四小类包括国际通用工程学院（工科试验班类）、医工交叉试验班（工科试验班类）和高等理工学院（理科试验班类）、中法工程师学院（理科试验班类）。我们学院就是其中之一。学院办学地点在北航学院路校区，设置有机械工程和航空航天工程两个本科专业。我们这个学院很年轻，2015 年申报国家外国专家局的国际化示范学院成功，2017 年挂牌正式成立，同年 9 月开始招生，现在已经有三届学生了，实行小而精的培养，每届只招 50 名学生，到 2020 年 9 月，有 4 个年级，一共 200 名左右学生。

其次介绍一下国通学院是什么样的学院，我们为什么要办这个学院。

人类的技术发展，经历了从第一次蒸气技术革命到第二次电力技术革命，再到第三次信息技术革命，现在进入到第四次技术革命阶段——逐步进入智能化时代。整个工业革命的发展对技术的需求越来越高，新技术层出不穷，如人工智能、大数据、新能源、机器人，等等。随着社会的发展，我们的教育方式、模式也变得与传统的越来越不一样。大家应该听说过在线课程，一门课程很可能有上百万人在线学习；以后的大学很可能是没有校园的大学，你的同学可能你从来没有见到过。教育教学的方式越来越多，对未来人才培养的要求越来越多，我们到底要培养什么样的人、什么样的工程人员，才能够满足未来社会的需求？这就是我们要回答的一个问题。

围绕这个问题，国内外都在探讨。美国工程院制订了 2020 工程师计划；MIT 也在反思，并制订了一个新工程教育转型计划。它们觉得培育的人才效果不好，主要原因是什么？是觉得工程教育的分类太细了，以后的工程必须是大工程。美国有个学院，工程教育做得非常好，叫欧林工学院，在 MIT 的评价中认为，所有的工学院中做得最好的不是 MIT 自己，而是欧林工学院。这是一个只有 18 年历史、2002 年成立的小规模的私立学校，只有几百名学生。他们是针对未来工程所需要的人才制定培养模式，而不是按照现在的学科门类划分来培养的。在中国，有很多关于未来高等教育发展的思考，如习总书记在全国教育大会上的讲话、教育部大力提倡的新工科建设、双万计划、金课建设，等等。这些其实都是在思考一件事情，就是回答我们到底要培养什么样的人，培养的人有什么样的素质才能够满足我们未来社会的发展需要；对中国来说，还要做更多的探索。我们现在是一个教育大国，每年参加高考的考生很可能比欧洲的一个小国家的总人口还多，但是我们目前只是一个教育大国，还不是一个教育强国。我们国家的教育在世界上的地位跟我们国家的地位远远不相匹配，如何实现从教育大国到教育强国的转变，这是我们正在思考的。

未来的工程到底需要什么样的技术，未来的工程人才需要什么样的能力呢？大家可以看下面这张图，横线就是我们现有的培养方式，我们按部就班地从大学一年级开始围绕一个专业计划来培养学生，不管是什么专业都有非常详细的培养方案。再看看未来的需求是什么，当我们讨论新能源、机器人、人工智能、物联网技术问题的时候，会发现它不是任何一条横向的一个专业知识所能够解决的，它是一个多学科知识交叉融合运用的过程；而且在这个过程中，一定得有国际视野，这种国际视野不是仅仅出国留学就可以取得的，而是针对未来技术的国际制高点的一个概念，我们一定要考虑这些因素。

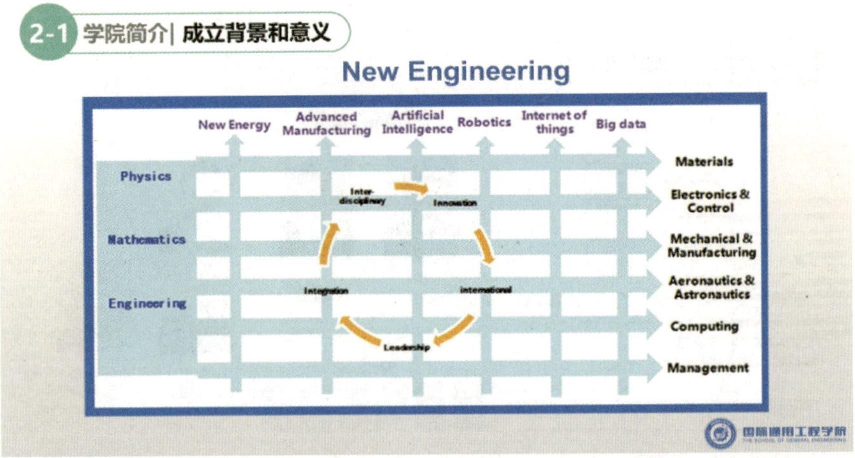

围绕这些因素，国家一直在布局。说到国际化，可能大家比较了解的就是很多国际化办学的学校。有的是海外大学在中国直接设立分校，如纽约大学在上海有分校。此外，我国也有一些国际化试点学校，一些高校以中外合作的模式来办学，比如宁波诺丁汉、西交利物浦。但这都不是国通学院的办学模式，我们的需求是什么？国家的需求是什么？未来工程人才的培养是以我为主、吸收中外教育的精华、打造自己的全新的未来工程教育模式，这也是我们学院成立的初衷。国通学院是高校国际化示范试点学院，这是教育部和科技部（以前的外专局，现在是科技部外专司）合作打造的一个品牌，旨在探索未来高校的国际化教育如何去做，如何培养国际化的人才，如何更好地为中国未来的发展奉献力量。全国一共有 16 所试点高校，基本上涵盖了国家顶尖的工科高校。现在大家可能对这个学院有所了解了，国通是北航的一个二级学院，它不是一个独立的中外办学学院，不是国际班，也不是中外合作办学的形式。我们是在探索以我为主的未来国际化工程教育的一种崭新模式。

学校特别重视国通学院，成立了管理委员会，由校长任管理委员会主任，教学副校长任执行副主任，由我担任院长；还有两位外方荣誉副院长，他们是国际工程教育中的顶尖人才。我们成立了国际咨询委员会，借鉴全球各个高校的力量来帮助我们学院的发展。我们师资队伍实力雄厚，由三个部分组成，第一部分是国际通用工程学院的教师，是学院的核心队伍；第二部分是在全校聘请的精华队伍，学校有很多海外留学回来或有海外背景的年轻教师，他们的海外学习、任教经验非常丰富，国际化教育的能力很强，我们邀请他们作为我们的任课教师；第三部分是校内及国外的外教，他们有的在现场上课，有的在国外远程上课，采取各种形式展开教学。

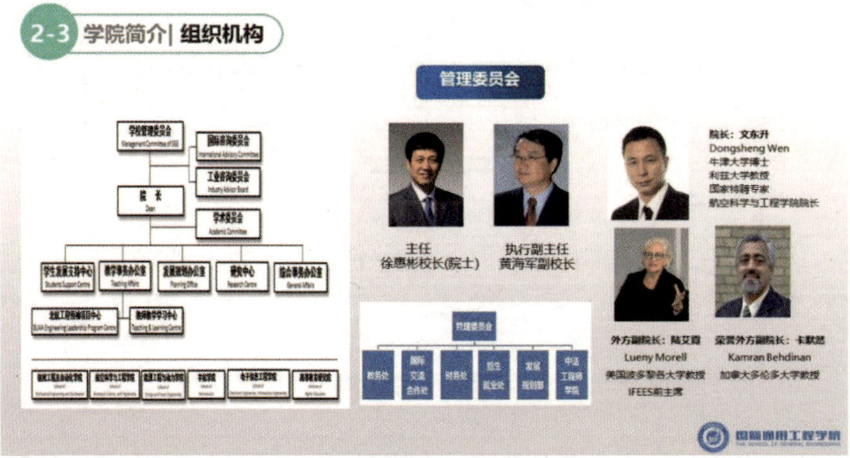

除了思考培养什么样的人之外，我们还一直在探索如何培养这种人，传统的培养手段已经不能满足未来的人才培养需求，我们的培养手段也在不断地更新。

现在给大家介绍第三部分内容：我们的教育教学到底有什么特色？我们跟其他的学院有什么不一样？我们想培养什么人？

我们想培养具有全球视野、通专融合、系统创新能力的国际化工程领军人才。所以从建院开始，我们就设立了自己的 Vision，用 5 个英语单词可以把我们的培养理念全部讲清，简称为 I^4L，4 个 I，1 个 L。我们想 To establish a leading engineering school in China to develop the I^4L capabilities of students needed to tackle complex problems facing fast-changing world。

第一个 I 是 International，国通是国际化教学，使用的教材全部是英文教材，我们要寻找全球工程教育的高点，培养具有国际视野的全球工程教育顶尖人才。

第二个 I 是 Inter-disciplinary，通专融合。我们遇到的很多问题涉及多学科交叉知识和工程创新技术，不是一门学科能解决的。我们培养的学生具有航空航天、机械制造、电子信息等知识，具有通用工程知识基础。

第三个 I 是 Innovation。我们遇到的很多问题是 open solution，没有标准答案，要自己去思考，用创新的思维来解决，这就是我们的 Innovation。

第四个 I 就是 Integration。和北航的校训“知行合一”是一样的，我们不仅要学到知识，也要学会做人。要把学到的知识运用到社会中去，服务于社会，服务于人类，为人类的发展做出贡献。

最后一个 L 是 Leadership。我们需要培养顶尖的人才，他能够在解决工程问题中起到一种主导的作用、leader 的作用。所以学院的定位就是培养具有 I^4L 素质的人才。

我们的人才培养目标是按照 Outcomes-Based Education 理念来设计的，OBE 人才培养理念对人才培养提出了很多要求。我们根据中外高校人才培养不一样定位，取长补短，融合成国通学院的八条人才培养目标，并重新设计了培养方案，设置了需要学习的课程和知识，使学生通过学习能够达到这个人才培养的目标。我们课程的设置分为三个层面，第一层面是知识传授，以讲课为主。第二层面是技术学习，技术是解决问题的一种能力，在一至四年学习中有不同的技术能力培养。第三层面是 attitude，是为了培养知行合一素质的 soft power。它体现了我们的培养理念。

大家可能对通用工程这个概念不太了解，为什么我们报考任何的高校中都没有通用工程这个概念呢？通用工程其实在国外是非常非常普遍的，比如 MIT 现在正在反思未来的教育，他们认为未来的教育肯定是大工程的教育；又比如在牛津大学，只有一个工程科学系，因为他们相信未来的工程创新将得益于广博的知识基础加专业的知识技能，工程科学的教学跨越了传统工程学科的界限，进行结合性的学习。看似纷繁复杂的工程学科的相互联结为人们提供了基础的知识架构，可以藉此来进行工程方面的高效教学。但是在国内，这种人才培养方式几乎没有，所以我们要做一种探索，探索通用工程是什么样的。通过对标 MIT 和 Georgia Institute of Technology，我们把它凝炼成比较独特的培养方案。通过对标，我们再看北航最大的优势是什么？是航空航天优势，还有空天信交叉融合的优势。所以我们把北航工程的优势，概括为三根支柱，一根叫航空航天，一根叫机械制造，还有另外一根叫电子计算机技术。我们把它作为通用工程的三根支柱，这三根支柱支撑起我们的培养方案。同学们来到这里，第一年主要学习数理基础和英语，学院对英语要求很高，我们希望大家在第一学年结束的时候能够没有障碍地跟外教对话交流，能够听得懂、跟得上外教的课程。在第二学年的时候开始学习通用工程的基础知识，有航空航天的知识，有机械制造的知识，还有电子计算机的知识，给大家打好通用工程的基础。第三学年，同学们可以根据自己的一些兴趣爱好选择专业，现在我们设置了两个专业：机械工程和航空航天工程。除了学习这两个专业核心课程，再学习其他八到十门课，就完成了专业的基本学习。第四年，通过一门“通用工程及多学科工程设计导论”课程的学习实践，以及多学科交叉毕业设计，大家可以把所有学习到的知识融合运用。这是比较先进的国际工程教育理念。

国通学院的教学有很多特色，例如，一个特色是基于项目、基于问题的一种实践教学方法——problem 或者 project based learning。我们从大一开始，通过“通用工程及多学科工程设计导论”课程展开教学和实践，它就是 Introduction to General Engineering。大二、大三年级，在不同的专业课中有项目实践进行动手能力培养，大四年级通过完成多学科交叉的毕业设计进行培养。我们的毕业设计不同于其他学院，是团队的设计，而且是做一个解决实际问题的毕业设计。给大家举两个例子，第一个例子是一年级有一门基于项目的课程。大家都知道传统的学习模式，上一门课，有一本教材，最后要考试，有考试卷，然后得多少分。我们这门课不用考试，最后的所谓考试是做一个项目，取得一个成果。你和一个团队一起协作，经过一年的努力要完成一个项目。这门课程，实际上是基于模拟真实客户的一个需求，经过真实的工业设计的流程，运用多学科知识，通过跨学科的团队合作完成一个项目。学生要经过调研，分析设计，制作验证，最后做出一个产品，这个产品最后就是你的成绩。我们每届学生有 50 名左右，分成 10 组，每组 5 名学生做一个项目。现在给大家介绍一个项目，这个项目是基于实际的需求——我们在车里突然间要打开车门的时候，可能后面有车过来或有人过来，不小心就会把人撞到。所有的车门是没有预警功能的，如何避免这种事情发生？这是真实生活中的问题，但是现在没有人考虑。我们把这个问题抛给学生，让他们设计一个产品，人在车里想开门的时候，这个产品能够感知到外界的情况，有人来的时候提醒你不要打开门，避免发生事故。这个小组的 5 名学生，通过各种方式来分析问题，设计方案，最后做出了一个产品。他们模拟了一个车门，当把门打开的时候，有一个传感器能感知到手放在门把手上了，这时候马上会启动另外一个传感器，它放在车门外面，是一个红外传感器，一旦外面有物体过来，就会发出"哔、哔、哔"的声音，车里的人听到这个响声，就不会再把门打开了。这是大一的学生经过了一年时间做出来的，他不仅要知道怎么把产品做出来，还要知道为什么能够做出来，这里面涉及到了电路分析的知识、传感的知识、数据集成的问题，等等。还有一个基于现实的例子，我们上班或者上学，从地铁站、汽车站如何到你上班的地方去？最后一公里就是最难解决的问题，特别是对小学生来说，还要背着重重的书包。这个题目就是要解决不仅能够到达目的地，而且能够提供一种储物的空间，把书包放到里面去。现在市面上没有这种产品，如何把这个产品做出来？大一的学生经过一年的实践，在导师的带领下，想出了一个方案，还有超大载物空间。这个产品做出来之后，不仅可以代步，还可以储物，有一定的现实意义。这些例子反映了我们如何培养学生解决问题的能力，我们从大一就告诉学生，学习是为了解决问题。因为知识是无穷无尽的，大家获取知识的能力都挺强，但是你学的知识怎么用来解决问题？一定得学以致用，就是围绕这个目标，缺什么知识就补什么知识。这样去学，才是最有意思的一种学法。

我们还有很多特色，从解决问题、培养创新能力的角度出发，我们加入了"美国工程院的大挑战学者"计划，这个计划是美国工程院特别为培养拔尖人才设立的，全球多所高校参与到这个计划中，在这里学生们要和全球顶级高校的学生去 PK，看看谁能够为解决问题提供更好的方案。全球大概有 70 多所高校加入，中国只有 2 所，北航和北大，并且我们做得很好。我们还是全球工学院院长委员会的委员，主持了 2018 年、2019 年的北航国际工程教育论坛，这些都是我们在探索未来的教育模式，探索用什么样的方式能够培养适应未来社会需要的人才。另外，我们设计了一个领导力项目 ELP（BUAA-Engineering Leadership Program）。我们有全球最好的领导力专家给我们上课，从大一到大四，每一年都有 Leadership 的一些理论知识讲解，同时也有实践，结合得特别好，在以往几年都取得了实效。

关于学生出国交流交换，国通学院的机会是非常多的，学生可以申请国家留学基金委的资助，也可以申请学校的、学院的、企业的资助而出国交流或者交换学习。2017—2020 年，有 24 人去了英国牛津、剑桥、帝国理工等大学，5 人去了美国、加拿大，20 人去了欧洲，还有 10 人去了其他国家及我国的香港。2019 年有一些学生去英国、日本等进行交流访问。学生基本上能够达到 100% 的出国率。

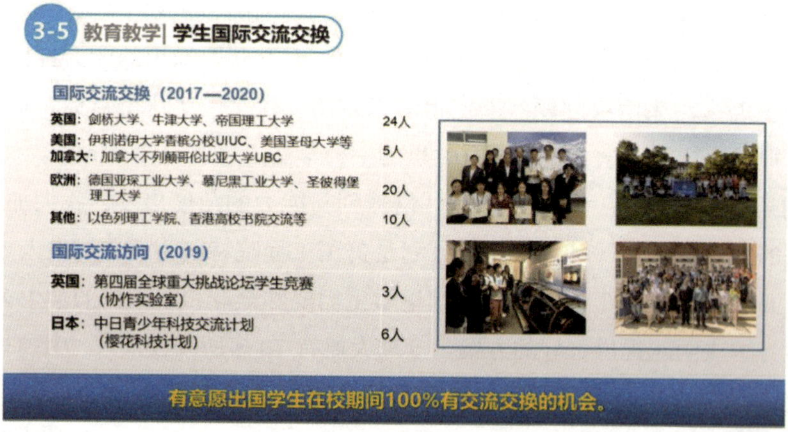

现在给大家介绍第四部分，学生取得的一些成绩。

我院学生参加了各种学科竞赛并取得了很好的成绩，有美国大学生数学建模比赛奖、全国大学生英语竞赛特等奖、全国大学生物理竞赛一等奖、大学生全国数学建模比赛二等奖，等等。在科技创新方面，一二年级的学生就已经取得了不错的奖项了，例如国家级的全国大学生节能减排大赛奖，获得了多项发明专利，“冯如杯”科技比赛二等奖、三等奖等。在社会实践方面，我们积极践行知行合一，为社会服务。学生参加了很多国际志愿者活动，如世界机器人大会、世界园艺博览会，我们的学生英语非常好，跨文化交流能力非常强，为这种重大活动做志愿服务非常有意义，也获得了北航“十佳优秀志愿者”称号，等等。获得的各种奖励中有国家奖学金、国家励志奖学金、“北京市三好学生”称号、“北京市优秀团干部”称号、北航励志成才表率奖，等等。

4-1 学生风采| 学生获奖

Award 奖项名称	Level 奖励级别	Numbers 获奖人次
评优与奖学金（2017.09-2020.06）		
国家奖学金	National 国家级	3
国家励志奖学金	National 国家级	2
北京市优秀团干部	Municipal 省级	1
北京市三好学生	Municipal 省级	1
北京市“先锋杯”优秀团员	Municipal 省级	1
2017—2018北京市“先锋杯”优秀团支部	Municipal 省级	1
2019年北航励志成才表率	University 校级	1
2019—2020北航“标兵团支部”	University 校级	1
2018—2019北航“优秀团支部”	University 校级	1
北京航空航天大学2018—2019学年优良学风班	University 校级	2
2017—2018北航“标兵团支部”	University 校级	1
北航优秀学生会	University 校级	1
北航校级优秀团员/三好学生	University 校级	23
北航校级优秀团干部/学生干部	University 校级	13
学习优秀、学科竞赛、创新创业、社会实践、社会工作等各类奖学金	University 校级	37
优秀新生奖学金	University 校级	7

国通学院在国内外赢得了一些影响力，现在有很多的国际化办学学校到学院参观访问，学院和世界十几个高校保持了密切的联系，我们也到国外高校去交流我们的培养理念，在国内外的各种顶尖高校教育论坛介绍我们的办学经验。对学生来说，我们搭建了很多的平台，特别是培养如何成为 global engineers 的平台，通过“工程师的养成”系列讲座活动来提升学校人才培养的质量。

5 学院影响

- 2017—2018年，依托学校博雅课程平台，累计邀请国际工程教育领域专家学者在两校区举办“Global Top Engineers”系列高水平全英文讲座报告10余次；
- 2019—至今，开启“工程师的养成”系列交流分享活动10余场。

国通是一所小而精的学院，非常有特色。2021 年，学院首届本科生将毕业，目前学院已建立了本研一体化培养体系，提升办学层次，首届本科毕业生中已有 20 名学生保研成为学院首届研究生，他们将于 2021 年入学。学院一如既往地向实现办学目标不断推进，将建设一支高端人才汇集的国际科研队伍，致力于在国际前沿交叉科学领域开展科学研究和人才培养。我们特别欢迎有志于成长为未来新型工程教育的国际化人才的考生报考国通学院，和我们一起推进国际通用工程学院的发展。希望我们相会在国通，谢谢大家！

扫描二维码查看哔哩哔哩完整视频

4 工科试验班类（医工交叉试验班）

生物与医学工程学院

学院介绍

学院概览

北京航空航天大学与国内顶级三甲医院在长期科研合作的基础上，依托生物与医学工程学院、医学科学与工程学院，面向我国健康医疗事业对创新人才的急迫需求，针对现有的医学科学研究、医疗器械研发高端人才培养模式中存在的不足，借鉴国际先进经验和理念所开设的全新试验班，旨在培养具有深厚理工功底的医学科学家和具有扎实医学基础的生物医学卓越工程师。

师资队伍

该试验班学生实行全员导师制，所有学生全程配备医、工双导师。北京市生物医学工程高精尖中心为学生提供优质的医学师资（全部是来自顶级三甲医院的主任医师）；北航生物与医学工程学院及医学科学与工程学院保证学生优质的工学师资（100% 具有博士学位，90% 具有海外留学经历）。

科学研究

学院面向医疗器械以及航空航天医学工程领域，开展前沿性基础研究或创新性应用研究，承担国家自然科学基金委及科技部系列重大、重点研究项目。科研成果先后获得教育部自然科学一等奖 2 项、“全国高校十大科技进展” 等一系列重要科研奖励。

本科专业及培养体系

该试验班打破学制、学科限制，构建满足国家、个性需求的体系，兼顾理工、医学需求，为学生提供不同发展路径。学院人才培养的整体定位是：面向我国健康医疗事业对创新人才的急迫需求，培养具有深厚理工功底的医学科学家和具有扎实医学基础的生物医学卓越工程师。

就业、升学、出国情况

该试验班基于“4+4”本博柔性贯通的思路。本科阶段按照四个层次进行培养，考核合格的，将直接进入研究生培养阶段；研究生阶段学生可根据自己的兴趣选择医学科学家方向或生物医学工程师方向进一步深造。

李德玉

医工深度融合、本博柔性贯通——“医工交叉试验班”简介

大家好，我是生物医学工程学院的李德玉教授。我代表生物与医学工程学院、医学科学与工程学院以及医工交叉创新研究院这三个单位，向大家介绍一下医工交叉试验班的有关情况。

首先我们知道，由于很多方面的原因，包括人口的老龄化、生活方式的问题、一些突发的公共卫生事件等，使得我们不得不去应对很多慢性病，如恶性肿瘤、糖尿病等。现在我们整个国家患这方面疾病的人数很多，大家可以看到，这里面有一个趋势图，也可以看到相关的一些需求。这些疾

病事实上给国家带来了很沉重的负担，这是我们医工交叉的迫切要求之一。

另外我们也可以看到，党和国家对于医工交叉方面的要求是比较高的。2015 年 10 月，十八届五中全会提出关于健康中国的问题。习近平总书记在《求是》上有一篇文章，提到了关于生物与国家安全的问题。

事实上医工交叉的问题历来都是存在的。请大家看下面的几张照片。

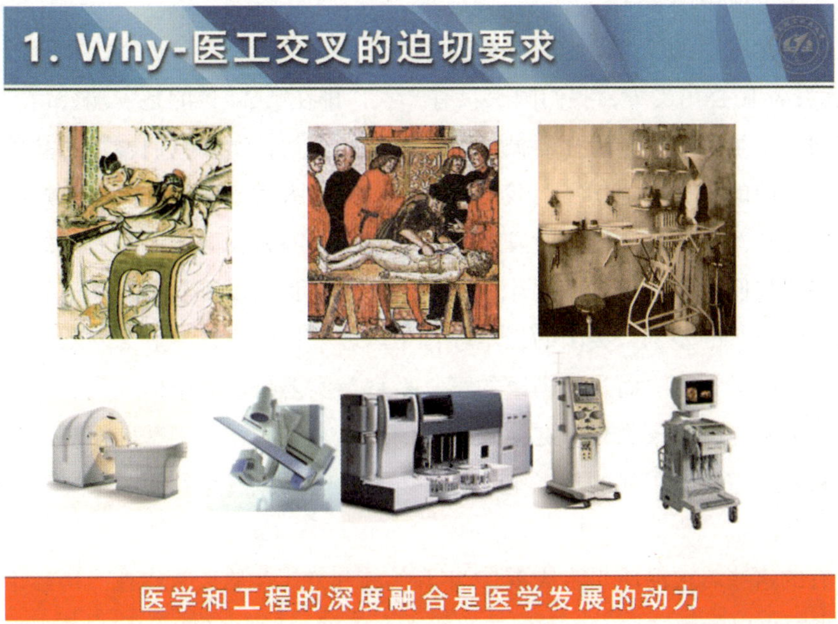

第一张照片是比较有名的，关于刮骨疗毒的事情，那时候是通过一些刮骨的方式来治疗骨的一些疾病；接着右边这些图片，在比较早的时候为了解人体的内部结构，需要把人体打开；后来发展到有一些简易的手术室，这些手术室看上去特别简陋；现在医工交叉需要很多的医疗器械，包括 CT 机、磁共振成像仪等，这些医疗器械都是医工交叉的产物，使我们在不打开人体的情况下，了解人体的内部结构以及病灶在人体内的情况。我们也可以使用各种各样其他的检查设备，辅助医生对疾病做出比较精准的诊断。

医工交叉领域推动着医学的发展。改变世界的 100 大医学发现中，有很多都是医工交叉的内容，这些内容包括各种各样的检查设备、各种手术设备及其他设备。其中很多是获得诺贝尔奖的成果，比如说CT机，获得了1979年的诺贝尔生理医学奖；磁共振成像仪，获得了 2013 年诺贝尔生理医学奖。这些成果现在正造福着全世界的人民。由于这些原因，生物医学工程专业在美国多年都是最热门的，他们叫做 Most Valuable Major，是“最有价值的专业”。当然还有一个原因是生物医学工程专业的好多人，后来进入了医学院，这是最好的一个就业通道。

刚才我们提到了诺贝尔奖，这么多年来，获生理医学奖的人比较多，中国只有屠呦呦教授一人获得了这个奖，其他获奖人都是别的国家的，其中美国最多，达到了 96 个，而我们国家只有 1 个。

生物医学工程的支撑产业是医疗器械产业，高端医疗器械方面，在全球排名前 100 的医疗器械公司当中，我们国家只有 7 家，排在第 34 位的是麦瑞公司。麦瑞公司在深圳，这是我们整个医疗器械排名最靠前的公司，所以我们整个的基础研究和医疗器械目前的状态也迫切需要我们培养医工交叉人才。医工交叉人才短缺，是解决基础研究和医疗器械高端产业发展的迫切需要，因为我国产业发展也处于一个瓶颈的状态。我们国家在这方面人才的培养上，比如我们以医学的人才培养为例，对比中美医学教育的差别。美国的医学教育是以理工科的本科专业为基础的，研究生以上的开始医学教育。而我们国家的医学教育事实上是从高中毕业为起点，也就是大学本科为起点的医学教育。这导致我国的医学领域人才理工基础相对比较弱，而医工交叉领域需要有很强的理工基础的人才，这些人才就是我们医工交叉培养的最主要的一个目标。

所有的这些需求促使北航从 2002 年开始就建立了生物工程专业。历经十几年的发展，大家可以看到这样一个发展的路线。在发展过程中 2008 年建立了生物与医学工程学院，随后在国内的学科评估中，生物医学工程学科在全国排名第四位。现在我们的本科专业中，生物医学工程专业成为国家一流本科建设专业。所以从整个发展来看，无论是生物医学工程学科，还是生物与医学工程学院，发展的速度都是非常快的。在短短十几年的时间里，就晋升为全国最强的几个专业之一。这是整个的专业发展的一个历程。

在这个发展过程中，我们的本科生有非常优秀的一些表现。比如说我们连续六年获得了“六章一星两表率”的荣誉，这是我们本科生的荣誉。其中所有奖项，都是北航对于本科生来讲最高的奖项。虽然我们招生的人数不是特别多，但是我们获得的奖项确实比较多。

除了这些最高的奖项以外，我们的本科生在科技创新活动、竞赛、论文写作等方面，都有非常优异的表现。这些优异的本科生，现在在全世界很好的一些学校里面，或攻读博士学位，或参加了实际工作，也都做出了很好的成绩。所以生物医学学院，生物医学工程学院的人才培养，它的成效是非常显著的。承载这样一个专业人才培养的，生医学院是其中一个部分，大家可以看到生医学院的师资、专业背景、职称比例及一些学院结构和专业。作为主要的培养单位之一，生医学院的师资队伍是一个多学科交叉的师资队伍。有很多来自工科专业的老师，也有来自医科专业的老师，甚至有一些老师就是从临床医生转到我们学院来做教师的。所以它是一个多学科交叉的师资队伍。

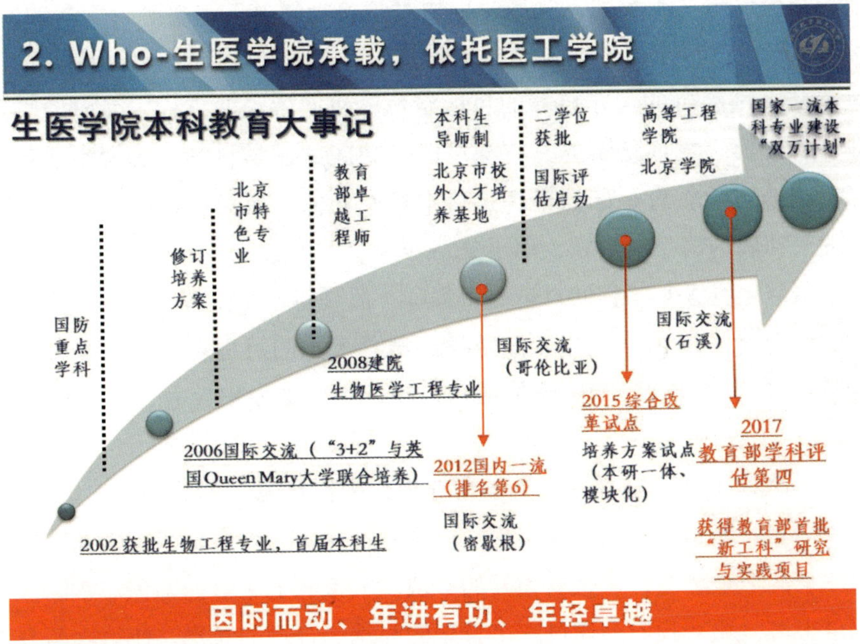

这支师资队伍100%具有博士学位，大多都具有一年以上的出国留学经历，有各种各样的优秀人才，比如杰出青年基金获得者、长江学者、优秀青年基金获得者等。所有的这些专业老师都参与本科生的教学，而且专任教师都会去承担本科生的导师制的一些工作。关于导师制后面还会做一个具体的介绍。

作为支持单位，也是这个专业重要的一个承载，我们有两个高精尖中心。高精尖中心是北京市为了发展新兴产业所设立的一些研究中心，每一年北京市在每一个中心投入1亿元的经费来支持这些领域的发展。国内外的生物医学工程领域的高手也加盟了我们的师资队伍，而且北京有很好的地理优势，就是三甲医院资源特别多，我们学院和很多的三甲医院都建立了很好的合作关系。同时有很多的兼职导师加入了我们的师资队伍，其中有60多位都是来自于医疗单位，包括医院、医学的研究单位，这是整个师资队伍的情况。应该说我们有充足的人力资源，也有很好的财力资源。

我们的学科方向包括了生物力学与力生物学、生物医学仪器和信息、生物材料、康复工程、人因工程、生物光学等。这样一些学科方向支撑了我们很多方面的应用领域，这些应用领域包括航空航天、医学工程、生命保障系统的保障技术、生物医学的智能系统、健康与康复工程、个性化植介入体、组织修复等。

这些应用领域所涉及的生理系统，包括心血管系统、呼吸系统、肌骨系统等，这些前沿领域，包括工程前沿领域、生物医学前沿领域，都是进行交叉的。另外，包括基因编辑、脑科学、干细胞等一些生物医学的前沿领域都是相互联系的。关于我们医工交叉试验班的人才培养的目标定位，我们说是两方面，面向健康和医疗的产业需求。第一方面是培养具有深厚医工功底的医学科学家。大家注意我刚才讲的，美国的医学教育是起点于理工科本科专业的，而我们这个专业培养的是具有深厚理工功底的医学科学家，但不是培养医生，仍然是一个医学科学家。第二方面是我们培养生物医学工程的卓越的工程师，但是对这个工程师要求必须具有比较扎实的医学基础。所以这两个方面是我们培养人才的目标定位，最终我们说，我们培养的人才是兼顾理工和医学的需求，提供不同的发展路径的一种人才培养的定位。

我们怎么样来达到这样一个人才培养定位呢？我说一下关于人才培养的思路，这个人才培养的思路就是我们要实现三个融合，这个融合包括了医学知识体系和理工知识体系的一个融合，这是挺重要的一块。大家知道医学的知识非常的多，理工的知识也很多，那么我们要通过一个合理的筛选、合理的布局，使得这两方面的知识能够融合起来，使得它能够横纵交织，这一点和传统的培养生物医学工程的人才就是把医学工程或者是理科的一些知识简单地组合在一起是不同的。我们希望它是深度的交叉融合，这是第一个方面。

第二个方面是内容的融合。刚才我们也提到，就是要把内容交织在一起，这个是关于实现第二个融合方面的。事实上，在课程组织方面，除了内容的融合，除了知识体系的融合，我们还要做到教学方式的融合。教学方式的融合，就是我们很多课堂是跨学院、跨学科甚至跨单位来组织教学。有很多的来自三甲医院的医生要介入到我们这个教学里面，这就是我们说的通过三个融合来实现我们的目标定位。

3. How-医工交叉实验班目标定位

面向健康和医疗产业需求，培养：

具有深厚理工功底的医学科学家（不是临床医生）

具有扎实医学基础的生物医学卓越工程师

兼顾理工、医学需求，提供不同的发展路径

第三个方面，我们也希望医工交叉试验班的一些实践，能够形成一些新的模式。这些新的模式要区别于现有的生物医学工程的教学模式。刚才我讲了一种把工程学和医学的知识简单地放在一起，或者做在一个培养方案中，相互之间的关系不密切的情况，我们和它不一样。

此外，我们和现有的比如说清华的或者是协和的一些改革模式，也是有所差别的。所以这个人才培养定位和这些正在进行的一些实验项目也是有所差别的，我们更强调的是工程和医学的深度的交叉融合。当然这一个模式也区别于欧美现在培养这方面人才的一些模式。

我们的培养思路还包括在人才培养的具体过程中，是一种定制化的、个性化的人才培养的构架。这个构架主要是我们要把医工整合的这个课程体系和完整的包括实践训练方面的东西融合在一起，形成一个本博贯通的课程体系，就是从本科到硕士、到博士一体化来设计这样一个培养方案。

然后把通识教育、工程基础教育，还有医学教育、医工交叉的教育都放在这里，所有的训练放在一起来实现。面向学生的个性化的多层次的需求，学生可以有多次自主选择的机会。所以归纳起来，我们人才培养方案的设计，是一种打破学制、学科的限制，构建满足国家需求，也满足学生个体化的发展需求的一种培养方案。具体的我们在这儿都写了，大家可以看到。这是我们的一个培养思路。

因为这个学科是一个医学和工程学高度交叉的学科，所以我们所有的学生全程都配备医工的双导师，我想这一点也是很不容易的，这需要很多的人力资源来支撑。90% 以上的学生，我们都期望他们未来能够深造，因为本科阶段学完了之后，获得了很好的基础，为了未来成为一个更高级的人才，那么我们希望学生 90% 以上能够读研，而这种读研的过程我们希望的是通过本博柔性贯通的方式来达到。当然学生在这个过程中可以有自己的一些选择。

我们会利用高精尖中心的一些优质的师资，也会有一些三甲医院的各种各样的资源和机会。当然还有就是，我们要发挥 15 个省级以上的重点实验室的作用，包括科研经费、研究条件，能够有所保障，这样可以为我们培养本科人才提供一个很好的支撑，这是我们的人才培养的特点。

另外，我们要提供一些很好的培养条件。这些培养条件就包括了一流的研究平台来支撑我们的创新人才培养，这些一流的研究条件，就包括了跨学科的、多尺度的、医工交叉的一些基础的平台。大家可以看到，我们列出来的包括基因组学的，包括干细胞的，包括蛋白质的，等等，一直到很多的在系统层面的一些研究平台。这种研究平台是从分子到细胞，然后到组织到器官，一直到系统，这样一个完整的多尺度的研究平台，我们都是已经具备的，经过多年的建设，我们这个平台已经达到了世界先进的水平。

当然还有其他的一些研究平台。比如我们说面向医疗器械的创新，医疗器械、健康与康复设备，这方面我们也有很好的平台，包括了医学图像、个性化的植入器械，还有智能医疗器械、医疗大数据、人工智能等方面的平台。这些平台支撑我们一流人才的培养，在面向企业和国家需求方面来进行研究的同时培养同学们的能力。

当然还有一些其他方面的，也是很重要的一些方面，就是面向航空航天。大家知道，北航的生物医学工程和别的学校的生物医学工程还有点差别，我们有面向航空航天的一些特色，当然这个特色主要是提供特种医学、损伤防护、人体行为认知和人因工程等方面的平台，这些平台对那些有兴趣在这几个方面做研究的同学，可以提供一个很好的支撑。

以上是我们几个研究平台，来支撑我们的人才培养。

我们人才培养的另一个特点就是所有的课程，都是经过严格的专家论证来产生它的内容，所有的这些课程在备课过程中都是集体备课，我们有责任教授把关，使得每一门课程都为我们的人才培养目标来服务；每一门课程从内容到教学方法，再到整个的考核过程都经过了很好的设计。这也使得我们人才培养的很多想法能够落地，大家通过这些课程的学习不仅可以获得知识，而且最重要的是提升能力，能够使自己的综合素质得到很好的提高，这是我们整个课程的目标。

我们这个专业的人才培养还有一个特点，就是国际化的人才培养。整个学院在它的建院之初就是以一个国际化的构架来设计的，多年来这个学院的发展一直遵循着国际化发展的目标。我们本科生的国际学术交流活动是一种常态化的，我们的人才培养通过很多国际化的途径，使得我们的同学有机会到世界上很有名的、很好的一些学校进行短期的学习或者是交换，或者到研究生的时候去联合培养，或者是攻读双学位等。在这之前我们与很多名校建立了很好的合作关系，我们很多本科生到了密歇根大学，到了哥伦比亚大学，到了石溪大学，到了纽约大学等这样一些世界上非常好的大学去交换。所有的这些国际化的途径，也为我们的本科生未来的成长打下了一个很好的国际化的基础，使得他们国际化的能力得到了显著的提高。我们与国际上 25 个院系签订了合作协议，这对我们的学生有机会参加国际化的培养，参加国际交流合作，提供了一些很好的途径。这是我跟大家简单介绍的医工专业的一些情况。

最后有两个常见的问题，跟大家说一下，第一个是关于医工交叉班和大类生物医学工程培养的差别。刚才讲了，医工交叉班实际的定位有两条，一个是医学科学家，一个是卓越工程师。但是对于医学科学家来讲，我们希望他有深厚的理工的功底；对于未来的卓越工程师来讲，我们希望他有扎实的医学的知识，这两点和我们一般的生物医学工程的定位是不同的。这是从内容的角度来讲。

我们可以看到，这里面还有一些其他的不同，就是医工交叉课程的比例，为了实现这个目标，医工课程的比例是不一样的，所以我们医工交叉班的医学课程大约是占 1/2；但是在生物医学工程里面，大约也就占 1/3。所以这是为了人才培养目标定位的实现来服务的。我们大类的生物医学工程专业的培养，到三年级以后是分模块培养的；但是我们医工交叉班是通过本硕博柔性贯通的设计，不是分模块的，这一点也是有差别的。另外，导师的配备等其他方面还可能有一些差别。所以建议大家如果是对人体健康、医工交叉特别有兴趣的，可以优先选择医工交叉试验班来报考。

医工交叉试验班的学生未来就业在哪里？我们到目前为止虽然还没有医工交叉试验班的学生毕业，但是由于我们在设计所有的培养方案，包括在教学实施的过程中，已经考虑到了很多未来可能的就业需求，所以我们可能的就业，比如说以北京等一线城市作为就业的目标，涉及到与医疗器械相关的政府部门，政府部门主要是医疗器械的审评等方向。也有很多的医疗机构，这些都是我们的就业方向。当然也包括像一线城市中有很多的跨国企业，比如说 GE、西门子、飞利浦；还有我们国家的一些优秀的企业，去这些企业就业也是一个方向。

4. 常见问题

Q1：医工交叉班与大类生物医学工程的区别？

- 医工交叉班的医学基础更加扎实，在本科阶段，医工交叉班的医学课程比重大约在1/2，而大类生物医学工程在1/3左右。
- 大类生物医学工程在三年级会分模块方向；医工交叉班因为是按照本硕博柔性贯通设计，所以本科期间的课程是不分模块的，而是在研究生阶段再选择方向。
- 医工交叉班，从大一开始，就由学院为每个学生配备医、工双导师；大类生物医学工程从二年级开始进入专业课程学习，配备专业导师。
- 医工交叉班的定位包括医学科学家、卓越工程师；大类生物医学工程主要是卓越工程师。
- 建议：如果对人类健康、医工交叉兴趣特别明确的，优先报交叉班

扫描二维码查看哔哩哔哩完整视频

但是对医工交叉试验班的大多数学生，我们期望的是，90% 的同学进入硕士或者博士去深造，所以就业的人有一些，但是我们预计不会是那么多。以上的这些方向都可以作为就业的考虑。

这就是我今天介绍的关于医工交叉试验班的一些情况，欢迎大家报考我们医工交叉试验班，感谢关注，我们在北航等你来，谢谢！

5 工科试验班类（航空航天类）

材料科学与工程学院

学院介绍

学院概览

学院起源于1954年成立的航空冶金系，2001年建立材料科学与工程学院，下设材料科学系、材料物理与化学系、材料加工工程与自动化系、高分子及复合材料系，拥有材料科学与工程一级学科博士点。材料科学与工程学科为国家一级重点学科，在2017年教育部学科评估中获评A+。2019年，ESI排名成功进入ESI国际前0.1%，“材料科学与工程”获批国家一流专业。

师资队伍

学院拥有以徐惠彬、王华明、宫声凯、钟群鹏、杜善义（双聘）5名中国工程院院士和以7名长江学者特聘教授、8名国家杰出青年基金获得者为代表的一流师资队伍。现有教授52名、副教授32名、博士生导师58名。

科学研究

学院拥有多个国家级、省部级实验室，联合建立2个“2011协同创新中心”，获批“111 引智基地”。近年来，学院主持国家及国防重大与重点项目 40 余项，获得含 3 项国家技术发明奖一等奖、1 项国家科技进步二等奖、1 项国防技术发明一等奖、第十六届全国挑战杯特等奖在内的科技奖励 20 余项。

本科专业及培养体系

学院在本科低年级实施材料科学与工程一级学科宽口径培养课程体系，高年级的专业方向课按材料学、材料物理、材料化学、高分子及复合材料、材料加工、纳米材料与技术等方向组织教学；学院注重依托重大科研团队培养学生的创新和实践能力，具有良好的育人环境和先进的实验设施，拥有材料科学与工程国家级实验教学示范中心，以及北京市、工信部实验教学示范中心；建有完善的学生科技实践及科研训练体系，学生在各项科技竞赛中屡获佳绩。

就业、升学、出国情况

学院在本科低年级实施材料科学与工程一级学科宽口径培养课程体系，高年级的专业方向课按材料学、材料物理、材料化学、高分子及复合材料、材料加工、纳米材料与技术等方向组织教学；学院注重依托重大科研团队培养学生的创新和实践能力，具有良好的育人环境和先进的实验设施，拥有材料科学与工程国家级实验教学示范中心，以及北京市、工信部实验教学示范中心；建有完善的学生科技实践及科研训练体系，学生在各项科技竞赛中屡获佳绩。

赵立东

有趣的材料科学

同学们好，今天由我给大家介绍有趣的材料科学，我叫赵立东，来自北京航空航天大学材料科学与工程学院。

什么是材料？它到底应用于哪些领域？材料其实在我们生活中是无处不在的，例如电子信息、集成电路，以及新能源汽车、航空航天、无人机、隐形战机、导弹、航空母舰等，这些领域都离不开材料。材料的发展历程是怎样的呢？早在

100 万年前，我们接触的材料主要有石块。在 1 万年以前，出现了通过黏土烧结而成的陶瓷，而后又进入青铜器和铸铁及钢铁时代。近代又发展出各种有色金属。进入信息时代，则产生了复合材料、高分子材料等。随着航空航天科技的发展，人们在人造卫星和登月成功后，科技界开始认识到材料学对高新技术领域发展的重要性。而眼下，功能材料在新能源和 5G 等方面的开发也越来越重要。其中，就涵盖了通过光、电、磁、热以及生化等作用而产生的具有特殊功能的一类材料。

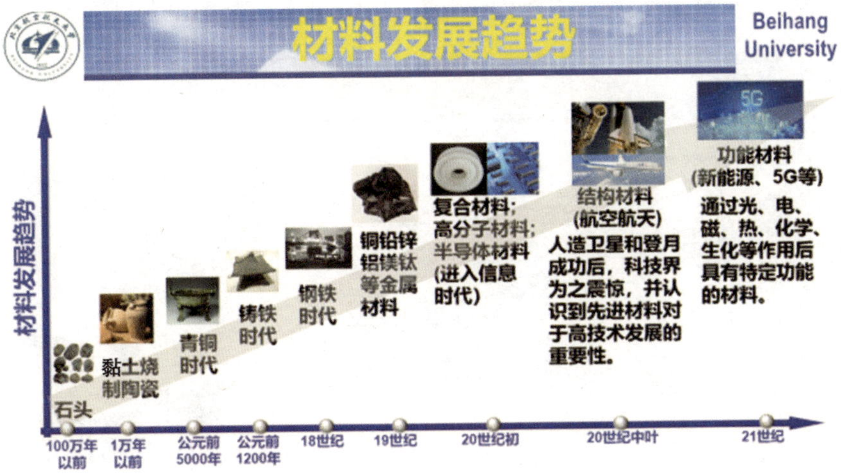

我们大概回顾了材料的发展历程，那么这些材料是如何进行分类的呢？根据材料的不同特点，我们按其化学组成、物理性质、凝聚态，以及它的功能效应、用途和组成等，可以将其分成多种材料。例如，我们可以把材料分为单晶材料、多晶材料、压电材料、热电材料等。

同学们可能会感到困惑，这么多材料，这么多种分类，我们该怎么来制备它们？如何来实现利用它们呢？事实上，我们只要掌握其中四个关键要素就可以了。这四个要素分别是结构、性能、模拟和工艺。掌握了这四大要素，再辅以先进的表征手段，我们就可以很好地驾驭材料了。

作为科学家，我们研究材料的目的是什么呢？主要是解决材料中的鱼和熊掌不可兼得的问题，即材料中存在的一些矛盾问题。如果这些矛盾被解决了，就能在材料性能方面取得很大的成就。

正如材料中的强度和韧性、硬度和塑性，以及脆性和韧性、多晶和单晶、导电和导热等问题。现有的一些材料中存在一些矛盾属性。例如橡胶的韧性很好，但它的强度不佳；陶瓷的韧性较差，但它的硬度很高。这便是自然界中现存材料所具有的本身属性。人们通过认识材料中的三个要素，即结构、性能，以及工艺等，可以人为地去调控材料的性能。如果材料的组成中晶粒很细小，那么它的硬度很高，而它的韧性会很差。

但是材料科学家们可以调整它的行为和组织结构，从而同时实现很高的韧性和塑性，以及强度等综合性能。这就是我们如何驾驭材料。现在我就给同学们介绍一下我们学院主要研究的材料、主攻的研究方向以及这些材料的重要应用。

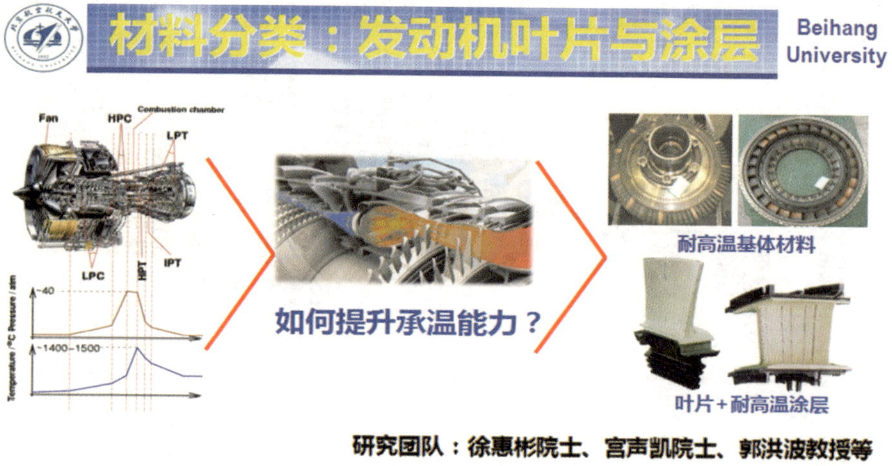

首先作为航空航天特色院校，我们材料学院一个主攻的方向就是由徐惠彬院士和宫声凯院士团队主导研究的高温合金和热障涂层，主要用于发动机叶片。发动机叶片的基体材料是需要承受一个很高温度的高温合金。发动机叶片的承受温度决定了飞机的飞行速度，也就决定了它是几代机，这对基体的材料提出了很大的挑战。同时，在材料所能承受的温度范围内，如果在发动机叶片的表面再涂上一层隔热涂层，便可以提高它的使用温度。我们材料学院在这两个主攻方向都取得了显著的成果。

下面从材料加工的角度来介绍一下我们学院的另一个非常重要的研究方向，叫激光增材制造技术。这是我们学院的王华明院士团队主攻的研究方向。他们主要是制备运 –20 以及歼 –15 舰载机的大型构件，这种大型构件通过一般的加工手段是难以实现的，只能用激光熔覆，即 3D 打印技术。其关键技术也受到了国家领导人的关注。

另一个方向是磁致伸缩，是由我们学院的徐惠彬院士和蒋成保教授的团队来研发的。所谓的磁致伸缩就是通过磁能够产生原子位移；反之，通过施加位移也能够产生磁效应，根据磁致伸缩效应，材料可以实现电磁能与形变能之间的转换，从而在航空航天以及水下通信方面得到广泛的应用。该团队发展了新一代的铁基巨磁致伸缩材料，突破了新型铁基巨磁致伸缩——大尺寸晶体生长关键技术，在国防装备研制上获得重要的应用。同时，他们的研究也获得了国家自然科学奖。

下面我要介绍的是非晶材料，材料按照它存在的形式可分为单晶和多晶。所谓的非晶是指材料结构组织非常混乱，未形成一个有序状态而呈现一个无序结构。在这种无序的情况下，材料中存在的矛盾力学性能问题能够得到权衡，从而实现高强度、高比强度以及大弹性模量等优异力学性能。同时，还可以实现高硬度、良好的耐磨、耐蚀性等。下图所示是由我们学院的张涛教授和逄淑杰教授团队主要研发的非晶材料，它的应用场合也非常广泛，例如在非晶电抗器以及变压器方面等。

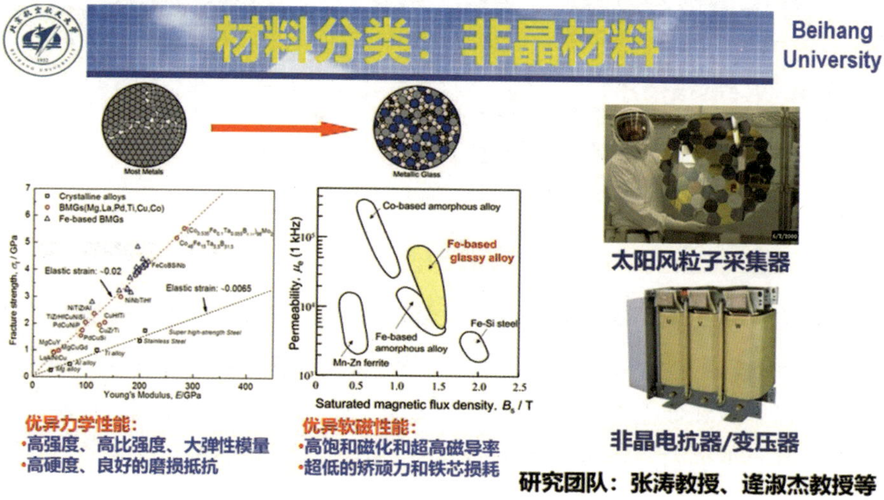

下面我将介绍的是吸波材料，这种材料具有功能性质。在我们的生活中会存在很多的电磁波辐射。同时对于飞机而言，有的飞机为什么叫隐形战机？这是因为在战机的表面涂上了一种吸波材料，从而使雷达监测不到它。这种吸波材料在军事隐身以及消除电磁波辐射等领域可发挥重要的作用。该材料主要是由我们学院的于荣海教授和刘晓芳副教授研制的。该团队主要研发具有薄、轻、宽、强等特点的高性能吸波材料。

下面我介绍另一个比较有趣的材料，叫形状记忆材料。形状记忆材料具有哪些特点呢？主要是在一定的温度和应力的作用下材料会产生形变，在某一个特定的温度和应力下，它又能恢复到原来的形状，这便是形状记忆效应，其应用场合也很广泛且重要。例如航空航天领域中管路连接，以及在医疗领域中植入器械等。同时，形状记忆材料也涉及到生物应用方面，该材料主要是由我们学院的李岩教授研究团队进行开发的。

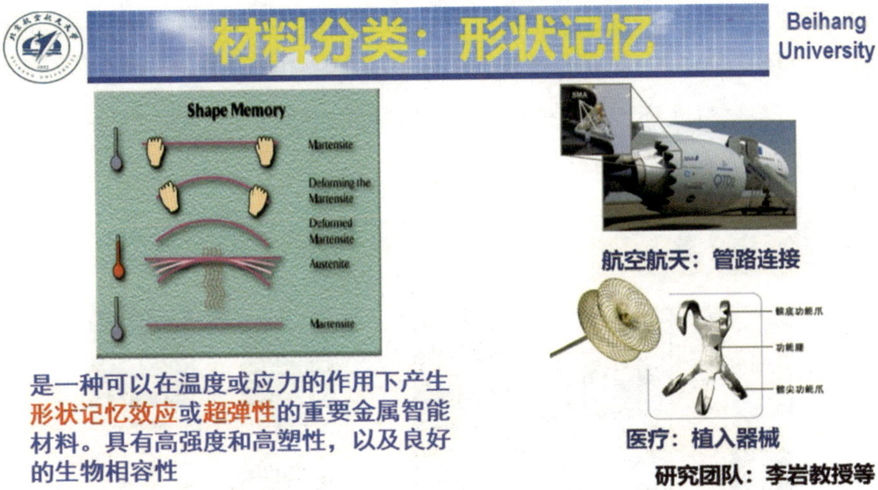

接下来我介绍一下现在受关注比较多的二维材料，例如石墨烯。二维材料有哪些应用呢？因为石墨烯很薄，如果其分散性良好，它就将会具有一个很大的比表面积，在电池材料中便具有很大的应用价值。例如，超薄、多孔的二维材料可以在锂电池材料中实现高功率。该项目是由我们学院的杨树斌教授主要开发研究的。

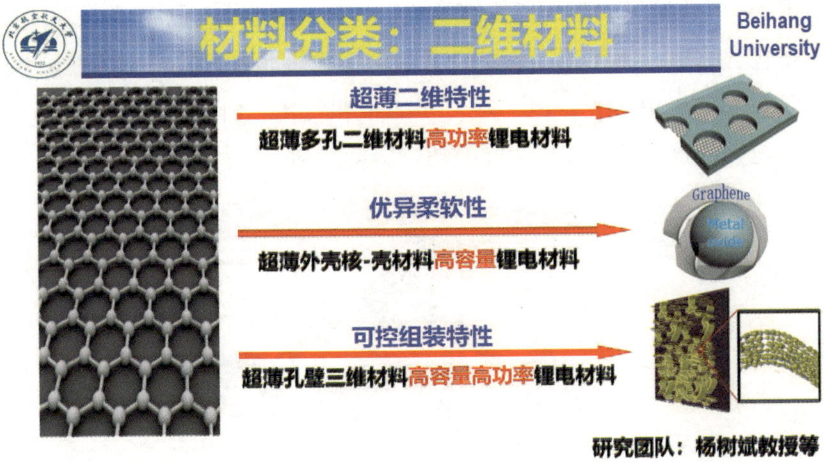

下面我将介绍一下储氢材料。大家知道，现在我们需要多种类型的新能源，由于煤或石油的燃烧会造成巨大的环境污染问题，同时其储量也有限，我们必须研究开发出清洁的新型能源。其中，氢气就是一种非常高效环保的清洁能源。它不存在枯竭问题，零排放且无污染。我们可以制备出氢气，但是如何将其进行存储？传统的存储方式主要有两种，一种是气态存储，另一种是液态存储。现在材料学家可以利用其发现的新化合物，在其化合物里将氢原子和氢离子以及氢分子存储起来。这种存储方式叫物理吸附或金属的氢化物吸附，其存储效率比传统的气态存储效率高很多。所以储氢材料在环境友好型新能源领域有很好的应用。该材料主要是由我们材料学院的刘彤教授团队进行开发研究的。

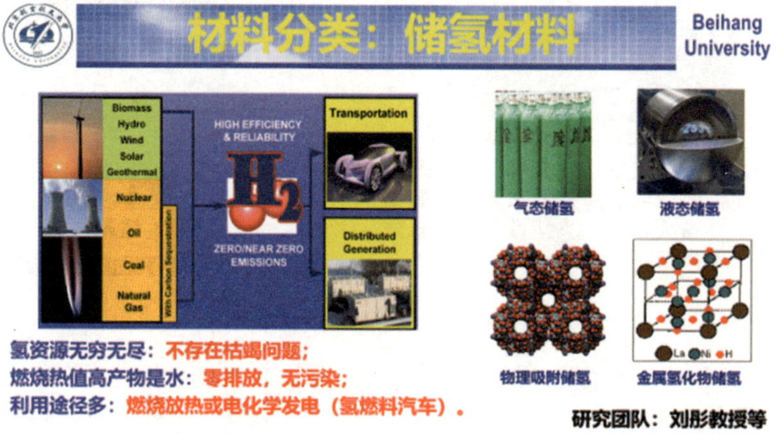

上面我介绍了几种材料，其中有结构材料、功能材料等。目前研究得比较多的，主要为紧跟 5G 时代信息要求的能量转换或者新型功能材料。那么新型功能材料之间的能量转换包含哪些？其实，不管是金属材料、无机非金属材料，还是高分子材料，都存在能量，即磁、电、光、声、热之间的相互转化。由于时间有限，我下面只介绍一下我们团队主要做的电和热之间的功能转换材料，即热电材料。

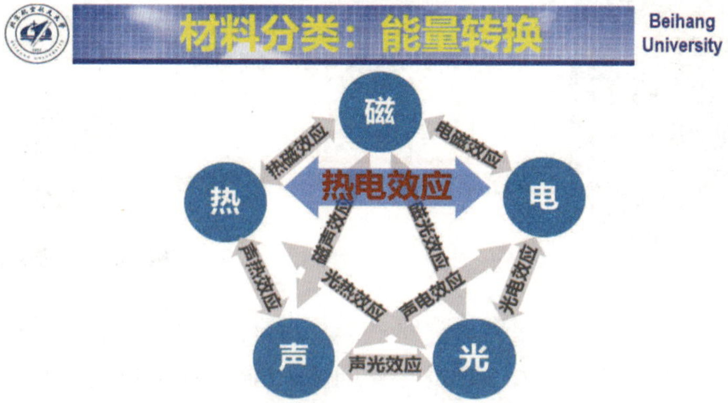

热电材料的发展历史是怎样的？早在 1821 年，也就是 200 年前，一个叫 Seebeck 的德国科学家发现，在一个由两种材料连接的闭环中，如果一端加热，则会在回路中产生电流的现象。这就是一个实验模型，由 N 型和 P 型两种半导体材料组成的闭环中，由于N型材料中主要的载流子是电子，P型材料中主要的载流子是空穴，如果在一端加热，空穴和电子就会从高温端向低温端移动。而且，电子和空穴产生的电流方向相反，所以正好可以形成一个回路，从而产生电信号，这就是一个传统的热和电之间相互转换的模型。

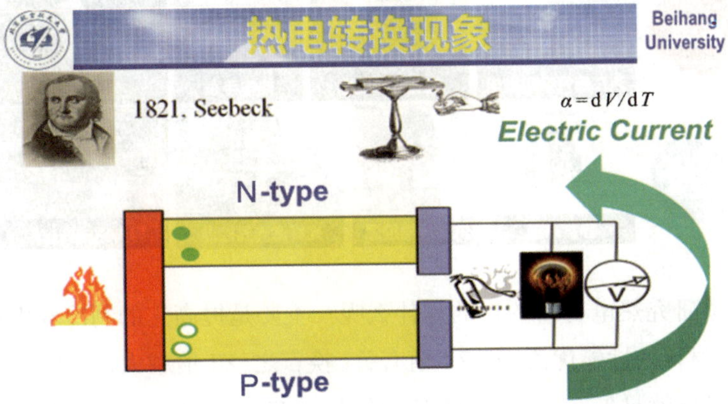

如果我们把无数个PN型材料组装在一起，就会形成一个热电的发电器件。在一端进行加热，它就会产生电流，从而小灯泡就亮起来了。同时，热电还有一个重要的逆效应，即制冷效应。在这个模型中，如果将其通上电流，一端会吸热而制冷。这个就是在制冷场合应用较多的制冷片。

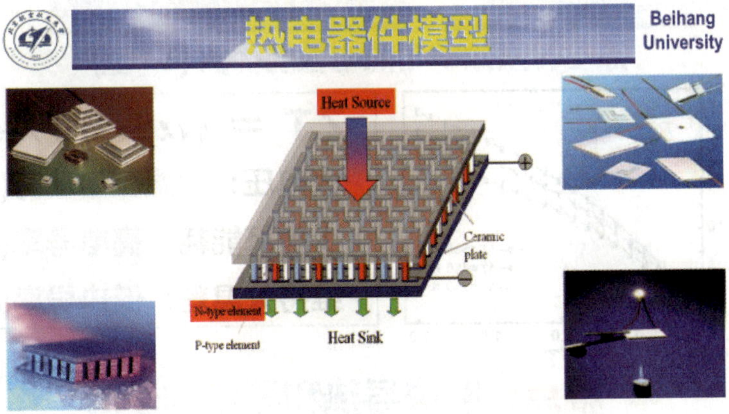

热电技术的应用越来越广泛，在深空探测以及精确温控等国防领域具有不可替代的作用。对于发电，只要有废热就可以进行回收，进行热与电之间的转换。对于制冷，在很多精确温控的场合，我们需要用热电模块实现应用。可见，热电材料在发电和制冷方面有很多重要的应用，且其变得尤为重要。

材料学家研究热电材料的目的是什么呢？主要是提高它的制冷和发电的转换效率。这主要与材料的性能优值，即 ZT 值有关。换言之，ZT 值越大，转换效率就会越高。科学家们的目标就是怎么来提高 ZT 值。但是，ZT 值的提高并不容易，它们之间存在很多的矛盾因素。例如，材料需要很大的电压，同时又需要很高的电导率，但是又需要很低的热导率使其维持很大的温差。所以，这三个主要的参数引出根本的难点，即怎么解决材料中的导电和导热的矛盾问题。

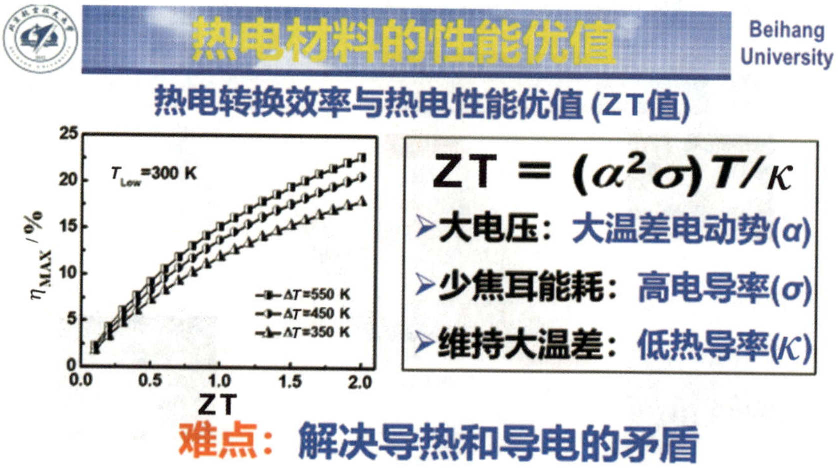

热电材料在元素周期表中主要集中在哪个区域呢？主要存在于四六族化合物中。经过数十年的发展，大家的研究主要集中于此。当然，近几年也开发了一些新型低成本或环保的热电材料。目前四六族化合物热电材料的性能随着研究时间的增加在使用的温域方面得到长足的发展。我前面介绍了热电材料分为 N 型和 P 型，N 型和 P 型就像两条腿，不能一条长一条短，必须得在性能一致的情况下才会发挥出最优的转换效率。

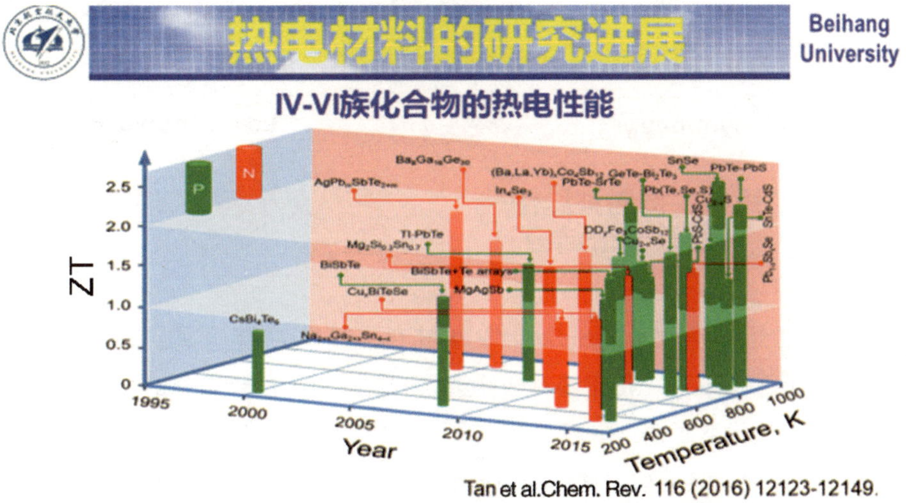

目前，很多材料的 ZT 值已经超过 2.0，同时大家也朝着环境友好的方向研发。对于现有这些材料，大家主要想做一些什么事呢？往往大家都喜欢做一些颠覆性和解除束缚性的工作。热电材料的参数比较复杂，主要涉及到导电、导热以及温差电动势。那么，这些复杂的参数主要由哪些因素决定呢？主要是载流子浓度。但是，N 型材料中的电子或 P 型材料中的空穴并不是越多越好，越多就会导致类似于金属的导电，越少就类似于绝缘体而不导电。所以需要寻找一个平衡，将其优化到一个合理的范围内，即最优载流子浓度。根据这个准则，目前多数热电材料被限制在窄带的半导体中，它们的带宽大概在 0.3 eV 以下。我们该如何实现突破呢？我们需要寻找宽带半导体，因为这意味着它的使用温度会更广。那么，我们如何来突破传统窄带半导体禁锢，进一步来开发高效的宽带热电材料呢？这一直是我们研究团队想要做的事情。

我们基于最传统的四六族半导体，从 PbTe 材料出发，该材料也是美国 NASA 使用的一个中温段热电材料。瞄准它的同族化合物，以环保、低成本以及轻质量为出发点，我们筛选到硒化锡热电材料，它的带宽是 0.9 eV。它具有一个显著特点是层状结构，而且具有低对称性，从而能够导致一个很复杂的电子能带结构。这些特征都是我们做热电材料所需要的。

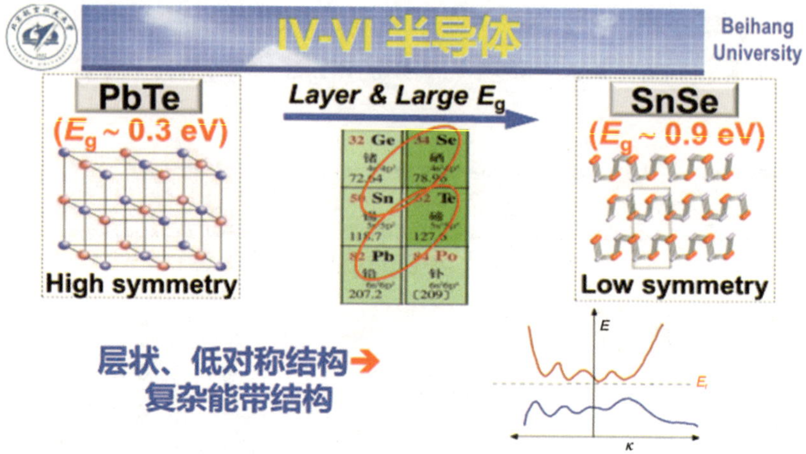

我们通过开发硒化锡（SnSe）热电材料，从2014年开始，到2016、2018、2019年，一直到2020年，每年都有一些重大的发现。这些成果分别发表在*NATURE*和*SCIENCE*上。我下面就介绍一下我们这几项工作是怎么开展的。首先，在2014年我们发现了硒化锡，其实这个材料是一个很传统的材料，以前也有人研究过，但是大家主要是集中在低温区。我们从下图所示曲线能看到，低温区的性能并不好。通过测试到高温，我们发现它在800~900 K温度段具有一个潜在的优异热电性能。该材料热电性能是如何实现的呢？主要是通过将其做成一个晶体材料。因为它是一个层状结构化合物，我们可以很好地利用其层内的高迁移率。虽然它的带宽很大，载流子浓度很低，但是我们可以利用其层状结构实现优良的导电性。在*a*、*b*、*c*三个轴上性能各异，在*a*和*b*这个层面上，面内的*b*方向具有高出其他反向一个数量级的导电性。

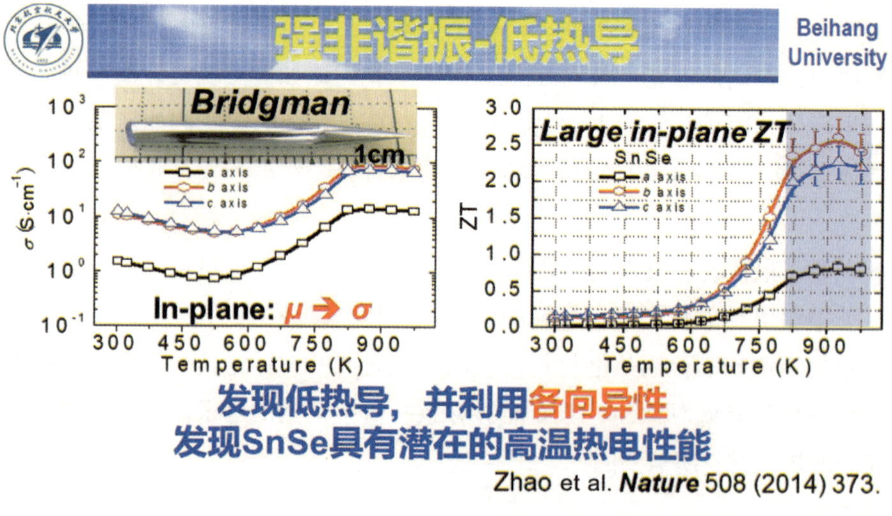

同时，我们发现它具有低热导特性，并利用各向异性特点解耦了导电和导热之间的矛盾，使其具有一个潜在的高温热电性能。我们这项工作于2014年发表在*NATURE*上。这项工作之后，我们想把这个材料的性能进一步提升。因为其ZT值下面的范围对应其发电效率。在上一项工作中，它的高ZT值只局限在很窄的一个温度范围内，所以我们接下来研究怎么将其ZT值进行宽温域扩展，让它相对覆盖的面积更大，其对应的总转换效率更高。我们发现，该材料的电子结构比较复杂，通过重掺杂后，其费米能级移入多个价带中，通过激活多个价带，将温差电动势这个热电参数提高了2~6倍，从而使其高ZT值的范围扩展更广，我们这项工作于2016年发表在*SCIENCE*上。

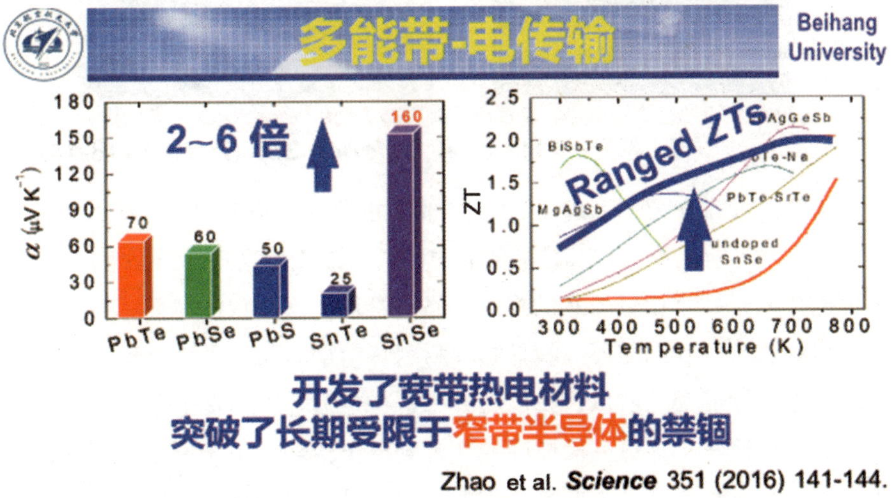

SnSe中Se元素储量比硫化锡（SnS）中的S储量少，由于硫化物中硫储量丰富，同时其质量轻、成本低廉且环境友好，接下来我们在2019年开发出SnS材料。通过变温的同步辐射，我们考察了它的电子结构，发现它的几个价带随着温度的变化上下波动，即互相之间存在协调现象。因为带越多就意味着有效质量越大，所以其迁移率就会越小，但是这三个带彼此互相协调，正好可以调和有效质量和迁移率这一对矛盾，因为热电材料中很多参数是相互矛盾的。通过调和这对矛盾，我们就实现了硫化锡材料中很高的导电特性，这个Power factor（功率因子）当时已经达到53，比我们在2016年*SCIENCE*中报道的Power factor还要高出很多，所以这是一个非常重要的研究发现。后来我们试着将这个材料做成了一个器件，分别与日本的Michihiro教授课题组和中国陈立东教授课题组合作进行了单臂和双臂效率的测试。我们这项工作2019年发表在*SCIENCE*上。这是在一个非常低成本的材料中发现了一个具有很高的热电性能的材料。

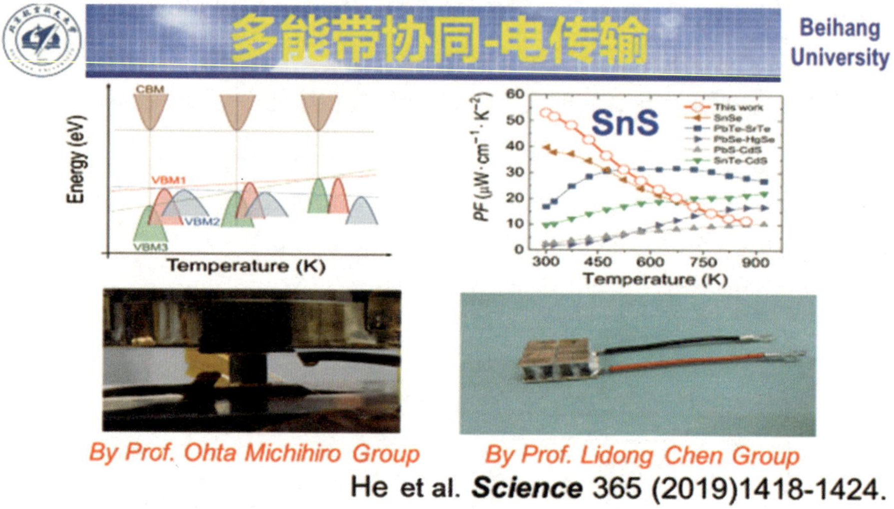

接下来我给大家介绍一下我们2018年非常重要的一项工作。为什么要把这项工作给区分开？因为前几项工作都是晶体面内的，所以我们这里介绍一下晶体面外的。这个发现也是源于一个比较偶然的想法，是在参加一次会议的时候，有一位老院士给我们提出的建议，我们需要寻找低热导材料，但层状材料的面外就是低热导，为何不利用其面外性能呢？所以，我们就有了这一想法。如何使电子能够穿过这个面呢？也就是怎样让电子穿过一面墙呢？考虑到声子传输是由于原子的振动，电荷传输是价电子沿着电子云交叠方向来传输的，因为是层状结构，那么只要层与层之间这个电子云的密度有交叠现象发生，浓度很高的时候，电子就有可能会穿过去，从而实现层间的电荷传输。

我们根据这一想法，对比了N型材料和P型材料，即研究了它的导带和价带，发现导带底有这种电子的离域杂化，而价带底没有，那么也就是说这种离域杂化现象更容易使得电子穿过去。换言之，电子可以穿过，但空穴和声子穿不过去。当初根据这项工作，我们画了一个非常典型且通俗易懂的动画。这是一个隧道，隧道中火车可以过去，但是飞机是过不去的，此外汽车也过不去，所以只有适合的轨道才可以过去。这个轨道让电子可以穿过，空穴却过不去，声子也过不去，正好我们实现了这种二维的声子和三维的电荷传输特点。所以说电荷没有各向异性，但是声子存在各向异性，从而对于导带而言，我们在N型材料的层外实现了一个很高的热电性能。我们这项工作于2018年发表在*SCIENCE*上。

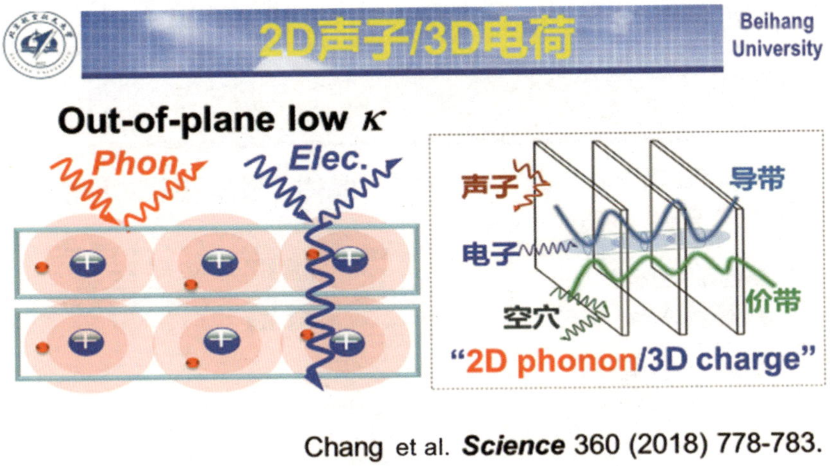

以上总结了我们是如何发现高效热电材料的，从 2014、2016、2018 到 2019 年，我们分别做了四项较重要的工作。首先是一个很强的非谐振性，与低热导有关，这是我们2014年的工作。其次，多能带与电传输之间的一个协同关系，这是电子相关的，是我们 2016 年的工作。再有 2018 年我们又研究出了一个面外的二维声子和三维电荷的传输特性，这是与电子和声子都有关的一项工作。

紧接着我们在 2019 年又开发了一种新型低成本且环境友好的材料，主要是研究它的一个多能带与电子之间的传输特点。这四项工作，我们将其整理，大概总结出我们寻找高效热电材料的一个研究思路，即我们需要寻找一种材料，它具有宽带隙，同时以晶体形式存在；并且，其具有层状结构，同时又有非对称性。那么为什么要选择这四个标准呢？宽带隙意味着材料的使用温度会变得很广，因为不存在窄带隙的本征激发。同时，为什么要以晶体的形式呢？因为长成晶体后，我们可以很好地利用其各向异性，如面内的高迁移率。继这项工作后，我们也试图在多晶材料中提高迁移率，因为改善迁移率对热电材料是非常重要的工作。

迁移率怎么来理解呢？以一个人打比方，迁移率高就说明他跑得快，同时他的体重也较轻。对于热电材料而言，我们需要一个跑得很快的胖子，即灵活的胖子。但是胖子体重大就类似于它的有效质量大，相应的迁移率低，所以这是材料学中的一对矛盾。我们都知道人越瘦，体重越轻，他跑得越快，那么让一个胖子跑快，这就是一对矛盾，所以我们就需要解决这种矛盾。最后我们需要一个非对称性结构，为什么要选非对称呢？因为非对称性结构就会导致它的声子传输产生一个很大的非平衡态，即非谐振态，从而使其具有很低的热导。所以我们大概将这个观点进行了总结，并于 2020 年将这个观点论文发表在 *SCIENCE* 上。

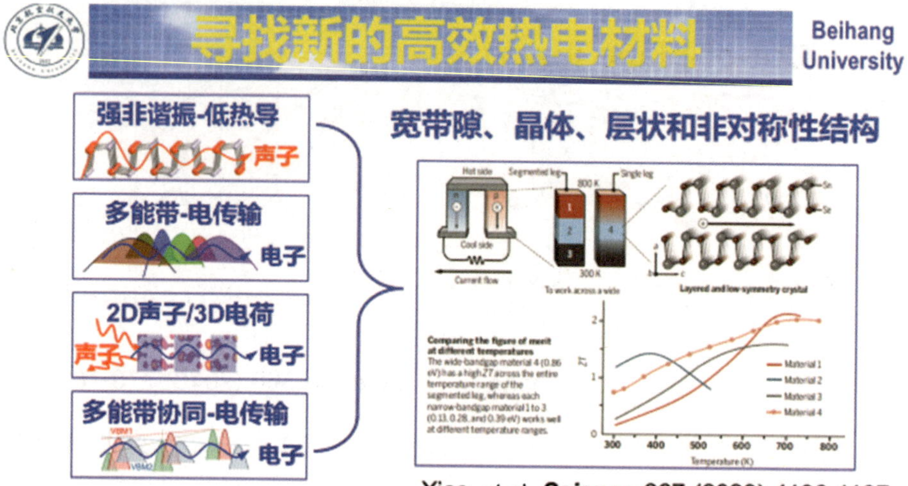

Xiao et al. ***Science*** 367 (2020) 1196-1197.

以上我介绍了如何寻找高效的热电材料，以及我们课题组从 2014、2016、2018、2019 到 2020 年的五个研究成果。最后，我来介绍一下我们材料学院。我们材料学院在北航又叫一系，是第一个系。材料学院现有院士 5 人、杰青 8 人、长江学者 7 人，四青人才有 12 人次。同时我们获得了诸多国家级奖项，如国家技术发明一等奖 3 项，国家自然科学二等奖 1 项，国家科技进步奖 1 项。近几年学院在基础研究上也有显著的进展，在 *SCIENCE* 上发表论文 4 篇，*NATURE* 上发表论文 2 篇。在教学上，我们获得北京市教学成果一等奖，中国研究生教学成果二等奖，还有一门精品视频公开课。

扫描二维码查看哔哩哔哩完整视频

我们在培养学生自主参与的一些科技奖项上也获得很多成果。例如第十届的挑战杯，我们获得特等奖 1 项和一等奖 1 项。我们材料学科进入了 ESI 前 0.1%，也就是千分之一，ESI 就是全球对材料学科的一个定位，这个是很难得的。另外，材料科学与工程学科被教育部学科评估为 A+ 学科、双一流重点建设学科。欢迎报考北航材料学院。

能源与动力工程学院（国家试点学院）

学院介绍

学院概览

能源与动力工程学院（国家试点学院），原名航空发动机系，是北航 1952 年建校时最早成立的 2 个系之一，也是获得国家奖励最多的学院，拥有 6 个唯一：国家人才培养改革试点学院、全国首批 2011 协同创新中心、国家重点实验室、教育部超循环气动热力前沿科学中心、面向全行业的数值仿真中心、国家外专局高层次海外人才引智基地。现建有 2 个一级学科博士点、8 个二级学科博士点、11 个二级学科硕士点和 2 个本科培养专业，其中“航空宇航推进理论与工程”学科在历次学科评估中稳居全国第一。校友中 8 人当选中国工程院院士，航空推进领域 6 名院士均为学院毕业生。

师资队伍

学院现有教授 30 人，副教授 22 人，博导 60 人。拥有中国工程院院士 2 人，长江学者特聘教授 3 人，国家杰出青年基金获得者 1 人，国家优秀青年科学基金 3 人，教育部新世纪人才 7 人，80% 的专任教师具有博士学位。

科学研究

拥有航空发动机气动热力国家重点实验室和航空发动机数值仿真研究中心两个国家级科研基地，先进航空发动机协同创新中心首批入选教育部“2011 计划”，获批教育部“超循环气动热力前沿科学中心”。先后获国家级科技奖励 14 项，其中一等奖 2 项。

本科专业及培养体系

一、二年级实施航空航天大类通识教育，三、四年级按照飞行器动力工程和能源与动力工程专业培养。同时，北航和中国航发集团合作办学，在国家试点学院内设立以中国航空发动机之父吴大观先生命名的高端人才实验班——吴大观英才班，给学生提供成长基金，聘请行业内资深专家学者担任班主任，实行学术导师和企业导师一生双师制，赴境外一流大学实习、实践，目前已有 7 届学生。普通班学生也可通过动态调整进入吴大观英才班学习，普通班实行一生一师制，每年遴选赴境外一流大学访学交流。

就业、升学、出国情况

学院为每名本科生配备学术导师。每年遴选学生赴境外一流大学访学交流。30% 的本科生免试攻读硕士学位，其中 10% 直接攻读博士学位，应届本科毕业生升学率保持在 60% 以上。本、研学生就业率连年保持 100%。毕业生在航空航天动力领域具有极其明显的竞争优势，在能源、交通、石油、电力等行业有着广阔的就业前景。

丁水汀

志当存高远，将为世界谋——航空发动机的那些事儿

各位同学好，今天在一个特殊的年份以这种特殊的方式为大家做一些分享。我今天分享的题目叫“志当存高远，将为世界谋”，主要是跟大家谈一谈航空发动机的那些事儿。为什么起了这个标题呢？我想随着这个讲座的结束，大家就会理解了。下面我分三个方面为大家分享：一个就是未来召唤你，很多同学觉得对飞机有概念，原因是可以直观地看到它。但是航空发动机到底是什么呢？实际上，飞机要想飞行就要克服飞行阻力，而发动机就是用来提供克服飞行阻力的动力的。飞行器能够飞起来，它的升力机制有两种，一种就是大家看到的鸟的扑翼，那是靠着涡升力；还有一种升力是什么呢？我们叫作伯努利升力。伯努利升力就是靠着飞机飞行的速度，在一定的翼型几何和攻角条件下，上翼面与下翼面的气流流速不同，沿着流线的气流遵循伯努利方程，总压是相等的，那么它的动压高，静压就低，这样所产生的静压差就把这个飞机浮起来了。飞机飞行就是遵循这样一个机制。

显然，动力就是产生速度的核心了，那么我们来看看人类实现飞行是不是跟

动力的发展直接相关呢？可以说，没有动力的发展就没有飞行器的成功。你们看，1810年凯利发明了飞行原理，但是直到1903年莱特兄弟才第一次实现了有动力飞行，其间历经挫折，就连凯利都绝望了，说飞行原理是有了，但是飞机却飞不上去，为什么呢？因为当时只有蒸汽机，那么你们想一想蒸汽机能飞上天吗？它的功重比太低了，也就是说它的重量太大了，飞不起来。

那么后来怎样了呢？是可靠的内燃机出现了。我们知道，是1892年狄塞尔柴油机的出现，才使得飞机有动力飞行得以实现。这时可以说，活塞发动机成熟了；但是又遭遇声障了，速度无法突破声速。那么怎样才能突破声障呢？说白了，如果没有喷气发动机的成功，飞行速度就没有办法超过声速。为什么说发动机非常重要呢？因为它是飞机的心脏，它是核心。

首次热气球旅行是在1783年，更早的是达·芬奇飞行器。但是热气球升空靠的是什么？实际上它靠的是浮力，是由密度差产生的升力。但是到了1810年，飞行原理出来了，可是飞机还是飞不起来，为什么呢？因为没有合适的动力，直到1903年，大家知道莱特兄弟进行了有动力飞行，但是前面的内燃机出现在哪儿了呢？1883年奥拓循环出现，1892年狄塞尔循环出现，所以飞机就飞上天了，载入史册了。后来是一代发动机对应一代飞机，所以说，没有动力的进步就很难出现飞机的跨越发展。涡喷发动机出现了，突破了声障，超过了声速，飞机实现了超声速。

所以20世纪60年代像洛克希德·马丁的臭鼬工厂，搞飞行器的都知道SR-71，也就是黑鸟，知道它能飞多快吗？3.2马赫数。能飞到3.2马赫数，那就是用了新的组合发动机。所以后来的涡喷发动机、涡扇发动机和组合发动机等一系列的发展，引发了飞行器的变革。

我们可以这样讲，发动机是飞机的心脏，皇冠上的明珠，国之重器，也是世界强国的标志性工程。那么，有几种类型的发动机呢？同学们可能数上来一二三四，有些可能是你们看得见的。汽车上用的叫什么？叫活塞发动机，这也是最早出现的。你们看上面一排（见图1），上面一排最左面那个就是活塞发动机（见图2）。1903年莱特兄弟就是靠它把飞机飞上天的。超声速靠谁？靠中间那个，涡轮喷气发动机（见图3）。涡轮发动机的功率密度迅速提升了。随着对经济性的要求，涡轮风扇发动机（见图4）出现了。涡轮风扇发动机跟涡喷发动机有什么区别呢？你看是不是又多了一个外涵道，就是那个大风扇。商用飞机的85%的推力是那个大风扇产生的，这就是民用发动机，如果同学们坐飞机就可以看到那个大风扇了。

航空发动机是什么？

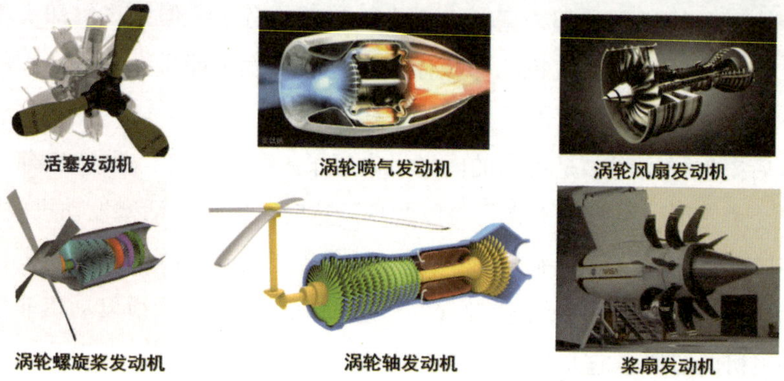

▲ 图 1

▲ 图 2

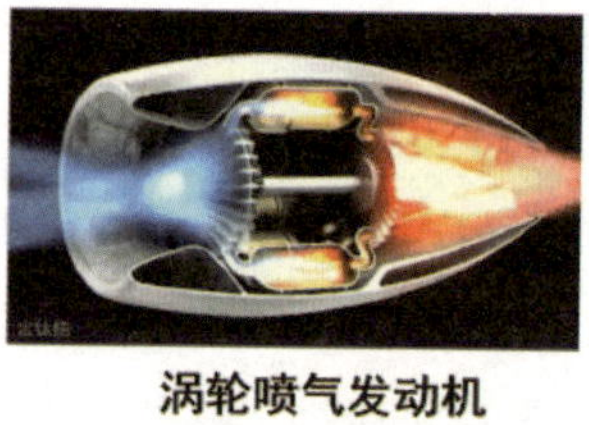

▲ 图 3

▲ 图 4

然后在下面这一排，这个是什么？叫涡轮螺旋桨发动机（见图 5）。用一个涡轮机带一个螺旋桨，这个在我们的支线飞机里经常使用。然后这个是什么？涡轮轴发动机（见图 6）。涡轮轴发动机通过齿轮减速器驱动旋翼，这是直升机用的一个发动机。

那么后面这个叫什么呢？叫桨扇发动机（见图 7）。现在唯一的在全世界航线上运行的桨扇发动机就是乌克兰的马达西奇的桨扇发动机，其他国家也都在研究未来的桨扇发动机。它的好处是什么呢？耗油率进一步降低，经济性非常好。

▲ 图 5

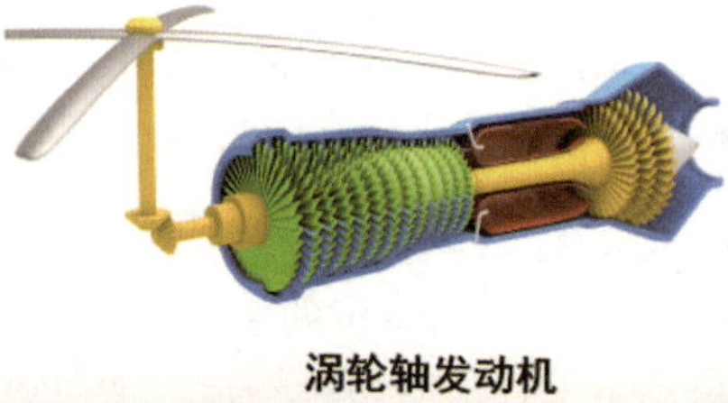

▲ 图 6

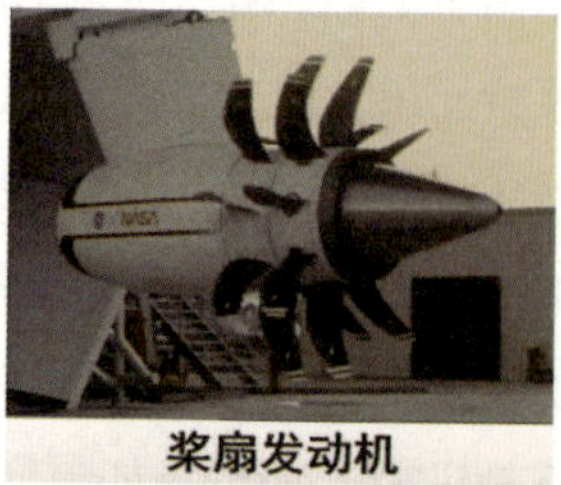

▲ 图 7

人们也在探索新型的动力（见图 8），像这种脉冲爆震发动机（见图 9），叫 PDE。你看脉冲爆震发动机有意思吗？前面的这些转子件没有了，不需要转动件了，靠这个脉冲爆震波产生推力。这个超燃冲压发动机（见图 10）靠高速的冲压把压力提高了，然后直接进燃烧室燃烧，最后喷出去产生推力。

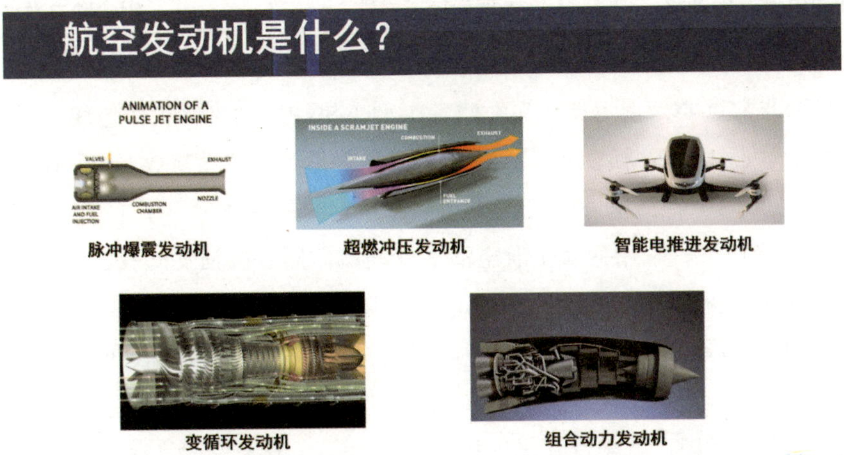

▲ 图 8

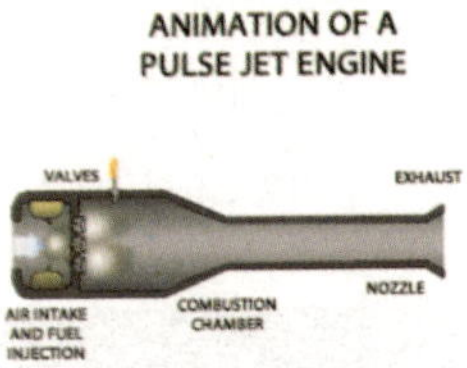

脉冲爆震发动机

▲ 图 9

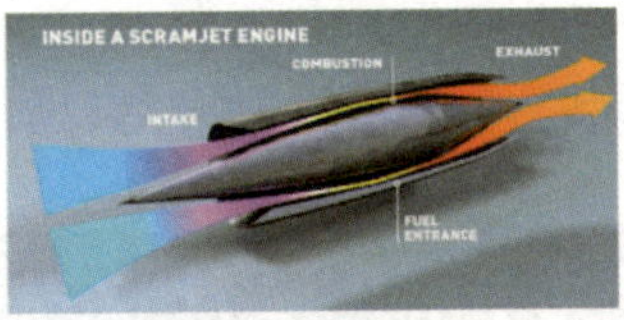

超燃冲压发动机

▲ 图 10

像电推进（见图 11），小孩们愿意玩的那个模型，像大疆的电推进，实际上现在可不只是小模型了，通用航空的飞机，包括未来的支线飞机也开始采用这个电推进。这个是什么？这是非常有名的，叫 VCE 变循环发动机（见图 12）。这个变循环发动机是美国人 1950 年就提出来了。为什么要变循环呢？后面会给大家讲。然后是组合动力发动机（见图 13）。飞行器在飞行过程中，对动力的需求，在不同速度和不同高度的时候是不一样的，需要它适应这样的变化。

智能电推进发动机

▲ 图 11

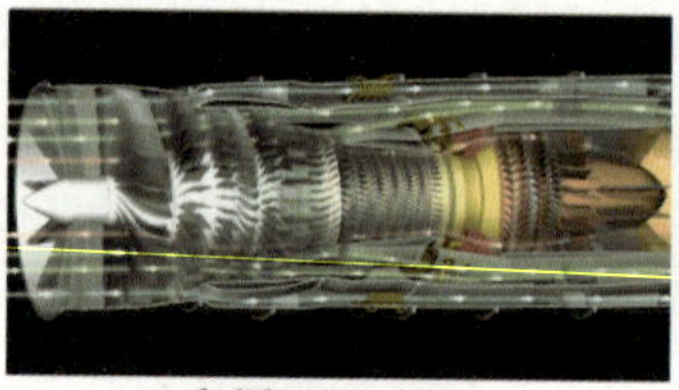

变循环发动机

▲ 图 12

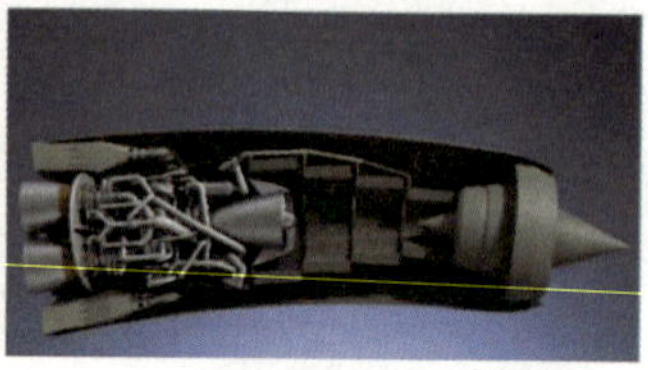

组合动力发动机

▲ 图 13

这张图非常重要，它叫什么呢？叫各类型飞机和发动机的工作包线（见图 14），你看这张图（见图 15），横轴指什么？指速度，就是飞行的马赫数，纵轴指高度。那么你来看（见图 16），活塞发动机在哪儿？显然它的马赫数远小于 1，而且高度非常低，在 5000 米以下，它用的就是航空活塞发动机。然后涡轴发动机也是马赫数小于 1，高度在五六千米以下。然后再往上走，支线客机，速度进一步提高，但还是没有超过 1，这些都没超过 1，一直到了涡喷以后，马赫数超过 1 了，这就是涡喷发动机的范围了。

然后民用的涡扇，就是现在民航用的发动机，一般来说都是在 0.8 马赫数左右，一般不会让它到 0.9，因为到了 0.9 马赫数就产生一定的激波了，这个时候阻力就增大了。所以这张图（见图 16）大家看完后有什么感觉呢？似乎不同的发动机适用不同的范围。大家可以看到最上面那个是超燃冲压发动机，你看那个黑条发现它什么时候才开始工作？它是在 4 马赫数以后才开始工作，发现没有？ 4 马赫数时，它的

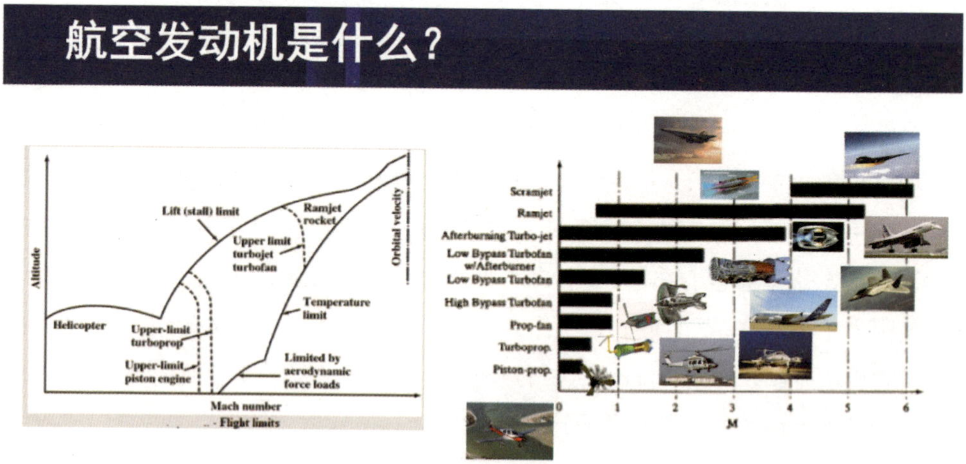

各类型飞机和发动机的工作包线

▲ 图 14

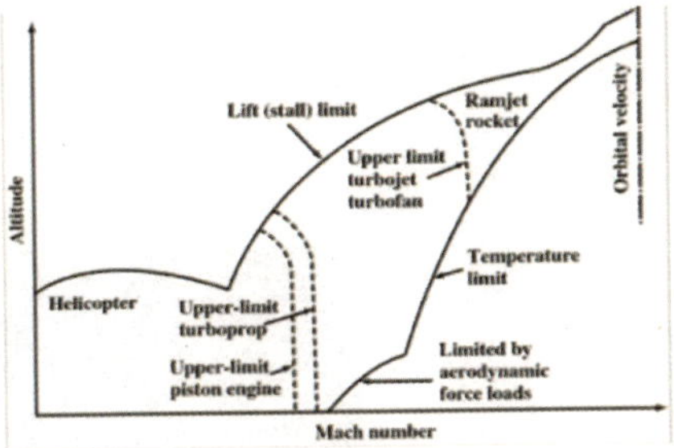

▲ 图 15

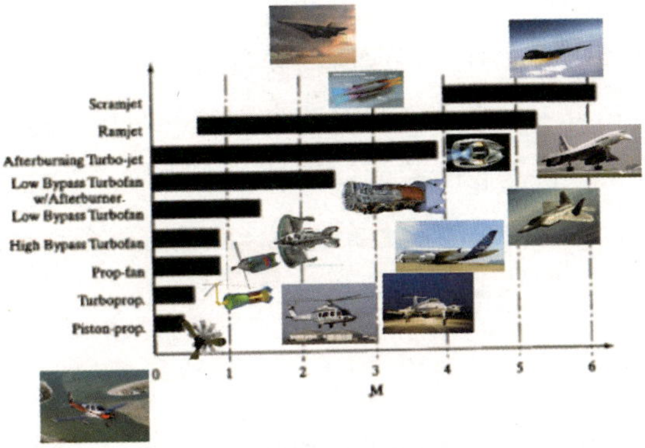

▲ 图 16

高度可以在 30 公里以上，但是 4 马赫数之前怎么办？用啥动力？没办法了吧？所以才有了上页我们讲的组合发动机。

前面使用涡扇，后面加上超燃冲压，这就叫作组合发动机。那么为什么要变循环呢？变循环是什么？就是涡喷与涡扇之间是可以变化的。当需要大推力起飞的时候，用的是涡喷模式，当需要经济性好的时候，用的是涡扇模式，这个就是变循环的发动机。

这张图（见图 17）有意思吗？同学们看一下，你们见过这样的飞机吗？我也没见过。为什么？因为从来没看到过飞机翼吊的是座舱，而核心是发动机，没见过吧？实际上这是个写意的东西，说明什么呢？发动机是心脏，是核心，对吗？那么为什么这件事到现在还这么提呢？因为咱们国家整个发动机的发展经历了这样一个过程。什么过程？一开始就把发动机当成飞机的一个部件，这是不对的，发动机是什么？是整个飞行器的核心，同学们要有这么一个概念。

到底发动机是什么呢？大家可以看看，这就是一台发动机（见图 18），看到了吗？这前面是什么？压气机，把气体由低压一直压到高压，然后进到燃烧室燃烧，这里面叫什么呢？它是发动机非常复杂的内流空气系统，这都是冷却空气。为什么要用冷却空气呢？因为燃烧室的温度很高，燃烧室的温度是多少呢？这就是燃烧室的出口温度，这条曲线（见图 19），你看达到了多少？ 1920 K。1920 K 的出口温度，然后后面接着就是涡轮叶片。那么对于涡轮叶片本身的话，它的金属能扛的最高温度是多少度？现在最好的材料就是单晶，比如说三代单晶也只能扛 1088 ℃。那么如果是 1920 K，这个叶片就烧掉了。但是为什么这个叶片还没烧掉呢？因为它有非常复杂的结构。在叶片的里面要开不同的通道，里面要走冷气，然后叶片的外表面要有气膜出来，有一层薄薄的膜覆盖在这个涡轮叶片上面，把高温燃气隔开，所以罗罗公司有一个专家到我这儿来交流的时候，他做了一个非常恰当的比喻，他比喻什么呢？他说涡轮叶片就好像是一个冰块，在一个高温的炉子里面高速旋转，不允许融化，而且这个冰块上面还要挂四辆奔驰车在运转，这就是涡轮叶片。

▲ 图 17

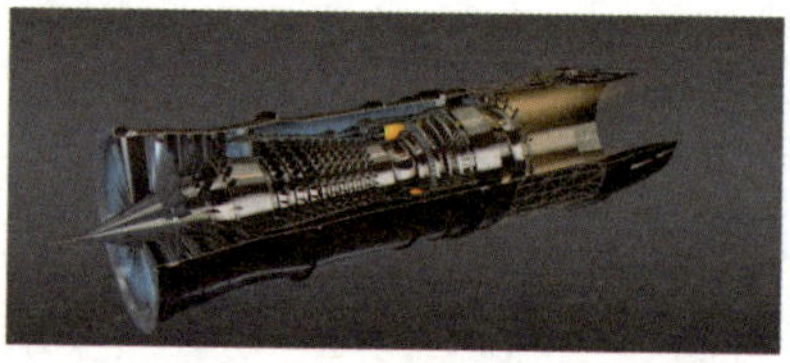

▲ 图 18

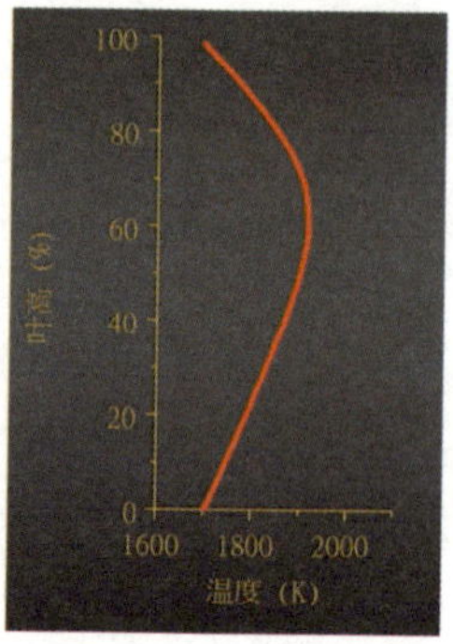

▲ 图 19

所以为什么说它难呢？就是因为它是皇冠上的明珠。那么我们看图 20，从进气、压缩，然后到燃烧，一直到涡轮膨胀，最后到喷管这样一个过程。你看它的温度是怎样变化的（见图 21）？它的压力是怎样变化的？轴向速度又是怎样变化的？这个就不展开讲了，这里面就含着气动，叫气、固、热、声、控、系统、总体、材料、工艺多个学科的交叉和融合。所以说发动机有三高，这三高不是高血压、高血脂、高血糖，这三高是什么呢（见图 22）？首先是高温，刚才讲了美国现在的发动机的涡轮前温度是 2200 K，在这样高的温度下，涡轮叶片要想可靠工作，你们想一想这个难度有多大？金属的耐温比燃气温度至少低 600 K，而且还要让它可靠工作。

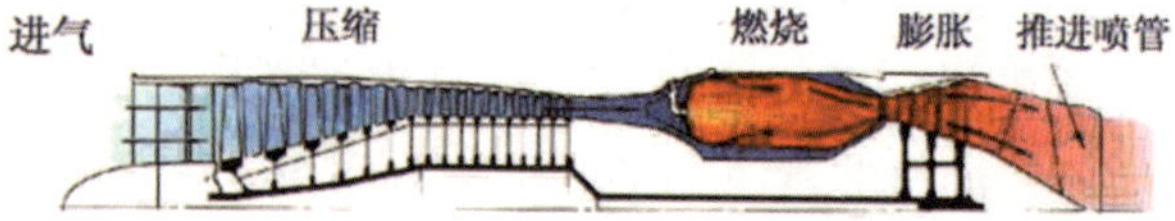

▲ 图 20

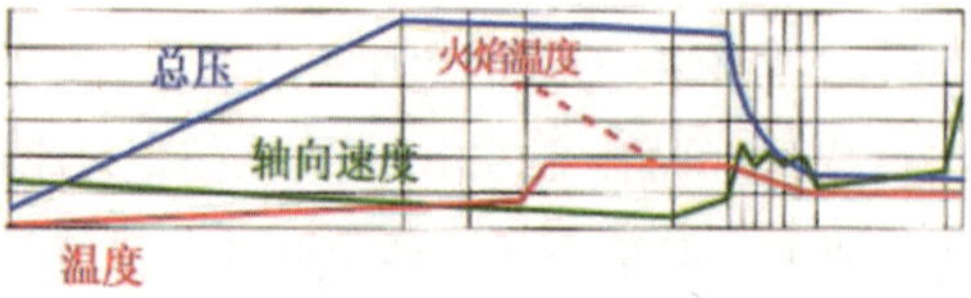

▲ 图 21

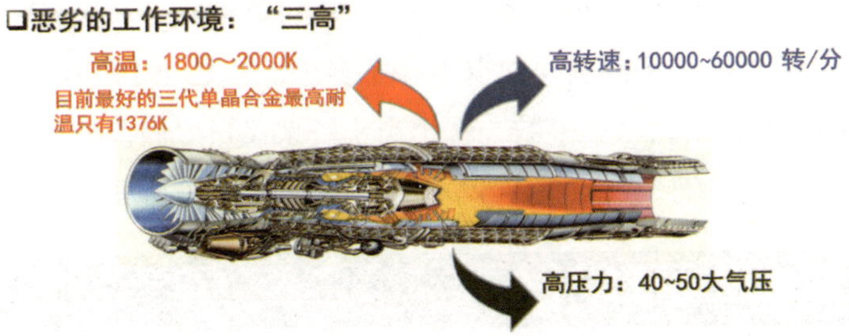

▲ 图 22

再一个就是高转速，大概 1 万 ~ 6 万转 / 分的转速，然后是 40~50 大气压的高压，需要可靠工作。一个 100 毫米高的涡轮叶片，受到的离心力达 6 吨以上，相当于 4 辆帕萨特车的重量。有一次北汽集团的董事长徐和谊到我们实验室参观，我跟他说，我这一个涡轮叶片就等于你 4 辆北汽奔驰。当时他说这么厉害吗？我说真的这么厉害，我就讲为什么，他听完以后说：“哎呀，你说一个涡轮上这一圈有多少个叶片，60 多个叶片，那就相当于 200 多辆奔驰车。”这就是它的价值，就是为什么它的附加值这么高。

现在比较一下（见图 23），看看它牛在哪儿？涡扇发动机产生的推力是自身重量的 10 倍，什么意思？我不用任何机翼，如果我能产生的力是我自身体重的 10 倍，我是不是想去哪儿去哪儿，我这一跺脚就可以上天了？确实这样，后面大家就可以看到。涡轴发动机产生的功率是其自身重量的 9 倍，什么概念？汽车你知道吗？汽车发动机的功重比只有 0.8，也就是说 1 公斤重量的汽车发动机只能产生 0.8 千瓦的功率。你看涡轴是它的多少倍？12 倍。一个涡轴发动机是它的 12 倍，这就是为什么它重要，难度大。

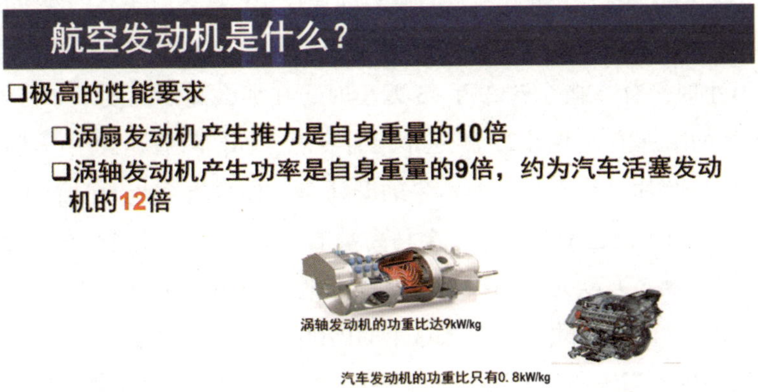

▲ 图 23

再一个就是安全性极高（见图 24），一个二级可靠性指标就是民用发动机的空停率，你看只允许发动机在飞行过程中空中停车多少次？是每 10000 发动机飞行小时，只允许 0.002~0.02 次，给大家算个数，就相当于一架飞机，假设油是耗不尽的，昼夜不停地飞 57 年，只允许有一次空中停车，所以你们可以放心地坐飞机，绝对安全。

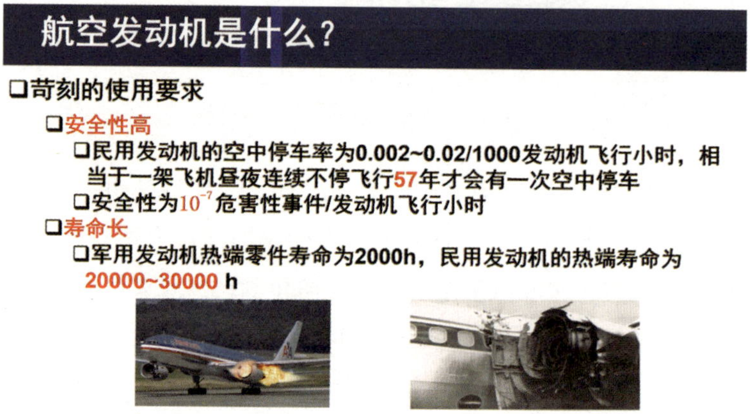

▲ 图 24

安全性是 10^{-7} 危害性事件 / 发动机飞行小时，什么意思？ 10^{-7} 大家可能也没概念，但是可以告诉大家，人正常喝水噎死的概率是 10^{-6}，现在就知道 10^{-7} 是什么概念了吧？ 7 个顶事件叫危害性事件，英文叫 hazardous effect（音），是什么意思呢？就是在空中发动机正常运转的时候，突然一个高能碎片飞出来把飞机打漏了，这是一个顶事件（音）。飞机正在飞的时候，出现了不可控的着火，是一个顶事件。飞机正在飞的时候，突然失去了停车的能力，这是一个顶事件。有毒气体进入驾驶舱是一个顶事件。一共 7 个，这 7 个事件发生的概率都要在 10^{-7}。这就是它的安全性。

那么再看寿命（见图 24）。军机的热端寿命要有 2000 小时，民用机的热端寿命在 2 万 ~3 万小时，什么概念？ 2 万 ~3 万小时，在那么高的温度下。另外，航空发动机具有极高的附加值（见图 25）。这个挺有意思，你们看看，我用市场价值算出来的，一个导向器叶片相当于一辆非常牛的摩托车，你看这个蓝天白云知道是哪个牌子的摩托吧？ BMW，这是宝马的，宝马高端的摩托，多少钱呢？ 6000 欧元。一个涡轮盘相当于一辆 5 万欧元的高级轿车，一个低压的涡轮相当于什么？相当于一座别墅，为什么呢？ 500 万欧元。那么这个 GP700，4 个发动机就是梦想 380，Airbus 380 的 4 台发动机相当于那一堆别墅都给你了。2400 万欧元，这个就是它的高附加值。

▲ 图 25

所以美国在它的国家关键技术计划中，对发动机做了这样的描述：这是一个技术精深得使新手难以进入的领域，它需要国家充分保护并利用该领域的成果，需要长期数据和经验的积累以及国家大量的投资……”（见图 26）。这就是美国人对发动机的认识。那么人类在过去的 80 年都取得了哪些进展呢？这些飞机大家可能都比较熟悉，有 F-22（见图 27），这都是网红了，F-22 可以在 2 马赫数巡航，升限可以到 20 千米。

▲ 图 26

▲ 图 27

F-35（见图 28）是单发垂直起降，它的发动机大家知道是哪个吗？是 F135。苏 -27（见图 29）是俄罗斯的，它的标志性动作是眼镜蛇动作，我第一次看飞机做眼镜蛇动作就是苏 -27，太震撼了，用的发动机是它的四代机，就是 31F。然后像波音 777（见图 30）双发跨洋飞行，就是大推力的民用发动机。

F-35单发垂直起降

▲ 图 28

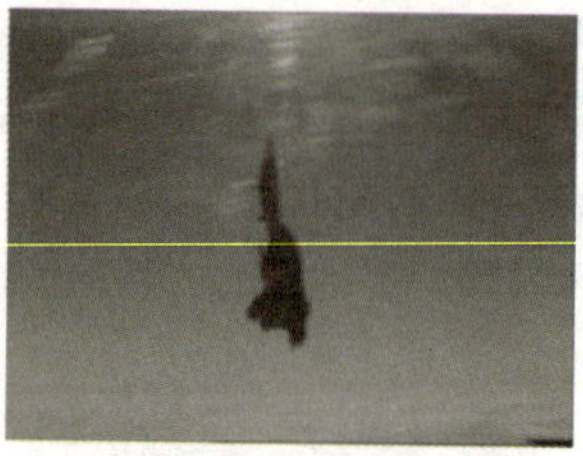
苏-27“眼镜蛇”机动

▲ 图 29

波音777双发跨洋飞行

▲ 图 30

那么我们追求的目标是什么？更高，更快，更安全，更机动，更经济，更安静，这就是近 80 年的成就，你看发动机的推重比（见图 31），从 8 变到 10，一直在提高。我给大家讲一个概念，F119，也就是 F-22 的发动机的推重比是 10 一级的，现在的涡扇是 10，太行发动机的推重比是 8 一级的。大家想一想，你用一个推重比 8 的发动机跟我的一个推重比 10 的发动机 PK，你是不是吃亏？因为我 1 吨的重量可以推 10 吨的东西，而你 1 吨只能推 8 吨，那你怎么打我？

那么为什么追求推重比这个目标呢？苏 -27 可以做眼镜蛇动作。F-22 刚一起飞离地就可以马上拉起来，像一鹤冲天，它为什么能做到呢？就是它的发动机劲儿大，它有矢量推力。我们国家这几年也在发展，去年在珠海航展，如果你们关注了就会看到。歼 10 装的发动机是咱们国产的太行发动机，叫涡扇 10B，单发，矢量推力，它也能做落叶飘，此外还能做眼镜蛇动作！

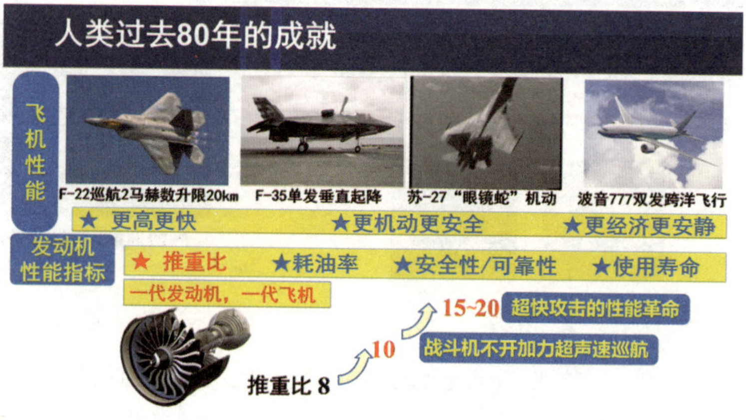

▲ 图 31

如果你有一个好的发动机，绑块门板儿都能飞，就是这个道理。实际上各国飞机，民机也好，军机也好，PK 来 PK 去，在 PK 什么呢？ PK 发动机！那么我们总结一下过去 80 年的成就（见图 32）。来看飞行安全性，这叫 accident rate，就是事故率，它一直在下降，安全性提高了 90%，推重比增加了 350%，燃油效率改善了 45%，噪声减少了 35 分贝，这是了不起的成就。但是，如果把所有的发动机摆在一张图（见图 33）上来看，横轴是年代，纵轴是推重比，你们发现这条曲线是不是一开始上升得很快，然后就平了，为什么平了？遇到瓶颈了。

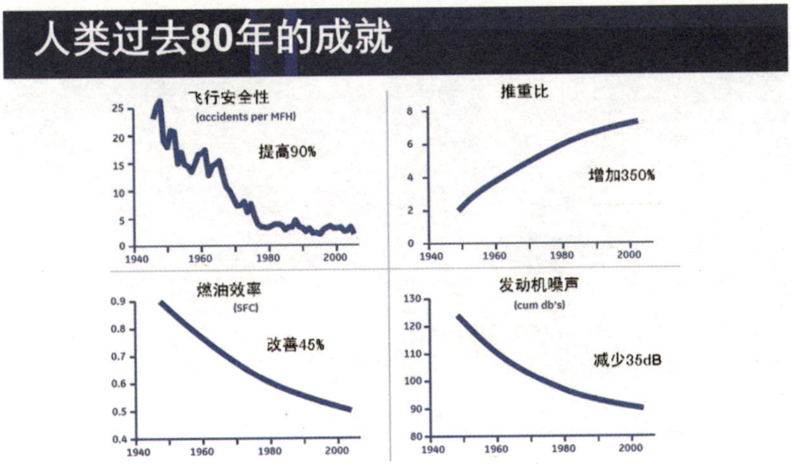

▲ 图 32

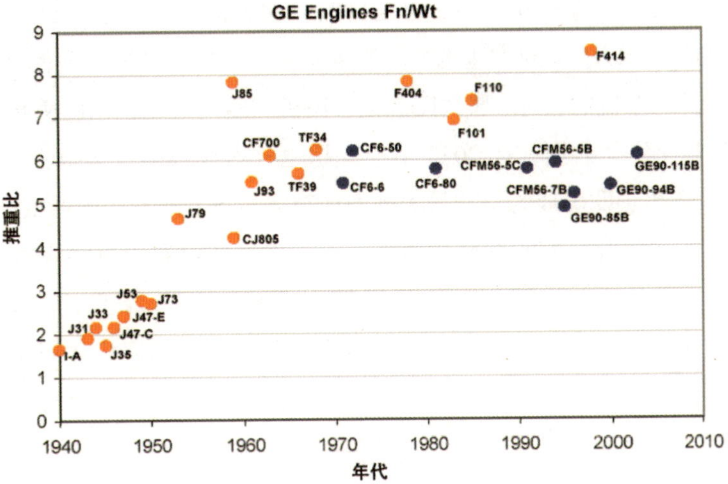

▲ 图 33

近30年，推重比的提升日趋缓慢，那么什么是下一个增长点？换句话说，给我们后发国家留下的非常大的机会，即下一个增长点的突破点在哪里？可以说这是人类共同的目标（见图34），涡轮基发动机要突破，跨速域0~5马赫数，跨空域0~30千米，而且满足长航需求，现在大家都在爬坡，像法国的冲压发动机，英国的超预冷发动机，美国的VCE变循环发动机，美国的TBCC。那么我们中国呢？我们中国走自己的路，叫作涡轮基超循环推进的新构型。

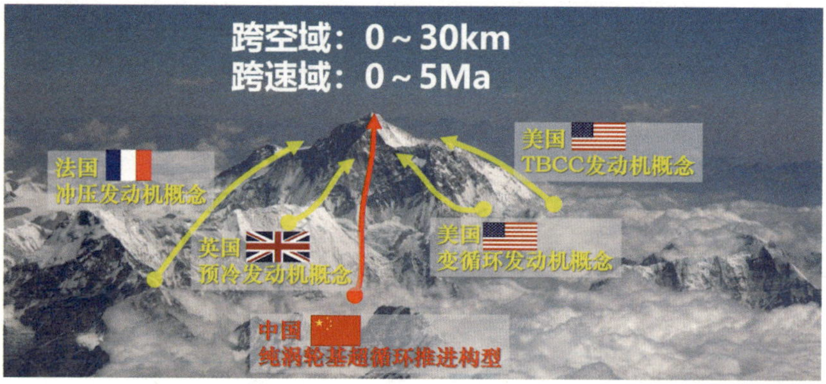

▲ 图34

同学们，可能你们这一代再做发动机的时候，就会遇到好时候，为什么这么说？现在我们是绝对走自主创新的路。过去，美国人是摸着石头过河，我们是摸着美国人过河。现在不是了，现在我们要走自己的路，大家都奔着一个目标去，要自己爬上一万层楼的高空，以5倍的声速飞行，要未闻其声，先见其人，这就是目标。

这是刚才讲的军机的目标，那么民机呢？民机的航空市场正由欧美转向中国（见图35）。我们来看几个数据，在2020年中国超越日本成为第三大商业航空的市场，未来50年中国将超越欧美成为全球最大的商业航空市场。随着我国低空空域的开放，通用航空市场也蕴藏着巨大的商机，为什么呢？大家知道通用航空飞机在全世界有多少架吗？全世界的通航飞机一共有43万架，美国占了23万架，中国现在在民航局注册的飞机只有1000多架，你想想有多大的增长空间？所以说通用航空的增长空间巨大。

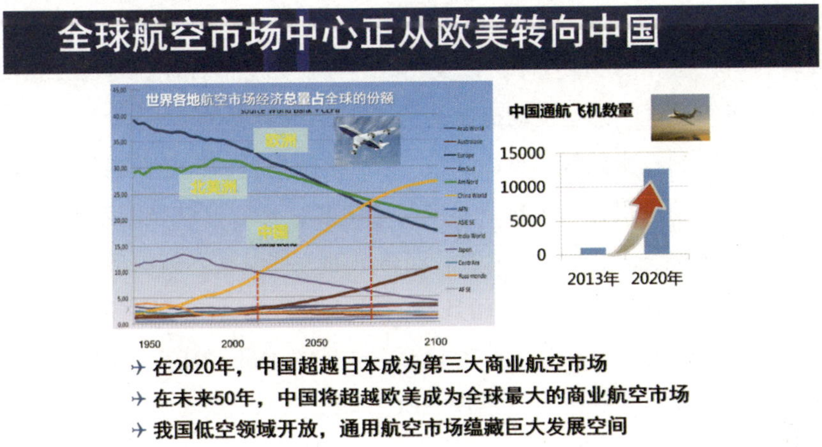

▲ 图 35

我再问一句，通用航空飞机最后 PK 的是什么？还是发动机。换句话说，现在做一架飞机，特别是通航飞机，即便是做全复合材料的飞机，我们都能做出来。但是，如果要做一台高性能的通航发动机，就有难度了。所以这也表明发动机是核心。整个民用飞机有四大特征，我们叫四超，哪四超呢？超洁净，二氧化碳要减排 60%，这是“2050 年哥本哈根会议”定的，NOx 要减排 70%；超静音，噪声再降 75 分贝；超经济，耗油率再降 70%，起飞距离再降 50%；超智能，包括超智能在线维护，智能的空中交通管理 ATC，智能化降低发动机飞行故障率，等等，这些就是民机的发展趋势。

那么要想按照这个趋势发展，需要带动它的什么呢？一个是高效，低耗油率低排放的发动机；再一个是什么？新构型，叫多扇分布式飞机，大家看这张图（见图 36），这个叫多扇飞机，现在飞机的发动机大家也知道，就是翼吊发动机，两个机翼，发动机吊在机翼的下面，这叫翼吊发动机。

那么你看的那个多扇飞机是这样的吗？不是的，发动机在机翼上面，机翼上面通过发动机吸气，把机翼上面的附面层吸走，让飞机的升阻比进一步提高。

▲ 图 36

我们都知道，过去飞机的翼型是流线型，而这种飞机，它不是流线型，是海豚型的，上面有个凹坑，这完全是新的，飞发是一体的，而且它的风扇和燃烧这一套系统是分开的，不是一体的，是电驱动的，包括碳纤维的复合材料，激光的 3D 打印，以及先进的导航和智能控制，等等，这些都是它面临的挑战，我们说这些都是发动机面临的挑战。

现在我们看它的技术路线（见图 37）。第一传统构型的涡轮风扇发动机不断发挥潜力，开式转子发动机跟分布式推进系统持续进步，你看这就是国际上的这条曲线，这是我们走的这条曲线，红颜色的；然后混合电动、纯电动、新构型、新原理的发动机不断涌现，这就是未来的挑战。而且我们讲，航空是 ABC 的格局（见图 38），A 是什么？ Airbus，B 是波音，C 是 COMAC，这是中国的 C919。那么这个格局要想真正形成，必然需要国际标准上也出现 ABC，就是美国的 FAA（美国联邦航空安全局），欧洲的 EASA（欧洲航空安全局），加上中国的 CAAC（中国民用航空局）。要形成这样一个格局，也是一件任重道远的事。

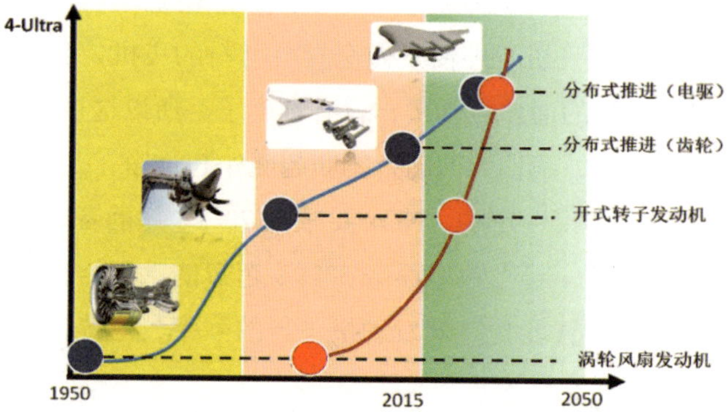

▲ 图 37

▲ 图 38

同学们，未来大有可为，而且中国最需要你，后面我们也会讲为什么中国最需要你？因为国之重器，这是“两心”问题，一个是电脑的心脏，叫芯片；一个是飞机的心脏，叫发动机。这些核心技术都是国之重器，中国“心”再也不能受制于人。

最关键、最核心的技术一定要立足自主创新，自立自强，否则的话，在疫情初期的时候，如果有同学关心航空，会注意到特朗普在推特上发一条消息说，GE 公司有可能要断供中国的 Leap-1C，Leap-1C 发动机大家知道是哪个飞机的动力？是我们 C919 的动力。C919 的唯一动力 Leap-1C，如果不给你了，你的 C919 就真的飞不起来了。那么 ARJ 21 支线飞机的动力是谁？是 GE 的 CF34，如果不给你，你也飞不起来了，这就是为什么需要这些核心技术。中国发动机的发展经历了三大阶段，这三大阶段恰好都与北航息息相关，因此北航在这个领域一直是国内的排头兵。

现在来看第一阶段，叫测绘仿制（见图 39）。测绘仿制是需求牵引，解决型号的研制急需。不是说只有我们测绘仿制，美国人的第一批发动机也是测绘仿制，俄罗斯也是。那么都是仿谁的呢？都是仿艾温德温特的专利，1943 年，英国人的。但我们不是仿他的，我们仿的是俄罗斯的。在这个阶段，像“北京三号”中等功率的涡浆发动机，“北京四号”2.5 马赫数的高速靶机的冲压发动机，在那时候就都搞出来了。“北京十号”单人飞行器的活塞发动机，以及涡喷 11 无人高空侦察机发动机（见图 40），也是非常有名的，就是它，涡喷 11，刻在中华世纪坛青铜甬道上了。这个发动机非常有故事，美国的 J69，当时美国的火风侦察机被中国打下来了，在高空 2 万米被打下来，摔到地上的发动机，后来交给北航，北航两光先生——陈大光、陈光两位老先生，一个搞性能，一个搞结构，最后把它做出来了，最终形成了装备。所以这是唯一的一个，在世界范围内高等学校做出的发动机，能列装的，这非常不容易。

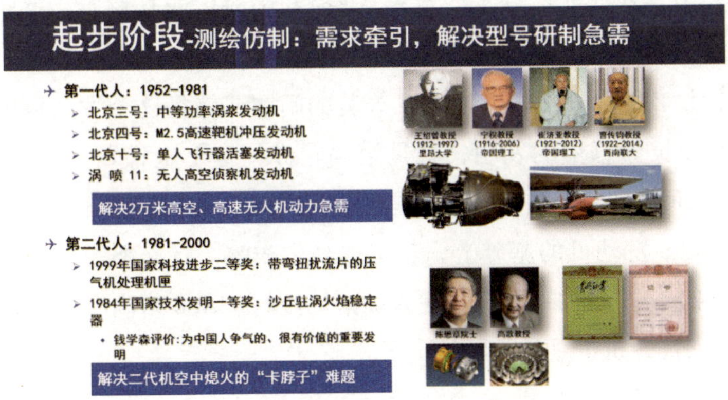

▲ 图 39

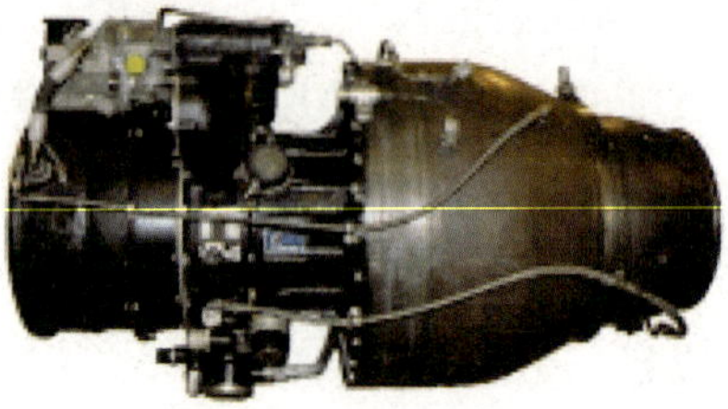

▲ 图 40

而且你看第一批人（见图 39），宁榥教授、王绍曾都是我们发动机的元老。崔济亚先生是帝国理工毕业，也是我的博士生导师，还有曹传钧先生，这些都是第一批人。那么第二代人就像我们，在带弯扭叶片的处理机匣，沙丘驻涡火焰稳定器上的研究，我上北航就是冲着这个来的，为什么呢？当时高歌先生 1984 年获得国家发明一等奖，我 1986 年进的北航，这两项发明都用在咱们国家二代战机的主力机型上，就是涡喷 13。从前面看是陈先生的发明（见图 41），从后面看是高先生的发明（见图 42），这两项发明都是北航的。钱学森给了很高的评价，说这个是为中国人争气的、有价值的重要发明，解决了二代机的空中歇火等等问题，这个时候就实现了零的突破。

▲ 图 41

▲ 图 42

那么第二个阶段是什么呢？叫仿制仿研（见图 43）。这个阶段不光是仿制了，还要研究，以基础推动，引领未来能力的增强了，你们看 2012 年 9 月，国家首批 14 个协同创业中心在北航成立了。2+X，北航和中航工业是核心，这些学校和十家单位作为它的协同单位在一块儿形成了一个整体，这个时候我们解决了什么问题呢？解决的是一个十年获得三项国家发明二等奖的问题，就是这个发动机的叶片热障涂层，这是我们校长徐惠彬的发明，就是给涡轮叶片穿个金钟罩，降 100 ℃的温度，这个很了不起；而前列大小叶片技术，是我们陈先生，陈懋章院士的发明，这个发明在我们国家涡轴 6 发动机的基础上，功率提高了 30%。什么概念？原来直升机只能实现 200 米高度的悬停，加上这个发明以后，可以在 1400 米高度、40 ℃高温条件下悬停，我们国家直升机进藏的问题解决了。

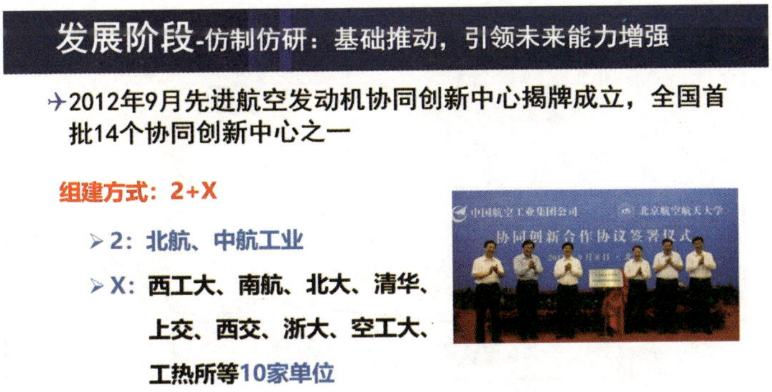

▲ 图 43

军用涡扇推进气动热力重大基础研究，是直接瞄准推重比 16 的气动热力方案。那是超过 F119 的，这些，包括涂层装备，产生了一批全球领先的基础研究成果。

那么第三阶段是什么呢？是自主创新。我为什么讲这个呢？因为自主创新需要什么？需要年轻人加盟。自主创新是什么？组建中国航发，这是第一次把发动机从飞机里面拿出来，成立个大集团，9 万人的企业。然后进行机制体制改革，包括要自主研发和制造发动机，而且要瞄准世界前沿。那么我们现在有没有卡脖子的问题？确实存在。刚才我讲了，现在民机除了 C919 之外几乎空白（见图 44），没有抗风险能力。从图可以看出，全是人家的，现在我们的长江 1000 还在研制过程中。

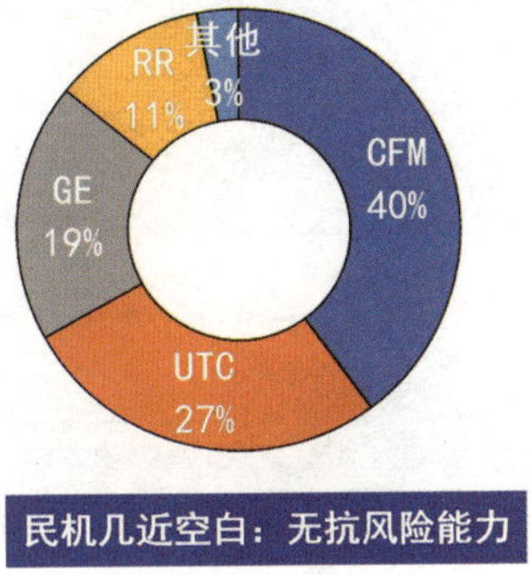

▲ 图 44

军机尚有差距，没有形成战略威慑（见图 45）。这是我们的差距，大概差一代半左右。那么在这种国际竞争的背景下怎样实现领跑？我们要变道超车，要搞自主创新。你们看这个动力系统要跨空域、跨速域、长航时，刚才已经讲到了，这是我们追求的目标。那么民机，大家知道，现在都要超声速了，像协和 2 马赫数后来退役了，它退役有各种原因；但是现在美国的 NASA 又提出来，要干什么呢？要干 1.3~1.8 马赫数，符合欧美严格噪声标准的超声速飞机。不仅要实现双跨，还要低油耗、低噪声。你看这些飞机的特征一看就是超声速客机（见图 46），能认识吧？你看这个尖尖的，为什么是这样？就是为了突破声障，所以它的载客量都不是很大，但是动力仍然是核心。

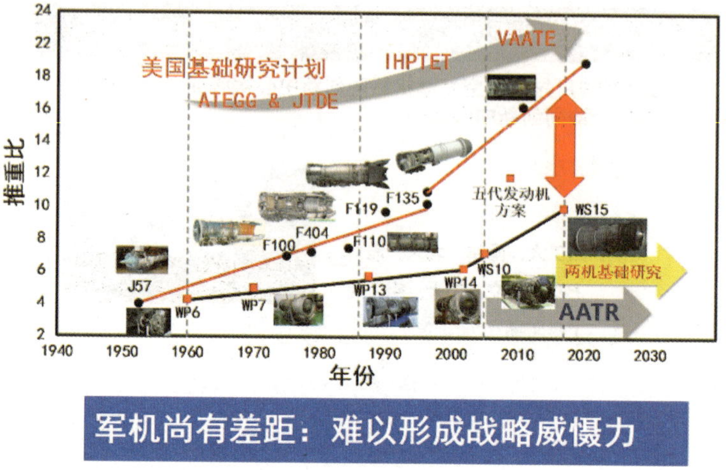

▲ 图 45

▲ 图 46

怎么搞？变道超车的关键是什么呢？看这条曲线（见图 47），这边是马赫数，这边是推力，中间有一块区域叫推力间隙，这是什么意思？就是发动机的推力不足以抵抗飞机的阻力，所以我们叫推力间隙，什么意思呢？就是实用的速域一般在 0~2 马赫数，极限是 3.2 马赫数，实用空域一般是 0~20 公里，极限是 24~26 公里。未来是什么需求呢？是在 4 马赫数以上，同时 20 公里以上，而且还要兼顾耗油率。

大家知道那个“黑鸟”飞到了 3.2 马赫数，但是它在地面起飞的时候是不能满油起飞的，为什么呢？因为在地面的时候推力很小，所以油箱不能加满，起飞以后在空中再加油，速度起来才能再加油。飞一次需要多次加油，所以实用性不高。但是现在不一样了，现在要解决这些问题了。

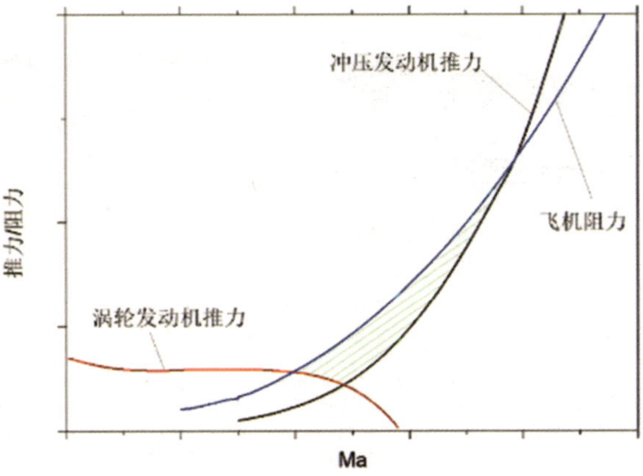

▲ 图 47

你们看国际上有很多努力，像 PDE，这我不展开讲了，PDE 发动机叫脉冲爆震发动机（见图 48），它的缺点是什么呢？工作不稳定，难以控制，这些到现在也没有很好地解决。

再看超燃冲压发动机（见图 49），它确实有好处，但是它有什么缺点呢？不能自行启动，刚才讲了它在 4 马赫数以后才能正常工作，而且还需要用助推的办法推到一定的高度才行，所以这个发动机也不行，也没解决问题。然后像 TBCC 涡轮基冲压组合动力（见图 50），就是 SR−71，臭鼬工厂的杰作，它现在正在做一个 SR−72，号称马赫数还要翻倍，速度还要翻倍，翻到多少呢？ 6 马赫数，但是缺点依然存在，什么缺点？低速时耗油率高，留空时间很短，两种工作模式都存在背“死重”问题，就连它也没法解决。

▲ 图 48

▲ 图 49

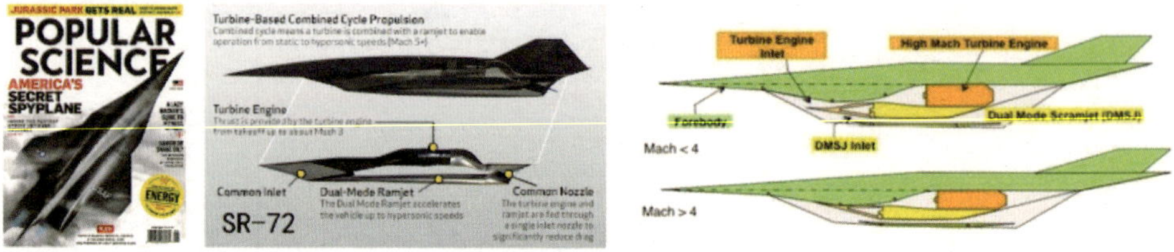

▲ 图 50

再来看 RBCC 火箭级的组合动力（见图 51），它的比冲低于涡轮发动机，低速航程短，只适合于高速飞行，它也不能实现我们所谓的跨空域和跨速域。那么英国人的超预冷发动机，要说它突破的技术那也是令人咂舌的，可以让速度为 100 千克每秒的气体在 0.04 秒的瞬间，温度降 1000 K，这了不得。但是它的预冷设备体积很大，发动机背“死重”，低速油耗高的问题也没有完全解决。

再看美国的变循环（见图 52），美国的变循环发动机现在的可调涵道比小于 1，调不了太高，否则无法实现高速飞行，就连马赫数大于 3 它也不行，这就是它的缺陷。所以，这么多国外的努力都存在着缺陷，当然给我们留下了超越的空间。那么我们就要瞄准国外的痛点，提升涵道比的可调范围，改善低速经济性，消除推力间隙，提高超声速发动机的推重比，这些都是变道超车的关键。

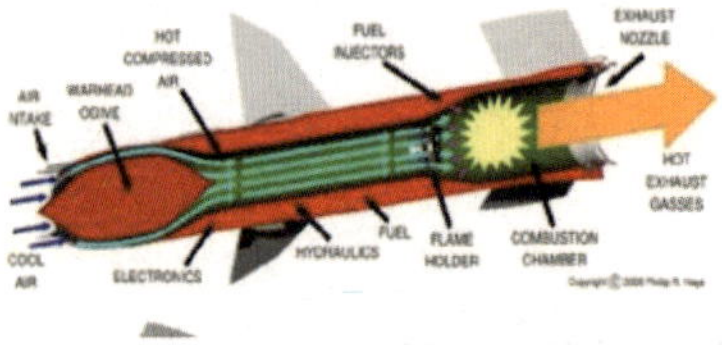

▲ 图 51

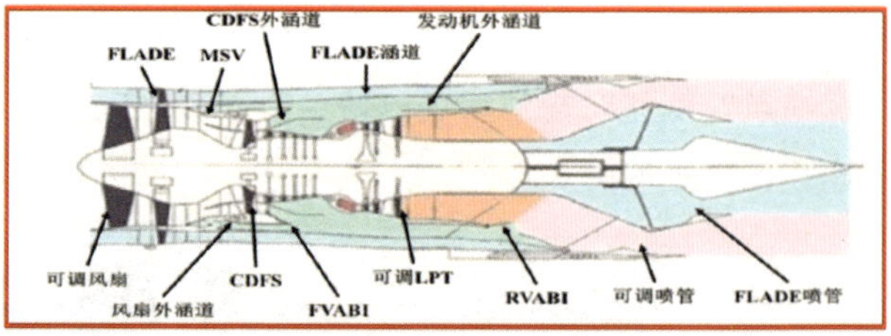

▲ 图 52

好了，现在来看有什么新技术（见图 53）？有一堆新技术呢！同学们，这就需要创新了。你们看预冷是什么？要在 0.04 秒降 1000 K。这么高的温度，材料制造就要突破极限，这个时候因为它的温度变化速度非常快，所以要求这个材料是把几种材料凝聚在一起，用 3D 打印的方式打出来，不同的温度区域用不同的材料。

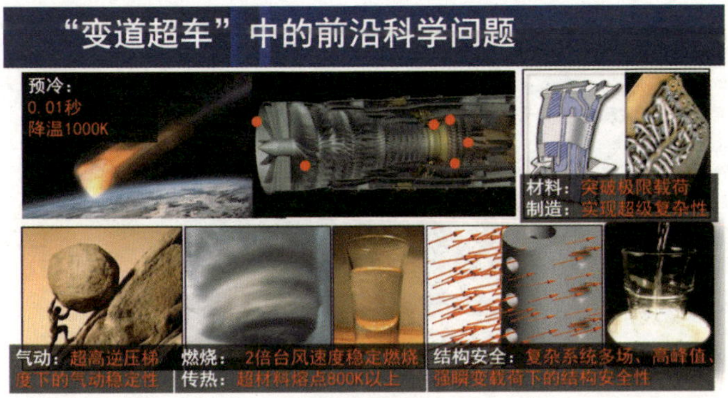

▲ 图 53

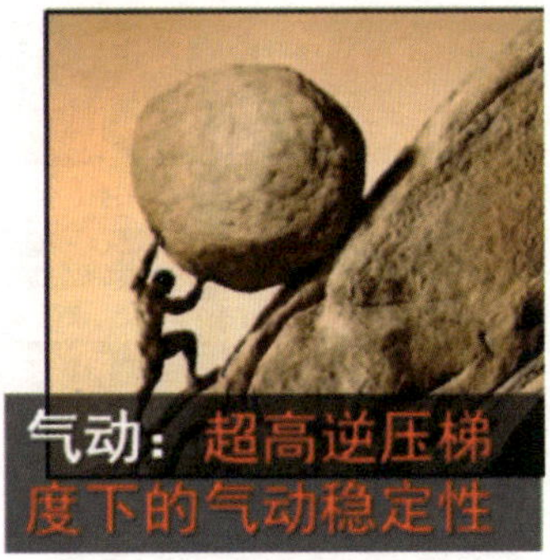

▲ 图 54

这个是什么？超高逆压梯度下的气动稳定性（见图 54），什么意思？实际上大家都知道压气机，它把气体由常压变成高压。这是不是相当于一个人骑着自行车在爬坡，如果让你爬一个 15° 的坡估计你都悬了。那么对应于超高逆压梯度又是什么意思呢？也就是让你骑自行车爬一个 60° 的坡，这就是它的难度，那样就翻车了。骑自行车叫翻车，那么对应于气动叫什么呢？叫气动稳定性。这就相当于要在 2 倍台风速度里稳定燃烧，要在超过材料熔点 800 K 以上传热条件下可靠工作，这都是挑战极限，包括结构安全，是在多场条件下的结构安全问题，这些都带来了很大的挑战。

所以党中央、国务院做出重大决策要搞个专项，这个专项也是在北航进行论证的，现在正在做，要干什么呢？就干这件事（见图 55），就是体现国家自主发展先进航空发动机的决心。同时我们也提出了一个计划（见图 56），为什么还要给高中生讲这个计划？因为这个就是年轻人的计划，叫 FATIP，英文是 Future Aeroengine and Turbine Innovation Project，是“未来航空发动机创新计划”，我们要通过这个计划吸引全球的智力资源，然后围绕中国的目标——涡轮基超循环推进的新构型这样一个动力去发展，汇集全球资源来做。

▲ 图 55

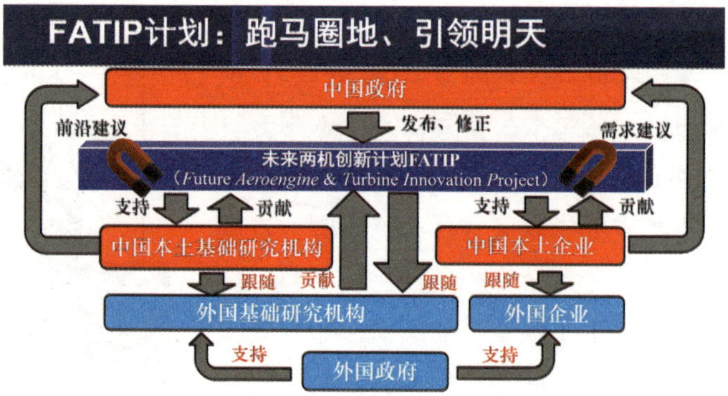

▲ 图 56

前面介绍的是未来前景召唤你，而且确实国家需要，下面再跟大家交流一下什么能成就你？换句话说，做发动机这件事需要什么样的一个平台，或者说需要什么特质的人？我想介绍几个方面，一个就是双第一的平台成就你，什么意思？就是航空宇航科学与技术。这张图是软科的世界大学排名（见图 57），这是 2019 年的排名，2018 年北航也是第一，第二是佐治亚理工。2017 年佐治亚理工是第一，北航是第二，近两年连续两年北航都是第一。而且国内也是 A+ 学科，所以叫双一流的平台。

再一个就是具有国际竞争力的能力结构（见图 58），就是这个领域需要什么样的人才？同学们应该知道，将来要想在这个领域成为领军人物，它的人才结构是什么样的？我们叫三类人才。第一类人才叫什么？叫 specialist，一种专业知识的峰值非常高的人才，这样的人将来成为什么？成为专业领域的首席科学家。还有一类人他有三个专业知识峰值，具备这三个峰值的人叫什么？叫 universalist，通用型人才，这类人才将来能成为什么？能成为总工程师。那么本科毕业的学生叫什么？叫 generalist，通识型人才，所以我们的本科培养是按照 generalist 来培养的，然后不断地成长为 universalist 和 specialist，就是这样的一种成才模式。这大概也是 GE、普惠、罗罗的人才架构。

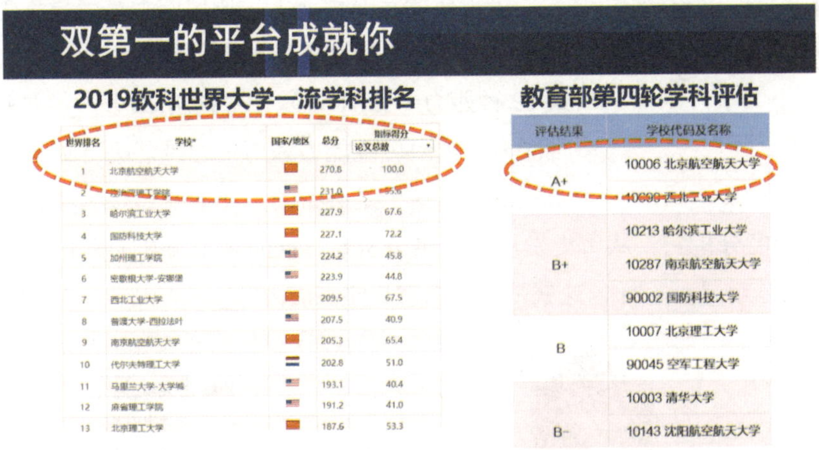

▲ 图 57

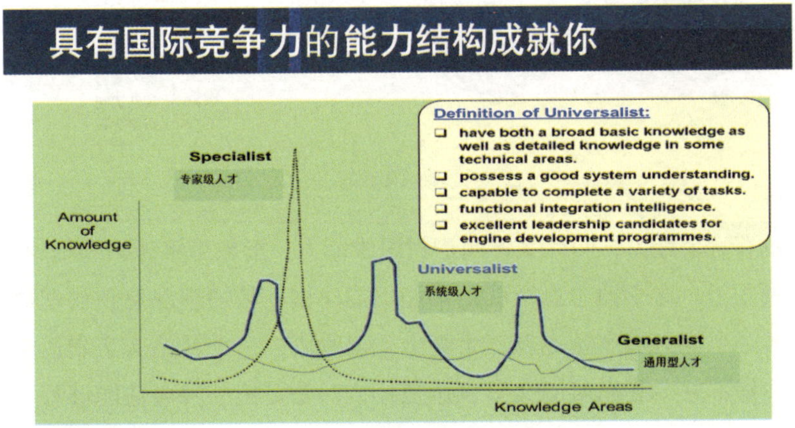

▲ 图 58

那么这样的人才需要什么样的素质？或者说培养成什么样的素质？我们讲这三个维度（见图 59）很重要，第一个就是专业能力，专业能力刚才总结了，就不展开讲了，概括来说，第一叫作扎实数理，就是搞发动机这个领域，如果你的数理基础不行，那还是有欠缺的，所以需要扎实的数理。第二是专业通识，就是搞发动机不

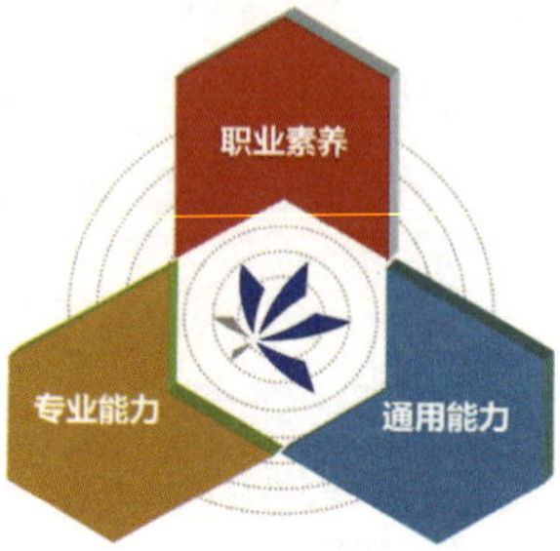

▲ 图 59

能只限于发动机，还必须知识面很宽，专业通识，然后多科背景，多个学科的交叉，气、固、热、声、控、系统、总体、交叉。第三是国际认知，就是要有跨文化交流的能力，这也是一种专业能力。

更重要的是通用能力，通用能力是引导你走向所谓领军、领导人才所必备的能力，那么它都是什么呢？一共 12 种能力（见图 60）。在战略层面上一定要有全局思维能力、极限思维能力和历史思维能力。如果你要成为领军人才，这个是必备的。比如交给你一项任务，你能从全局的角度分析它，从历史发展的脉络分析它，同时还能分析它的极限，这件事发展到极限应该是什么样，这就是所谓的“战略三能力”。

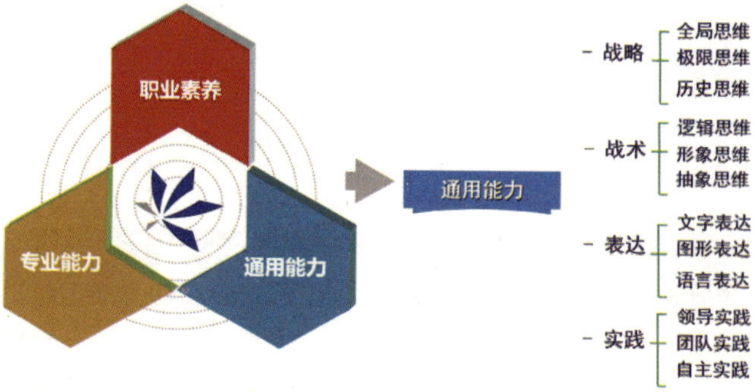

▲ 图 60

战术也有三个能力，叫什么？叫逻辑思维能力、形象思维能力和抽象思维能力，这个我不展开了。这个抽象思维就是你能不能建模，从物理现象到物理概念再到数学建模这样一个能力。表达也有三个能力，很重要，一个就是文字表达能力，这里不是说英文好不好，我们要的文字表达是什么，是要把一件事情能够写明白，所以汉语好不好很重要。第二个就是图形表达能力，图形表达的信息量是文字的 100 倍，要知道怎样把一件事用图形表达出来。再一个是什么？就是语言表达，换句话说，这么快节奏的社会，如是你三分钟搞不定的事，估计后边就别搞了，所以知道怎么能够用语言把你的思想表达出来很重要。

最后还有一个就是实践层面的三个能力，叫什么？第一是自主实践能力，要耐得住寂寞，像我们北航的学生几乎 100% 参加这种创新活动；第二是团队实践能力，你要能够参加一个团队，做 teamwork；第三个是领导实践能力，也就是对 leadership 的培养，要能够领导一个团队做工作。这就是通用能力。

职业素养（见图 61）是发动机这个行业里很重要的方面，第一个素养叫国家使命，我这里叫 X–Y。X 是什么？就是国际学术前沿（见图 62），就是 X 坐标轴；Y 是国家重大战略需求，也就是你要永远把自己的人生坐标定位在第一象限，这就是职业要求、职业素养。

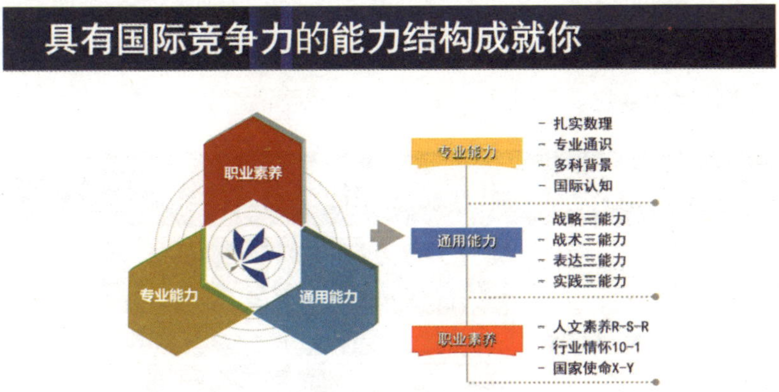

▲ 图 61

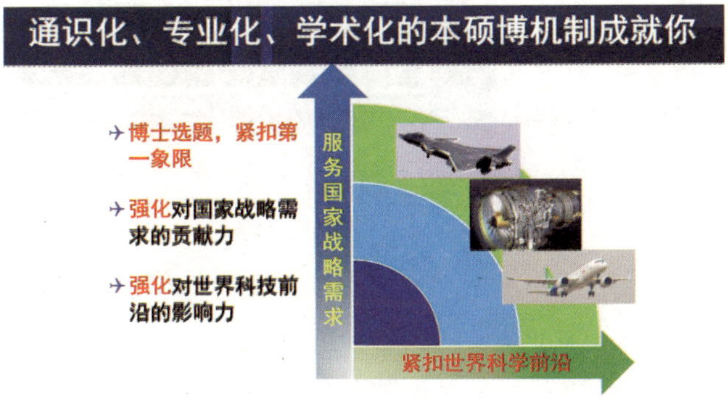

▲ 图 62

第二个素养叫行业情怀（见图 61）。行业情怀也叫 10–1，什么意思？不是一分付出一分获得，而是十分付出一分获得，很多人不成功，是已经干到九分了，没成功，没有正激励，give up 放弃了，我是希望你们 never give up，一直走到成功。

最后一个是人文素养，我叫 R–S–R 循环，第一个 R 是什么？是 respect，要学会尊重，去学习尊重。第二个 S 叫 suspect，要怀疑，第三个 R 是 research，不断地研究探索，这就是 cirtical thinking，就是你要有批判思维，但是你要学会尊重。这就是我们这个领域的人所要具备的素质。然后我们来倒推各种培养环节，去助推你们实现。

另外，必须有一个具有国际竞争力的朋友圈来成就你，所以这个行业中一位知名的教授，或者一位领军、领导人才，他必须有三个朋友圈（见图 63），第一个朋友圈叫国内的行业总师、学术精英朋友圈，要接地气、知需求；第二个叫国际标杆企业的总师、学术精英的朋友圈，要扩视野、为我用；第三个叫跨领域的朋友圈，要重交叉、思跨越。这些都是非常重要的，而在北航这个平台，就给了你这样的环境，让你来实现、成就你的梦想。

▲ 图 63

本科是通识化（见图 62），那么硕士是什么呢？是专业化，博士是学术化，这些是贯通的，始终瞄准第一象限在开展研究和工作。

航空发动机也是北航的一号工程（见图 64），北航跟中国航发集团成立了中国航空发动机的研究院和国际学院，这个机构也是一个非常好的模式，可以给大家提供非常好的平台。一流的成长环境是什么样？我举个例子，这是我们通用型人才的培养模式，这个是什么？这个就是专业型、系统型人才的培养模式，现在我们是这种模式。洛克希德·马丁的臭鼬工厂就是这种模式，美国的佐治亚理工的 ASDL 实验室也是这种模式，18 个专业可以在同一个平台上开展研究，交叉、探讨，这就是培养总师潜质的环境。所以我们要持续培养具有总师潜质的系统型人才和专业型人才，为学生的个人成长提供平台，为行业发展提供原动力。

▲ 图 64

为什么让你们选择这样一个平台？因为它可以在支撑国家重大战略中成就你（见图 65），什么意思？咱们的四代发动机，全国有 8 个支撑团队，5 个都在北航，就是他们的工作直接支撑着我们国家重大型号的发展，那么你参加进来了，你受到的锻炼就可想而知了，是来解决卡脖子问题的。

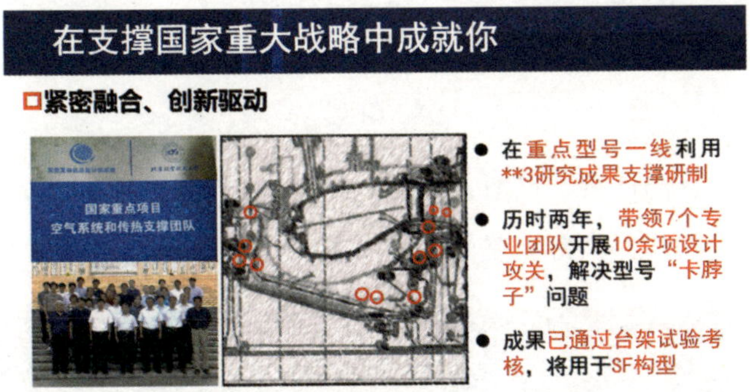

▲ 图 65

我们学生的创新跟企业的需求是会产生核爆效应的（见图 66）。在产生核爆效应的过程中可以最大限度地激发你的创新活力，让你的智慧直接在国家重大战略需求中得到发挥，这个非常重要，这种核爆效应也非常重要。另外就是在引领全球空天科技前沿中成就你，刚才我讲了 FATIP 计划（见图 67），这个 Future Aeroengine and Turbine Innovation Project 计划的作用是什么？是吸引全球智力资源，那么如果你加入其中可想而知，会受到领先创新的激励。

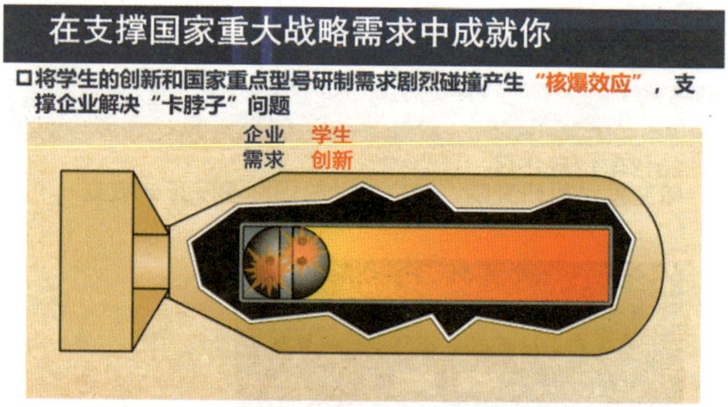

▲ 图 66

▲ 图 67

北航的目标就是两件事（见图 68），一个叫成就一流人才，另一个叫做出一流贡献。一个大学真正的产品实际上是学生，我们希望招到什么样的学生呢？对这个领

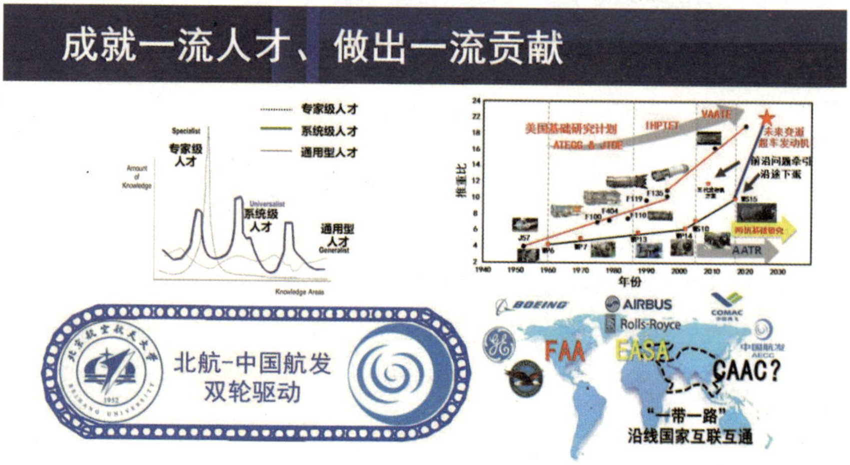

▲ 图 68

域非常有兴趣，喜欢这个领域，同时又有非常强的国家使命感。因为这个领域非常活跃，所以非常欢迎有这方面兴趣的各位高中生加入这样的平台，来共同实现我们国家的目标，也是为咱们国家在航空领域实现引领，做出我们自己的努力。

今天的介绍就到这儿，非常欢迎各位同学能够在这个领域去挥洒自己的汗水，奉献自己的青春，为国效力，也为世界航空做出自己的贡献。好，谢谢大家！

扫描二维码查看哔哩哔哩完整视频

航空科学与工程学院

学院介绍

学院概览

学院是北航最具有航空航天特色的院系之一，前身是成立于1952年的飞机系，首任系主任为“两弹一星”功勋科学家屠守锷院士。主要从事各类飞行器的总体设计、气动、结构、强度、飞行力学、人机环境控制等方面的研究与教育工作。学院涉及3个一级学科，其中航空宇航科学与技术（A＋）与力学（A–）学科双双入选教育部一流学科建设名单。

师资队伍

学院现有教师170名，其中教授65名，副教授65名。拥有院士6人，长江学者特聘教授7人，国家级教学名师1人，北京市教学名师7人，杰出青年基金获得者5人，四青人才8人次，国家级教学团队1个。

科学研究

学院瞄准大飞机、战斗机、无人机、临近空间飞行器等国家重大战略需求与国际前沿科学问题，开展关键技术研究。五年来，获国家科技进步一等奖1项，国家技术发明二等奖3项；年均科研经费突破2亿元。

本科专业及培养体系

专业培养体系由数理、力学、设计、热学和控制等系列课程组成，拥有完整的实验实践环节。学院设有飞行器设计与工程（国家级一流本科专业）、工程力学（国家级一流本科专业）、飞行器环境与生命保障工程（国防特色专业）、飞行器控制与信息工程4个本科专业，主要培养飞行器总体、气动、结构、强度、飞控与品质、环控与生命保障等方面的专业人才。建有国家航空航天实验教学示范中心、国家工科基础课程（力学）教学基地、航空科学技术虚拟仿真实验教学中心、北京航空航天博物馆、航空创新实践基地等系列专业教学实验室。

就业、升学、出国情况

学院毕业生从事航空航天、船舶、兵器、交通运输、土木、计算机软件、生物医学等领域的研究与管理工作。学生升学率达 75%，一次就业率 99%。与多所世界著名大学有交换协议，支持学生开展游学项目。本科生出国交流率达到 45%，毕业生选择出国深造比例达 10% 以上，主要分布在密歇根、普渡、斯坦福、剑桥等顶尖高校。

杨超

航空航天发展

同学们好，我叫杨超，来自北京航空航天大学。虽然看不见大家，但是我能理解大家的心情，35 年前我也是一名高中生，考上了大学，考上了北航，当时也是对大学、对航空航天充满了兴趣，那么今天我给大家带来的报告就是关于航空航天的发展。

报告之前，我先做一个自我介绍。我来自安徽，我的本科和博士都在北航读的，后来博士毕业之后，就留校工作了，曾经担任过航空学院的院长、航空航天博物馆的馆长，现在我是北航冯如书院的院长，也担任工信部重点实验室的主任。我本人从事的科研任务主要是飞机、导弹设计，也承担相关的教学任务。我参加了国家 40 多个重点的航空航天飞行器型号的攻关任务。我主讲课程“航空航天概论”，这门课程我是负责人，该课程已经被评为国家级系列的精品课，包括国家级精品课、国家级精品视频公开课、国家级精品资源共享课、国家级精品在线开放课以及中国大学 MOOC。

今天这个报告的时间比较短，对航空航天有兴趣的同学如果希望了解更多知识，可以到教育部的“爱课程”网站来学习这门课程，更方便的是到“学习强国”慕课来学习。

今天的报告分成五个部分，第一是航空航天的基本概念，第二是世界航空航天的发展，第三是中国航空航天的发展，第四是未来的航空航天，第五是北航的航空航天。

先讨论第一部分，航空航天的基本概念。

谈到航空航天，大家都知道，飞机、直升机是属于航空的，卫星是航天器，但是要从基本概念给予区分，我们还是要有一个严谨的定义。比如说航空器，我们把在大气层以内航行的飞行器，叫作“航空器”，关键词是什么？“大气”。那么这种飞行器比如说飞艇、气球、飞机、直升机，它们是在空气中运动，整个飞行受到空气动力学原理的支配，它离不开空气，它要受空气的支配，因此我们称其为“航空器”。

航天器是在大气层以外活动的，这里已经没有空气了，它不受空气动力学原理的支配，它受什么原理支配呢？轨道动力学。它受轨道动力学原理支配，任何一个卫星、空间站、探测器都在一定的轨道上运动，或者说可以切换到不同的轨道上运动，这是“航天器”。

另外还有一类叫“火箭与导弹”，它们在大气层内、外都可以运动，这类飞行器有一个重要的特点，什么特点呢？对了，是带有火箭发动机的，比如长征系列运载火箭、战术导弹、战略导弹等，都属于这个范畴。

近一二十年来，又诞生了一类新的飞行器，它的活动范围是距地面 20~100 公里的空域。一般来说，距地面 20 公里以下的高度空气比较稠密，一般是航空器的活动范围；而高度 100 公里以外，基本上受轨道动力学的支配，是航天器的活动范围。在中间这个高度范围内，随着高度的增加，空气密度逐渐减小，空气动力学的影响逐渐减弱，轨道动力学的影响逐渐增强，因此在这个范围之内，可以同时受到空气动力学和轨道动力学原理的支配。那么这一类飞行器我们称为“临近空间飞行器”，这正是近一二十年来世界各国竞相争夺的一个重点、热点领域。大家以后要密切关注这个领域。

航空航天可以说是 20 世纪以来发展最为迅速、影响最为广泛、对我们人类的政治、军事、经济、社会生活影响最大的科技领域之一。它是高度综合的现代科学技术，被称为高科技皇冠上的明珠。高科技本身就很厉害了，还是皇冠上的明珠，比高科技还高科技，说明航空航天科学技术的综合度和水平都是相当高的，并且它还会继续改变我们人类社会发展的进程。

比如说军事。我们都知道有制空权和制天权之说，真正地在陆上打仗、在海上打仗，如果失去了制空权和制天权，那么我们取胜的把握就微乎其微了。因此，航空航天装备无论从战术上，还是从战略上，都是军事上一个制胜的法宝。

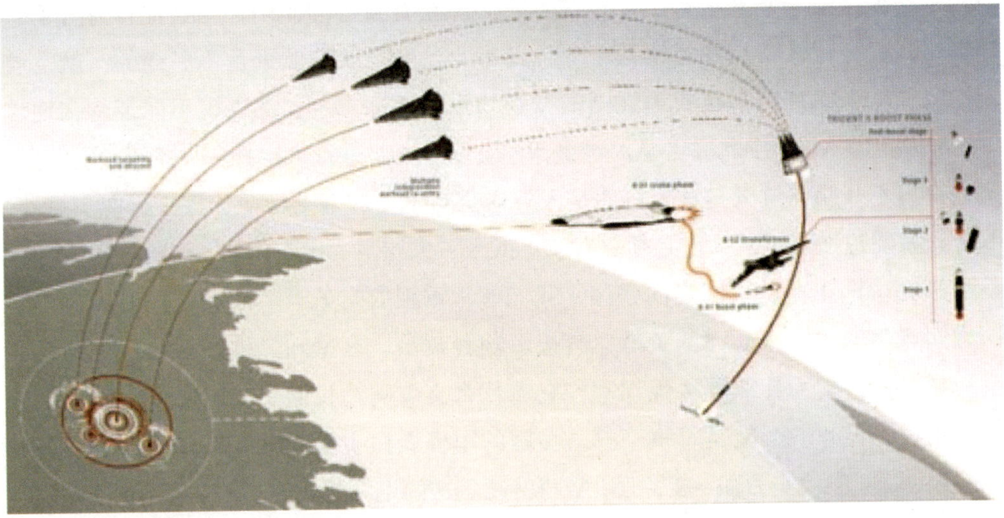

再如经济。军、民用航空航天都可以形成相关的产业链，比如民用客机产业链，这是一个“三高”产业，什么叫“三高”？不是高血糖、高血压、高血脂，是指高技术、高风险、高附加值。飞机的技术水平含量很高，如果去开发是有风险的，可能投资很多的经费，花了很长的时间却一无所成，连个泡都没冒，这就是风险很高，因此是高风险。这一类产业一般都是政府介入，长期投资，但是一旦取得成功，附加值就很高，跟它的生产成本远远不成正比，它赚的钱很多，利润很高。因此航空航天已经形成了相关的产业链，无论是航空，还是卫星通信产业，等等，对经济的带动性都非常强。

还有科学与研究的平台。飞行器是一个载体、一个平台，研究航空航天本身就会促使基础学科、工程技术大发展。什么叫基础学科？我们高中学过数学、物理，今后大家进一步学到的力学、传热、燃烧、电磁、材料，等等，这些都是基础学科，都会被带动起来；同时也会带动工程技术的大发展，比如电子、通信、仪器、制造，等等，这些都会被带动起来，得到综合性发展，拉动性是很强的。另外，一旦拥有了这个平台，比如说我们有了空间站，那么在空间站上可以干什么呢？我们可以进行更有力的天文观测，我们可以进行资源与大气的勘测，等等，同时我们还可以进行农作物和生物的育种，选择优良的农作物种子，产量更高，质量也会更好。所以是科学研究的一个平台。

最后是社会生活方面。航空航天也影响了我们社会生活的方方面面，比如电视、数据传输、导航定位、空中交通等，在生活中都有影响，这些大家都有深刻的体会。

那么航空航天到底有什么作用呢？我们说它有独特的作用，与其他行业都不一样。那么它有什么特点呢？钢铁行业、煤矿业显然跟航空航天是不一样的。航空航天已经成为，而且越来越成为强国的专利和强国的标志。人类肯定不能老待在地球上，过去我们从陆地到海洋、从海洋到天空，以后还要进行太空探索，甚至太空移民，这些都离不开航空航天，这个行业是人类安全与生存的基础行业、核心行业。另外，一个国家要想强盛起来，也必须要有航空航天，大国也一定玩得起。

现在中国正在从大国走向强国，我们非常重视航空航天。而且航空航天也是强国之间竞争的法宝、支撑的关键，直接影响着政治、军事和经济的格局。美国现在是一超独霸，它为什么那么强悍呢？它靠什么支撑呢？我们总结出两点，一个就是美元霸权，另外一个就是军事霸权。美国的军事霸权主要靠什么支撑呢？主要靠航空航天，航空航天实力强、装备强，胳膊就硬。这两个霸权也是影响人类和平的因素，因此要实现人类的和平，就要达到实力、军力的均衡。那么要达到这个均衡，航空航天就是一个重要的领域，它是人类和平的关键基石。我们中国是要做航空航天的大国还是强国？同学们，答案是我们要做强国。

下面来看第二部分，世界航空航天的发展。

在飞机发明之前，航空先驱们不懈努力，不断进行实践探索。我们的前人不断牺牲、不断失败，因为航空探索活动非常危险，很多航空先驱们要么受伤了，要么牺牲了。按现在航空器的试验流程和研制流程，他们都不符合安全的规范和流程，但是他们确实付出了自己的艰辛，在不断的失败当中探索真理，寻求飞行的原理。最终在 1903 年，美国的莱特兄弟发明了世界上第一架有动力、可持续控制飞行的飞机，叫“飞行者一号”。没有动力的叫滑翔机。我们来看看这架飞机，这架飞机非常有趣，它是双翼机，飞行员趴在那儿，连个座儿都没有。那么机头在哪儿呢？机头在这儿，用现代飞机的标准来看，有点像平尾，实际上它是机头，很符合现代潮流，现在称为“鸭式布局”。

第一架有动力的飞机诞生以后，通过一次大战奠定了现代立体作战的基础，诞生了空军。特别是在二次大战当中，使航空科技与工业提升了一个大的台阶，包括飞行速度达到了 780 km/h，这是活塞式发动机发展的高峰和顶峰。

在二战的后期，美军的波音公司 B–29 战略轰炸机，到现在来看都是一个古董了，但是在当时是非常先进的。之所以称它为战略轰炸机，是因为它可以做出色的事情。我给大家提一个问题，B–29 在二战末期对日本做了什么对日本的投降起到了关键作用？想一想？估计有的同学都已经有答案了，对了，它在广岛和长崎投放了原子弹。原子弹是什么武器？战略武器。所以，能够投放战略武器的这种飞行器，我们叫作“战略轰炸机”。

二次大战以后，活塞式发动机发展到了顶峰，那么还能不能进一步提高飞行速度呢？即使我们采用了活塞式发动机，但是它的飞行速度还是不能突破声障。什么叫声障呢？就是飞行速度要超过声音的速度。声音的速度是多少？在海平面每秒多少米？每秒 341 米。当时很多科学家、很多技术专家、很多飞行员都做了大量的努力，但都无法突破声音的速度，因此就叫作声障，以至于当时很多人认为，甚至证明，人类是不可能突破声障的，但是最终我们还是突破了。

采用了什么手段呢？两大手段，第一采用喷气发动机代替了活塞式发动机。第二采用了后掠式布局的机翼，使飞行的阻力大大减弱，因此最终实现了超声速飞行。实现超声速飞行之后，战斗机就有了“四代”之说，这是中国战斗机的四代划分标准，第一代、第二代、第三代、第四代战斗机。像美国的 F--22、F–35，中国的 J–20、J–31，都是第四代战斗机。

“四代”战斗机有什么特点吗？有什么区别吗？当然，详细的技术特征，感兴趣的同学可以继续看相关的资料，我在这里给大家简单地说说它们的区别。第一代、第二代战斗机追求“三高”——高空、高速、高机动。为什么要高空、高速、高机动呢？因为这时我们在设计飞机的时候，战斗机的武器是什么呢？航炮，我们用航炮作为主要的武器，在空中格斗时，只要跑到敌机的后面，击落敌机的机会就大多了，别人对你的威胁就小了。那怎么跑到它后面去？飞得越快、飞得越高、机动性越好，就能够迅速跑到敌机后面去。这两代飞机以“三高”为主要的设计目标。

到了第三代战斗机的设计时，其实在第二代中已经出现了新式的武器，空中格斗用什么武器？空空导弹诞生了，在很大程度上取代了航炮，可以远距离打击，因此第三代战斗机大量采用了空空导弹，不再刻意追求高空、高速，但是高机动还保留着。为什么不追求高空、高速了？因为不需要跑到敌机后面了，可以迎头、侧面、各个方向发射导弹，需要加强的是电子雷达，能够及早发现敌机，导弹能够打得更远。

第四代战斗机追求什么呢？先敌发现，先敌歼灭。雷达功率大些，先敌发现是没有问题的；但敌机的雷达也很厉害，也能发现我们，那怎么办？把自己隐藏起来，隐身，敌人可能就发现不了了，或者发现的时间比较晚。先发现敌机，导弹腿又长，就更容易把敌机打下来。所以第四代战斗机突出隐身特征，也反映了当今战斗机的最高水平。

再来看看民用飞机。民用飞机比较简单，怎么说呢，美国波音和欧洲空客代表了当今世界的民机竞争格局。可以看到，在 1995 年的时候，波音公司占了大概 80% 的市场份额，而到了 2005 年 2 家基本上是平分秋色，且一直保持到现在。

先来看窄体客机，150 座的机型单通道飞机。空客 320 和波音 737 相互竞争，基本上也是平分天下。但是现在出了问题，什么问题？ 2018 年、2019 年连续出现了两次空难，美国的波音 737 MAX8 型飞机，也是最新型的窄体客机，出现了设计上的问题，因此全球停飞，波音飞机基本上没有卖出去，而欧洲的空客就热销了。所以目前窄体客机市场发生了变化。

再看看宽体客机。一般都是双通道。宽体客机中的空客 380 是最大的，可以坐 600 多人，2007 年运行，但是已经宣布准备 2021 年停产，为什么呢？因为它竞争不过美国的波音 787，现在生产一架就赔一架，受不了。虽然这架飞机的设计很成功，但是市场不成功。民用飞机如果市场不成功，那是赚不了钱的。美国的波音 787 是 250 座，不坐那么多人，可以作为干线客机进行洲际飞行，2011 年运营，现在略占上风。空客 380 停产后，用什么来竞争呢？空客 350 在 2014 年已经投入运营了，也是 250 座，空客 350 能不能跟波音 787 旗鼓相当呢？虽然现在有点市场、有点份额，但还是少一点，就看后面的发展了。

刚才说的是航空，再来看看世界航天的发展。航天的基础是火箭，一般指运载火箭，导弹的基础也是火箭，这些都与 V–2 导弹和布劳恩有关。布劳恩是德国人，在二战期间他研制了 V–2 火箭，成为现代大型火箭和大型导弹的鼻祖，后来他成了美国的航天之父。怎么会出现这个情况呢？我们现在把时间轴拉到 1945 年。

1945 年二战快结束了，德国即将战败，苏联红军已经打到柏林了，这时布劳恩一看大势已去，就带着他的队伍投奔了美国。但是工厂、设计所带不走，苏联就把剩余的硬件设备、V–2 导弹、资料等带回了苏联。因此说苏联和美国都通过仿制 V–2 导弹建立了自己的火箭和导弹的工业，同时展开了太空竞赛，竞争得非常激烈。

今天从外层空间看去，地球就像是在一个飘浮不定的星座中间，航天飞机和空间站往来穿梭，今天我们人类能够在太空待上几个月的时间，成千上万颗人造地球卫星环绕地球运行，太空探险对于我们来说，已经是很平常的事情了。然而我们人类进行太空探险的时间并不是很长，真正意义上的太空探险是从 20 世纪开始的。1957 年 10 月 4 日，苏联人发射了第一颗人造地球卫星，它发送回来的是一种“嘟嘟”的信号声，它得到了全世界的称颂，地球上的每一个地方都把它记录了下来。1961 年 4 月 12 日苏联又取得了一个第一，尤里・加加林成为第一个环绕地球飞行的人。他用一个多小时的时间就环绕地球一周，尤里・加加林成了一位民族英雄。

也是在 1961 年，美国总统约翰·肯尼迪宣布美国人将在 10 年之内登月。8 年之后，也就是 1969 年 7 月 15 日，美国人发射了第一颗巨大的土星 5 号运载火箭，它从卡纳维拉尔角升空，将阿波罗 11 号宇宙飞船连同宇航员送上了太空。这艘宇宙飞船带着一个指挥系统和登月舱。它同火箭分离之后，将继续飞往月球。一旦进入预定轨道，登月舱就会降落在月球上面。1969 年 7 月 20 日，在阿波罗号绕月球飞行 12 圈之后，宇航员尼尔・阿姆斯特朗向全世界清楚地宣布，他登上了月球。阿姆斯特朗和他的同伴帕萨尔德林（音）决定抛开规定的修整时间，马上走出登月舱，几个小时之后，全世界都听到了人类第一次踏上月球的消息，在月球上对于一个人来讲，只是走了一小步，对于人类来说就是一个巨大的飞跃。1969 年 7 月 21 日，尼尔・阿姆斯特朗将人类的脚步第一次印在了月球上。

1969 年 7 月 24 日，比原定时间晚了 32 秒，阿姆斯特朗回到了地球，人们欢呼着英雄的凯旋，从那个时刻起，人造地球卫星彻底改变了人类的通信系统，之后，无人驾驶的太空飞船被送到太阳系之外更加遥远的地方。

一开始苏联一直领先，但是美国后来下决心要赶超苏联，最后率先登月，那么美国人怎么能够后来居上呢？在肯尼迪宣布 10 年之内登月的计划后，美国研究了美国落后、苏联能够领先的原因，发现苏联是一个社会主义国家，在整个火箭导弹工业采用的是举国体制，集中一切优质的资源、全部的力量干一件事。所以美国觉得也得这么干，因此改造了自己的航空航天机构，叫 NASA。NASA 一直存在，由国家投入，采用举国体制来研究火箭和导弹，搞太空竞赛，所以才一举成功。因此这个举国体制，不仅社会主义国家有，美国也采用了，而且尝到了甜头，航空航天就此发展，很快赶上而且超过了苏联，军事霸权地位就此建立起来了，所以到目前为止，美国在航空航天领域还是举国体制，政府支持。

美国的航天事业更上一层楼的标志是航天飞机，美国乘胜追击发明了航天飞机。美国的航天飞机有五架运行了，苏联也跟着搞“暴风雪号”航天飞机，但没有研制成功就解体了。美国的航天飞机在当时引起了极大的轰动，它也代表了世界航天发展的最高水平。但是很不幸，在 1986 年和 2003 年，“挑战者号”和“哥伦比亚号”航天飞机相继出现爆炸。2011 年“亚特兰蒂斯号”航天飞机完成所有的航天飞行后正式退役。也就是说航天飞机经过整整 30 年，作为人类历史上最复杂、功能最强大的多用途航天器，正式宣布退出历史舞台。

航天飞机的发展给我们很多启示。发展航天器的目的是低成本进入太空空间，采用了可重复使用技术的航天飞机技术，现在看来并不成功。第一不安全，不安全成本很大，代价很大，所以没有实现低成本。第二也没有完全可重复使用，航天飞机回来之后，要做大量的维修，也花了很多的银子，因此是一个烧钱的玩意儿。所以及时退役是对的。

现在低成本怎么做呢？我们可以看到，美国航天的民企 SPACE X 公司崛起了，崛起的过程很神秘，也很传奇。该公司进行一级火箭回收的研究，经过了上百次的失败之后，2015 年终于在陆上回收火箭成功，2016 年海上回收成功；后来不断采用使用过的火箭再发射上去，2018 年还搞了一箭 64 星。所以航天民企的崛起成为航天发展的一个重要事件。

这段时间美国政府部门 NASA 在干什么呢？它将航天领域的重要任务转到了太空探索上，2004 年和 2012 年分别有“勇气号”和“好奇号”火星车已经登上了火星，2018 年又发射了“洞察号”火星探测器，这一次是静止的探测器，专注于探测火星深层内部的那种生命的体征和温度，等等。

世界航空航天的发展先简单介绍到这儿，它对我们有什么启示？第一个启示我觉得就是探索、求实、创新。在探索的过程中允许失败，允许失败是创新的前提。从失败中不断找寻真理，就是求实。只有找到了真理，才能够去创新，才能够逐渐成熟。所以允许失败是创新的前提，苏联、美国都是这么干的。第二个启示是大压力才有大动力。谁都会有压力，两个超级大国竞争，美国也有压力，在大压力下产生大动力，采用了举国体制干，才一举成功。

另外还要看到，航空航天是非常重要的一个领域，不仅仅在军事上是非常重要的支撑，也是强国必争的领域。所以，航空航天的发展对我们人类的发展、国家的发展都是极为重要的。

下面看看第三部分，中国航空航天的发展。

中华民族的古代科学技术非常发达，航空航天的技术萌芽在古代就已经产生了，比如风筝是中国的发明，传到欧洲以后引起极大的震动，它的空气动力学原理与现在飞机的空气动力学原理是一样的，因此当时的外国人就把它作为中国第五大发明的候选，这说明风筝的影响非常大。

新中国成立前，中国航空领域比较耀眼的一颗星就是冯如先生。他是广东恩平人，从小就到美国去打工。1909 年冯如设计制造了中国人的第一架飞机并且成功地试飞，距离 1903 年莱特兄弟第一架飞机的差距并不大。冯如也成为中国第一个飞机设计师、第一个制造师、第一个飞行员。后来他回国参加孙中山的北伐革命，在一次飞行中不幸坠机牺牲，非常可惜，当时刚 29 岁。

新中国成立前，中国没有一个完整的航空体系，虽然有一些简陋的航空工厂，也修理、装配过不少飞机，但是从体系的角度来说很不完整，这样的寒酸状态一直持续到新中国成立。我们在开国大典阅兵的时候，有 17 架飞机飞过天安门广场，它们是各种各样的飞机、各国的飞机，飞得快的战斗机绕一圈回来，再从天安门广场过一下，显得多一些，一数 26 架，实际上没那么多。

怎么办呢？中国的航空工业要奋起直追，从维修起家。抗美援朝从 1950 年就开始了，当时很多的飞机受伤之后急需维修。后来到 20 世纪五六十年代进行测绘仿制，国产的歼 –5、歼 –6、歼 –7 都是仿制苏联的米格系列战斗机。到了 20 世纪 70 年代，开始自主设计，歼 –8、歼轰 –7，包括现在的三代的主力战机歼 –10，都是自行设计的。

歼 –10 是轻型战斗机，是成都设计生产的。另外还有一个重型的歼击机，是沈阳的歼 –11。虽然可以自主设计了，但还是有拐棍的，歼 –11 也是从苏 –27 演化过来的，

我们引进了苏 –27，在此基础之上进行了国产化。我们又研制了歼 –15 的舰载战斗机。罗阳是北航的校友，他是歼 –15 舰载机的现场总指挥，牺牲在了海试现场，那年刚刚 50 岁，非常可惜。应该说在航空战线上，航空人是很拼命的。

国产第四代战斗机歼 20 从 2000 年开始研制，是重型的战斗机，已经小批量装备部队了，在很多技术上，外形、结构上都采取了很多的新技术，使性能和作战力大幅度提高。歼 –31 是轻型四代机。这些飞机都存在发动机的瓶颈问题。虽然是自主、全面自主设计了，但还是有瓶颈。

再看民用飞机。应该说，民用飞机的发展走的更是一条曲折之路，先是在 20 世纪五六十年代进行测绘仿制，到了 70 年代也开始自行设计运 –10，这是一个 110 吨的大型客机。虽然花了 10 年的时间造出来了，也能飞了，但运 –10 终究无疾而终，没有投入到商业当中去，非常遗憾。后来我们又跟欧洲、美国寻求合作，结果都是全面失败，大飞机之路非常曲折，非常令人着急。国务院 2003 年、2006 年两次进行大飞机的论证，都是在北航论证的，论证我国要不要上大飞机，怎么上大飞机，怎么做大飞机。

2007 年大飞机终于立项了，2008 年商飞正式成立，温总理指出：让大飞机飞上蓝天是国家的意志。特别是 2014 年习主席到商飞考察的时候就指出，我们要做一个强国，就一定要把装备制造业搞上去，把大飞机搞上去，起带动作用、标志性作用。中国是最大的飞机市场，过去有人说造不如买，买不如租，这个逻辑要倒过来，要花更多资金来研发、制造自己的大飞机，形成我们独立自主的能力，我们一定要有自己的大飞机。

当时定下来的 150 座民用大飞机，叫 C919，虽然这个 150 座飞机与 B747、A380 相比是小巫见大巫了，但是我们总要从头开始，先从小的开始，一步一步地做更大的。C919 大型飞机有它的设计目标，第一个目标是要好于 B737 和 A320，设计指标要好于它，性能要好于它，要比它省油。第二个目标是要取得市场的成功，市场如果不成功，不能算成功。第三个目标就是希望在未来的民机市场，中国能够 ABC 三分天下，A 指空客，B 指波音，C 就是中国商飞，当然这个路途肯定也不是那么顺利的。

研制中的大飞机在总体上还是比较顺利的。运 –20 是 200 吨的大型军用运输机，在武汉抗击疫情中发挥了非常重要的作用，运输了大量的抗疫物资，这是西安设计生产的。刚才提到的 C919 在 2008 年启动，2017 年 5 月首飞，目前 6 架试验机平行试飞，争取尽快拿到适航证，拿到适航证才可以投入商业运行。中国大飞机的“三剑客”中还有鲲龙 600，这是珠海设计生产的，是 40 吨级灭火、水上救援的水陆两栖飞机，是目前全世界范围内在研的最大的两栖飞机，2017 年陆上首飞、2018 年水上首飞成功，获得了巨大的成就。

在民用飞机的发展过程中，中国商飞也凝练出了“大飞机精神”。什么叫“大飞机精神”呢？“四个长期”，就是“长期奋斗，长期攻关，长期吃苦，长期奉献”，有这种精神埋头苦干、顽强拼搏、攻坚克难，我们的大飞机梦是肯定能够实现的。

在大飞机研制中也采用了举国体制。2008 年商飞成立之时队伍比较单薄，要搞总体方案论证，就组织了国家队，全国 50 多个单位、四五百人齐聚在上海，进行联合技术攻关。当时我是北航航空学院的院长，北航有将近 30 位老师在上海待了半年，我是北航工作队的带队人，有幸在上海一起联合攻关，拿出来了 C919 的总体论证方案，为下一步工作奠定了基础。

下面我们再看一看中国的航天。中国航天的发展有三个里程碑，第一个里程碑是“两弹一星”，第二个里程碑是“载人航天”，第三个里程碑是“探月工程”。下面简单说一说这三个里程碑。

先看看第一个里程碑“两弹一星”。什么叫“两弹一星”？导弹、核弹和卫星。当年毛主席就下了决心，我们要搞“两弹一星”。这个东西我们一定要有，一万年也要搞出来，这就是主席的气魄，所以我们发动全国的力量、优势力量，全国人民勒紧裤腰带，也要把“两弹一星”搞出来。在 1960 年、1964 年、1970 年相继取得“两弹一星”的成功，我们拥有了战略武器，中国自此立于非常有利的地位。

由此为开端，我们研制了很多卫星，包括气象卫星、通信卫星、实践卫星、资源卫星，特别值得一提的是“北斗”导航卫星。目前“北斗”卫星导航系统已全面投入使用。我们将成为四大 GPS 导航之一。现在世界上有哪四大 GPS 导航系统呢？有美国的 GPS，我们的很多手机目前用的都是美国的 GPS 信号，还有欧洲的伽利略、俄罗斯的 GLONASS、中国的北斗。

在“两弹一星”的基础上发展完备的长征系列运载火箭，同时导弹系列中有战术的、战略的，有陆基的、防空的、空空的导弹，等等，形成了完备的导弹体系，覆盖几乎所有的品种，我们已成为导弹强国。可以毫不夸张地说，可以歼灭一切来犯之敌。这都起源于“两弹一星”。

再看看第二个里程碑“载人航天”。载人航天三步走的前两步都已经实现了，杨利伟是中国第一位航天员；第三步是要造空间站，原来计划是 2020 年完成空间站建设，现在推迟了，推迟到 2022 年，什么原因呢？长征 5 号 2017 年发射失利，刚刚在 2019 年恢复发射取得成功。空间站建设需要长征 5 号作为基础，它的运力比较大，才能够建造，所以需要加紧开展。

第三个里程碑“探月工程”有“绕、落、回”三个阶段。现在三个阶段都已经完成了，月球车已经在月球上行走，在 2018 年也发射了嫦娥 4 号探测器，实现了人类首次的月背软着陆，非常关键，也非常先进。“回”这个阶段也已实现，从而完成了探月工程三个阶段的任务。

嫦娥 4 号取得了非常大的成功，因为它是人类首次。过去我们在航空航天领域都是跟着走，现在我们终于有人类首次的创举了。习主席在人民大会堂接见参试、参研人员代表时指出，这是探索建立新型举国体制的又一生动实践，我们可以为人类和平利用太空、推动构建人类命运共同体贡献更多中国智慧、中国方案和中国力量。习主席曾强调，我们培养造就了一支特别能吃苦、特别能战斗、特别能攻关、特别能奉献的高素质人才队伍，培育和铸就了伟大的载人航天精神。与“大飞机精神”“航空报国精神”一起构成了空天报国的精神内涵，我们无论是航空还是航天都具备这种精神。我们北航具有的空天报国精神，与航空精神、航天精神都是一脉相承的。

虽然我们不断努力，在他国封锁下不断前行，但我们还是要认清差距。2019 年 10 月中国工程院原院长周济院士提到，对 26 类有代表性的制造业产业进行国际比较，中国拥有世界领先的产业有 5 类，比如通信设备 5G、先进的轨道交通、高铁等已经领先了；先进的产业有 6 类，其中就有航天装备；差距大的产业有 10 类，包括飞机、航空机载设备及系统，C919 还是采用了别人的航空机载系统，还是有差距的；差距巨大的产业有 5 类，其中就包括航空发动机，目前无论是军用的还是民用的飞机，尤其是民用的，全部都是安装国外的发动机，军用的发动机也有非常大的短板。所以我们要认清形势。

中国的航空航天发展对我们有什么启示呢？大压力才能变成大动力，在世界航空航天发展中也是一样的规律，但是对于中国人来说，它又有特别的内涵。因为我们条件不如人家，环境不如人家，新中国成立以后几乎是一穷二白，从人家看不起的水平上起步；同时，我们又面临着复杂的国际环境。这些压力都变成了巨大的动力，中国人勤劳勇敢，勤能补拙，我们一天当两天用，一天当三天用，至此才有了巨大的进步，航空航天才能够发展到今天的地步，才让人家刮目相看。现在虽然还有差距，但已经非常了不起了。

我们还要认识到，我国航空方面的核心技术及部分核心技术还是受制于人的，部分原因是受到一些流毒的影响，什么流毒？“造不如买，买不如租。”这种流毒在核心技术方面是万万要不得的，贻害无穷。我们今后千万要吸取这个惨痛的教训，一定要把核心技术掌握在自己手中。

在航空航天领域，包括北航，空天报国精神已经构成了中华民族精神的重要部分，它代表向上的、中华民族几千年内在的优良元素的升华。

下面看看第四部分，未来的航空航天。

航空航天发展百年以来取得了巨大成就，有目共睹，那么未来的发展方向是什么？我觉得有这几个方面：一个是更高、更快、更远，有点像奥运会的目标；还有是更大、更小；另外一些值得关注的发展方向有无人化、可变形、隐身化、智能化、网络化，等等。

我们来看一看“大”。航空器大到什么地步呢？比较大的民航飞机如空客 380，马上要停产了，它的翼展 80 米，可以坐 600 人，可以飞 15000 公里以上。那么未来呢？航空母机，什么意思呢？航空母舰搬到天上了，有没有可能呢？如果有可能的话，这得做多大呀。有没有可行性呢？大家也可以想一想。

还有就是临近空间的浮空器，可以作为伪卫星。什么叫伪卫星？它可以代替卫星，在两三万米的高空长期驻留，因为主要用静浮力来升空，所以停留时间长，对能量的需求可以少一些，而探测的范围比较广、比较精确。这种浮空器的直径可达 100 米，长度达 400 米，所以体积非常庞大，是个庞然大物。

再来看一看“小”。能做多小？翼展 3 米以内叫小型航空器，还有手抛式航模，还有微小型航空器，巴掌那么大。还有没有再小的？有！像蚊子、苍蝇那么大的，这就厉害了。其实越小，研制的难度就越大，无论大小，五脏俱全，产生升力、产生动力、控制、结构这些部分都是要有的。

再来看一看“快”。究竟能飞多快？天下武功唯快不破，飞得快一直是航空器追求的目标。目前最快的飞机是哪个？是美国的 SR–71 超声速战略侦察机，高度 30 公里的速度达到 3 马赫数；20 世纪 60 年代美国研制成功的时候，到苏联的上空转了一圈没被发现，雷达发现之后，导弹追不上它，后来导弹快了可以打下来了，它就不飞了。美国正在研制 SR–72 来代替 SR–71，30 公里的高度飞 6 个马赫数，这个速度现在导弹又打不下来了。因此，5 个马赫数以上的高超声速武器成为武器装备新的制高点。美国在这方面做得最早，研究最多，X–43A 在 2004 年就达到了 10 倍声速，后来研制了 6 倍声速的 X–51，还有 20 倍声速滑翔的 HTV2，但这两个都没有成功，因为牵扯到的很多关键技术没有突破。

俄罗斯总统普京在2018年宣称，“匕首”导弹可以达到10个马赫数，突破现有所有的导弹防御系统，把自己的家底爆出来了。美国媒体2016年报道，中国的WU–14第7次试射成功，它给我们取了名字WU–14，称这种10倍声速的飞行器具有极高的机动性，能渗透美国所有的反导系统。我国官方一直未予承认；但在2019年70周年国庆大阅兵的时候，我们展出了一款装备，什么装备？东风17。网上有很多解读，这也是中国东方式的一种回应方式吧，已经不是试射了，已经是装备了，你看着办吧。

无人化的最终发展肯定是智能化。什么叫无人机呢？一般指无人驾驶，没有驾驶员，可以运货，也可以无人载人，这个挺吓人的，一架飞机几百人，没有驾驶员，目前在伦理上也过不去；但是对于小型飞机，坐一两个人，是不是可以呢？我觉得这一块可能在不久的将来很快就会出现。当然需要人工智能与航空器很好地结合，保证飞行是绝对安全的。同时看到近一二十年来，无人机市场发展得非常活跃，并且在经济收入上也有较多的增长。

但是我们要清醒地认识到，世界上最先进的无人机还是在美国，比如说美国的“全球鹰”，是高空、高速、长航时无人侦察机，在2万米的高空可以飞42小时，而且是亚声速飞行，速度比较快，这个到现在还没有其他国家可以企及。同时在无人战斗机方面美国做过大量的验证，X–47B已经在美国的航母上实现了起降。当我们还在航母上训练有人起降的时候，它已经实现了无人的起降，这在无人机发展中迈出了一大步，将来会颠覆人类的一些作战模式。

2013年的日本防卫厅声称，发现了不明国籍的无人机进入了东海的上空；2016年美国的新闻报道，中国首次在南海部署了隐身功能的无人机，称为中国版的“全球鹰”。现在我们知道，这种无人机在2015年9·3阅兵的时候，排在无人机方队之首，是北航研制的大型长航时无人机。这是北航人的重要贡献，北航作为一所高校，一直坚持开展关键航空装备的研制工作。

还有可变形。V–22是美国装备的一款可变形的飞行器，可以垂直起降，是美国海军陆战队用的，可以上舰，起降时采用了直升机模式，而在它水平飞行的时候，螺旋桨向前倾转90° 就变成固定翼飞机了，有时候也把这类飞机叫作复合式飞行器。它可以吸收直升机和固定翼的优点，避免它们的缺点。这类可变形的飞行器发展得很快，美国NASA对变形飞机有个预测，预计2030年前后问世。

航空的先驱们都想学习鸟类飞行，直到现在还学习得不太好；鸟类从来没有垂尾，鱼有腹鳍、背鳍，但是鸟却没有，而很多飞机都有垂尾。未来的变形飞机就像鸟一样没有垂尾，机翼的表面有很多小气孔，对翼表面进行流动控制；机翼的后缘部分还有很多小的、可以操纵的控制面，像鸟的羽毛一样；机翼可以变前掠、后掠以适应不同的飞行速度；翼尖可以分叉，像鸟类的翼尖；它能像鸟类一样进行感知，并进行很好的智能控制；起降方式也会发生较大的变化，将用不着那么长的跑道了。这是对未来变形飞机的预测。

还有其他的变形方式，如“一字长蛇阵”变折叠了；还有组合式的，一个大的菱形飞机，带着两个小的三角飞机，长距离飞行的时候大家组合起来一起飞，执行任务的时候就把它们分开，完成任务之后再组合起来飞回来；最终飞行器可能就发展成变形金刚了，虽然变形金刚只在科幻小说里面出现过，但只要一步一步地研究，最终是可能实现的。

另外，隐身和反隐身技术在发展中就是一对矛盾。1999 年 5 月 8 日美国悍然轰炸了中国驻南联盟的大使馆，涉及美国的两种隐身飞机，一架是美国的 F117，另一架是 B2，我的问题是轰炸我国驻南联盟大使馆的飞机是哪个？有同学说是 B2，这是美国的远程战略轰炸机，从美国本土起飞，经过空中加油飞到了大使馆的上空，投放了几枚精准制导的炸弹，宣称是误炸。大家记住，这一天也是国耻日，我们的主权受到了侵犯，后来我们抗议，抗议也无效，由此激发了爱国的热情，武器装备以此为起点，有了飞速发展。

还有网络化。除了北斗卫星已经组网外，卫星、浮空器、无人机，包括地面的、海面的装备，都可以形成一个资源网，数据无缝连接，可以实现通信、监测，等等，体系化、网络化会成为未来非常重要的发展方向，当然也会影响到未来的空战模式。未来的空战随着人工智能的介入，驾驶技术会胜过最优秀的飞行员，战斗力达到非常强的程度。同时还有有人 / 无人、无人机之间的协作，以及无人机群控制的出现，将深刻影响空战模式。

这么多飞机作战，体系化的指挥与决策也是非常关键的。大家经常听说蜂群作战，就是若干个无智能的或者低智能的个体，经过简单组合，用一种新的集体行为机制联合起来，发挥出个体所不能发挥的作用。这是未来空中力量发展非常重要的方向。当然还需要研究反蜂群技术。

下面是第五部分，北航的航空航天。

我是北航人，还得说说我们北航。北航现在是一流大学建设高校，隶属于工信部，有两个校区，一个是学院路校区，一个是沙河校区，各占地 1500 亩。

北航是 1952 年成立的，由当时清华等 8 所高校的飞机系合并而成，汇集了国内顶尖的航空专家、学者，有沈元、陆士嘉、王德荣，等等，比如屠守锷后来成为“两弹一星”功勋科学家，全国总共只有 20 几人；比如陆士嘉是我国空气动力学专业首创人，她是德国普朗特的唯一女弟子，普朗特是冯·卡门的老师，钱学森是冯·卡门的徒弟，这样的话钱学森跟陆士嘉就差了辈了，实际上他俩年龄一般大，还是一个小学的。北航建校近 70 年，本科生、研究生等校友中涌现出了 39 位两院院士。

北航有专业的航模队，2004 年以来，连续获得全国航空航天模型锦标赛的冠军，是全国的老冠军队。2012 年，我那时候还是航空学院的院长，把航模队派出去了，到美国参加大学生航空设计大赛，目的是向别人学习，结果一不小心拿到了高级组的冠军，被称为一匹黑马。后来航模队到英国、欧洲等地参赛都获得了冠军。最高水平的还是美国比赛，因此，2017 年、2018 年、2019 年我们连续参加美国大学生航空设计大赛并获得高级组冠军。以后大家到北航来，一定要争取参加航模队，这是一支光荣的队伍、有历史的队伍、有能力的队伍、有战斗力的队伍。学生们还参加了全国大学生“挑战杯”比赛，屡获特等奖。

北航是科教融合的典范。北航历史上研制了很多航空航天型号，比如说“北京一号”是中国第一架轻型旅客机，在 1958 年研制成功，是北航的老师和学生 1500 多人，用 100 天的时间设计制造出来的，在全世界创造了奇迹，由一所高校研制三吨重的有人机，可以坐十几人，到现在这个创举还没有被打破。那么这架飞机造出来之后能不能飞？能飞，从北京到上海，从上海到北京飞得很好，这架飞机目前就在北航的航空馆，是航空馆的镇馆之宝。北航能够以 100 天的时间研制出来先进的飞机，也为“空天报国、敢为人先”的北航精神的形成奠定了坚实基础。

“北京二号”是中国的第一枚探空火箭，也是北航 1958 年研制成功的；1958 年研制向国庆献礼的还有“北京五号”，是中国第一架无人驾驶飞机，连当时的苏联专家都感觉到惊讶：苏联都没有实现，你们北航竟然实现了。

北航始终服务国家的战略需求。前面提到过北航的长航时无人机在东海、南海等方向发挥了关键作用。北航的老师和学生参与了新中国成立以来所有的航空型号以及绝大多数导弹火箭型号的研制，获得了百余项国家级奖励。北航毕业生更是直接在国防建设和国民经济发展中做出了突出贡献。

再看看北航航空宇航学科排名。2003 年以来，北航的航空宇航科学与技术一级学科连续 4 次在教育部评估中排名全国第一。在 2018 年、2019 年软科世界一流学科排名榜中，北航航空航天工程 2 次排名世界第一。但是我们一定要保持清醒的头脑，我们的航空航天还有差距，对北航有极大的压力，北航只有与企业一起把航空航天的装备搞上去，把我们的空天实力搞上去，才能称得上真正的世界第一。北航的目标是做世界最好的培养航空航天人才的高校。

关于黑名单。在 2019 年 5 月中美贸易战打得非常激烈的时候，6 所高校被美国列入了实体清单，有北航、电子科大、国防科大、川大、西工大、湖南大学。这是好事还是坏事？有的网友就说了，“没上榜的要反思啊，没有为国争光嘛”“这是最牛的高校排名”。美国的实体清单变成了光荣榜，具有讽刺意味。

我们经常说要文无第一，武无第二。武器装备第二，就意味着你可能是战败的一方。前面已经讲到航空航天是一个国家综合实力的象征，是军事和工业的制高点、强国的标志，是美国实现全球霸权的主要支撑。我们要奋起直追，只有承认差距，才能缩小差距。

下面回顾分析一下中国空天技术的发展之路。一开始我们很自卑，自卑到什么程度？ 1840 年以来，我们不断被人欺负，一直到清朝末年，那时我们自己都认为中国人不适合搞科学技术，中国人只适合写诗、写文章和琴棋书画。

新中国成立以后，我们维修、仿制苏联的飞机，感觉苏联、美国的技术非常先进，我们在技术上望尘莫及，相差太远；但是我们憋着一股劲，用航空报国精神和航天精神，经过几十年几代人的努力，终于可以望其项背了，有的技术点甚至领先了，这是自力更生的结果。下一步希望能在 2030 年左右实现航空航天历史的转折，在并驾齐驱的基础上，实现有限的超越，为我们全面超越奠定基础。

什么时候全面超越呢？我想这个时间点习主席已经给定下来了，新中国成立 100 周年的时候要实现中华民族的伟大复兴，要航空强国、航天强国，只有实现了航空梦、航天梦，才能支撑强国梦的实现。这也是我们几代人努力想做的一件事，后面 30 年的时间需要大家共同努力。我们也希望以此为基础，在全面超越的基础上继续前行，领先世界百年，一洗百年耻辱，从自卑到绝对领先，我们希望这一天能够实现，能够早点到来。

同学们都是高中生，面临的压力比较大，我想给大家谈几点感受。第一点感受，也是从航空航天发展中总结出来的，勤奋胜于聪明，勤能补拙。同学们都处在学习的最佳年龄，这个年龄段就是学习的最佳时间，勤能补拙，勤能变智，勤能促变。中华民族就是勤劳的民族，勤劳最后变成了智慧，中国航空航天发展也符合这样的规律，学习其实也是这个规律。同学们谨记千万不要要小聪明，考上一所好大学，一定要勤奋学习，比别人多花时间，比别人多辛苦，才能够达到自己的目标。

第二点感受就是只有大压力才有大动力。如果高考目标是一个三流学校，这压力显然不够大，要有个大目标，比如北大、清华、北航，这个目标够大，还有差距不怕，有大压力才有大动力，跳一跳就能够得着，在这种有大动力的情况下，肯定就会取得好成绩。只有努力学习，跻身满意的大学，此生才能不留遗憾。

同学们，你们风华正茂，生逢其时，逢什么时？百年未遇之大变局，世界的格局正在发生变化。还逢什么时？中国正由大变强，而中国由大变强的历史将由你们书写。你们现在还不到 20 岁，30 年后正是你们有能力的时候，有水平的时候，正是作为中国顶梁柱的时候，那时候如果你们的水平还不如人家，就太遗憾了，强国梦怎么实现呢？

扫描二维码查看哔哩哔哩完整视频

有致力于航空航天事业的同学们，想亲身书写中国航空航天由大变强历史的同学们，欢迎你们到北航来，北航一定会给你机会。我在北航等着你！

谢谢大家！

林贵平

创造飞行，成就梦想

同学们好，我今天给大家介绍的是北京航空航天大学的金牌学院——航空科学与工程学院。我今天演讲的主题是“创造飞行，成就梦想”，分成三个部分：第一部分是从梦想飞行到创造飞行，第二部分是飞行器设计的魅力，第三部分是航空学院成就无限可能。

首先讲第一部分，从梦想飞行到创造飞行。大家都知道人类的飞行梦与人类的历史一样久远，当人们仰望天空的时候，都希望跟鸟儿一样，能够自由地飞翔，在人类历史上有很多关于飞天的故事，比如说嫦娥奔月，比如说《天方夜谭》中的阿拉伯飞毯，都表达了人们对于飞行的渴望。

人类的飞行梦与人类的历史一样久远

嫦娥奔月

最早纪录的是商代的巫卜书
秦简《归藏》：昔者恒我（姮娥）窃毋死
之药于西王母，服之以（奔）月

阿拉伯飞毯

在《天方夜谭》中曾记录着“阿拉伯飞毯”的故事：
年轻王子哈桑不小心被一条神奇的毯子绊倒，
这块毯子能够把主人带到世界上任何他想去的地方。

在咱们中国古代的历史上，我们有很多发明都跟飞行器、跟飞行有关。比如说风筝的发明，就是利用了飞行器产生动力的原理，也就是空气动力学产生升力的原理。再比如我们古代的竹蜻蜓，实际上它的原理与现在直升机的工作原理非常类似。还有我们的孔明灯，就是现代热气球的工作原理，通过加热空气产生浮力这样一个原理，来使气球升上天。

人类的飞行梦与人类的历史一样久远

最早的飞行器——纸鸢/风筝

传“墨子为木鹞，三年而成，
飞一日而败”，是人类风筝起源。
“儿童散学归来早，忙趁东风放纸鸢”

最早的直升机——竹蜻蜓

东晋葛洪《抱朴子》：“或用枣心木为飞车”
被认为是关于竹蜻蜓的最早记载，
其飞行原理与直升机非常类似。

最早的热气球——孔明灯

五代时莘七娘随夫出征，用竹篾扎成方
架，糊上纸做成大灯，灯内燃烧松脂，
靠热空气升空，作军事联络用

应该说我们的古人为世界航空航天技术的探索做出了自己的贡献。在明代曾经有人尝试用火箭和风筝实现飞天，虽然最终结果没有成功，但是探索的勇气是可嘉的。

15 世纪的达·芬奇也对飞行非常感兴趣，非常渴望。他曾经花很多时间去观察、研究鸟类的飞行原理，并写下了鸟类飞行手册。他还自己设计了扑翼机和直升机，他曾经说过一句非常著名的话：“你只要尝试过飞行，日后走路时也会仰望天空。”这充分表达了人类对飞行的渴望。人类真正实现升空的梦想是在 1783 年，两位法国人乘坐热气球，完成了人类历史上的首次飞行壮举，标志着人类在征服天空的道路上迈出了重要的一步。

在航空事业的发展上，莱特兄弟的“飞行者一号”被认为是人类历史上的第一架飞机，他们于 1903 年飞行成功，总共用 59 秒飞行了 260 米，莱特兄弟的“飞行者一号”被认为是人类历史上第一次实现这种有动力的可控飞行。应该说飞机的发明，让人类从飞行梦想阶段跨越到了创造飞行阶段。

军事战争的需求，极大地刺激了军用飞机的发展，特别是在一战期间，应该说，飞机最初是作为一种侦察的手段，到后面被作为战争的武器，投入使用，发挥了非常重要的作用。另一方面，整个航空工业在第一次世界大战期间也得到了充分发展，很多飞机比如战斗机、歼击机、轰炸机，还有侦察机，都有了雏形，并且整个航空工业也形成了一定的规模。在一战期间，飞机的生产总量超过了 18 万架，飞机工厂也超过了 200 多个。在一战之后，民用航空的需求引领了航空事业的发展。民用飞机开始飞速发展，1918 年 6 月从伦敦到巴黎开放了第一条作为邮政运输的航线。1919 年 2 月，德国开通第一条客运航线。应该说航空运输业的发展已经形成了一定规模，同时从飞机技术的发展上来说也有了一定的进步。最早的飞机都是这种双翼布局的，后来逐渐用单翼布局取代了双翼布局。

在起落架设计方面，刚开始飞机的起落架都是固定的，后来为了减小飞行阻力，变成了可收放的起落架。在二战期间，航空技术和航空工业又迈上了一个新的台阶。

飞机作为一种非常重要的武器，在整个争夺战争的制空权中发挥了重要作用，成为制约战争成败的一个非常重要的因素，比如在不列颠空战和中途岛战役中，飞机都发挥了非常重要的作用。

在二战后期出现了喷气式飞行器。最早的飞机都以活塞式发动机为动力，后来为了进一步提高飞机的飞行速度，出现了以喷气发动机为动力的飞机，比如德国的He–178飞机，它的飞行速度达到了700公里每小时。后来飞机的飞行速度进一步得到提高，X–1飞机首次实现了突破声障。突破声障在飞机的飞行史上也是一个非常重要的阶段，飞机的飞行速度要想超过声速，就要克服激波带来的阻力。

另外就是一些新技术的应用，比如新材料、新的电子技术，也使整个航空技术得到了飞速发展。在冷战时期的军备竞赛，同时也成为推动航天事业发展的动力，在1957年，苏联发射了人类历史上第一颗人造地球卫星，美国也在1958年成功发射了人造地球卫星。苏联在1961年成功发射了人类历史上第一艘宇宙飞船。美国的“阿波罗11号”在1969年成功实现了登月。整个飞行器发展的历史经过了近100多年，整个飞行器向着更高、更快、更远的目标前行。

最初飞机的飞行高度基本是在1万公里以下，现在的飞行器已经瞄准了临近空间，也就是20公里到100公里区域内。最早的飞行器飞行速度很慢，现在最快的飞行器，比如X–43，已经能达到7倍声速。对于“更远”这一目标，刚开始的飞行器，由于技术的限制，它的飞行距离是有限的，现在已经能够实现洲际飞行及绕全球飞行。总之，随着航空技术的发展，飞行器技术的进步也在深刻改变着整个世界的面貌，改变着人类的生活。

一百多年来，**更强（更高、更快、更远）**的飞行器不断发展，深刻地改变着世界的面貌

未来的飞行器除了向更高、更快、更远发展之外，还会朝着更智能、更绿色的方向发展。刚才讲到的临近空间，现在应该是很多国家非常关注的一个区域，它是指在 20 公里到 100 公里范围之内的空域，可以认为是连接天空和太空的一个区域，以前由于飞行器身上所带的电子，使得大多数飞行器的飞行高度都低于 20 公里。现在围绕临近空间飞行器的发展，主要以两类飞行器为主，一类是高超声速飞行器，一类是浮空器，都是大家非常关注的。北航在浮空器研制方面也做出了很多贡献，现在在国内处于领先地位。

超高声速飞行器也是世界很多发达国家重点关注的一个领域。所谓的高超声速飞行器是指飞行速度超过 5 倍声速的飞机，那么飞机飞得越快，就意味着能够更快、更短时间地到达目的地。另外，飞机飞得快了以后，整个防御系统就更难防了，它的突防能力更强了。所以说，高超声速飞行器不管从军事上，还是从民用上，都有着非常巨大的意义。当然飞机的飞行速度提高以后，带来的气动加热问题、一些力学问题，也是制约和影响超高声速飞行器发展的一些重要基础问题，需要我们去研究和解决。

在绿色飞行器方面，因为现在的大多数飞机采用喷气式发动机，它存在着噪声问题，还有排气带来的环境污染问题，特别是在民用飞机方面，绿色飞行也是未来人们追求的一个目标。这里主要是指一些新能源飞机，比如太阳能飞机。太阳能飞机就是以太阳能作为动力的飞行器，因为它使用太阳能作为动力，所以能用太阳能电池来驱动飞机飞行。从能源角度上讲，一方面是环保，对环境没有污染；另一方面，它同样可以实现长时间飞行，现在的太阳能飞机，比如阳光动力 2 号，已经能够实现环球飞行了，应该说还是有很广阔的应用前景的。

当然它也有一些技术问题需要解决，比如电池的转化效率还不是很高，另外，整架太阳能飞机的有效载荷还是偏低的。在智能化发展方面，将来的飞机肯定是越来越智能，因为现在人工智能在很多领域都得到了应用，比如美国人开发的智能空战系统——阿尔法空战系统，它在跟资深飞行员的对抗中取得了全胜的战绩，这代表着未来飞行器的一种发展方向。

在无人机方面，将来也是朝着智能化方向发展，将来可能是有人机与无人机的配合作战，无人机将来能够自主地组队、编队飞行，灵活作战。对于我们国家来讲，航空器的发展最早可以追溯到中国的“航空之父”冯如，他是在莱特兄弟发明“飞行者一号”之后，在 1909 年成功试飞了“冯如一号”，标志着我国航空飞行器的起步。

经过多年的发展，应该说我们国家的航空工业也经历了从小到大、从弱到强、从跟踪仿制到自主研制的发展阶段。另外，在运载火箭和航天飞行器方面，我国也经历了从无到有，直到现在应该说我们基本已经进入了世界航天强国的阶段。我来举几个最典型的例子，比如我国的舰载机歼 –15 在 2009 年首飞成功；我们的大型运输机运 –20 在 2013 年首飞成功；C919 民用干线飞机在 2017 年首飞成功；还有长征五号运载火箭，它现在是我国运载能力最大的运载火箭，俗称“胖五”，大家都知道它是在 2016 年首飞成功。

我之所以要提这几个重要的型号，就是因为它们背后的歼 –15 的总设计师孙聪院士，运 –20 的总设计师唐长红院士，C919 的总设计师吴光辉院士，以及长征五号的总设计师李东，都是来自我们航空学院的优秀校友。

我们航空学院肩负的职责，就是我题目所说的，培养创造飞行的人才，航空学院是实现青年学子梦想的地方，也是飞行器总师的摇篮。下面我想跟同学们一起分享飞行器设计的魅力，也想通过这个环节的介绍，让大家了解我们航空学院到底是干什么的。

现在讲第二部分，飞行器设计的魅力。对于整个飞行器的研制来讲，飞行器设计是创新的源头，是最开始的一步。在整个飞行器的研制过程中，设计是第一步，也是最富有创造力、最需要想象力、最富有创新性的一个环节。

飞行器设计是什么呢？以飞机为例，一般可以将飞机分为飞行器的平台、发动机和机载设备这三大部分。我们航空学院就是做飞行器总体平台设计工作的。总体平台的设计有多重要呢？我可以引用我们学院的校友神舟飞船总师戚发轫院士的一句话，他说：飞行器的总体设计就是定义一类飞行器。也就是说我们在做飞行器总体设计的时候，实际上是在定义一类飞行器。我觉得这句话把飞行器总体设计的位置和意义说得非常清楚了。而从我们学院的角度讲，我们就是做飞行器总体设计的学院，我们实际的工作就是在定义一类飞行器。

应该说飞行器设计在整个飞机的研制周期中所占用的时间和投入的资源都比较少，但是这个阶段又非常重要。为什么呢？因为很多方案的决策都是在这个阶段进行的，所以它是影响和制约整个飞行器项目研制成败的关键。咱们通过一个例子可以体会出设计的重要性。在美军联合战斗机的研制过程中，有两个公司出了两种方案进行竞争，一个是波音公司的 X-32，一个是洛马公司的 X-35。由于 X-32 在尾翼设计方面存在一定失误，所以在一定程度上导致波音公司最终在这次竞争中失败了，丢掉了这个价值约 2000 亿美元的项目。

我们这里有 C919 总师吴光辉院士讲的一段话："从整个设计来讲，它的每一个点、每一个面、每一条线，都是我们一笔一画地，或者是在计算机上，一点一面地把它设计出来的。对图纸来讲，那就是每一张蓝图都是我们自己亲自画出来的，从这些方面来讲，我们是拥有自主知识产权的，也就是它的每一个设计都是我们做的。比如我们现在飞机上用的很多材料，虽然是国外帮我们研制的，但是这个材料的规范是我们商飞的，所以就是说，这个东西是按照我们的要求去研制的。然后每一个拿过来的设备都是一个单个的设备，我讲是一个单个的设备，或者是一个小的系统。然后我们把它们通过集成，集成到大系统上，集成到全机上，再集成到飞机上面，最后组成一个完整的飞机。"

这是吴光辉院士讲的关于 C919 的研制过程，C919 大家都知道，它的整个飞机平台的总体设计是我们国家自主完成的，虽然说它的一些机载设备是从国外的一些厂家采购后集成的，但是由于平台是我们国家自主设计的，所以 C919 是我们独立拥有自主知识产权的。因此大家可以看出来，我们这个总体设计是非常重要的，把总体设计技术掌握在自己的手里，就掌握了整个飞机研制的主动权。

一方面，飞行器设计是一个典型的、多学科交叉的领域，仅仅从总体设计而言，飞行器的总体设计就包括了如总体布局、系统设计、结构强度设计，以及飞行性能评估等一些工作，这些学科及专业的学习都是在我们学院完成的。但是另一方面，飞行器设计又与很多新技术有着密切的关系，很多新技术都是在飞行器设计领域首先得到应用。而飞行器设计需求的牵引又引领了新技术的发展，比如虚拟现实、人工智能、数字孪生，还有增材制造等新技术，都在飞行器设计领域得到了广泛应用，也使整个的飞机设计技术得到了长足进步。

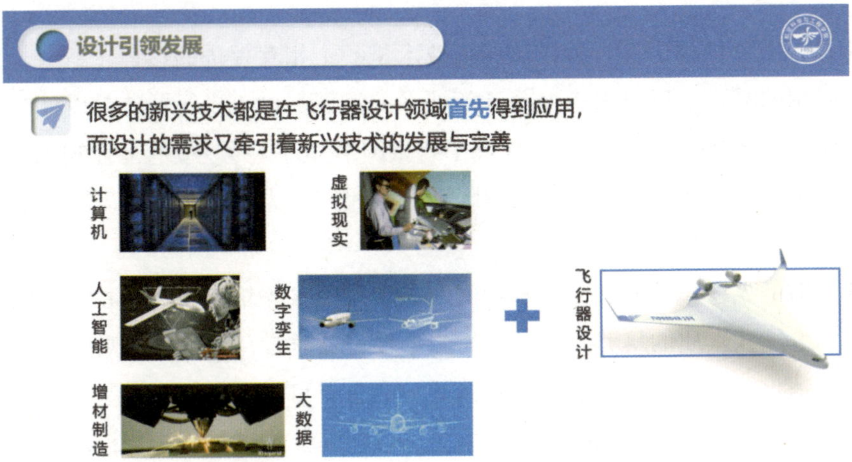

比如全三维数字化设计技术，应该说使整个飞行器的设计周期大大缩短，也使整个飞机研制的进程大大加快了。波音 777 是世界上首架全数字化设计的飞机，采用全数字设计之后，它的研制周期从传统的 9~10 年，缩短到了四五年，整个成本降低了 25%，装配问题减少了 50%~80%，所以效果是非常明显的。另外，从我们国家来讲，“飞豹”也就是歼轰 –7A，是我们国家第一架全数字设计的飞机。应该说从歼轰 –7A 之后，我们国家的很多飞机都采用了全数字化设计，整个都是无纸化设计，整个的设计过程、制造过程和装配过程都是无缝连接的全数字化。传统意义上的飞机设计的图纸后来都不用了，整个的设计手段得到了一次革命性的变更。

再比如虚拟现实技术，在飞行器设计中也有非常广泛的应用。在飞机研究的初期阶段，虚拟现实技术可以用数字样机取代传统意义的实物样机，用户可以先去体验。虚拟现实技术还可以用于后期的虚拟装配、虚拟维护、维修性设计，等等。所以虚拟现实在飞机整体的设计、评价过程中都发挥着非常重要的作用。

此外人工智能与飞行器设计也是密切相关的。刚才我也讲了飞行器未来的发展方向，就是越来越智能化。比如现在的无人机，通过地面遥控可以完成无人机的作战任务，现在更智能化的飞机——无人机，比如说研制中的有人 / 无人协同“忠诚僚机”的概念，就是更智能化的无人机。而科幻电影中出现的、未来的全自主作战的高智能无人机，代表着飞行器不断朝着智能化的方向发展。刚才强调了飞行器设计本身的学科交叉性，除了与我们刚才提到的虚拟现实、人工智能等技术相关外，新材料、新工艺的发展以及其他一些技术也会引领或推动飞行器设计技术的发展。

此外，刚才提到了飞行器设计与新技术是一个相互促进的过程，新型、高性能飞行器研制的需求，反过来也推动了新技术的发展。对于飞行器的总设计师，我们总结了他应该具有的一些综合素质：除了有报国情怀外，他还要有专业知识、创新精神、全局思维、团队协作精神以及国际视野，我们认为这些是作为飞行器总设计师所需要具备的一些素质。

从北航的人才培养模式，以及我们航空学院的人才培养模式来看，我们也特别强调对学生综合素质的培养，这是作为未来飞行器总设计师所需要具备的一些综合素质，也是我们北航航空学院人才培养的一个重要目标。我们也举些创新性概念的设计案例，这些是我们学院的同学在学习飞行器总体设计过程中，提出来的一些新的飞行器方案。另外就是他们在朋友圈里分享他们课程学习之后的体会，在整个飞行器设计的课程中，应该说他们还是付出了很多的时间和精力，背后的收获也非常大。并且我们学院承办了全国大学生先进飞行器总体设计竞赛，评审主任孙聪院士为竞赛获奖同学颁奖。

还有一个是由北航冯如书院的大一、大二学生，在 2019 年研制的长航时无人机，这是一个油动飞行器的无人机，最终创造了世界纪录，该新闻也在央视等媒体上得到了广泛报道。

飞行器设计应该说是一项非常具有挑战性、非常有趣，同时又非常有魅力的工作，我们希望等同学们来到航空学院之后，能够更多地去体会飞行器设计的魅力，

更多地去体会设计成功所带来的喜悦。应该说我们同学们能够有幸赶上这样一个时代，能够感受到我们国家航空航天事业迅猛发展的时代，能够参与我们国家重大型号工程的研制，是大家的一种幸运。

好，同学们，下面我们进入讲座的第三部分，就是具体介绍一下我们航空学院的情况。这一小节的题目叫作航空学院成就无限可能。大家都知道北航是新中国的第一所航空航天大学，成立于 1952 年 10 月 25 号，北航是由清华、北洋大学、厦门大学等 8 所高校的航空系合并整合而来的，是新中国最早成立的一所航空航天高等学府。

而我们航空学院的前身就是当初北航成立之初的两个系——飞机系和发动机系，所以我们航空学院也被称为北航的长子。那么航空学院的学科实力是怎样的？我们学院总共承载了 2 个一级学科，一个是航空宇航科学与技术，另外一个就是力学。航空宇航科学与技术一级学科在前四轮全国学科评估中，我们都是排名第一，在最近的一次教育部学科评估中，被评为了 A＋学科，并入选了双一流建设学科。我们的力学学科也入选了双一流建设学科的名单。北航总共有 7 个学科进入一流学科建设名单，其中我们学院的 2 个一级学科都进入了一流学科的建设名单。

在世界上的软科排名中，北航的航空航天工程也是排在了世界第一。可以说我们航空学院是咱们新中国历史最悠久、底蕴最深厚的学院。我们学院具有一流的师资力量，在建校初期，当时的飞机系，现在的航空学院就汇聚了一大批学术大师，比如北航的首任院长沈元，他是空气动力学的专家。另外我们的第一任系主任屠守锷院士，是“两弹一星”的功勋科学家。还有当时的陆士嘉教授，她是普朗特的弟子，是做空气动力学研究的，她回来以后成立了我们国家第一个空气动力学专业。还有王德荣教授，他是当时北航唯一的一级教授。还有吴礼义、张桂联，等等，这些老先生，在当初就是如雷贯耳，在国内都具有重要的影响。

现在我们学院的师资力量也非常突出，共有两院院士 6 人，长江学者特聘教授 6 人，杰出基金获得者 6 人，此外还有四青人才 8 人。学院师资力量的水平应该说在国内同等航空学院中也是名列前茅的，在科研方面，航空学院就是创造飞行、成就梦想的地方。从历史上讲，我们航空学院，应该说包括北航，整个师生在中国航空工业的历史上创造了很多第一。比如在建校初期，我们有“北京一号”，大家都听说过这个故事，它是北航师生一块儿用了 100 天的时间研制成功的咱们国家的第一架轻型客机，并且成功实行了首飞。

还有我们国家的第一枚探空火箭，第一架无人飞机，等等，在直升机研制方面，我们学院的胡继忠教授在国内首次研制成功了共轴式的双旋翼直升机。还有北航的无人机 BZK-005，在整个钓鱼岛以及南海巡视方面都发挥了重要作用。BZK–005 在 9·3 阅兵中，出现在无人机的排头兵中。

可以说北航的师生、航空学院的师生，几乎参与了我们国家所有的航空航天重大型号的研制。近年来航空学院的科研成果比较突出，主要获得了 6 项国家级奖励。在基础研究方面，我们申请获批的国家自然基金项目，以及发表的高水平论文，在全校也是名列前茅。在科研经费方面，我们学院每年的人均科研经费在两亿元左右，应该说我们学院也承担了很多国家重点项目的研制，所以同学们来到学院之后，将有很多机会参与到老师们的研究课题中，到实验室中去体会做科研的乐趣。

另一方面，我们航空学院还特别注重学生创新能力的培养，学生的科技活动是我们学院非常重要，也是非常有特点的一个活动，学院专门设立了蜜蜂基金来支持学生的科技实践，为学生提供创新梦想的舞台。另外，我们学院的学生在全国的“挑战杯”和北航的“冯如杯”学生科技竞赛中，也获得了很不错的成绩。比如在历届的“挑战杯”竞赛中，我们学院总共获得了特等奖 3 项、一等奖 8 项。以我们学院学生为主组成的北航航模队，现在已经成为北航人才培养的一张名片，航模队在世界航空航天科技创新类航模比赛中多次获得冠军。除了科研之外，学院也非常重视人才的培养，把立德树人作为根本任务，学院现在有国家级教学名师王琪教授，他是讲理论力学的。还有 8 位北京市的教学名师。

另外，学院也非常重视师德师风建设，把师德师风作为检验师资队伍水平的第一标准。北航有“立德树人”奖的评选，已经举办了三届。在第一届中，我们学院的高镇同院士获得了“立德树人”的成就奖；在后两届评选过程中，我们学院又有 5 位教师分别获得了“立德树人”的卓越奖和优秀奖。

下面简单介绍一下学院的专业。我们学院现在总共有 4 个专业，分别是飞行器设计与工程、工程力学、飞行器环境与生命保障工程、飞行器控制与信息工程。飞行器设计与工程专业，主要就是做飞行器的总体设计；工程力学专业包括了流体力学和固体力学两个方向；飞行器环境与生命保障工程专业主要是做飞行器类的环境控制、生命保障、飞行器的防除冰以及其他方面的研究。

2020 年我们围绕航空技术的发展，因为现在的飞机设计不仅仅是传统意义上的以力学为主的专业，现在都是与信息化和控制密切相关的学科，所以 2020 年准备新推出一个专业，就是飞行器的控制与信息工程，相当于把飞行器总体设计与信息、控制结合起来的一个专业，也是针对学生综合素质的培养。虽然我们有 4 个专业，但是学院的学生进来之后，可以在 4 个专业中任选，也就是根据自己的兴趣选择具体的专业。

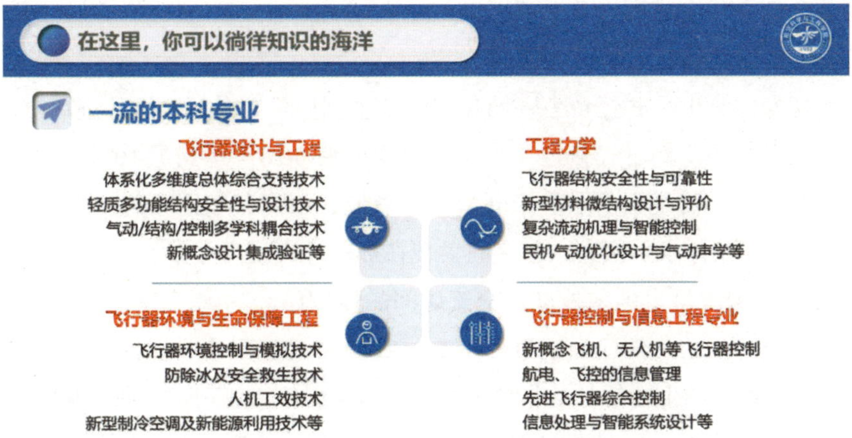

我们学院的历史非常悠久，刚才提到了，建校初期我们的系就存在了，学院一直保持良好的教学传统，也积累了很多优秀的教学资源。学院现在有国家级精品课程 5 门，包括“理论力学”“材料力学”“空气动力学”“飞机总体设计”等。学院还有国家级的教学团队，也就是我们的基础力学教学团队，现在还有一些其他课程，比如以“航空航天概论”为代表的国家级视频公开课、资源共享课，等等。在教学基地方面，我们有航空航天的国家级教学基地和力学教学基地，等等。

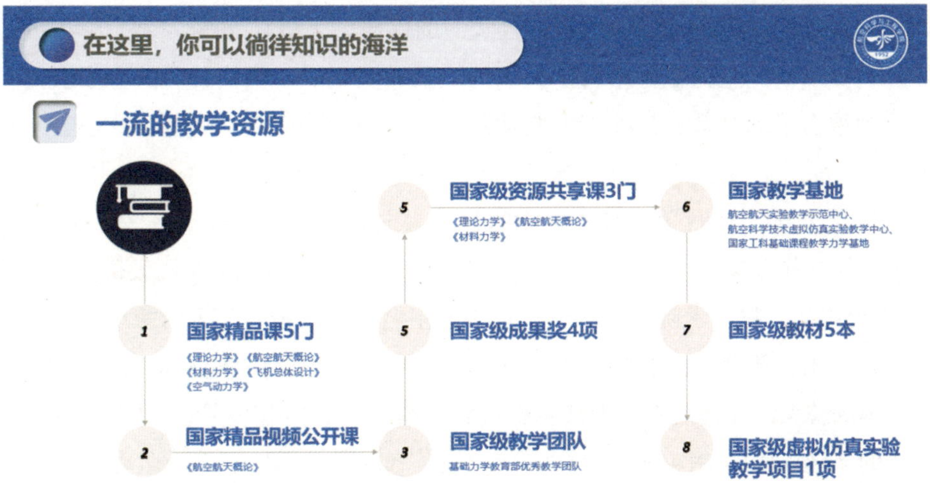

我再跟大家分享一下可能大家比较关心的几个问题。第一个，学航空能不能出

国？会不会影响大家将来出国深造？我给大家一个明确的答复——不会影响大家出国深造，大家本科生阶段学习完之后，如果有意愿到国外去读研究生是完全有可能的。我们学院有很多学生到国外知名大学读研究生的例子。我们学院还特别与世界上一些著名的大学有校际合作关系。我们学院也跟一些大学有合作协议，开展灵活的双学位培养项目。

学院还专门拿出一些经费去资助我们的学生利用暑期时间到国外进行交流访问，本科生出国交流的比例已经接近 40%，本科生的留学比例达到了 10%，这个比例不是说有什么限制，而是主要取决于同学们的意愿，因为我们国家的航空航天发展得很迅猛，对人才的需求也很大，很多同学现在都不愿意到国外去了。

2019 年我们本科生到国外进行交流访问的比例已经达到了 38.5%，另外我们学生到国外读研究生的比例已经超过了 10%，我们跟很多国外的著名大学都有灵活联合培养协议，我们学生去的都是非常好的大学，比如佐治亚理工、斯坦福，等等。

实际上，我们的学生只要想出去都能出去，关键在于我们国家的航空航天事业发展迅猛，很多学生更愿意在国内读研究生，然后就业。可以跟大家明确地说，学航空肯定不会影响大家出国深造的愿望，也就是学航空照样可以出国。因为航空中也有很多是属于基础研究的内容比如力学，它可以用在航空，也可以用在其他的领域，如果你是学习力学的，那么没有问题；包括我们比较热的学科也是一样的，它也有很多的应用领域，不一定就是针对航空的，所以将来出国的时候，也是没有任何限制的。

第二个，学生未来的升学就业，能到哪里去？现在我们学院整个本科生的升学继续深造的比例已经超过了 70%，并且我们的保研率大概在 20% 左右。学生的就业实际上主要以研究生为主，本科生就业的人数其实很少。我们就业的主要去向在航空航天领域占了大多数，当然还有其他的，比如华为、中兴、阿里、京东等一些新兴的民企。

从区位上看，我们学生将来主要的就业去向是北上广、成都地区、西安地区，这些都是航空航天发展比较集中的地方，我们学生多数是到国家最需要的地方去。

60 余年来，我们学院总共培养了近 2 万多名杰出的校友，为国家培养了一大批学术大师，出自于我们学院的院士现在大概有 19 位，还有一些人走上了领导岗位，成为治国的栋梁。比如现在以浙江省省长袁家军（注：2020 年 9 月任浙江省省委书记）为代表的年轻一代的治国栋梁。

还有我们更多的校友担任了一些重要型号的总师，刚才我们已经提到了几位，另外还有罗阳，大家都知道的歼 -15 的总指挥等一些杰出的校友，为我国的航空航天事业和国防事业做出了自己的贡献。还有一些人成为其他领域的行业精英，比如在民用航天领域，几个非常著名的公司创始人星际荣耀的老总彭小波，还有零壹空间的创始人舒畅，都是来自我们学院。

扫描二维码查看哔哩哔哩完整视频

所以我们欢迎广大的青年学子加入北航的航空学院，一起为我国的航空航天事业做出自己的贡献！我的讲座就结束了，谢谢大家！

刘虎

追寻梦想，发现自我——求学与探索之路的反思和分享

大家好，非常高兴能有机会跟大家分享我作为北航老师在求学与探索之路上的一些反思，用八个字来归纳，就是“追寻梦想，发现自我”。我的介绍分成如下四个部分。

首先，跟大家简要地介绍一下，我是做什么的——我的“世界”。我的“世界”当然加了引号，世界很大，我们能找到自己的那一部分就很好了。这是我的一段成长经历，从中学到北航，再从北航的一名新生变成北航的一位新老师，我用了 10 年的时间，然后又用了 10 年的时间，从北航航空学院飞机系的一名新老师，变成了飞机系的主任。既然是飞机系的主任，那我就先给飞机系打一个广告。

从孩童时起对飞行的向往，就像一粒种子种在了我的心中，用想象力作为养分，为可能性插上翅膀，浇灌了渴望飞行的幼芽。传承历史与荣耀，用求知探索描绘梦想的形状，是技术亦是艺术的考量。追求一切的可能性，与良师益友一起揭示飞行的秘密。

北航刚刚建校的时候只有两个系，飞机系和发动机系，所以我们一直认为我们是这个光荣名称的传承者。我们飞机系的第一任务是立德树人，培养优秀的年轻人，但同时我们也承担着不同的科研任务，那我们究竟研究什么东西呢？就是飞机系的四个主要研究方向，包括总体综合设计技术、先进结构设计技术、多学科耦合设计

技术，以及新概念设计集成验证。我的研究主要集中在第一个部分。一般谈到飞机都会觉得，好像飞得很高，离我们很远。

所以我的研究，即“我的‘世界’”是一个虚拟的世界，是一个面向飞行器设计与应用的智能化虚拟世界。下面是我们所做的研究的一个截图，第一个是歼-15，第二个飞行器实际上是代表着飞行器设计发展方向很重要的新概念之一，翼身融合布局（BWB）。

我们如果有这样一种新概念的飞机，投放到市场，大家一定会关注乘客的舒适性以及他们的接受程度等。那么，在我们将这样的飞机真正制造出来之前，有什么办法让大家感受到呢？在飞机内部，它不是现在传统意义上所说的单通道、双通道，而可能是三通道、四通道，是一种大剧院的形式。现在是双通道，行李架都在上边，拿取行李比较方便，但如果通道更多了怎么办？我们现在的办法就是将虚拟现实技术与飞机设计结合起来，让用户更早地感受到这样的飞机对我们究竟会有什么影响，这就是虚拟现实技术针对民航客机中的小事件所起的一些作用。

除了这种对机舱内的创新概念布局的民用飞机，可以利用虚拟现实技术来研究大家是否愿意去接受它之外，在右边我们看到的是一个直升机灭火的场景，在这个场景中我们用虚拟现实技术与飞机设计、飞机运用结合起来，能产生什么样的效果呢？

我们利用虚拟现实技术能够预先知道各种直升机在执行任务时，包括森林灭火、海上搜救、医疗救护甚至更多的灾害救援任务，直升机是怎么与实际的技术人员配合的，以及未来设计研发的新型直升机，它们能不能满足这种要求。所以说，我们构建这样的虚拟世界，一方面就是要解决创新的飞行器怎么来用，另一方面是我们的设计方案能不能满足任务需求这样一些更关键的问题。

飞行器设计不是简单的画图纸和做计算，我们也可以让它足够酷、足够潮。但从我自己的成长经历来看，从中学生一路走到现在，似乎不是一个偶然的事情，我反思自己的成长历程，就是一个所谓的追寻梦想的过程。首先我觉得很重要的一点：梦想源于热爱。“热爱我的热爱”，这是雪佛兰汽车的一句广告语，这套广告我其实看了一些，它是一个系列，其中的一个广告与一部电影结合起来了，因为这部电影里面有雪佛兰的一款车的形象。《变形金刚》，我相信很多同学应该都看过这一系列电影，雪佛兰车变形成电影中的大黄蜂。虽然大黄蜂之前是甲壳虫那样的小汽车，但后来变成雪佛兰了。

《变形金刚》中最厉害的当然是擎天柱大哥了，而擎天柱大哥在我的印象中可不是长这样子的，我小时候看的《变形金刚》是第一代。当然那时候看《变形金刚》，一方面觉得汽车人很厉害，但另一方面也觉得反派霸天虎也挺酷的，为什么呢？因为它们会飞。说到会飞的霸天虎，有个角色一定不能漏掉，就是大名鼎鼎的小阴谋家红蜘蛛。它的实际原形是什么，我后来才知道，原来是当时美军主力的三代机 F–15，当然大家在电影里面看到的，就与这个形象不太一样了，因为在电影里面它变成了 F–22“猛禽”，是美军也是现在世界上最先进的四代战机之一。

而在动画片里除了红蜘蛛、霸天虎之外，还有哪些会飞的呢？汽车人里面也有会飞的，这实际上是个组合金刚：飞行太保。当时只是觉得飞行太保很酷，后来才慢慢知道，原来它的几个成员都是有原型的。里面的队长银剑是“协和”超声速客机，四个队员的原型分别是 F–15“鹰”、F–16“战隼”、“鹞式”垂直起降飞机、F–4“鬼怪”战斗机，我们就会感觉到原来动画片里的很多东西，还真的是有现实的原型存在。

我们在日常中看的动画片，其实背后是强大的工业力量，是先进飞机的原型。有一部动画片《天空战记》估计大家看得更少了，能认出来的估计更是凤毛麟角了，

跟它同时期的动画片是《圣斗士星矢》，可能是《圣斗士星矢》太火了，所以《天空战记》大家了解的不太多。这里面的每个主角的战甲都可以变成一个载着大家飞的装置。载着飞的？好像跟另一个动画片的某种道具非常像，那部我相信大家基本上都应该知道了:《哆啦 A 梦》。当然我小的时候它不叫《哆啦 A 梦》，而叫《机器猫》，那个时候我们最喜欢的道具之一是竹蜻蜓。看着都是在动画片里面，对吧？但是只要敢想，就真有人敢做。现在的飞行器已经在向单人化的方向发展了，未来还需要多少年，大家才能在身边看到这种能飞起来的东西，不好说，但这一定是一个很重要的方向。

我们上面讲到的这些动画片都是国外的，国内怎么样？国内有《流浪地球》。《流浪地球》里面有一个巨大的飞行器，把地球给推出去了。那么我问大家一个问题，除了《流浪地球》之外，你们还愿意把刘慈欣的哪一部作品变成影视剧？我想很多人都会跟我一样有个共同的答案:《三体》。《三体》是我在 2011 年看的，比较遗憾的一点是它最开始发表的时候我其实没有看，它发表在《科幻世界》杂志上面。其实，我是《科幻世界》的一个老读者，因为我上中学时《科幻世界》还没有公开发行，我当时只能到邮局，采用寄邮费的方式将钱寄到成都的《科幻世界》编辑部，这样才能看到当时最新的《科幻世界》。《科幻世界》的缩写 SFW，大家可以注意到它的缩写，对 SF 大家能想到什么呢？顺丰？顺丰的确是第一能想到的，所以私下说一句，顺丰的名字取得真的蛮不错的。但是 SF 在另一个层面上究竟还能代表什么？我来将自己的一个小小的经历跟大家分享一下。

2011 年我在美国普渡大学做访问学者，在假期的时候去了一趟美国战略航空航天博物馆。这个博物馆在内布拉斯加州的奥马哈市，内布拉斯加州是什么地方？奥马哈市又是什么地方？估计大家可能都不会有感觉，但是这个地方有个名人：巴菲特。那是巴菲特的故乡和他的公司总部所在之地，但是那个地方同样有美国战略空军的博物馆。我在参观这个博物馆的时候，一进门就看到了这架飞机：SR-71，它是创下了“双三”世界纪录的飞机，一个传奇的飞行器。什么是“双三”呢？三万米的高度，三倍的声速，就是三倍马赫数。

这里面的大部分藏品都是真实的飞机，但是在这里面的一个角落，我发现了一件很好玩的东西。什么东西呢？它使我想起了某部电影中的某个角色。这位其实就是在《星球大战前传 1：魅影危机》里面出现的阿纳金·天行者。阿纳金·天行者后来变成了邪恶的达斯·维达。他的这个故事发生在塔图因星球上就在这个场景的旁边，我注意到有一块小牌子，这个牌子上写着：SCIENCE FICTION TO SCIENCE FACT。缩写都是 SF，它下面还有一句简短的话：昨天的梦想　今天的现实。所以说科幻如何成为现实，这中间恰好是需要我们去努力，去把梦想实现的过程。

1991 年的海湾战争，那时候我刚刚上初中，当时真的是被惊呆了，因为这场战争，应该说是拉开了现代高科技局部战争的一个序幕。当时的海湾战争中，“沙漠风暴行动”空中打击 38 天。“沙漠军刀行动”地面进攻 5 天，这是空中力量在现代战争中取得决定性作用的一个最好的例子。

1991 年 2 月 26 日，当时驻扎在科威特的伊拉克军队要撤回去，因为整个海湾战争就是由伊拉克入侵科威特引起的，他们撑不住了，要沿着 80 号公路撤回去，但却遭到了多国部队强大的空中打击，当时有差不多 2000 辆伊军车辆被摧毁，残骸绵延了 36 公里，后来这条公路被称为“死亡公路”。了解这种打击方式时，大家有没有想到《三体》当中的一个词，一种很厉害的打法：降维打击。

伊拉克部队是从地面进行撤退，而多国部队的空中力量是在三维空间，所以占据了三维空间对二维空间进行打击，这种力量是压倒性的。这里面其实有一个时间点，我在准备材料的时候，也在心里暗暗地惊了一下，因为 1991 年 2 月 26 日，在中东地区上演的这样一次巨大的打击任务，对伊拉克军队是一个巨大的灾难。但是恰好在这一天，在地球的另一端，另外一个角落，中国有一个小朋友，应该说不太懂事的小朋友，正在欢天喜地过他的 11 岁生日，那个小朋友就是我。

历史就是这样的神奇，对吧？当我们生活在这样一个和平、祥和的环境中，而地球的另一端却正在发生着、由空中力量带来的一些巨大的变化。当时我还是通过电视看到这个新闻报道的，从那次海湾战争之后，我就觉得的确应该去了解更多，要从一个爱好者变成一个专业人士，于是我在中学时代看了大量军事杂志资料，并且在 1996 年填报的高考志愿中选择了北航，我觉得这对我而言是一个顺理成章的事情。因为我知道了在对未来的描绘当中，有很厉害的会飞的东西，在现实当中也有很厉害的会飞的东西。那去哪儿学呢？我相信咱们的中学生朋友们，你们也都会看一些教学辅导书，我当时看的是一种叫《语数外学习》的材料。《语数外学习》每一期的后面都会介绍一所大学，终于有一天我看到有所大学，贴出了很酷的照片：北京航空馆，我就想北航里面有真飞机，于是毅然决然地选择了北航。

其实从我小时候开始建立这样的印象，到了大学里面，甚至到现在工作了这么多年，我的另外一个感受就是，我们也许每个人都在不断地发掘自己的梦想，想去追这个梦，但一定相信我，这个过程是不会轻松的。

当时在我的中学的墙外刷的一条标语，写的是“攻城莫畏坚，攻书莫畏难。科学有险阻，苦战能过关。”这是叶剑英元帅的一句话，这句话虽然是我在中学的时候看到的，但我现在仍然记忆犹新。现在回过头来看，苦在哪儿，累在哪儿呢？

十年的寒窗苦读，大家在备考，这绝对是一个非常艰苦的过程，当然到大学里面还会继续不断地奋斗，也很辛苦。作为老师我们会备课到深夜，是因为我们总想把课程讲得更好一点，所以说不到最后一刻，不到 deadline，就不会放弃修改完善的步伐。出差，我们经常会跟很多的工业部门、用户去合作，跑来跑去也会很累，打飞的，这是很正常的事情，熬夜写代码，我们要搞虚拟现实，搞计算机辅助设计，我也是个程序员，搞飞行设计的程序员，这辛苦吗？甚至我们需要写报告、写论文，辛苦吗？做不完的事，无尽的任务，也辛苦吗？不知道大家有没有这样的感觉，所谓的辛苦恰好是在你从事这些事的过程时，当你把它做完了，回过头再去看的时候，自己还好好地站在这儿，似乎也没有觉得那么的苦。

要想做到这一点，需要什么呢？有一句话，我还记得很清楚，是在《黑衣人》第一部里。第一部很经典，威尔·斯密斯扮演的 J 在加入的时候说，我要放弃很多东西，我要去做黑衣人，值不值得？ K 在回答他的时候说，值得，如果你足够强的话。那么这个“强”我相信，诸位在准备各种考试的学习过程中，其实已经在不断地锻炼自己，让自己变得更强了。当你这一路走过来，如果到北航，你一定能说这样的话，“我受过的伤，都是我的勋章。”这首歌蛮不错的，我觉得经过了艰辛奋斗的人，应该能懂得这句话的含义。

在追寻梦想的过程中，其实还有一件很重要的事，就是要发现自我。首先一点就是兴趣在哪儿？兴趣，你究竟喜欢什么，这个事情我觉得除了我们每天的学习、工作，真的应该静下心来问一问，自己的兴趣在哪儿？为什么我们要谈这个东西？我曾经看过一部韩国电影《可疑的顾客们》，我相信诸位看过它的也很少很少，不太有名，但还蛮励志的，前面比较枯燥，有点儿乏味，后面会渐入佳境。而恰好是在前面，电影的男主角说了这么一句话，他在比较不如意的时候总结了一下自己的人生。关于人生如果要大家用三个字母来总结的话，你们会选哪三个字母，给大家一个提示，是连着的三个字母，会是什么呢？他最后给出的答案是 BCD。B 是什么？Birth，每一个人都会有的；D 对应的是 Death；C 是 Choice，选择。

电影《哈利·波特与密室》里面的邓·布利多教授说过，“不是我们的能力确定了我们是什么，而是我们的选择”。我们在人生的道路上有太多太多的选择，这些选择就构成了我们人生发展的轨迹。那么究竟什么在驱动着我的选择？看的东西自然不用说了，看过的这些东西总会在你的脑海里面留下印记。我喜欢的航空、军事，等等。这些东西就会在一些关键的微妙时刻，发挥出作用。

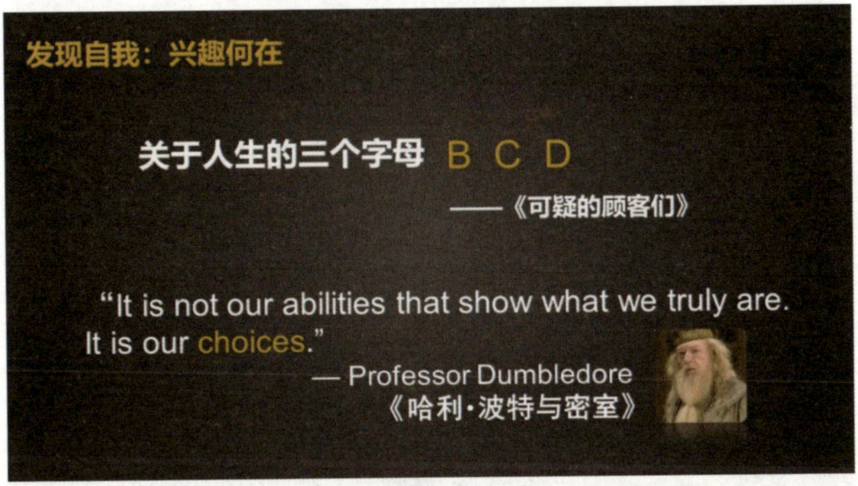

在大学时我的成绩应该说还蛮不错的，虽然我的入学成绩排在我们全系差不多 200 人的中间，但是到第二学期之后就到了第一。我一直保持在第一，直到 1999 年，这样我就可以保送研究生了。因为我们学院飞机系的研究方向很多，这个时候究竟怎么选？我也跟一些导师交流过，直到一个偶然的机会，我鼓着很大的勇气去联系了当时北航的一位副校长武哲教授，他当时也是我们飞机系的。在他的实验室里，他给我介绍了他的工作，当他在计算机里打开这样一个软件时，我立刻就被击中了——就是它了。为什么？因为这个太像我当时看的动画片了。

武哲教授那儿是研究什么的呢？他的主要研究方向是飞机的隐身性能，就是我们需要建立这样的三维图像，对它的反射能力，就是现在讲的隐身飞机进行研究。其实就是我们前面说的现代版的红蜘蛛变形之后的 F-22，所以在 1999 年之后，我跟着武哲教授一直在进行飞行器设计与数字化相结合的研究，最终我和我的师兄师弟们一起完成了屈指可数的国产飞机概念设计软件系统。

这是 1999 年的那次选择，但感觉已经过去很久了，从那之后，又有一次变化，就是我前面说到的，为什么会走进现在的虚拟世界。这次变化的影响因素非常多，终于在 2011 年真正的确定下来，我要研究“飞行器设计”+“虚拟世界”。虚拟世界是跟 VR、人工智能 AI 都紧密结合的一个东西。影响我的因素很多，但是当我看到这句话的时候，又像当时在武哲教授实验室那样触动到我了，这句话是一句宣传语，是欧洲宇航防务集团（EADS）的宣传语。EADS 大家可能不太了解，它就是现在的空客集团，之前空中客车公司是它的子公司，但是后来整个集团都变成空客集团了。它下面有个网络中心站的仿真中心 NetCOS，那句宣传语是这么说的：如果你能进入一个虚拟的世界，它能让你在真实的事情发生之前看到它的未来，那么这会给你带来多大的力量。

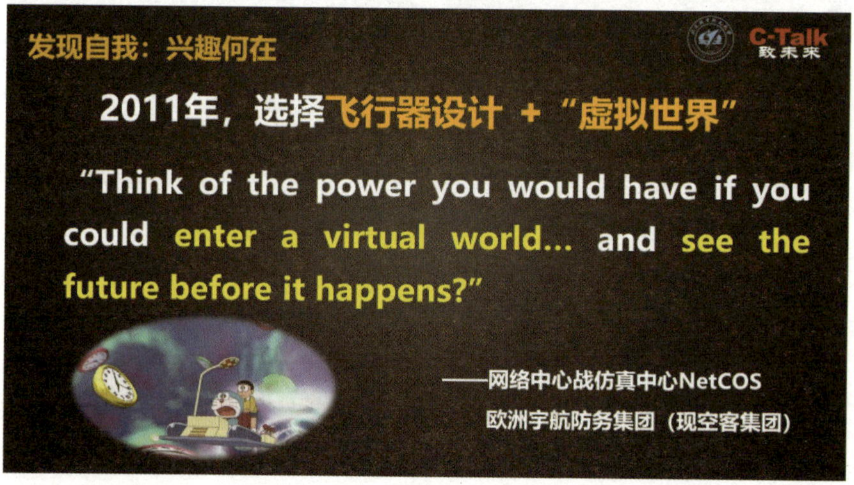

我想这实在太酷了，而且再一想，这不就是哆啦 A 梦的时光机吗？所以说我毅然决然地选择了虚拟现实的方向。其实这个过程就是不断地去发现，不断地去选择，但有的东西从一开始就会跟你的梦想，跟你的兴趣紧密地结合在一起。

而且在这个过程中你还会发现一点，你的潜力究竟在哪儿？我们经常能听到的一个说法是，我们每个人的脑容量开发的其实只是其中很小很小的一部分，当然还有一些东西是你的潜力。

有的时候，你的能量超乎你的想象。其实我真的没有想到，自己能成为一个老师，为什么呢？不瞒大家说，我小时候是口吃的，就是在碰到一些发音的时候，我会嘎嘎嘎地说不出来。后来我的一个好朋友给了我一个特别好的解释，让我至今都觉得，那个解释好像还蛮不错的。他的解释是什么呢？他说：刘虎，你这样的原因可能是因为你的思维太快，你的语言表达跟不上。听到他的话我就很心安了。

抛开这个原因不说，的确当我的一些长辈听说我在北航当老师，还真是不太相信，但是从 2006 年留校到现在，已经有十多年了。我当时一留校就接到了北航的“飞机总体设计”课程的教学任务，便开始参与到这门课的建设改革当中了。

十多年发展下来，很多成绩是我们没有想到的，2006 年我留校参加课程建设，2008 年我们就拿到了国家级的精品课，具体的过程就不多说了。我们在 2018 年还拿到了教育部航空航天类的首批国家级虚拟仿真“金课”之一，到 2019 年我们的《飞机总体设计》联合教材出版。为什么说联合教材是我们非常自豪的一件事情呢？因为这本书凝聚了太多人的心血，是在我们的联合之下编写的，包括北航、南航、西工大、清华、上海交大、北理工、浙大，国内的七所高校再加上工业部门，包括航空工业的沈阳飞机设计研究所，就是歼 –15 的故乡，还有中国商飞北京民用飞机技术研究中心，中国商飞是 C919 的故乡。

照片中间那位慈祥的老先生是歼 –8 Ⅱ飞机的总设计师顾诵芬院士，他也是中国科学院、中国工程院两院院士，他对这本书进行了审定。

我是怎么从一个不太会说话的人，做到这样一个程度的呢？其中的因素是很多的，在后面会给大家讲到，但是只要愿意不断地去做，在我们北航这片土地上，真的能够让大家把自己的潜力激发并发挥出来。

当然还有很重要的一点就是，在成长的过程中发现自我，即我的价值是什么，我们存在于世上是干什么的？吃好喝好很有必要，但是总要有点价值。我相信作为一个老师，最大的价值就是：青出于蓝而胜于蓝。我在给同学们讲“飞机总体设计”课的时候，通常会在第一节课就跟他们说一句话：“我已经放弃了成为飞机总设计师的梦想，但是我希望在座的同学们，你们当中能够涌现出一些飞机的总设计师。”而且我们也确实看到了同学们所爆发出来的潜能，所展示出来的设计才华和团队协作精神，这些带给我们老师很大的惊喜。他们在一个学期中做出了非常精彩的设计。

他们是我们北航航空学院、高等理工学院大三的同学们，学习“飞机总体设计”课程的同学们组成小组在一个学期的时间里，完成了一个飞机方案的设计。大家不要觉得一学期时间很长，因为在北航学习的挑战还是蛮大的，他们经常废寝忘食地投入到飞机方案设计中。他们开始都觉得这不靠谱，虽然学长、学姐们能做出来，但自己能做出来吗？可是到学期末的时候，当他们看到自己的设计方案在课堂上展示出来时，那种自信和成就感就不言而喻了。这既体现了他们的潜力，又体现了我们的价值。

当然是除了当老师之外的价值。我的研究，在两个领域得到了运用。在这两个领域的运用可以在一定程度上，让我感受到自己价值的所在。第一个领域是航空应急救援，航空不光是能架设桥梁，还能拯救生命。

1975 年河南驻马店发生了一次非常严重的洪水灾害，当时的受灾面积非常广，那个时候我还没有出生，我是 80 后，但我父亲所在的部队当时就驻扎在驻马店。他跟我说，那个时候真的是洪水滔天，他亲眼看到一些人被洪水冲走。当然他和他的战友们在这次洪灾中也救出了很多人，所以我还蛮为我的老爸自豪的。据他说，当时洪水持续了一段时间，到最后没吃的了，怎么办？我们看右边这张照片，当时就是直升机从空中空投食物，那时候可没有瓶装的矿泉水，空投的是河南的特产大饼，那时至少在他的脑海里，直升机就发挥了拯救生命的作用。

2008 年四川汶川地震，同样在地面交通受阻的时候，我们的空中力量，包括我们跳伞的空军勇士们，包括后来大量的直升机，从灾区把灾民运出去，把物资运进去，这时候都发挥了很重要的作用。我的几位朋友也是当时参加过汶川地震救援的职业飞行员，听他们讲起当时的事情，真的是惊心动魄。看右边这张图，这是米 –26 直升机，是现在世界上最大的重型直升机。当时的唐家山堰塞湖如果一旦溃坝，后果是灾难性的，怎么办？就是必须要把下面这些看着非常小的挖土机运进去。大家平时看到挖土机跟咱们自己比起来，感觉挖土机挺大个的，但是跟直升机比起来，它可真是太小巧了，当时多亏米 –26 直升机，才把这些施工设备运进去，疏通了唐家山堰塞湖，这就是航空拯救生命的价值。

汶川地震我是在新闻里面看的，还有个事情离我更近。2011 年我在美国普渡大学做访问学者，学校所在的地方叫 West Lafayette，西拉法叶市，虽然是个市，但其实规模挺小的。记得那年端午节那天，有个小女孩下午还在给我们各位访问学者送粽子，但到了晚上，我们突然听到消息说，小女孩出事了，什么情况？有人发现她在他们小区玩的时候突然昏迷了，她的母亲得知消息后赶快把她抱回家，到家后开始情况还好，但随后发现情况越来越严重，有很大的反应。赶紧送到了西拉法叶市的医院，一检查发现是脑出血，但是西拉法叶市的医院实在太小了，怎么办？当时在非常短的时间内，从美国印第安纳州的首府印第安纳波利斯，来了一架医疗直升机，把小女孩接到印第安纳波利斯的儿童医院去了。当时如果不是那架直升机及时赶到并送走的话，这个小女孩的生命绝对是非常非常危险的，可能大家就再也看不到她了。但现在这个小女孩非常健康，已经上高中了。

时间、生命，有的时候就是一线之间，而这个时候我们的工作，恰好能够为这样的领域做一些贡献，这个价值就出来了。

在另一方面，航空除了能够拯救生命，还有很重要的一点，也是我想说的第二个领域，航空就是力量。北航建校是 1952 年 10 月 25 日，八校合力建设北航，我们也一直说北航是有使命、有担当的学校，我们从炮火硝烟中走出来。这个炮火硝烟指的是哪儿呢？同样的日子，1950 年 10 月 25 日抗美援朝打响。关于抗美援朝我相信大家无论是学历史，还是从身边人的故事中已经了解得比较多了，但是前一阵子我在一些文献中，看到了这样一些描述。

《李奇微回忆录》，李奇微当时是“联合国军”的总司令，他接替了麦克阿瑟，他的回忆录里面有这样一句话：“要不是我们拥有强大的火力，经常得到近距离空中支援，并且牢牢地掌握着海域，则中国人可能已经把我们压垮了。”这里面他强调了很重要的一点，就是空中力量对他们的支撑作用。

在另一本书《美国陆军》里还有一句话，如果他们（这里的他们就是咱们的志愿军）拥有空中力量，如果制空权不是掌握在联军手里，那他们就会取得全胜了。读到这儿时，我心里一震，如果当时我们制空权更加强大，也许我们的志愿军将士们牺牲就会更小一点。当然，这本书里描述得也不全面，他说制空权一直在联军手里，但是朝鲜半岛有一块制空权在我们志愿军手里，大名鼎鼎的“米格走廊”，我们的王牌飞行员们王海、焦景文、刘玉堤，这些年轻的中国志愿军空军，同样在那样一个区域里，打出了我们的制空权。

但无论怎么说，都是太少了，这个少甚至于有一句话，周总理在开国大典上对空中分队说，飞两遍吧，我们的飞机不够，飞两遍。但是现在，我们的空中梯队，我们的战鹰足够飞了。

从最新的歼 –15、歼 –20、运 –20 等，从纪念中国人民抗日战争暨世界反法西斯战争胜利 70 周年大阅兵到新中国成立 70 周年大典，我们都能够对我们的空中力量有充分的信心，我们的空海天都有这样强大的力量，相对于新中国刚成立初期，我们已经走出了很大的一步。有句话，我们现在所谓的岁月静好，其实不过是有人替我们负重前行。如果我们所学的专业，我们在做的事情，能够确确实实地为这样的岁月静好添一份力，能够对那些为国家强大而负重前行的人有所帮助，那种成就感也是不错的，是任何其他方式所不可能替代的。

我最后一部分的标题是伴我同行，“伴我同行”其实也是从这里面想到的——*Stand by Me*，又是哆啦 A 梦。我们可能小时候都想过，为什么我不是大雄呢？为什么我身边没有哆啦 A 梦呢？我能不断地去发现自己的潜力，不断地朝前走，是因为我们的身边有大师，有益友，有团队，有机遇，还有很多很多，而这诸多要素，在我所在的地方——北航都有。所以期待在这里伴你同行，谢谢。

扫描二维码查看哔哩哔哩完整视频

王耀坤

中国梦，航空梦，我的梦

我是北京航空航天大学的王耀坤，今天给大家做一个航空航天方面的汇报。

我今天主要讲三个问题：我是谁？我从哪里来？我要去哪里？

首先做一个简单的自我介绍，我叫王耀坤，飞行器设计专业博士毕业，博士在读期间去英国的 Cranfield 大学进行了公派的联合培养。英国的 Cranfield 大学就是英国的北航，欧洲 80% 以上的航空工程师都是 Cranfield 大学培养的。现在我是北航航空科学与工程学院的教师，主要从事无人机的总体设计以及航空的教学，包括航空航天教学以及航空的早期教育，开设了大量的课程。

那么我从哪里来？从小我的兴趣是非常非常广泛的，琴棋书画什么都学。我印象非常深刻的是参加我们郑州市的围棋比赛，当时我 4 岁，一路过关斩将，到了最后一局，对方是一个 9 岁的选手，这场比赛我输了，最后获得了郑州市围棋比赛的第二名。

另外，我还特别喜欢看书，例如《文化苦旅》《明朝那些事儿》，这都是一些非常有名的书籍。重点推荐《枪炮、病菌与钢铁》，这本书我觉得是一本神书，它里面包含了地理、生物、历史等一系列知识，解释了为什么美洲大陆没有自己的文明，为什么澳大利亚、非洲资源非常丰富，也没有自己的文明，而这些地方的文明主要诞生于亚欧大陆，等等。《孙子兵法 · 三十六计》是我国古典名著，我们虽然不是搞军事的，但我觉得里面有很多关于选择、关于抉择、关于运用资源的方式和方法，值得我们借鉴。

还有《终身成长》，也是一本非常好的书籍，它传达给我们一个理念就是，我们要有终身成长、终身学习的精神。另外还有《从 0 到 1》，在这本书里，作者把任何事物都分成了两类：一类就是从 0 到 1，或者从无到有；另一类是从 1 到 N，就是做复制。那么我们要做什么呢？肯定要做从无到有的事情，这样你是进行一个开创性的事业，你的成果也会更大。

我本科时主要学习飞机总体设计，基础打得比较宽，比较扎实。到研究生就相对聚焦了，主要进行气动力方面的学习。到了博士阶段，围绕高超声速飞行器进行重点的研究，最终获得了一个综合的优化方法。

博士毕业以后我留校工作，参与组建我们飞行器创新研究团队，以研发新概念飞行器为己任，主要是围绕军民用的迫切需求，为我们国家的重要战略提供支撑。

我们对垂直起降和长航时方向有相应的探索，另外对新能源方向也有研究。比如说太阳能无人机，纯太阳能动力，能够保证自己的起飞，并且只要有太阳就能在空中不间断地飞行。另外，我们对燃料电池的无人机也有相应的积累。

从 2005 年进入北航，到现在已经 15 年了，林林总总经历了很多事情，获得了一些奖励，取得了一些成果。其实还是很辛苦的。可能会有人说这么辛苦你为啥？你花点时间去玩游戏不好吗？你逛逛街不好吗？主要还是因为我喜欢这个事情，就像 NBA 说的，I love this game。因为航空充满了神秘。

例如飞机在进场时，它背后的云就好像心的形状，我们说这叫翼尖涡，非常神奇，非常美妙，这在夕阳中非常壮美。为什么有翼尖涡呢？这其实跟我们飞机的升力的产生是相关的，而飞机要产生相应的升力，就要有上表面的低压区和下表面的高压区。高压区有不断地向低压区窜动的趋势，从立体的角度来看，前方的来流经过机翼之后，就形成了像弹簧一样的气流，也就形成了所说的翼尖涡这种绕动。

我们看飞机，最常见的视角就是从下往上看，看飞机划过天空，留下一道云彩，那叫什么？叫凝结尾迹。凝结尾迹是怎么形成的呢？包括从空中的视角也是这样，好像凝结尾迹是从发动机出来的，同学们可能会问，这是发动机的尾气吗？是，也不是。它是怎么形成的呢？我们都知道空气中是有蒸汽的，但是如果只有蒸汽，是不可能形成这种小水滴的，需要有什么呢？凝结核。发动机的排气自然会产生大量的废气颗粒，非常非常微小，只有 2 微米这么大，但这就给水蒸气提供了凝结核，水蒸气就附着在上面，形成了小水滴，进一步聚集之后就形成了大水滴，这样就形成了凝结尾迹。在阳光的反射和折射下，就会形成像彩虹一样的效果。

另外，超声速飞机还会伴随有声爆云，就像芭蕾舞裙一样，非常好看。什么原理？只要超声速就会形成这么一个东西，我们称它为马赫锥，在马赫锥的前表面会形成一个积聚的高压区，在后表面形成一个低压区。在高压区和低压区之间，就会形成物理的剧烈的变化。水蒸气就会发生凝结，就会形成能够看得见的声爆云。不仅有声爆云的发生，还会有声爆的发生。

航空充满了美。它有几个特点，以波音 787 为例，它美观、简洁、圆润，而且价格非常的高，一架波音 787 大概需要 16 亿人民币。

在英国范堡罗航展上，一架洁白的波音 787，非常轻盈的一个起飞，起飞之后近乎垂直的一个飞行，虽然波音 787 有 100 多吨的重量，但是它的马力非常强劲，所以在空中依然显得非常轻盈、灵巧。各种曲线都非常优美，现场还可以看到它的机翼还发生了一定的弯曲或者说翘曲，这个都是航空工程师们的技术结晶，在飞机设计专业里，它叫气动弹性设计。因为飞机如果设计得太重了，那么它自然是很结实的。如果你给它设计得很轻薄，肯定就折了，那么飞机工程师就要考虑怎么样又轻便又能满足强度的要求，这就是我们气动弹性的专业。所以说机翼虽然发生了一定翘曲，但是它一定不会折，重量既轻又能够搭载更多的货物。

我们进行一个应急起飞着陆实验。飞机快速地继续爬升，然后进行一个大坡度的转弯。现在要对正跑道，逐渐地降低高度，它的机翼前缘形成了一个非常优美的弧线。这就是先进的航空技术的体现，我们国家现在的飞机也是这个样子，所以说大家如果再坐到飞机上，看这个机翼翘曲的话不要害怕。

法国著名的飞机设计师马塞尔·达索说过，漂亮的飞机一定是好飞机。我们举几个例子，比如法国达索公司的三款代表作，神经元无人机，长得比较科幻；阵风战斗机；鹰式公务机，长得比较优美。

我们再举几个例子，比如说 B-2 隐形轰炸机，长得非常科幻，外形非常整洁，即使有 50 多米的翼展，在雷达上它也只是跟一只鸟一样的雷达信号，非常小。

还有 SR-71 侦察机，它是人类第一款实现“双 3”的飞机，哪两个 3 呢？第一就是 3 万米的飞行高度，第二个就是 3 倍以上的飞行马赫数。还有“协和”客机，它能够搭载 100 多人，以 2 倍以上的声速进行一个超声速的飞行。

还有图 -160 轰炸机，这个比较有特色，它能变形，它的机翼能前后掠，在起降时机翼前掠，这样能减小滑跑距离，能搭载更多的弹药。到了敌方区域之后，机翼后掠，减小飞行速度进行高速的突防。

另外，在航空设计领域，我们还大量使用了仿生设计，比如说“白鲸”运输机，这是空客公司为了运输自己的机翼机身所发明的一款飞机。这个飞机就要求有很大的载货体积，但重量要求不高，所以他们就参考了白鲸的模样进行设计，有个大脑门，这样待运输的机身就可以钻到运输机的机身里，进行货物的运输。

还有白色骑士号，这是波特鲁坦设计的一款性能比较优异的飞机。它的机身就采用了仿生设计，怎么仿生呢？就是尖尖的嘴巴，大机身，后面有一个非常纤细的尾巴，像谁呢？像海豚。尖尖的嘴巴阻力很小，胖胖的身子能够携带大量的燃料，后部纤细的尾巴能够进行一个姿态的操纵，非常优美。

难道我们航空只是一个花瓶儿，只有美吗？不是的，航空还充满了力量。

在伊拉克战争期间，有一次美军获得了情报，伊拉克的武装部队在某地集结，于是派了两架 F15 多功能战斗机飞向敌方目标。每架 F15 战斗机都带了八枚精准制导武器，半个小时飞机回来了，察看了战果，伊拉克 16 辆武装坦克和装甲车都报废了。另外就是 80 号公路即“死亡公路”，这是伊拉克当时从科威特撤军的一条必经之路，当时有 2000 多辆的伊拉克车队从高速公路上浩浩荡荡地开过来，美军派了 100 余架 A10 对地攻击机对它进行了攻击，之后留下的是 2000 多辆坦克、装甲车辆的残骸，一片死亡。

航空还充满了尖端科技，我们生活中常见的一些比较新的技术，比如汽车写的 3.0T，T 是 Turbo，就是涡轮增压，使用了涡轮增压的汽车，马力更强劲，还非常省油，是现在轿车上比较新的技术。这个技术是为汽车发明的吗？不是的，在 1905 年 11 月 16 日，德国专利局授予了 Alfred Buchi，他的一个专利叫“内燃机辅助增压器技术”，所以这个技术 1905 年就有了。这个技术实际是给飞机发明的，因为在高空之中氧含量降低了，若想要飞机飞得更高，怎么办呢？使用了这种涡轮增压发动机之后，它就能飞得更高，马力强劲。

第二次世界大战期间，P–47 战斗机就使用了这种 R–2800 发动机。这种发动机有个像蜗牛一样的东西，就是涡轮增压器。安装这种发动机之后，飞机就非常强劲，高空性能也非常好。

航空发动机是工业皇冠上的宝石，它包含了最顶尖的技术，我们一起来看一下航空发动机的原理。这是飞机上的一个航空发动机，是一个大涵道比的涡扇发动机，我们拆去外壳，再拆去一层外壳，裸露的就剩下一个一个的压缩机叶片。由前往后，最前方是一个大的风扇，然后是压缩机，空气在里面逐渐压缩，再后就是燃烧室，还有就是后部的一个涡轮。尾部的排气装置，主要是对气流进行一个整流。从前方来流的视角来看，前方的气流流进发动机之后会分成两部分：一个是外涵气流，另一个是内涵气流。内涵气流首先经过压缩机，不停地被压缩。这里压缩能达到 450 ℃的高温。然后到了燃烧室与燃料进行混合燃烧，能达到 1700 ℃的高温。高温高压的空气能够推动后方的涡轮，通过主轴传导到前方的风扇和压缩机，对空气进行压缩，产生主要的推力。

这就是现在主流的涡轮风扇发动机。航空发动机还有很多的应用领域，比如说AGT-1500燃气轮机，它好像就是一个涡轮喷气发动机，是美军M1A2主战坦克所用的发动机。现在我国很多驱逐舰的动力就是从乌克兰引进的UGT25000燃气轮机。现在我们国产的发动机，比现在UGT25000燃气轮机的性能更好。所以说航空技术助力了我们空军、陆军等的发展。

我觉得我们航空充满了未知与挑战，所以是一种勇敢者的游戏。就拿突破声障来讲，声障就是接近声速的时候，空气的压强、温度等物理量会有一个急剧的变化，会造成飞机的解体或者失控等严重事故。所以很多早期的飞行员因此丧命。美国就是使用了X-1火箭飞机突破声障的，这是当时比较宝贵的一张照片。大家要注意这款飞机好像很奇怪，它尾部有一些火焰，为什么？因为早期的发动机，无论是活塞发动机还是涡轮喷气发动机的推力都不能满足超声速的要求，所以工程师想了一招用火箭发动机产生一个巨大的推力，突破声障。

1947 年 10 月在美国进行了一次飞行测试，将安装了火箭发动机的 X–1 飞机，吊挂到 B–29 轰炸机上，进行缓慢的加速、起飞，一个平稳的起飞。飞行员通过一个狭小的过道钻到 X–1 飞机的驾驶舱里，然后关闭舱门。至此飞机准备就绪，地面的探测装备对空中进行实时的探测。此时飞机进行了一个平稳的投放，成功地分离。分离之后它打开自己的发动机（刚才说了火箭发动机只能工作 2 分 30 秒），进行超声速飞行，这 2 分 30 秒就创造了历史，这是人类首次超声速飞行——突破声障。

对于现代战争来讲，跑道通常是首选的打击目标，如果把跑道打断，那么飞机很难起飞，即使有几十架飞机，跑道一旦被炸断，它就无法升空作战。现在飞机设计师发明了垂直起降技术，特别是美国的 F–35 战斗机，它在竞标的时候就要求，飞机必须带有垂直起降技术，自此也进行了垂直起降的一个试验。

打开了升力风扇，发动机向下偏转，产生向上的推力，飞行员也非常谨慎，缓慢地抬起机头，缓缓地离地，飞行运转得非常成功，比计算还多了一些推力，性能非常好。

我们中国的航空到底怎么样，我们学航空到底是否被需要呢？我们从一个民用领域去了解一下，开始是慢慢普及了自行车，现在私家车已进入了千家万户，但也带来了很多问题，比如说污染问题，特别是交通拥堵问题。那么现在空中汽车就是解决交通拥堵问题的一个绝好的办法。所以说从陆地到天空绝对是一个趋势，航空大发展也是一个趋势，所以我们同学肯定会有用武之地。

我们中国航空工业怎么样呢？抗日战争期间，由于我们航空工业与国外的巨大的差别，给我们民族带来了深重的灾难，这是当时的几张照片，左上角日军的轰炸机对我们的重庆进行轰炸，房屋都被炸毁了，很多的人死了，很多孩子成了孤儿。我们不说那些大的数据，仅对两款主力战斗机，中日的两款主力战斗机，从技术的角度来分析。

日军当时是“零”式战斗机，中国是“霍克三型”战斗机。从这个名字大家可能就会发现问题了，中国好像没有叫霍克的人，这是美国进口来的，因为当时中国自身的航空工业没有设计加工制造能力，所有的航空武器都是进口来的。这样就会出现几个问题：第一，美国当时也陷入二战之中，它自己的先进飞机还不够，所以只能把一些老旧型号给中国，所以说“霍克三型”飞机跟“零”式战斗机，一看就不是一个时代的东西。“零”式战斗机是一个单机翼的飞机，而“霍克三型”战斗机还是一个双翼机，飞行速度、航程、武器弹药等，都落后于“零”式战斗机一个时代。

第二，“霍克”需要从美国进口，但是美国到中国之间隔着日本，所以说“霍克”战斗机是被打掉一架就少一架，而日本能够自己生产飞机，所以能够源源不断地补充到战争中来，这就是一个巨大的差距。我们中国共产党非常重视航空，早在新中国成立之前，在解放战争之时我们就建立了东北民主联军航空学校，当时的条件是非常恶劣的，没有器材，在东北就用马车拉，骡车拉，从各个村庄各个地域搜索飞机的残骸和零件然后进行组装。没有燃料，没有航空煤油，就用一些酒精当燃料。没有工具，如果说飞机轮胎没气了，本来应该用高压充气泵进行打气，因为飞机轮胎都是高压轮胎，没有高压充气泵怎么办呢？只能用人力去打，但这个压强非常大，怎么办？排成一队挨个儿去打。没有相应的有经验的飞行教员，怎么办？我们甚至从一些日本的航空教员中选拔出来，作为我们的老师。

后来我们民主航校培养了张积慧、林虎这样的航空英雄，特别是张积慧在朝鲜战争中，在朝鲜的上空把美国空军的王牌给打下来了。新中国成立以后，我国的航空工业在我们党和国家的领导和大力支持下，经历了近 70 年的发展，到现在已经比较丰富了，我们有自己的战斗机、攻击机、直升机、运输机，还有一些无人机等。从发展历程来看，早期是一个完全仿制的过程，仿自苏联米格 –17，后来在设计歼 –7、

歼 –8 战斗机的过程中，我们开始进行一定的探索。

直至歼 –10 战斗机，完全是我们自己的自主知识产权，完全是用我们自己的理念、我们自己的技术设计的飞机。

经过这么多年的发展，我们的航空工业现在已经达到世界的一流水平，我们有自己的主力战斗机歼 –20 隐身高机动战斗机，还有运 –20 大型战略运输机，歼 –15 舰载机、空警 –2000 预警机、武直 –10 专业的攻击直升机、直 –20 通用的直升机、AG–600 水陆两用飞机，以及 C919 大型客机，还有“彩虹”翼龙系列无人机。

同学们又要说了，这都是我们航空工业已有的成果，而我们要就业还需要五年、十年的时间，那么中国航空工业的未来到底怎么样呢？我们是不是还有事可干？这个问题也跟国家的领导人，跟一些国内外的专家做过交流。我们总结下来，一个国家的航空工业需要发展，需要如下因素：①一定的研究基础；②一定的国家规模，这也是小的国家现在已经玩不了的原因，原来还有意大利、瑞典等，还自己生产制造飞机，现在已经搞不定了；③一定的政治实力，否则你想设计飞机，也会被扼杀在萌芽之中；④一定的经济实力，有钱才能去干这个事；⑤要有工业实力，必须要有强大的工业基础，才能完成飞机的制造；⑥要有强大的军事实力和军事需求。

我们中国有 960 多万平方公里，14 多亿人口，这样才能支撑我们分门别类地建设专业的单位和培养专业的人才。从政治上讲，我们国内的政治非常稳定，在国际上我们的话语权也越来越大。从经济上讲，经济逐年发展，我们的 GDP 现在已经排在了世界第二，在国际上，Made in China 是绝大多数产品的标签。如果从中国的工业来讲，就是一个字“全”，包含了联合国所说的大、中、小三种类别所有的工业门类，所以说，我国工业支撑了高铁、大型船舶等这些大型工程的建设。

随着我们军事实力的不断发展，比如说歼 –15 舰载机，需要在航母上进行舰载的起降，包括歼 –20 战斗机等，而我们人员数量是不断增加的，并且飞行的技术也在不断提高，科技含量也是猛增的。这就要求我们的飞行员有更强的综合实力。经过中央军委的批准，在北大、清华、北航三所学校联合培养双学籍飞行员，我是我们北航双学籍飞行员的指导教师，在课程中我安排了很多内容。

非常令人欣慰的是，我们培养的学生现在很多已经放单飞了，取得了一定的成果。更重要的是培养航空航天设计师。我开创了一个适于航空航天工程师培养的本科航空创新实践教学路线，分成几步，通常在低年级开设航空工程师应知应会课程，也是理论结合实践的一门课程。先讲这个课程是怎么回事，它有什么理论，有什么样的操纵原理，然后以小组为单位，我们同学制作出来一个气垫船，为什么选择气垫船呢？首先它的原理跟飞机比较接近，比如它的动力使用空气螺旋桨，它的控制航向是气动的舵面，这样应用了一部分飞机的原理。其次搞飞机很难，我们低年级的学生用一个气垫船贴在地面，难度没那么高，这样便于上手。

我们还组织了比赛，我们的同学非常踊跃，做出各种各样的气垫船，最后结课的时候进行了一个小组竞赛，我们在赛场设置了各种各样的障碍，看谁的气垫船操纵性能更好，更机动灵活，更快速。有一个气垫船操纵得非常好，超了一圈最后获得了冠军。到下学期，我们开始带领同学们学习一些简单的空气动力学原理、飞机结构设计原理以及飞机制造的一些基础知识，并让同学们以小组为单位，亲手去制作模型飞机，在最后结课的时候进行了一个飞行比赛。所以我们这门课是非常受欢迎的，而且所有的器材都由我们课程来提供，不需要同学花一分钱。

我们还有北航航模队，我也是北航航模队的指导教师。北航航模队是跟我们北航同名且同龄的，是在 1952 年成立的，到现在已经发展成实力非常雄厚的队伍了。

我们还带领航模队参加过世界各种各样的比赛。2012 年参加美国比赛，我们获得了高级组的世界冠军。2013 年去欧洲比赛，2014 年去英国比赛也获得了世界冠军。2015 年参加美国 AIAA 举办的航空模型设计大赛。因为强调创新，所以有奇形怪状的、各种各样的飞行器包括机器人等。还强调拼搏精神，同学们都非常刻苦，非常能干。还有团队精神，以小组为单位维护飞机。从事航空航天事业要有强烈的责任心和责任意识。

除此之外，我常年负责我们北航的科技创新培养，指导学生获得了全国的“挑战杯”、互联网 + 大赛等一系列奖项。举例来讲，去年带领我们同学获得了全国“挑战杯”特等奖的作品叫非航母作战舰艇使用的高速垂直起降飞行平台。我们都知道像驱逐舰这样的舰艇由于地球曲率的影响，对敌方目标的探测存在一定的盲区，所以通常携带直升机进行侦察等工作。但是，直升机第一体积非常大，很占地方；第二成本非常高；第三有人员伤亡的风险。所以，我们想能不能设计一款高速的、能够垂直起降的小型无人机，起到侦察的效果，同时成本比较低，飞行效率又比较高，我们采用了相关的技术，例如，采用油电混合的垂直起降技术，采用涡轮喷气发动机作为前飞的动力，采用电动机作为垂直起降的动力。为了减小飞行阻力，我们把旋翼在高速平飞的时候收纳起来。

冯如先生是我们的航空先驱，他一辈子只造过两款飞机，一款是“冯如一号”，另一款是“冯如二号”，我们希望我们的年轻人能够继承冯如先生的遗志，把冯如精神传承下去。我们制造了“冯如三号”无人机，采用全自主起降，完全自动驾驶。全机采用复合材料，黑黑的碳纤维制造的，翼展 9 米，起飞重量 70 多公斤。

2019 年 10 月 3 号，我们的“冯如三号”无人机进行了不间断、全自主飞行 30 小时 6 分 42 秒，创造了国际航空联合会 25~100 公斤级油动无人机续航时间的世界纪录。这也是中国第一个无人机的世界纪录，我们用它向中华人民共和国成立 70 周年以及冯如先生首飞 110 周年献礼。我们刚刚收到从瑞士寄到我们手上的世界纪录的成绩证明。创了世界纪录之后，引起了一定的轰动，中央电视台《新闻联播》还对我们进行了专访。

不仅如此，很多报纸，如《中国青年报》《北京日报》《北京晚报》《中国教育报》等都对我们的这个活动进行了报道，可以看到社会对我们的一种认可。如果说我们本科只是对人才的培养，那么毕业设计就可以说是我们对人才培养的最终评价。那么我们培养得怎么样呢？ 2019 年，我们带领同学们参加了教育部举办的首届航空航天类全国本科毕业设计大赛。现场阵势非常的强，虽然只有 100 多名参赛者，但都是经过层层筛选的，而且竟然有 30 多位专家作为评审，有研究所的所长、高校的教授，都是顶级专家，足见教育部对这次活动的重视。

经过层层的选拔 PK，最终我带领的学生获得了全国首届航空航天类本科毕业设计大赛的特等奖，全国只有六个。这么多年来，我们培养出了很多能力非常强的拔尖学生，这也是非常值得骄傲和自豪的事情。

欢迎报考我们北京航空航天大学，我们北航有十大特色，有一流的综合实力、一流的人才培养、一流的学科专业、一流的行业优势、一流的师资队伍，还有一流的科研实力、一流的学风校风、一流的升学就业、一流的国际培养、一流的校园环境。总之，我们北航的目标只有一个，那就是培养世界一流的航空航天人才。最后感谢同学们，希望伴你飞上蓝天，谢谢！

扫描二维码查看哔哩哔哩完整视频

机械工程及自动化学院

学院介绍

学院概览

机械工程及自动化学院是北航最有实力的学院之一，覆盖机械工程、航空宇航科学与技术、材料科学与工程 3 个国家 A 类学科和设计学等共 4 个一级学科，拥有 3 个一级学科博士点、4 个一级学科硕士点，目前学院全日制在校学生近 2000 人，其中博士生 370 余人、硕士生 750 余人、本科生 650 余人、留学生 130 余人。

师资队伍

学院共有教师 180 余人，其中教授 56 人、副教授 75 人、博导 89 人，具有博士学位教师近 90%。院士（兼职）2 人、长江学者 2 人、杰青 3 人、“万人计划”1 人、海外高层次人才 1 人、四青人才 7 人、新世纪人才 10 人、北京市科技新星 15 人。

科学研究

学院围绕国际学术前沿、服务国家重大需求，机、电、信息、控制等多学科交叉融合发展，在智能制造、飞行器制造、机器人、仿生微纳制造及机电控制等学科方向优势突出、特色显著，承担一大批国家级 / 国防重大 / 重点项目，人均科研经费国内同类学科领先，解决多项国防技术瓶颈，取得国家科技奖等多项成果，为国防建设和国民经济发展做出突出贡献。

本科专业及培养体系

2020 年面向机械工程、机器人工程、智能制造工程和工业设计四个专业招收本科生。1 年级大类培养，2~4 年级分流至专业学习，实施完全学分制和本科生导师制。机械工程专业以培养系统总师级人才为目标，通识与专业教育相结合，构建设计、制造、材热、测控、软件、系统 6 大核心课程群和飞行器制造、智能制造、机器人、微纳 4 个特色模块。机器人工程（新工科专业）、智能制造工程（新工科专业）和工业设计专业以培养高精尖特色与紧缺人才为目标，实施小班化、项目化教学，重在创新创业能力的培养。

就业、升学、出国情况

本学院每年研究生招生数大于应届本科生毕业数，近年学院应届毕业生国内外读研深造比例稳步增长，近3年达70%。学院毕业生受到国有企业、党政机关及科研院所等用人单位广泛欢迎，一次就业率达99%以上。60多年来为国家培养了大批学术精英、兴业人才和治国栋梁，对国家经济建设和社会发展发挥了重要作用，社会认可度极高。

王田苗

如何寻找智慧的钥匙开启未来时代的大门

各位同学大家好，我想每位同学心目中都有一个梦想，那就是在未来时代，能够给社会做出更多的贡献，实现自己的价值，自己也借助这个时代成为佼佼者。但开启这个未来时代大门的钥匙在哪儿呢？下面我跟同学们分享两个话题。

未来的时代是什么样的时代？我们认为未来时代是智能社会的时代，是数字经济的时代。支撑这个时代最重要的科学技术特征是什么呢？是5G及物联网，是人工智能，是机器人。

我们设想这样一个场景，在新冠疫情非常严重的区域，某一个小区封闭了，我们在大楼里不能自己出去购物，那么我们拿出手机和iPad，进入一个虚拟的超市选购我们需要的产品。我们可以试看，也可以试穿，可以放到我们的购物车里，当然我们觉得不合适，随时可以删减，当我们确认以后，可以用我们的手指进行指纹识别，来完成支付，我们所有的购物习惯和信息就这样发到了云端。云端以人工智能算法来进行分析，分析这个人在虚拟商城逛了多长时间，逛了几次，哪些商品选择了又删减，这个人的年龄和购物习惯，所处的城市，等等，通过这样的画像和精准的预判，又把这样的信息发给了后端我们所说的生产制造车间。生产制造车间根据库存来查找和配货，同时及时通过供应链给各个厂商配套或准备，并且利用机床、人工智能和机器人，以及3D打印重构了我们这样的一个生产关系，从而形成了柔性的生产线，制造了我们所需要的柔性产品。这些产品又通过物流，甚至通过无人配送送到了消费者手里。

这样的场景大家可以看到，背后起着最重要支撑的就是5G、物联网、人工智能和机器人技术。我们再设想另外一个场景，在新冠疫情非常严重的区域有方舱医院，由于新冠病毒的传染性极强，我们的护士和医务人员进行一些衣物和医疗用品的消毒时，可能会增加感染风险，甚至造成生命威胁。那么就可以利用机器人进行各方面的消毒。

机器人可以投入轨迹的规划，可以导航，可以控制，甚至可以承载着紫外线，对病床和病房进行消毒，甚至对于离去或者是出院的病人的衣物进行处理，运行到需要消毒的地方。机器人还可以送饭、送物，甚至可以增加更多的功能，包括对话功能、识别功能、监控功能，还能够在医院的大堂进行导诊，甚至可以超距离地进行体温检测，这些例子可以说明，未来5G、物联网、人工智能软件和机器人是人类社会发展的必然支撑技术，是刚需。

事实上大家都知道现在在制造企业，已经有各种各样的机器人，就拿汽车生产线来说，在生产线上从冲压到焊接，到喷涂，再到整装，都需要各种各样的机器人。比如说冲压有上下料，焊接有点焊和弧焊，喷涂可以根据客户需求的颜色和风格定制，总装包括门、座椅、发动机，等等，这些都可以通过AGV、机械臂，以及各种各样的生化机器人来完成。

在这些方面，机器人的应用不仅提高了效率，而且提高了质量。大家是否注意到了汽车的门及后备厢盖的间隙，就代表着是否使用了机器人。人工制作的，间隙往往是5毫米左右，而机器人完成的高端汽车的间隙只有2毫米左右，人工进行多种生产环节，往往一小时或半小时才能完成一台车，但使用了机器人自动化生产线以后，两分钟就可以完成一台车。

实际上，我们每个人都拥有手机，其中的芯片是在真空的洁净车间进行加工的，手机屏幕的曲线是通过机器视觉来识别和检测的，组装以及包装，都是通过机器人完成的。我们现在疫情防控所戴的口罩，国内往往一天需要消耗2000万只，我们设想一下，如果是人来生产制造，一个人一分钟平均生产10~20个，还需要人不停地高速重复；那么如果用机器人加载相应的传送带和自动化，效率如何呢？一分钟100个。所以从这点可以看到，5G、人工智能和机器人是刚需。它不仅解决了我们所说的生产质量问题，提高了效率，而且在一些危险的环境下，利用机器人代替避免了不必要的劳累和风险。事实上同学们可以看到，未来社会的发展老龄化趋势越来越严重，我们的人口，劳动力人口将以 0.69% 的速度递增，而我们劳动力的成本却以 8%~10% 的速度在增加。在过去的十年中，一线的工人年薪大概是 2.5 万元，而现在已接近 8 万元甚至是 10 万元，大家有没有这样一种想法？未来更多年轻人愿意从事一些智慧创造性的工作，不太愿意到第一线去从事繁重、单调重复的工作。

从这一切都可以看出，5G、物联网、人工智能和机器人在未来社会不仅是刚需，还是社会发展的必然趋势。随着社会的发展，人工智能、机器人和 5G 也有了更加迅速的发展。而且形成了很多颠覆性的技术，正在对我们很多传统行业进行颠覆。那么我们就在想，无人驾驶技术不仅能减少停车空间而且在安全性上更有保障，因为我们都知道汽车由于违反交通规则，人的操作不熟练造成的事故往往比机器所造成的事故要多得多。相当大一部分汽车一天 8 小时就停在车库，空置率很高。那么有没有这样的无人驾驶，能够根据人的需要，通过手机自动约送，从一个地方到另一个地方？这样不仅可以在路上节省半小时或一小时，而且在汽车里可以喝咖啡，可以学习，可以阅读。大大节省了停车面积，提高了车的使用率，还能促进环保。未来的智能汽车不仅仅是复合材料制造的，它还具有新的能源电池，甚至是各种激光、定位，包括电子产品的无人导航，都推动了共享汽车的利用，而且它还改变着很多交通规则，这将会颠覆未来的交通行业。

我们再看看未来的医疗机器人。传统的手术往往是有创伤的，创口大小在 5 厘米甚至 10 厘米，有没有可能利用机器人的精确定位，将创口缩小至 2 毫米，像小米粒一样大小的创口，减小创伤呢？能不能更多地把各种各样医生专家的手术经验，通过学习沉淀下来，为病人提供更加安全、高质量的手术方案，甚至规避在手术过程因人手的抖动而造成的各种误差呢？这一切都将改变传统的医疗器械，提高手术进度，造福患者，助力健康。

当然，还有我们各种各样的仿生技术。这种仿生技术能够适应各种各样复杂的环境，能够帮助人完成各种复杂的动作，在危险环境下，或者是无法到达的条件下，通过仿生机器人去解决。在这个问题上，可以看到仿生机器人，不仅能平衡和移动，还有新的能源电池，能在运动过程中有相应的识别等。这一切都可以让各位同学感受到颠覆性的技术，并正在改变着我们的社会形态，改变着我们的生活方式，给我们提供一个崭新的智能社会发展趋势。这是第一部分。

这一部分跟大家分享了未来时代是什么？未来是智能社会的时代，未来是数字经济的时代，我们如何面对迎面而来的这样一个时代呢？如何去寻求打开这个时代大门的钥匙呢？我自己认为，打开未来时代的钥匙就是大学，因为大学给了我们学习的思维方式，给了我们实践和学习的方法，给了我们实际动手的能力。我们还介绍了各种各样的机器人，包括人工智能，包括我们所说的物联网、5G 等。我们的许多学生在大学时期，经过思维的训练，基础学科的锤炼，以及探索和实践，在毕业后有的创立了公司，成为公司的系统工程师，有的留校成为老师，继续带领自己的学生进行设计和研发。

下面我跟大家分享一下我们北航老师、北航学生在机器人方面的设计、创作的作品吧。

记得那是 2000 年，我们北航每年都举办科技大赛，我们称为冯如杯，有一个叫梁建宏同学找到我，他说："老师，你能当我的指导教师吗？参加'冯如杯'。"我说："好啊！你有想法吗？"他说："我认为我们学校的'冯如杯'就是鼓励学生创新，所以我想设计一款机器鱼。"我问："为什么要设计机器鱼呢？"他回答道："我所观察的各种各样的船、舰艇，还有各种各样的水下推进器都是通过螺旋桨来推动的，可是在我家鱼缸养的鱼和我到水族馆所看的各种各样的鱼类，它们并不是以旋转的螺旋桨去推进的。那有没有可能设计研制一种像鱼尾一样的推进器，靠拍动来进行推进呢？这样的翼在什么地方呢？"

我跟他一起探讨，认为他设计的机器鱼机动性很好，转弯非常灵活，而且可以相应地提高效率。所以，在这样的情况下，我就鼓励他去做，随后他到水族馆观察生物，发现了波推动原理。同时，他利用三个电机与六个电机形成的一个连摆机构，把所观察的波推动的控制理论输入进去，来模拟鱼拍动的频率，鱼的浮度大小，以及相应的攻角来使它能够灵活地转弯。最后又在我们学校的池塘和游泳池中进行实验，当他的机器鱼游动起来的那一刻，他无比激动，甚至告诉我，"老师，我想把这条鱼送到大海里去。"

那一年正好赶上太湖有污染，那么大的太湖黑乎乎的，有沼泽、深水、污水，他就在想能不能把我们所设计的机器鱼放到这样浩瀚的湖中，带上相应的检测装置，去检测是什么造成的，浓度有多大，并把这些信息提供给政府和相应的企业，进行环保和改善环境。在各方面的努力下，他的想法付诸实施，没想到实验获得了成功，得到了当地政府的高度肯定。随后，他不仅获得了我们学校冯如杯一等奖，而且还参加了全国的挑战杯，也获得了一等奖。

在2002年有一批学生，我记得是李晓宇和蒲立，他们对我说：“我们要参加全国的空中机器人大赛，要把航模无人机变成一个具有实用价值的无人机。”我说：“你们打算做什么实验？”他们想测试这个无人机的负载，能够载多少，以便今后能够操作，并且能够研究相应的无人机在悬停的过程中，它的误差有多少，这样，对于未来的起降有重要的作用。他们到农村，到干枯的水坝进行了各种各样的实验，研究过固体翼，研究过旋翼，甚至研究过四旋翼，而且为了提高稳定起飞且不依赖于场地，又能够高强度地航行，他们又把四旋翼加上侧旋，把它变成能够飞行的固定翼。没想到，他们的研究在空中机器人大赛中获得了全国二等奖，并且模拟飞机降落，能够进行绳索挂链，从而进行安全的着陆。

在进行这方面的研究中，同学们偶然发现了农田有害虫，过去都是农民伯伯背上药物喷洒器进行人工杀虫，劳动强度大，而且还不能大面积地使用和喷洒，于是他们就想，利用这个无人机，装载农药喷洒，进行识别观测，这样不仅大大提高了杀虫和农业耕种的效率，而且更加方便快捷。他们在这方面的科技大赛中也获得了北航的冯如杯，并且还获得了在航空部组织的空中机器人大赛的二等奖。我们北航学生自己设计的无人机，参加了南极科考，进行环境观测，包括冰盖的厚度、温度，以及周边环境，并在舰船上通过撞网实现回收，还有无人飞艇。

我记得那是在2013年前后，有一个叫文力的学生，他开始是在机器人组学习，后来研究仿生机器人。在他完成这个课题以后，他跟我说：“老师，我想研究像人手一样的机器人，不用电机就能够抓取各种物体。”我问：“你为什么有这样的想法？”他回答说：“后工业时代，我们大量的日用品，比如说鸡蛋、袋奶、螃蟹、海鲜甚至西红柿，用过去传统的机械手不仅笨拙，容易捏碎，而且机械手的价格很高。现在有各种各样的智能材料和机器人技术，我想利用这方面的研究来解决这个问题。”我听后觉得很好，就鼓励他，后来他又到了美国哈佛，从事博士后研究工作，回来后也做了北航的老师，并成立了北航软体机器人实验室，开拓了这个研究方向。

他模仿人的手指，设计各种各样的机械手，并且实验各种各样的材料，包括记忆合金，检测材料的刚性强度，包括软体手弯曲的角度，从而实现了仿生软体手。文力老师带领着本科生和研究生利用3D打印材料制作软件手。这个软体手能够抓鸡蛋，非常灵活，它是通过气体来驱动的，能够抓西红柿，我们可以想象，如果用一些笨拙的、传统的机械手，要么是不规则物品很难抓取，要么就是容易抓破。而这个软体手可以抓海鲜，还可以抓各种各样不规则的物体。它有强烈的抗冲击性，而且灵活安全。

前沿挑战性问题

柔性软体结构与新材料交叉应用

- **挑战：抓取复杂易碎物品、低功耗、效率高、适应性强；**
- **关键技术：复杂三维腔到结构生产工艺、智能材料的研制使用；**
- **新型驱动形式：基于流体的变压驱动、结构驱动、化学反应能驱动等。**

软体手内腔的不同设计，通过气体驱动，可以完成不同的动作和各种各样的姿态，比如说左旋，右旋，上伸缩，下伸缩，从而实现各种各样物体的灵巧操作。不仅如此，弯曲的角度还可以建立相应的模型，来更好地控制手形，来抓持不同的物品。在我们的智能材料里面，如果没有加入液体金属，那么像锡、铅等金属，很柔软，很难抓住重的物体。但是当我们在材料里放上相应的液体金属，在不同的温度下，就可以控制它的刚度。

我们的灵巧手可以在不同的环境下，对不同的对象，在不同的操作中完成不同的抓持任务。最后这方面的研究成果，在著名的*SCIENCE*和《机器人》期刊以封面的形式进行发表，并且分别获得了我们北航“冯如杯”一等奖和“挑战杯”一等奖。

灵巧手刚软耦合、变构型和传感研究

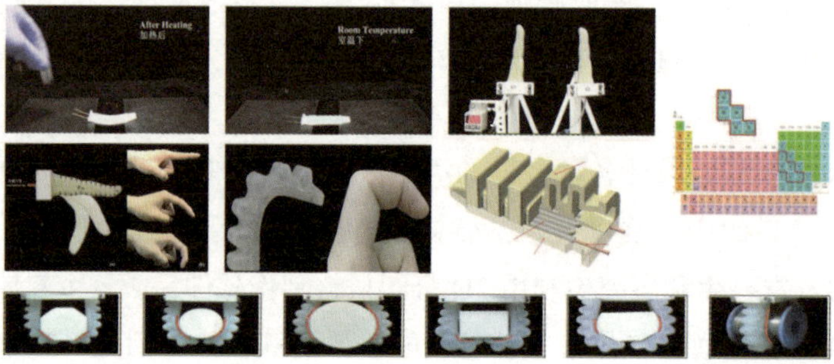

下面再分享一个特别有趣的例子，那就是脑外科机器人。我们都知道，传统的脑肿瘤往往要做开颅手术，开颅创口有可能是 5 厘米甚至 10 厘米，而且风险很大，往往病人不仅要承担高额的医药费，而且要在医院住半年甚至一年。那么我的学生刘达在读硕士和博士期间，曾与我讨论过是否能用机器人来解决精确定位的问题。

随后我和他一起拜访了海军总医院田增民院长，跟他交流机器人在进行外科手术时精准定位有没有意义？在交流的过程中，他告诉我们，完全有这样的机会，原因是有一类手术不需要开颅，在头上钻个细小的洞，像米粒大的一个小针眼，然后针对那个肿瘤提取进行化验，针对不同性质的肿瘤，再从小米粒大的洞里，注射相应的药物，从内部把肿瘤杀死。如果这样能实现的话，那么之前做一台手术长达四五小时，之后只需要一小时或 40 分钟就能完成。以前手术患者要在医院住上半年甚至一年，有了医疗机器人之后住一个星期就可以出院。这不仅大大提高了手术的安全性，节约了医疗成本，而且减轻了病人的痛苦和经济负担。

随后，刘达和我一起与医院的院长，以及医护人员做了各种各样的模型、动物实验、尸体实验和人体实验，从选择工业机器人到自主设计机器人，以及增加机器视觉，进行手术规划，选择医生常规安全的穿刺路径来完成各种各样的手术。没想到这样的手术和方案得到了国家的高度认可，并获得了 CFDA 的许可证，完成了上万例成功的手术，获得了国家科技进步二等奖。

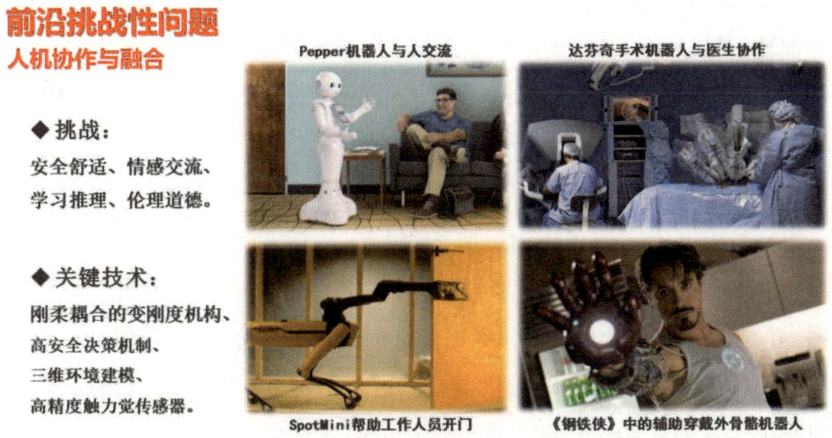

在 2013 年前后，我的学生张韬懿，他说：“老师，我们一起去参加国家组织的第 29 届南极科考吧。”在此之前我们承担了国家南极科考机器人方面的研究。为什么会研究南极科考机器人呢？我们都知道现在地球的温度在升高，全球变暖。那么控制温室效应对未来的冰川融化，警示整个地球的环保，有着十分重要的意义。而南极是一块净土，最能够检测到整个大气、温室效应变化的各种参数。在南极，往往都是六七级大风，而且是极昼极夜，十分寒冷，有时候平均温度在零下 30 ℃，最冷时能低于零下 80℃，所以人工在那儿进行各种天气参数的搜集和观测，是非常困难的。

那么机器人能不能去那儿进行无人值守，实施漫游行走，从而实时把数据反馈给我们国家的气象部门呢？这样的一个想法，促使我们去研究了漫游极地的机器人。南极科考冰盖十分复杂，如何设计在不同的全域地形中，使机器人能够平稳呢？我们设计了四轮的连杆机构，这样，无论地面高低它都能使它所承载的仪器平稳。我们还研究了如何将风能转化成电能，对电池充电；如何又将太阳能转化成电能，这样就能解决在南极没有油，没有电所带来的困扰。为此，我们设计了这样的机器人。每一个脚印可能都是人类的第一个脚印，而且每一个脚印都意味着万丈深渊，因为这个冰盖在整个南极大概覆盖了 98%，平均的厚度是 2000 米。

我们是从北京出发到上海，由上海到澳大利亚，从澳大利亚再搭乘船到南极中山站，我们设计了利用风能和太阳能来给机器人充电、蓄电，能够让它在复杂的冰盖环境中漫游，来获得各种数据。这样的研究验证了我们机器人的适应性，也验证了风能和太阳能转化成电池能驱动的可行性，并且也研究了遥控操作、监控和局部（33：56）相融合的机器人系统。这为我们国家未来真正实现无人值守南极的科考系统奠定了重要的基础。

我的另一个学生叫王野，在北航上学时就是一个非常爱动手的科技实践人员，多次参加了“冯如杯”，并多次获奖。他在硕士毕业时说：“我不想出国，也不想到大国企和机关，我就想去创业。”随后，他和高禄峰同学一起创办了一个企业，研发了我们所说的 9 号机器人，或者叫纳恩博机器人。

他当时创办这个企业的出发点，就是希望把在北航所学习的航空陀螺的 MEMS 技术运用到两轮平衡车上。这种平衡车非常时尚，它能够在公园里、在沙滩上自平衡行走。由此，他便开始研发这种机器人。这个机器人不仅出现在旅游景区、机场，甚至出现在了天安门广场，还到了我们所说的布拉格广场，而且它可以改造成轮椅，甚至可以改装成外卖配送机器人等各种各样的机器人。他们后来成功地收购了比他们发明早的 segway，成为全球短途代步机器人的第一品牌。

纳恩博服务机器人

两轮平衡车 Ninebot

目前在世界各地，包括我们国内各地的公园，或者小区都可以看到小孩子和年轻人站在这样的两轮车上移动，还有各种各样的短途代步机器人，那就是我们北航学生高禄峰和王野他们设计和研发的。考虑到这种短途代步机器人，将来能够共享，能够便于回收，他们最近又设计了新款的机器人，投放到欧美，能够自动回收，自动充电，而不会像共享单车那样，在地铁或者在校园里乱放。

通过上面我们北航学生的各种各样的科技与实践，可以看出，只要在大学里进行相应的思维学习方法的训练，只要能够向自然学习，并且能够理论联系实际，深入学习好我们所说的材料、机械设计、传感、驱动，以及人工智能和单片机及嵌入式，同学们就可以参与各种各样的机器人的设计和研发，甚至可以参与我们北航一年一度的冯如杯，也有可能去参加全国的挑战杯。

同学们，通过以上跟大家的分享，大家可能初步了解了未来的时代，是一个智能社会的时代，是一个数字经济的时代，它以5G、物联网、人工智能和机器人为重要的科学技术的支撑，我们打开这扇未来时代的大门的钥匙就是大学。

同学们你们准备好了吗？还有很多的问题需要你们去探索，比如说如何利用机器人技术和你们一起照顾好年迈的爷爷奶奶，不仅用在情感的交流，生活方便的助理，还用在健康维护上。你们想好了吗？能不能设计另外一种新的机器人，能够在浩瀚的宇宙探索新的生命；你们想好了吗？能不能设计一个适合于自己的机器人助理和管家，它不仅能够管理我们的健康，管理我们各种各样的事务，还能够帮助我们处理各种各样的难点问题。

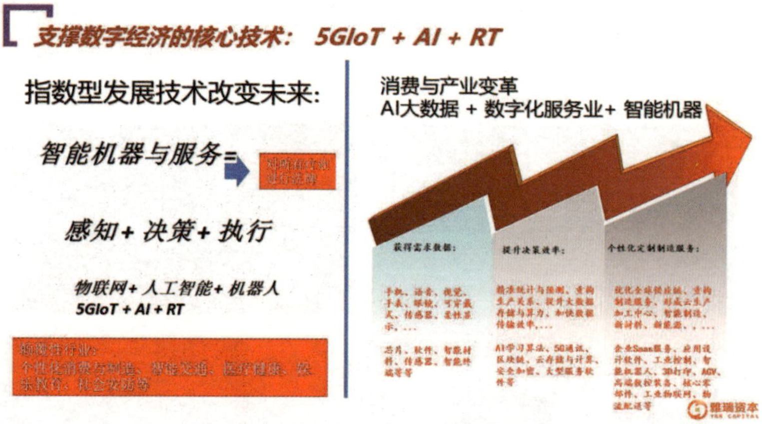

同学们，我们北航，我们北航的老师，我们北航的师哥师姐们在等着你们，在欢迎你们，让我们一起走进这个智能的时代，去为这个时代添砖加瓦，贡献我们的力量，谢谢大家！

扫描二维码查看哔哩哔哩完整视频

段桂江

从“天工开物”到“中国智造”——智能制造的过去、现在与未来

各位高中生同学们和家长朋友们，大家好！很高兴今天能够在这里跟大家一起来聊一聊智能制造这个话题。让我们一起来看一看智能制造的过去、现在和未来。希望今天的话题对同学们选择自己未来的专业方向能够有所参考，有所借鉴。

在开始今天的话题之前，我们先来看一则不久前在网上公开的消息。

这则消息我想也一定是各位同学和家长们都非常关注的：这是3月6日在教育部的网站上公示的一则公告，“支持急需紧缺和新兴专业，教育部公布新一批本科专业名单”。这则公告的刊登日期是2020年3月6日，整个公告比较长，我们把与今天的话题相关的这一段来看一看，这一段话写道：“支持急需紧缺和新型专业是本次新设专业工作的原则之一，为落实国家战略部署，支持具备条件的高校设置一系列的新的专业。”这一系列的新的专业里面有什么呢？网络空间安全、集成电路设计、人工智能、数据科学与大数据等，我们今天要讨论的智能制造工程也赫然在列。这说明，智能制造工程这个专业的设置是顺应国家战略需求的，是与国家的战略目标相匹配的。说到这儿，大家可能会有一连串的问题要提出来——到底什么是智能制造？智能制造又是从何而来呢？又是为何而来呢？国家为什么如此重视智能制造呢？还有就是同学们可能最最关心的一点是，智能制造是不是一个我们可以长期为之奋斗的事业，抑或是一个昙花一现的炒作噱头？它未来方向又将是什么样的？好！针对这一连串的问题，我们一条一条抽丝剥茧来看一看。

我们先把前两个问题合在一起来理一理，什么是智能制造，它又是从哪里来的？要想解答这个问题，百闻不如一见，我们先来感受一段真实的场景，通过这段场景我们来了解智能制造是什么样的，这段场景就是一段在网上公开的小短片，同学们都可以下载下来。

这段短片叫做《未来工厂》，在介绍这个短片之前，我想给同学们强调一点：这个短片的名字虽然叫未来工厂，但实际上其中的很多内容已经或者正在变成现实。它不纯粹是一个科幻性质的短片，这个未来工厂里面的很多未来已来，已经成为或者正在成为现实。

AIRBUS future factory，未来工厂。其中有一行字 Digitally Planned and Simulated Factory，指的是什么呢？就是数字化的规划和仿真工厂。这是什么意思？就是我们在把这个工厂建起来之前，要先在数字化的空间里面建立它的数字化模型进行虚拟的仿真运行，看一看这个工厂建完之后运行的性能怎么样？能不能满足我们的要求？如果有问题，马上进行优化迭代，等全部都优化好之后，再按照这个方案把物理的工厂建起来，这样就可避免到时候出现问题造成很大的损失。这就是我们智能制造里面很重要的一项技术，数字化的虚拟仿真和优化。我们在后面的介绍里面会大量地穿插这方面的技术和内容。厂房建起来以后，除了有形的厂房设备之外，还同时建了一套无形的数字化的管控系统。mixedline upper shell 指的什么呢？ mixedline 指的是混合生产线，一条生产线建好之后，它可以用来生产装配不同型号的产品。这是一种非常先进的现代生产组织的方式。Upper shell 指的什么？上层，相当于工厂的指挥决策层，对工厂的生产运营来进行统一的决策。

下一层 mixedline lower shell，它对生产现场的运行进行管控。再往下的 mixedline side shell 就是线旁管控层，直接针对生产线运行过程当中信息的采集、指令的下达，以及对它所生产的产品的质量进行检测。

customer definition center，客户定义中心，就是客户在这里可以按照自己的需求像点菜一样来设计配置自己所要购买的这架飞机。是不是很有意思？有个场景是 aircraft definition based on catalogue，也就是客户拿着一个平板电脑，跟到餐馆点菜一样来选，我要什么样的飞机？机身是多宽，配什么样的座椅，配什么样的发动机，对它的性能要求是什么样的，……自己来定义自己的产品。

产品定义好之后，这个订单就被直接送到 production control 的生产指挥中心，它就会把客户订的这一架飞机或者这一批次的飞机分解成一个一个的生产任务，下达给生产系统。生产系统里面的工人戴着一个智能的可穿戴设备接收生产任务。这个系统称为 paperless production，也就是无纸化生产。在整个生产的过程中，不再需要纸质的、二维的工程图等生产指令了，完全是通过无纸化的、数字化的系统来进行信息传递。

工人领到生产任务之后，完成相应的生产指令。有一个称为 logistics 的场景，这个英文单词就是物流，在这里是指智能工厂里的物流系统。在未来工厂的物流有一种自动导航 AGV 小车，用来在需要的时间把这些物料送达需要的地点。这个技术在目前我们很多制造企业里，都已经成为现实了。有一点叫 Just in time and just in sequence，就是不早不晚，不多不少，刚刚好。在需要的时间把这个物料送到需要的地点，这种生产方式称为 just in time，翻译过来就叫准时生产方式，可以最大限度地减少资源的积压和浪费，提升生产效率。

接下来是 RFID Identification。RFID 是什么呢？无线射频卡。这有点类似于我们大家坐公交、坐地铁时的公交卡，一刷“嘟”的一声，然后你就可以进地铁、上公交了。同样，在我们的生产系统里面也有一套基于 RFID 的物料零部件的身份识别系统。我们在进行装配的时候，这个物料上面的、零部件上面的 RFID 就会互相去匹配，这批零件是否要装在这个壁板上的，如果有问题它马上会给你一个警告，如果没有问题，就允许你安装。同时它也会把哪一个壁板上装了哪一个批号的零件、哪一个编号的零件都记录下来。这个称为整个生产过程的可追溯。将来一旦有问题，我们可以快速地追溯回去，到底是哪一个零件批次出了问题。

smart tool for all assemblies，就是工人手里的工具、工装适合于不同型号的产品的装配。这样一个壁板装完之后，就要把它送到部装车间进行装配，这里用到了一种先进的技术 laser controlled positioning，就是激光控制的定位系统，我们可以通过一种叫激光跟踪仪的设备，对这个部件的位置和姿态实时地进行测控，并且反馈给自动对接机器人，然后由它来让这个部件精准自动地对接在一起。这个技术现在已在一些工厂里面采用了。对接好之后，通过爬壁的焊接机器人把它焊接在一起。

cobot for any non-ergonomic areas，cobot 指的是协作机器人，跟谁协作？跟人协作，人机协作的机器人。co 是 corporation 的意思，那么 non-ergonomic 指什么？指非人体工学友好的区域，简单地讲，就是这个区域人不太方便去操纵，为什么呢？太高了，工人够不着，这就是一个非人体工学友好的区域。针对这样一个区域，我们通过人和机器人的互动，由机器人来完成这样的工作。工人可以通过一个数据手套去遥控机器人的动作，由机器人去完成光纤的连接。这里面还用到了一个技术，叫 controlled by augmented reality，也就是我们现在所说的 AR 技术，翻译过来是增强现实。它是把数字空间里的数字信息和我们物理世界里真实的物体重叠在一起。在这个场景下，工人戴着一个 AR 眼镜，再用一个数据手套去操作这个机器人，在操作的过程中，这些线缆的位置、熔接的质量等信息就可以直接在眼镜上显示出来。工人在眼镜上看到的信息感觉是重叠在真实的线缆上的，这就称为增强现实技术。

顾客定了这架飞机，可以随时拿出手机来看，这架飞机目前生产得怎么样了，到什么状态了，这叫 progress tracking for customer。飞机一个一个的舱段装配完之后就可以送到总装对接车间进行总段的对接。对飞机机身的喷涂，现在也是由自动的打印机器人来进行。再后面是集成化质量检测，扫描一圈，表面的几何精度以及内部有没有损伤、有没有裂缝全部都可以检测出来。最后安装它的座椅和内饰等，至此这架飞机装配完成。

delivery，交付，这样一架飞机制造完之后，交付给顾客。

到此，我想同学们跟我会有同样的感受，就是制造业其实正在经历一场颠覆性的变革，与之前的工厂是完全不一样的。那么，这场变革的动力来自什么呢？一个就是新一代的智能科学技术，另一个是新一代的材料和工艺，再有就是新一代的信息和网络技术。这三个技术与传统制造技术的融合催生了制造业的一场深刻的变革。这种变革体现为一系列新的制造手段、新的制造模式和新的制造业态。下面逐一地来看一下，三项技术是如何推进我们这一场制造业的颠覆性变革的。

我们先来看变革的原动力之一，新一代的智能化技术。我们常说人工智能这几年已经开始驶入快车道，在 2016 年一场人机大战让人工智能开始成为百姓茶余饭后的谈资，一款叫阿尔法狗的机器人战胜了围棋世界冠军李世石。说明计算机系统的智能真的是到了一种让人惊艳的程度了。

我们看一组数据，机器人在制造业中的应用高速发展，2017 年，大家所熟悉的富士康已经部署了 4 万台工业机器人，2018 年富士康的某一个工厂就通过工业机器人换掉了 6 万名工人。

这让我们可以清楚地感受到，人工智能技术、机器人技术对于制造业带来的影响与机遇。所以说，我们现在有一个经常的说法叫“奇点已来”，就是智能化技术正在以我们难以想象的速度和尺度在爆发。也正是如此，在 2017 年，人工智能被我们国家上升为国家的意志，两会的政府工作报告中已经正式把人工智能列入国家重点发展的战略新兴方向。可以想象，人工智能将越来越多地运用到制造业领域，给制造业带来更深刻的变化。

第二个动力就是新一代的装备材料和工艺技术。有一张两元钱的人民币，我小时候看到的车床就是这张人民币上的样子。这就是 CA6140 车床，在这个车床加工零件是需要依靠工人的技术来操作——那个时候考八级车工，就是让车工靠自己的手动操作车出一个球，要把球车得很圆。这时候零件加工的精度是要靠工人的技术水平来保证的。而现在的制造装备发展成什么样子呢？一台五轴联动的数控加工中心，从理论上讲，它可以加工出任何形状的零件来。发动机上的压气机盘，上面有很多叶片，这么复杂形状的零件在五轴联动的数控加工中心上能够一次性铣削加工而成。这说明制造装备与工艺有了很大发展。

五轴数控加工中心已经很先进了，它属于一种去除性的加工，要把毛坯通过切削加工去掉多余的材料，形成需要的零件。近些年又出现了一种新的制造工艺，称为增材制造，老百姓一般把它称为 3D 打印，可以通过材料层叠堆积的方式生成各种所需形状的零件。

除了加工工艺与装备的进步之外，制造领域里面还有一些新的材料技术也在应用，比如说复合材料，现在在飞机上、发动机上，大量的零件其实不再是金属零件了，而是一种用碳纤维材料一层一层铺叠或缠绕而成的。这种碳纤维复合材料的优点是又轻又抗疲劳。

推动制造业颠覆性变革的第三个动力就是新一代信息技术。同学们都有一个很直观的印象，网络现在已经成为我们生活中的一部分了，我们的衣食住行都可以在手机上通过网络的连接和互动来完成。除了大家所了解的生活网之外，车与车之间也正在联网，形成智能化的车联网，让我们交通更畅通，更安全。

其实，互联网与制造业也在日益紧密深度地融合在一起，比如工厂之间互联，车间之间互联，车间里面所有的设备也互联互通，这将给制造业带来一场特别大的变革。又比如大数据技术、云计算技术等。

这三种技术的推动使得制造业发生了很大的变化，催生出了一系列新手段、新模式和新生态。

新手段——这是一个典型的智能工厂，西门子的安贝格工厂，在这个工厂里面很多的设备都是智能化的，都是互联的。每一个设备旁边都有这样的一个信息中心，1990 年建成的这个工厂，每条生产线上都加装了超过 1000 套智能感知系统，每天采集的数据量超过 5000 万个，它基于实时获取的这些数据，再结合存在数据库里的历史大数据来进行智能化的分析和决策，实现高效的智能化生产。在这个工厂里，75% 的生产作业都是自动化的。它的好处是什么呢？同样是这个工厂，从 1990 年建成到 2015 年，25 年的时间里，员工数没有增长，但是它的产能增加了 8 倍！质量水平从建厂初期的100万个零件里有560个废品，下降到了11.5个。

除了在整个生产车间进行智能化，建立智能工厂以外，还催生了整个制造业模式的一种变革，这就是网络化协同制造——不同的工厂之间可以通过网络连在一起，设计人员、制造商、客户、分销商等可以通过网络展开协同化工作。协同化网络化制造又极大地推动了制造业的全球一体化。有个说法，每一架空客的飞机在飞上天之前，已经飞行了上万英里，指的就是这一架飞机是一个全球异地协同研制的产物。机头在法国生产，机身的主要部分在德国生产，机翼在英国生产，发动机全球采购，它是一个全球化协同研制的产物。

制造业正是在新一代信息技术、新一代人工智能技术和新一代装备材料工艺技术三种力量的推动下发生了巨大的变化。

接下来我们来探讨一下为什么国家如此重视智能制造。我们知道，中国已经是一个制造大国了，从去年国家统计局的数据来看，中国制造业的增加值已经占到了全球制造业的30%。但是很多人在说我们是大而不强，为什么？中国制造业利润率是2.59%，美国是12.2%，其中的原因之一是我们大量的制造业还是处在中低端。所以我们要保持制造业的持续快速增长，必须要进行转型，由制造大国跃迁为制造强国。而智能制造恰恰就是我们国家从制造大国跃迁为制造强国的一个必然的途径、必由之路。

不仅我们国家关注智能制造，重视智能制造，其实近些年来，围绕智能制造这个战略高地，世界上主要的工业化国家已经展开了一场争夺战。我们来看美国，它在2012年就发布了制造先进制造业的国家战略，到2019年又出来一个新的战略——先进制造业美国领导力战略，它要确保美国在整个先进制造业中的全球领导地位。德国在2013年提出了工业4.0这样一个计划，要保证德国制造业的竞争力。同样在2019年他们又出来一个新的战略——工业战略2030，也是一个未来十年的规划。除了美国、德国之外，英国、法国、欧美、日本等，也相应地都有自己的智能制造的国家战略。

我们国家对应的智能制造战略是什么呢？同学们可能听说过，《中国制造2025》，这个是在2015年我们正式颁布的，这是国家的有关制造业转型升级的纲领性、战略性文件。

《中国制造2025》的主线是什么？就是基于信息技术与制造技术深度融合的数字化、网络化、智能化。这就需要有一批既懂信息技术，又懂制造技术的复合型人才。

而这批人才现在是紧缺的，这就是要设立智能制造这样一个新工科专业的目的所在。

好了，回答完第三个问题，我们接下来看第四个问题，智能制造是如何实现智能化制造的？我们从几个维度来解读一下——

从制造过程维度来看，智能制造涵盖了整个产品生命期的全过程，从智能化的创意到智能化的设计、智能化的生产、智能化的检验、智能化的运维保障，都是它要涵盖的。

从制造系统这个维度上来讲，一个智能制造系统，底层是智能化的设备，再往上是智能的车间，再往上是智能的工厂，再往上是智能的决策指挥中心。

从一个智能工厂的构成上来讲，通常一个智能工厂包括这样几个系统。第一块是智能化的生产控制中心，就是 future factory 里的生产指挥中心，整个的生产任务订单来了，就由它来进行任务的分解，同时对整个生产过程通过一个中央控制室或指挥仓来进行监控。第二块是一系列智能加工设备和生产线，包括数控机床、机械手、DNC 系统、智能刀具管理系统等，它是具体智能制造的执行者。第三块是智能化的生产执行过程管控，对生产系统的具体运行进行管控。第四块是智能化的一个仓储物流系统，立体库、AGV 智能小车等。这样几个系统就构成了一个典型的智能工厂。

从智能制造的主体维度来看，一个智能制造系统包含的研究对象主要是 4+1，第一是智能化的产品，就是我们智能制造系统生产的产品本身就要是智能化的，然后是智能化的装备，再就是智能化的网络和智能化的数据管理。当然，除了这四个主体之外，最重要的还是人，智能制造的目的并不是要把人完全取代掉，人永远是产品创新、工艺改进等一系列创造性活动的核心和主体。所以，我们国家现在也提出来一种观点，就是以人为中心的智能制造，或者人机融合的智能制造。

接下来给同学们列的是一些智能制造的重要的使能技术，包括工业互联网、工业机器人、工业网络安全、智能机床、数字化检测、虚拟现实、增强现实、人工智能、知识工作的自动化、工业大数据、云计算、3D 打印、无线传感网络、智能物流、数字孪生，等等，内容很多，我们无法给同学们一一介绍。

最后一个问题是，智能制造有未来吗？它的未来将向何方？想要回答这个问题，主要要看智能制造目前处在什么阶段，还有没有事情需要去做。我想，这个回答是肯定的。我们国家的一些学者对于智能制造发展梳理出来一个路线图——第一阶段是数字化制造，第二个阶段是数字化网络化制造，第三个阶段是新一代智能制造。目前大多数专家公认的一点就是，当前我们国家的制造业仍然处在从数字化制造向数字化网络化制造发展跃迁的一个过程，真正要达到新一代的智能制造还任重道远，有很多路要走。这是一个需要我们长期为之奋斗的事业。

细心的同学可能已经注意到了，在我今天的讲座里除了主标题之外还有一个引题《从“天工开物”到“中国制造”》，为什么加这个引题呢？有这两样事物特别值得我们关注和思考。《天工开物》是明代一位叫宋应星的学者编著的科技专著。这本科技专著中总结概括了我国几千年来生产制造领域中的一系列的成就，反映的是我们的前辈在制造领域的辉煌成就。而2015年颁布的《中国制造2025》这样一个全面实施制造强国的战略性文件，代表了中国人对于制造强国梦想的新追求。这两样事物相隔了几百年，但恰恰又是这两样事物很清晰地印证和折射出了中国制造业，由朴素到严谨，由传统到现代，由感性到理性再到知性的千年沿革之路，也承载了我们实现制造业再造辉煌的宏伟梦想。

扫描二维码查看哔哩哔哩完整视频

追求这个梦想的路真的是漫漫而修远，所以也特别盼望能够与诸位同学一道在这个追梦的路上一路勤勉同行。谢谢各位同学和家长朋友们的耐心聆听，最后也祝同学们学业有成！再一次谢谢大家，再见！

生物与医学工程学院

学院介绍

学院概览

生物与医学工程学院拥有完整的本、硕、博人才培养体系和生物医学工程一级学科博士点、博士后流动站。学院拥有 14 个省部级重点实验室及国际合作基地，承建北京市生物医学工程高精尖中心（5 亿元投资），是特色鲜明、接轨国际的人才培养和科学研究单位。北航生物医学工程学科为 A 类学科，在教育部全国学科评估中排名第四，入选教育部卓越工程师计划。

师资队伍

学院建成一支含长江学者、杰青、优青等各类人才汇聚、结构合理、年轻卓越的高水平师资队伍。现有教职工 82 人，专任教师 100% 具有博士学位，90% 以上具有海外留学经历，拥有国家自然科学基金创新团队、科技部创新团队等。

科学研究

学院面向医疗器械以及航空航天医学工程领域，开展前沿性基础研究或创新性应用研究，承担国家自然科学基金委及科技部系列重大、重点研究项目。科研成果先后获得教育部自然科学一等奖 2 项、“全国高校十大科技进展”等一系列重要科研奖励。

本科专业及培养体系

学院人才培养的整体定位是：面向我国健康医疗事业，医疗器械产业对创新人才的急迫需求，培养厚基础、善创新，具有领军、领导潜质和国际视野的复合型人才。学院按照通识教育、工程教育、专业教育、个性化教育四个阶段来实施人才培养，进入专业教育阶段后，学生可以在十个专业模块中选择最适合自己的方向。

就业、升学、出国情况

毕业生具有宽广的国际视野和较强的国际竞争力，一次就业率 100%。毕业生读研及出国进修比例达到 80% 以上，并得到哈佛、哥伦比亚、牛津、帝国理工等国际顶级大学的青睐。也可直接进入医疗器械相关产业从事研发或管理工作，就业单位包括强生、飞利浦、美敦力、纳通等国内外知名公司，以及国家食品药品监督管理总局、国家海关、药监局等单位。

李德玉

医工交叉融合，探索生命奥秘，护航人类健康

大家好，我是北航生物与医学工程学院的李德玉，今天我给大家介绍的题目是“医工交叉融合，探索生命奥秘，护航人类健康”。

新冠疫情暴发后，相信大家都听说过很多这样的词汇，像新冠病毒、核酸检测、CT 影像等。从下面一张图可以看出新冠病毒给人类健康带来的威胁，这种病毒导致人肺部的 CT 影像发生毛玻璃样的变化。

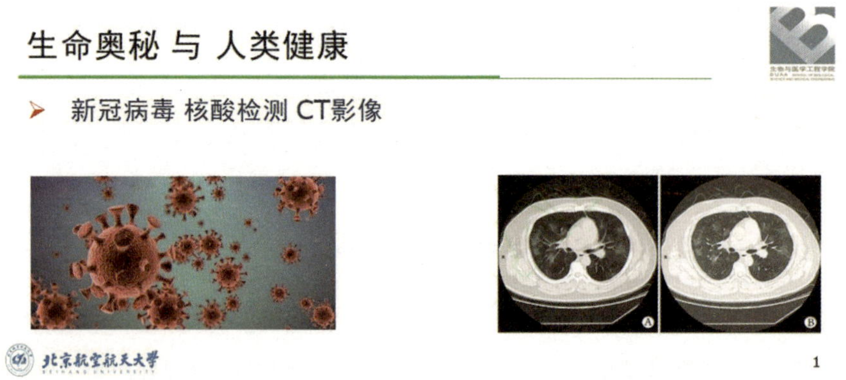

2020 年出现的新冠病毒大流行提醒大家，针对保护人类的健康还有很多工作要做。我们可以用医学与工程学进行交叉来解决这样的问题。

人工心肺机是在心肺功能衰竭的情况下，部分地或者全部地代替人的心脏和肺的功能，这种特殊的医疗器械成为在最后阶段挽救人类生命的最重要的一种医疗器械。

人工心肺机内部的组成包含一个人工肺，就是人造的一种具有肺脏功能的医疗器械；还有一个人工心脏，就是代替心脏功能的人工器械。由这些组成一个系统，把血液引到体外之后，在体外进行氧和，氧和后的血液再输回人体内。这样一种医疗器械，除了能在处理心肺急性衰竭的情况下起到这个重要的作用以外，在肺脏移植、心脏移植等一些特殊的情况下，也会用到人工心肺机。人工心肺机的英文简称叫ECMO，ECMO 就是这样一个特殊的医疗器械。

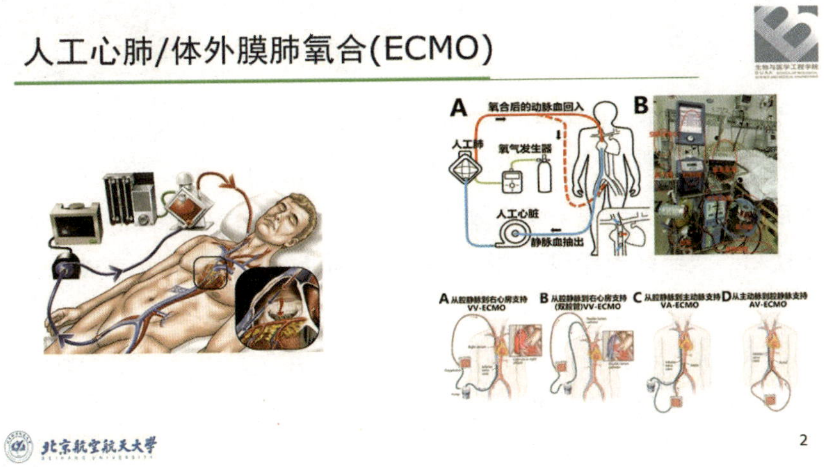

这个医疗器械属于高端的医疗器械之一，全世界每年有 14000 多人用这个仪器进行治疗。这些高端的医疗器械对于我们国家至关重要，习近平总书记说：“要加快补齐我国高端医疗器械的短板，加快关键核心技术的攻关，突破技术装备瓶颈，实现高端医疗器械装备的自主可控。”

国家和党中央都很重视高端医疗器械方面的工作，这是保证我们国民健康的一个非常重要的方面。除了人类健康方面以外，生命有很多的奥秘需要探索，人类探索生命奥秘的步伐从来没有中止过，一直在前进。大家看下面这个图，左边这个图是最早从类人猿身上得到的，是关于类人猿的心脏的结构图。它只有两个腔，这两个腔室的心脏是早期人们对心脏的一个认识。在人类探索生命奥秘的过程中，我们也试图想知道人体内部的结构究竟是什么样，人们试图去打开人体，看一看人体内部的结构是什么样，这个是第二幅图。现在，人们认识到事实上的人体里面整个的结构是分层次的。

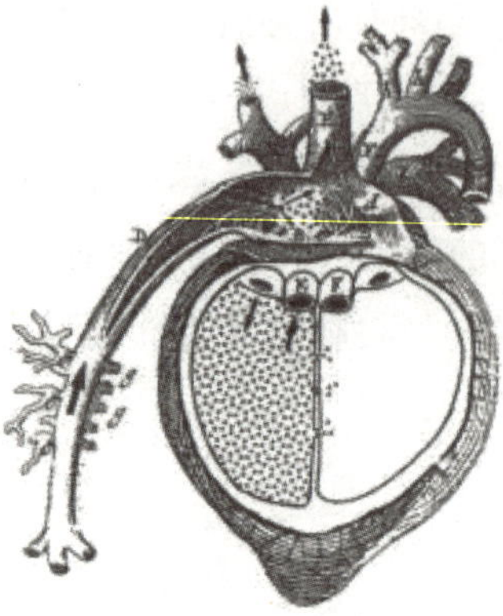
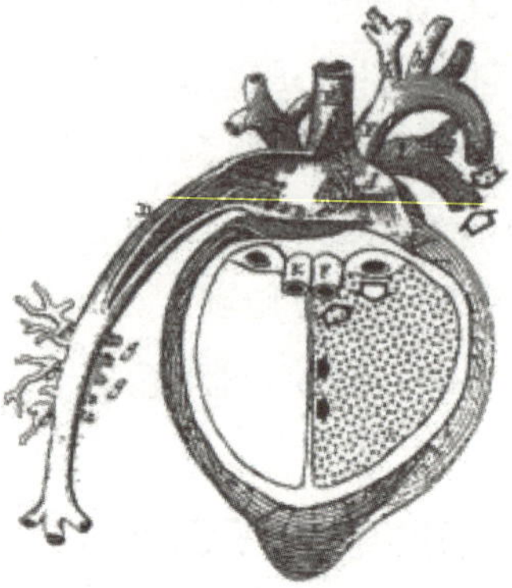
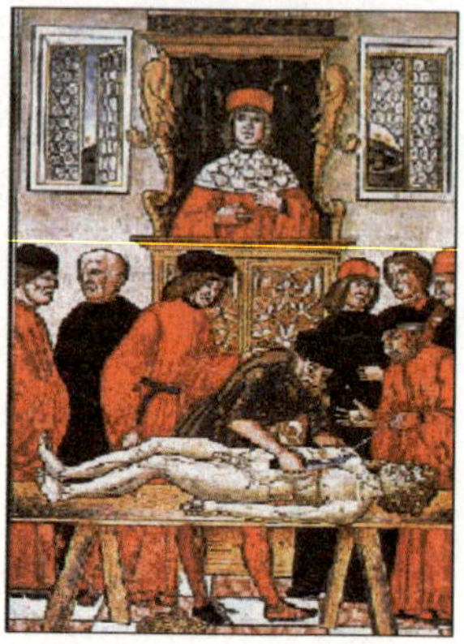

从分子到细胞，再到组织到器官到系统，这是我们对人体更为全面的认识。这种探索伴随着人们对疾病的认识不断加深，从我国的神农氏尝百草寻找治疗疾病的方法，到希腊神话中关于一条蛇的故事，世界上很多与医学相关的机构或者大学都有一个权杖和一条蛇样的标识。这个来自希腊神话的权杖和蛇几乎成了现代医学的一个象征。

对于人类生命奥秘的探索，我们希望更深入地用定量化的手段来描述生命现象，描述生命的机理，从而建立一些理论。其中一个例子是关于神经细胞跨膜电活动的研究，神经细胞跨膜电活动是神经系统发生作用，传导信号的重要途径。1963 年，这个研究获得了诺贝尔生理和医学奖。

这个奖最终的成果可以用一个常微分方程组表示出来，实现神经细胞跨膜电活动的定量化。在这个方面有很多离子通道，可以把它简化成一些电学的模型。这些工作都是人类探索生命奥秘的过程，也是在整个研究领域非常重要的一个科学进展。我们也知道人类为了解生命的本质以及生命背后的机理，不断地做出各种探索，最早人们想知道血压是怎么回事，于是就在马的脖子上面引出一根管子，然后看水柱或者液柱的高度，来测量血压，这当然是比较早的一个方法。

后来通过在上臂上面来测量血压，一直发展到现在，用电子仪器自动来测量血压，这个过程也使大家对血压的认识不断深化，因为大家知道血压与人类的健康密切相关，所以这也是探索的一个过程。类似的还有心电图的例子，人们最初发现生命里有电的现象，是从心脏的窦房结开始，再到房室交界区，然后到室间隔，进一步到心肌里面的浦肯野纤维。发现这样一个电的传导过程以后，人们就找到了从体表来获取电活动信息的方法，这就是所谓的心电图。最早测量心电图仪器的发明者曾在 1924 年获得了诺贝尔生理和医学奖，这也是人类认识疾病，认识人体自身的一个重大进展。

现代数字化心电图仪是一个很小的设备。我们到医院的检查室可以很容易地获得类似于含有P波QRS波群，以及T波的心电图。根据心电图我们可以得到很多关于心脏功能或者是心脏有病变的信息，这也是一个很重要的进展。

在这个发展过程中，随着技术的进步，人类对付疾病的方法也在不断地深化，不断地前进。我们都听说过CT，就是计算机断层成像术，这种方法最早来源于伦琴发现的X射线。伦琴发现了X射线以后，在一个偶然的机会，伦琴看到他夫人手的影像，这个影像就告诉我们，X射线可以穿透人体，并在荧光物质上进行成像，从而得到人体内部结构的一些信息。伦琴因发现X射线，获得了诺贝尔物理学奖。

这一成果应用于人体疾病的检测，进一步发展了计算机断层成像术，就是现在的CT。CT的成果获得了1979年的诺贝尔生理和医学奖，有两位获奖人，Comack和Hounsfiled，这两个人因为计算机断层成像的工作成果，以及奠定它的理论基础，并制造出第一台CT机而获奖。

第一台CT机现在放在大英博物馆，这是人类智慧的结晶。当我们用现代CT机做CT检查时，可以获得一个断层的成像，这个成像可以在不打开人体的情况下，看到人体的内部结构。如果有病变，即可定位病灶的位置，并且知道它的严重程度。这是医学技术发展的重大成果。

计算机技术、电子技术的发展，推动了医学的进步。磁共振成像，即MRI，是随着磁共振现象的发现，从原子自旋产生小磁矩开始，在一个磁场里面，它会产生一个取向，这种取向在外界设备信号的作用下，很多原子就会进入高能级，如果我们把射频场停掉，人体里的原子就会发射出一些信号，这就是所谓的磁共振的原理。磁共振现象的发现者获得了诺贝尔奖，而把它应用于检测又获得了诺贝尔奖，从而进一步应用到对人体疾病的诊断，MRI检测设备的开发者，在2003年获得了诺贝尔生理和医学奖。

通过这种手段我们可以从不同的层面，用多个参数来获得人体的解剖结构信息。MRI的进一步发展，不仅可以获得解剖结构的信息，还可以获得很多功能性的信息，有时候把这种功能性的信息称为fMRI，它进一步提供了一种人类研究大脑的工具。

这些图像，不仅可以对疾病进行诊断，还可以利用fMRI来探索大脑的功能。这些影像设备，主要用于医学诊断，获得病灶结构和位置的信息。除此以外，还有治疗方面的一些医疗器械，比如人工心瓣。人工心瓣是当心瓣发生了病变，没有办法靠药物治疗的时候，需要用体外的人工的心瓣，来替换我们自身的心瓣。这种心瓣从早期的球笼瓣、机械瓣、生物瓣，一直到现在可降解的心脏心瓣，发展了很多代，这样的瓣膜技术还在不断地发展。又如心脏起搏器，就是当心脏没有办法正常工作，心律失常的时候，可能是窦房结出了问题，没有办法发出电脉冲来协调整个心脏工作，这时就可以植入一个心脏起搏器，来代替或者部分代替窦房结的功能，使得心脏能够同步地进行收缩和舒张。

此外，在心血管系统中，还有全人工心脏、左室辅助设备等，这些都是在心衰或者自身的心脏出了严重问题的情况下，来替代这些器官的功能。这些植入式的医疗器械，都是与心血管系统密切相关的。事实上，除了这些医疗器械以外，我们还有大量其他的植入式医疗器械，比如说人工膝关节、髋关节等各种骨的植入物，所有这些医疗器械都是生物医学工程这个领域的研究对象，是生物医学工程研究最终的成果。

机器人技术是当前非常热门的技术，这些技术同样可以应用在医疗里面，科学家开发出各种各样的与医疗相关的机器人，其中一类叫做手术机器人，如达·芬奇手术机器人，在我们做手术的时候，它可以代替医生进行一些很精细的操作，而这些精细的操作对人来讲，有时是很难完成的。我们可以利用这样一些手段来更好地服务于病人。机器人可以有很多只手，很多只臂同时来做一个工作，这是医疗机器人的一个优势。

除了手术机器人以外，在医疗这个领域，还有康复机器人，还有外骨骼机器人以及很多其他医疗机器人。机器人技术在整个生物医学工程领域，用得非常多，也是现代前沿的技术。

通过这些例子，我们可以总结一下，生物医学工程是医学、生物学、工程学，以及自然科学等多个学科交叉融合的一个学科，它的目标就是探索人类生命的机理，表征组织和器官的病变的一些机理，给出研究和技术的最佳手段，提供治疗或者预防的有效方法，这也是我们生物医学工程学工作者的目标。这个学科背后的产业就是医疗器械产业，这是非常重要的一个产业，对于人类的健康至关重要。

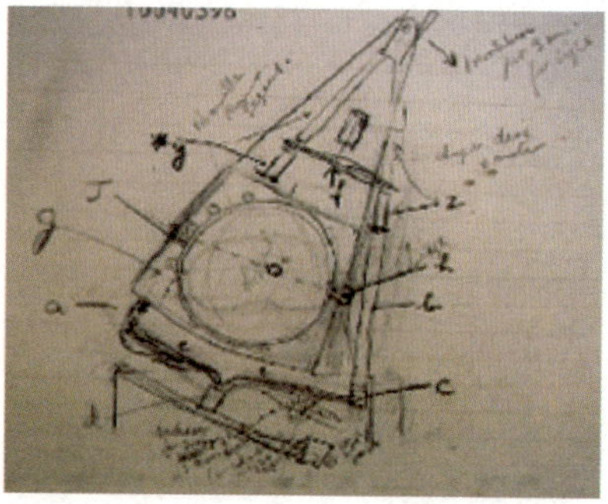

生物医学工程的特点，是运用工程学或自然科学的原理和方法，其理论来自自然科学和工程学。左面这个图是来自 1979 年诺贝尔生理和医学奖的获得者 Hounsfiled 的笔记上的一幅图，这是当年他画的一幅 CT 机的草图。

CT 成像的原理样机，体现出工程学的一些方法，通过设计制造，产生一些原来可能不存在的东西，这是一个方面。另外，我们不仅可以设计，还可以通过理论来计算，比如一个人体骨骼的结构，是一个有限元模型做出来的一些结果，人体的不同部位，从口腔到脊柱，再到各个不同的部位，都可以建立模型，进行定量化的计算和理论分析，这也是工程的手段。所以生物学工程是综合应用现代自然科学和工程学的方法和原理的科学。它从分子到细胞，再到组织→器官→系统，这样一个多层次上研究生物体。这个生物体当然主要是人体，特别是人体的结构功能和其他的一些生命现象。揭示和论证生命运动的轨迹，深化对生命系统的认识，这是生物医学工程面向科学目标的主要方面。另外，提供防病治病、卫生保健、康复，还有安全防护的新理论和新方法；设计和研制用于防病治病的新材料、人工器官、装置、系统。这样一个新型的交叉学科就是生物医学工程。

最后一点就是面向医疗器械。生物医学工程从最早的理论创新，一直到最后的产品研发，还有中间环节的技术研究，这几个环节是贯穿的，是一个多学科交叉的学科。所以我们说生物学工程是这样一种比较有特色，也是非常前沿的、有用的学科。正是因为生物学工程学科的这一特点，很多先进的技术，除了服务国防以外，大量的都用来服务人类健康。

有一本书《改变世界的 100 大医学发现》，其中列举的发现，很多都是生物医学工程的成果，所以生物医学工程和医学的关系，就是生物医学工程不断推动着医学的进步，不断开发出生物医学工程产品，成为提升医学水平的一个标志。比如说三甲医院，它一定有很多非常高端的医疗器械，像 CT 机、MRI、EXMO 等。如果用一个图来表示，我们说早期的医学可能是一个权杖加一条蛇的结构，而现在我们可用这样一个符号，即工程学里的积分符号，代替中间的权杖，当然这条蛇还是存在的，表明现代医学是以工程科学和工程技术为基础的。这是医学的一个很重要的变化，不光是经验性的，还有工程学和很多工程技术的支撑。

在北航，生物医学工程这个学科主要是在生医学院，即生物与医学工程学院。依托这个学院近年来又建立了另外一个学院——医学科学与工程学院，当然这两个学院，既有历史的联系，未来也会协同发展，我在这里主要介绍一下生物与医学工程学院的情况。最早的生物医学工程学科在北航可以追溯到 20 世纪七八十年代，那时候北航的老师们开始从事生物力学相关的研究，这些研究在当时国内是非常前沿的，到后来生物医学工程学科又主要注重在电子仪器设备方面的研究。到 2002 年，正式建立了生物工程系，把生物医学工程学科放在这个系来建设。2006 年，就获得了生物医

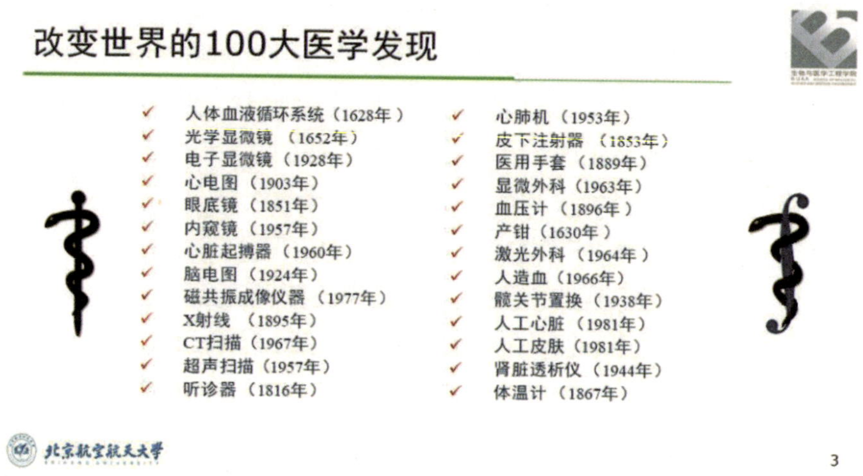

学工程的一级学科博士点，经过了十多年的发展。到现在为止，我们已经是国家的双万专业。生物医学工程是第一批 17 个双万专业之一。

这个学院的特点是，具有一流的育人环境。第一，学院除了生物与医学工程学院外，还有医学科学与工程学院，这是这个专业的重要支撑力量之一。另外，还有一个注重科研成果转化的，医工交叉创新研究院。在这三个院级单位的支撑下来办这个生物医学工程专业，也包括我们的医工交叉实验班。我们这个是一流的学科专业，整个生物医学工程学科在全国排名是第四，是一个 A 级的学科。经过数十年的发展，特别是近十多年的发展，这个学科已经达到了全国先进的水平。

第二，我们有优秀的师资力量，我们的师资 100% 都具有博士学位，90% 以上的人具有一年以上的在国外留学的经历，有十余个省部级基地支撑我们学科的人才培养，我们所有的科研平台，特别是先进的科研平台，都是向本科生开放的。我们用高水平的科学研究来支撑我们生物医学工程的创新人才培养；学院有追求卓越的文化；有广泛深入的国际国内合作，与国外 20 多个生物医学工程系，都具有合作关系。国内合作，特别是和北京的几乎所有三甲医院，都具有合作关系。所有这些条件，为我们培养生物医学工程的人才奠定了很好的基础。学科方向上我们覆盖了很多生物医学工程领域的重要学科，比如说生物力学与力学生物学、生物医学信息及仪器、生物材料等一些重要的学科，同时也与目前的工程科学前沿，比如说人工智能、大数据、VR、AR、3D 打印等，以及生物医学的前沿，比如说人工智能医学及这些领域的应用，等等，都是紧密联系的。

当然，人体系统的研究涉及循环系统、呼吸系统、肌骨系统等，这些研究都是我们办好生物医学工程学院的很重要的支撑。我举一个例子来说明，比如啄木鸟，它是比较特殊的一种鸟，它每天啄木上万次，甚至数万次，但是它的头部并没有损伤，为什么呢？我们的研究就是从各个角度来研究啄木鸟头部，包括其结构、材料、解剖学以及它的机理。知道这些机理后，我们就获得了一些自主知识产权，这些研究的内容最后可以转化成为对人体头部的一些防护的措施，包括飞行员在弹射过程中的一些防护方法，所以这个是从基础研究到最后应用很重要的一个例子。

类似的例子，比如说载人航天医学工程中，有生物医学工程很重要的应用。另外还有解决人在地球外的生存所必需的氧气、食品和空气等，这个是我们今天要讲的内容之一。

此外，我们还要保证人到了外太空以后，能够对付疾病，能够健康地生活，这是医学保障问题，这些工作都是与载人航天相关的工作。人到了外太空，比如月球，血液循环系统会发生比较大的变化，下面这个图告诉我们，当我们在地球上的时候，人体的下身，特别是腿部，血液量是比较大的，这个粗细表示血液量的多少，到了微重力环境之后，由于重力消失了，头部的血液量会增加，就是头部大量充血，有头胀的感觉。到了太空长时间停留以后，人体的心血管等各个系统就适应了在微重力情况下的工作，也就是说不需要更大的做功，就能够给人体供血，在这种情况下，我们的心血管系统就发生了很多重塑，当人再回到地球的时候，就会出现一些问题，最重要的问题就是立位耐力不良。图中是苏联宇航员，他就出现了在外太空待了一段时间以后，回到地球没法正常站立的情况。这样我们就会想很多办法来对抗微重力对人体的影响，比如在太空中要进行各种锻炼，或用药物其他一些措施。

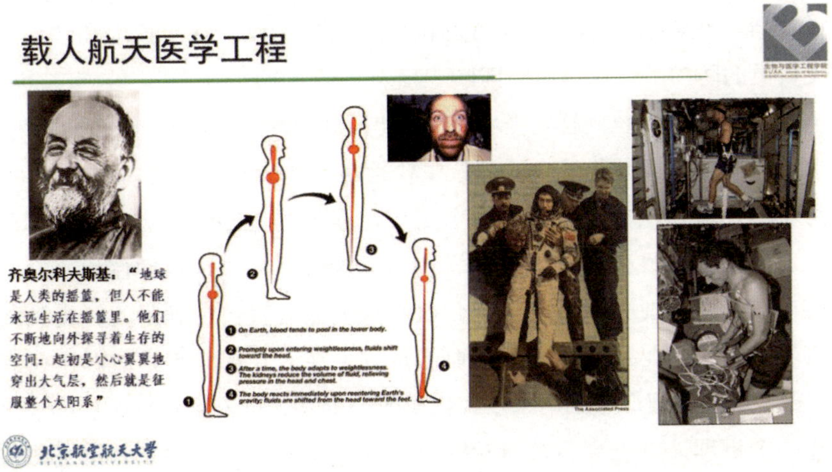

这些都是载人航天医学工程研究的重要内容。北航生物医学院的教授们，建立了生命保障实验基地，这个基地称为“月宫一号”。我相信有些人可能从新闻报道中听说过“月宫一号”，它是在365天基地封闭下完成的全世界最长的人、食物、水、空气（主要是氧气）的一个循环过程。这个过程打破了世界纪录，当然这个团队也获得了很多奖项，好多同学参与到这个工作，特别是我们的博士生，也参与到这个团队里来，做了很好工作。同时也研究了在这样一个封闭环境下，人的心理和健康的一些变化，这都为我们未来建立月球或者火星基地，打下了一些技术的基础。

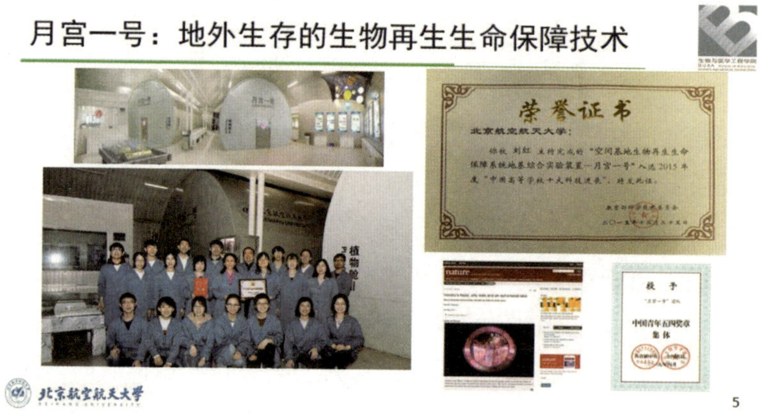

在航空领域，航空医学工程可以为我们提供很多的防护手段。比如说先进的战机会产生比较大的加速度，这种加速度可能来自不同的方向，加速度会对人体的眼球、脊柱等器官或者组织造成一些影响。那么怎样知道这些影响有多大，在什么情况下影响有多大？怎样提供防护措施来克服这些加速度对人体的影响？都是这个领域研究的内容。我们这个学院在这方面也做了大量工作，有些技术和装备已经用在了我们飞行员的防护上。这是航空医学工程。

还有很多的疾病，也同样需要我们去认识。我举一个例子，比如动脉粥样硬化。在临床上观察动脉粥样硬化发生的部位主要是在一些血管分叉处。这些分叉的部位，比如各种动脉血管，主要是在它的一个走形过程中的一些分叉、交叉的部位。最后这些部位发生动脉弹性变化，以及血管狭窄，这样一些狭窄致使血流（发生变化）。我们知道，血管里主要是血液在流动，血管狭窄血流就会受到阻碍，受到阻碍以后某些器官就会供血不足。如果这些供血不足发生在大脑、心脏这些对生命有重要影响的器官上，就会有很严重的后果。我们要研究的是，这究竟是什么样的一个机理？研究这样一个机理，首先会涉及血管壁及它内部血液流动，大家看示意图，血管壁还要受到张力的作用。那这样一个流动对这个问题有什么样的影响？我们也会去研究物质在这里面沉积，会对这个问题有什么影响？还会从细胞生物学的角度来研究细胞是怎么感受这样一些力学信号的变化，进而转导这个信号，使得组织发生重塑，最后导致这样一个狭窄的发生。

在这些机理研究的基础上，我们就会发展一些诊断的技术，比如用超声的方法去诊断动脉粥样硬化这样的疾病，进而研究怎么放入支架，使血管重新保持畅通。这样的技术，贯穿从机理到诊断治疗技术整个过程的研究，是生物医学工程领域需要做的很重要的研究，这方面的研究在我们北航生物与医学工程学院做得非常深入。除了这个方面，我们还自主研发了电子人工喉、生理信号检测设备、外科辅助机器人、脑红外成像装备等，这些医疗器械有的已经走向了市场。

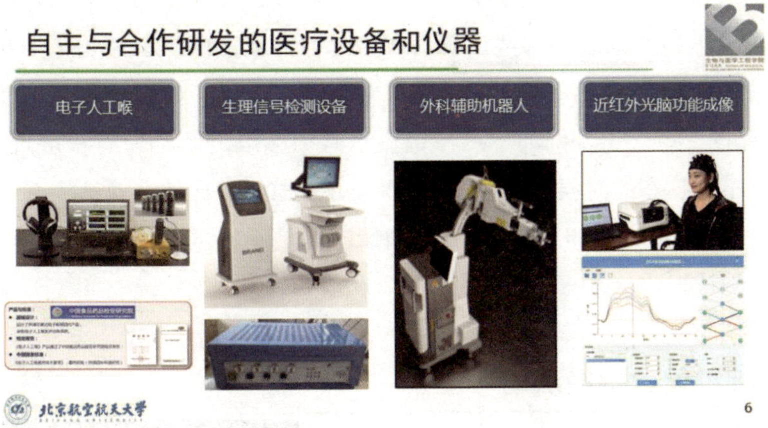

我们对整个生物医学工程这个专业的定位包括两个面向，培养两领人才，两个满足。两个面向，是指面向航空航天的医学工程，面向我们国家高速发展的医疗器械产业的需求；培养两领人才，是指培养具有领军、领导潜质的人才，当然包括卓越的工程师；两个满足，是指满足学生和行业两方面的需求。这是整个专业的培养定位，并且这个专业的培养定位已取得了一些非常好的效果。

我们特别为我们的本科生感到骄傲。我们学生的就业率一直保持在 100%。我们的升学率是比较高的，比如我们有 80% 左右的同学最后都去攻读硕士或者博士学位，出国深造率大概是 30%，其他同学就业的去处有政府机关、事业单位、国内外的大型企业，特别是本领域的一些跨国企业，也是比较多的。

我们还有一个医工交叉试验班。这个医工交叉试验班是我们在生物医学工程专业办的一个试验班，在整个招生里面是单独招生的。这个试验班的培养目标是培养具有深厚的理工功底的医学科学家，或者是具有扎实医学基础的生物医学工程师，这也是我们总的培养目标。

为了达到这样一个总的培养目标，我们采取了一系列的措施，从培养方案的设计、教学环节、学生的个性化需求，各个方面都做了大量的工作。我们对此有一个完整的培养方案，目前医工交叉试验班的同学，最高年级已经是三年级，下学期他们将进入四年级。前面提到，我们培养人才强调在不同方面的交叉融合，这是由该学科的特点所决定的。

最后我再以神经系统为例子来结束今天整个的课堂。神经元，我们都知道。对神经元活动的认识，直接导致产生了人工神经网络。在人工智能非常热的这个时代，大家都听到过很多关于人工神经网络、深度学习等这样一些概念，而这些概念就是基于人们对人工神经系统的一些认识所产生的，并且这些认识还是基于对神经元自身的一些认识而得到的。事实上，人脑非常复杂，通过一些图片我想可以说明目前我们对大脑的一些认识。例如，图片里显示有很多电的活动，有很多现象在发生。当人脑处于不同状态的时候，其内部的情况是不一样的。比如在静息状态，在走路时，或者是看、听、想、记忆时，大脑的活动情况都是不一样的。这是我们对大脑的一些比较浅显的认识。

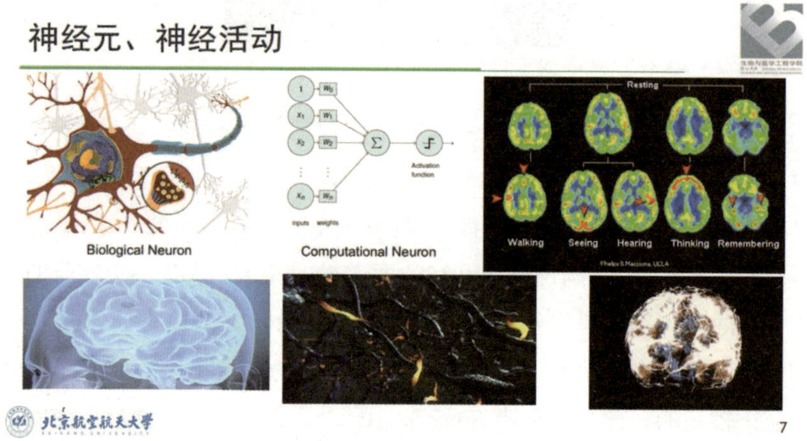

事实上，这样一个认识已经产生了一些成果，比如在脑－机接口方面，我们把大脑和一些“机”（所谓“机”，包括计算机、其他机械）联结起来，让大脑的信息能够传递出来。传递出来以后我们可以做很多事情，比如可以做一个机械臂，由大

脑的意念指挥这个机械臂去追逐屏幕上的一个小球，可以快速跟踪。这是目前比较新的一个工作，是美国贺斌教授团队做的。可以用意念指挥机械臂拿食物，用意念控制灯的开关，等等这样一些工作。甚至在利用大脑的信息方面，我们还可以做更多。除了有脑－机接口 BCI，我们还有机－脑接口 CBI，比如大家现在认为是科幻的事——把知识直接存入人类的大脑。我们认为这是一件目前来看是科幻，但未来通过 CBI 这样的技术未必不可能的事。

这里面有很多的工作需要我们去做，需要我们去探索。我们需要把大脑很多的机理搞明白，未来就有可能做到这样的事情。所以这里面有很多的奥秘需要我们去探索。我们知道，和大脑奥秘的探索相并行的，还有关于大脑的健康。这里有一张趋势图，显示中国 60 岁以上的老年人到 2050 年人数将要超过总人口数的 30%，甚至达到 4.5 亿。在老年人里面，有一种很重要的疾病，叫阿尔茨海默病，通常俗称老年痴呆症。这种疾病，它的发病率随着年龄的增长会增加。目前对大脑的认识，如何从健康的青年的大脑发展成阿尔茨兹海默病大脑，这个过程我们还不清楚。正常的脑的发展和演化规律我们也不完全清楚，所以这里面有很多的问题等待着我们去探索，如果将这些问题弄清楚了，那么对此类疾病的治疗就更有意义了。

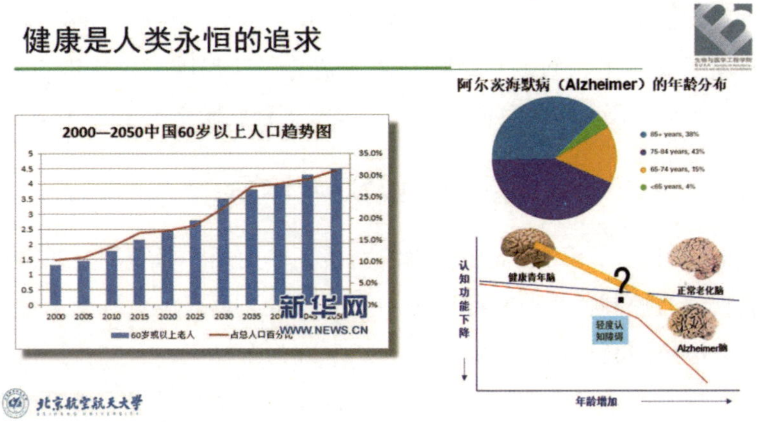

我们欢迎有志向的同学加入北航，加入北航的生物与医学工程学院，我们一起来探索生命的奥秘，共同来护航人类的健康。

我就讲到这儿，谢谢大家。

扫描二维码查看哔哩哔哩完整视频

交通科学与工程学院

学院介绍

学院概览

学院形成了航空、车辆、交通运输、土木工程交叉融合的空地信一体化交通运输学科人才培养体系，建成了空地协同、车路协同和空地信一体化的科研特色平台。在教育部学位中心组织的第四轮学科评估中，依托学院建设的交通运输工程一级学科入选 A 类学科，全国排名第三（并列）。

师资队伍

学院教师队伍学缘广泛，高端人才集聚。现有教职工 130 人，其中高级职称 67 人，拥有国家级人才称号学者 5 人，拥有国家级青年人才称号学者 9 人。

科学研究

学院围绕智能的车、智能的路和智能的管控，开展特色鲜明的交叉研究，在车辆传动、自动驾驶、车联网等领域具有领先优势，获得国家科技进步一等奖 1 项、二等奖 3 项。拥有综合交通大数据应用技术国家工程实验室等 12 个科研基地。

本科专业及培养体系

学院面向学科前沿和行业需求，围绕空地立体交通，以智能交通为特色，构建了包括交通管理与控制、交通基础设施、空地载运工具等多学科交叉融合的教学平台，建立了空地协同交通的实验实践平台。学院为车辆工程、交通运输、土木工程和飞行器适航技术四个专业制定了具体培养目标，探索并形成了科研与教学深度融合的人才培养模式，培养面向未来、具有国际化视野，富有创新潜质，具备团队精神，善于不断学习实践的高素质人才。

就业、升学、出国情况

学院毕业生升学比例高，就业质量好。学生就业广泛分布于交通运输、航空航天、建筑土木领域的企事业单位。

杨世春

北航交通，驰骋空地

北航交通，驰骋空地，欢迎同学们报考。我是北京航空航天大学交通科学与工程学院院长杨世春，今天我的报告题目是《北航交通，驰骋空地》。

来北航以后选什么专业？为什么选择“北航交通”？“北航交通”有什么样的特点？今天我将和大家进行分享和交流。《礼记·中庸》中有一句话非常经典：凡事欲则立，不欲则废。就是说我们在做事情、求学问之前，我们要了解清楚、考虑周详，才能让自己未来的学业和事业都往好的方向发展。

北航交通最前沿。最近有一本书特别火，是《未来简史》，豆瓣评分 9.1 分，北航的官方也推荐了。《未来简史》中提到，以大数据、人工智能为代表的科学技术发展日益成熟，人们面临着有史以来最大的一次改变。未来，人类将面临三大问题，这里面涉及到人工智能、大数据、算法等。这些都将直接影响着人类未来的发展。

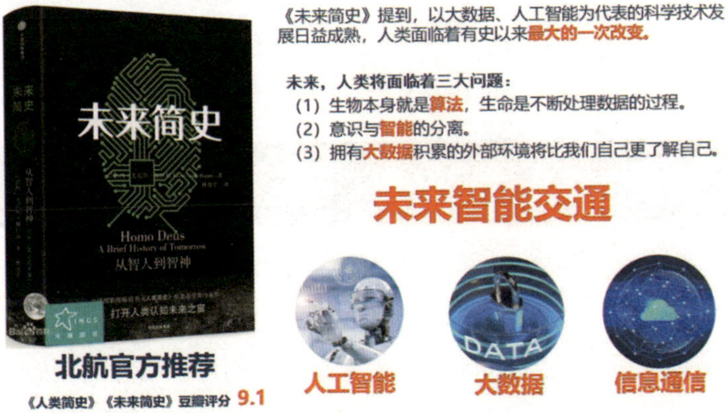

我们未来的交通是人工智能、大数据和信息通信相融入的交通。北航交通正符合这个发展趋势，可以说北航的交通是前沿的，是现代的，甚至是科幻的。

北航的地面交通研究什么呢？研究智能驾驶、智能网联、车路协同，这是计算机智能信息和汽车车辆技术融合的研究。我们还研究空间、立体交通方面的内容，如飞行汽车、未来交通。在航空交通中，我们研究适航安全、网络协同空管和仿生飞行。在太空探索方面，我们研究月球车、火星车和未来的星际载运工具。我们的研究内容既是未来的科技发展方向，也是我们国家最新的国家战略。2019 年 9 月，中共中央、国务院印发了《交通强国建设纲要》，到 2035 年我国要建设成交通强国，到 21 世纪中叶要建成世界前列的交通强国。交通顺则百业兴，交通事业是兴国之利器，立国之基石，强国之先导。

2020 年 2 月，发改委等 11 个部委联合发布了《智能汽车创新发展战略》，为智能汽车的发展带来了新的机遇，智能汽车正式提升到国家战略高度。前面讲到的研究内容和国家发展战略需求，说明未来 30 年到 50 年我们国家急需交通领域的复合型人才。这个复合型人才要掌握核心的交通管理理论、设计方法模型，并且能够运用计算机、通信、大数据等技术实现交通的智能网联。这样的人才也是我们北航交通学科的人才培养目标。

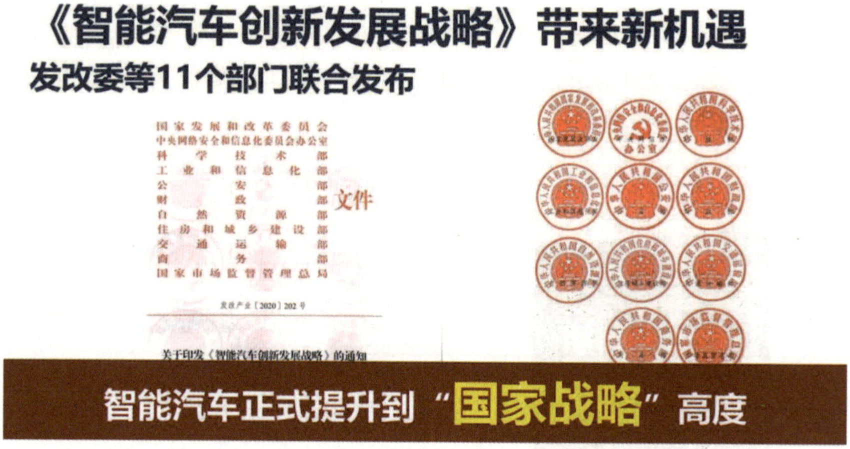

《朱子语类》中有一句话：学须先立志。志既立，则学问可次第着力。也就是朱熹说的，求学做事先立定志向，志向立定之后，则学问做事可以按照一定的次序发力。智慧的人是善于抓住机会的，那么我们希望同学们可以瞄准国家战略、科技导向，一次就业成就一生事业。有一句话和同学们共勉：祖国终将选择那些选择祖国的人，未来终将成就那些着眼于未来的人。

北航交通的未来发展是抓住历史机遇，创造一流智能地面交通和智能低空交通融合构成的立体交通。这是北航的交通的特色，也是未来出行的必然趋势。基于车联网的车车、车路协同，是智能驾驶、无人驾驶的发展趋势。我们交通的特色研究方向，立体交通和智能网联技术也是未来出行的关键技术。

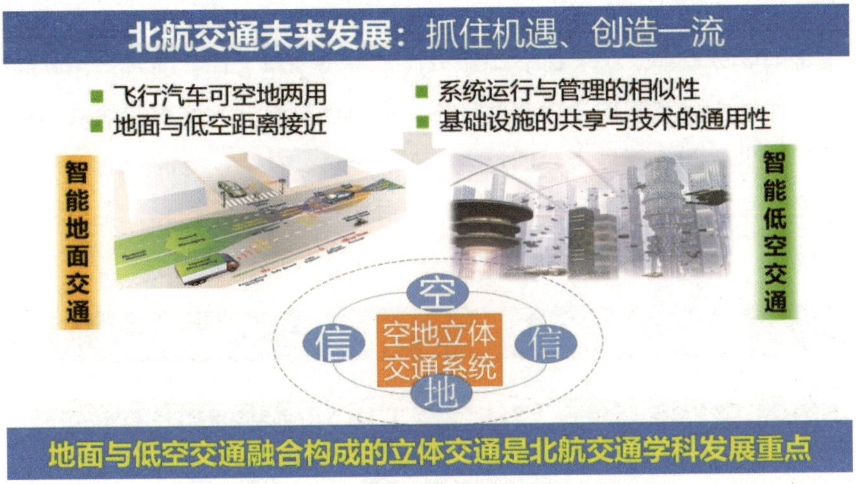

北航交通的未来发展是智能低空交通。低空交通空间广阔、障碍物少，是容量庞大的低空区域，是交通发展的巨大潜力。广阔的低空空间将催生飞行汽车的产生和发展，将大大地缓解地面的交通压力，这也是北航交通未来的一个发展方向。

融合北航空地信优势学科的空地立体交通系统，是北航交通学科发展的特点。北航交通瞄准交通技术发展的世界前沿趋势——智能化、网联化、协同化。交通的专业背景就是载运工具、交通设施、空地协同，融合智能计算机和信息化背景，也就是互联网、大数据、人工智能等，实现智能化、网联化、协同化，实现我们智能网联空地一体化的交通，来助力我国实现交通强国的发展战略，也是我们的一个发展方向。

我们的交通专业在智能载运工具、空地信一体化、智能交通设施三大研究领域构成了未来的立体交通。三大研究领域形成了五个学科方向，通过汽车互联网实现智能交通，通过信息互联网实现智慧城市，通过能源互联网实现智能基础设施，实现我们的智慧出行和智能城市。通过人、车、环境、社会，大的交通系统实现智能出行、智能驾驶、智慧城市和智能交通，最后实现我们的零伤亡、零拥堵、零排放的交通大目标。

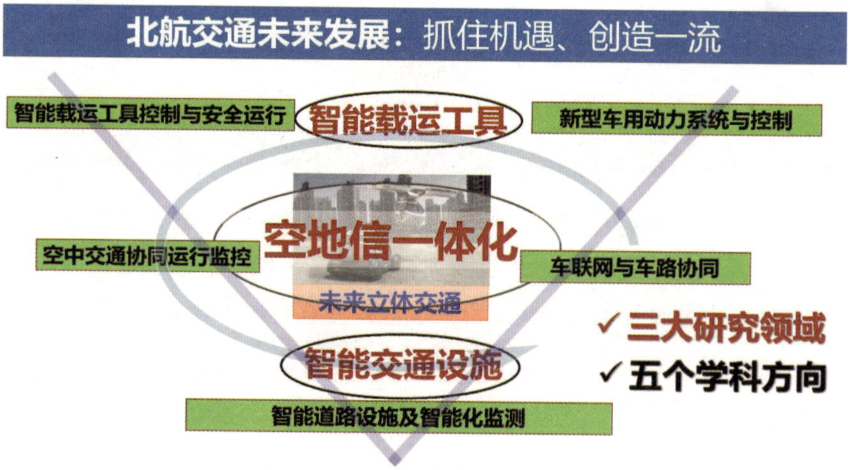

北航交通正青春，下面介绍北航交通学院。北航交通科学与工程学院建院十余年，聚集高端人才形成了发展优势。来到北航交通科学与工程学院，有名师相伴，目前我们有兼聘的中国科学院和工程院院士 2 人，国家“万人计划”领军人才 3 人，长江学者特聘教授 1 人，“973 计划”首席科学家 1 人，国家科技进步一等奖第一完成人 1 人，国家科技进步二等奖第一完成人 2 人，我们还有教育部的青年长江学者、优秀青年基金获得者等青年人才。

快速成长离不开创新团队。以创新求发展，使得我们的教师团队专家、大咖云集。在这里我给大家介绍学院的 4 个教师团队，也欢迎同学们以后有机会加入。

首先介绍一下王云鹏教授团队：王云鹏教授是我们北航的副校长，长江学者、国家“万人计划”领军人才，有两项成果获得国家科技进步二等奖。他的主要研究方向是车联网和车路协同。

徐向阳教授团队：徐向阳教授是国家科技进步一等奖的第一完成人，研究方向是新型车用动力系统和控制。

姚仰平教授团队：姚仰平教授是我们“士嘉书院”的院长，北航图书馆的馆长，国家“973计划”首席科学家，主要研究方向是交通基础设施服役安全性。

杨世春教授团队：也就是我本人的团队，我是北航交通科学与工程学院的院长，国家“万人计划”领军人才，也有一项成果获得国家科技进步二等奖，主要研究方向是智能新能源汽车优化控制。

交通科学与工程学院凝聚青年共识，汇聚了一大批青年人才。我们的教师团队青年才俊汇聚，有“国家特殊支持计划”学者、优秀青年基金获得者、“青年长江”等教师10余人。我们的科研经费突破了一个亿，2019年我们学院的科研经费到账达到1.2亿元。我们学院有80多位专任教师，人均科研经费超过140万元，远远超过了国内其他学校的交通学院年均人均科研经费。同时，我们学院还承担了多项国家重大科研基础项目。

我们的研究成果瞄准前沿科技，形成了多项重大成果，学院近6年获得5项国家科技奖励。我们交通科学与工程学院建院是年轻的学院，但是我们的发展速度非常快，在国家第四轮学科评估中，交通运输工程学科并列全国第三，进入A类学科。交通运输工程学科也进入了国家的双一流建设行业，双一流学科建设也为我们学院的发展带来了新的机遇。

学习交通成就高。在我们交通科学与工程学院学习，未来无论是在学业上还是在事业上，都能够给同学们带来更多的机会和更高的成就。学院通过师资队伍建设、培养方案优化和教学科创平台建设，打造了一流的师资建设、一流的学科，以培养一流的人才。在新工科建设的过程中，我们也加快了教学改革，以建设发展智能驾驶、新能源汽车等新工科。在学科的发展过程中，我们也牢牢地把握世界新技术发展的方向和趋势。根据国家的重大需求、产业的需求和世界发展趋势，新技术的革命也是我们人才培养的方向和模式转变的一个重要的契机。为应对新时代学生的新变化和新特点，根据新时代大学生的新的学习特征、新的需求和新的挑战，我们也在不断地反思和改革教学模式。

在培养方案方面，我们积极借鉴国外一流大学相关专业的培养方案，重视素质教育和创新能力培养，积极修订本科生培养方案，大力压缩了学分。我们精心制定培养方案和课程体系，形成了“通专结合”的培养模式与“科教融合”的培养特色，建设了本研一体的综合课程体系。在专业设置、课程建设、教学内容等方面，我们转变教学理念，深化教学改革，核心的理念就是以学生为本。

加快教学改革，建设发展新工科

新工科 “复旦共识” “天大行动” “北京指南”

构成了新工科建设的“三部曲”

- **国际环境**：第四次工业革命正以指数级速度展开，世界高等工程教育面临新机遇、新挑战
- **历史经验**：主动调整高等教育结构、发展新兴前沿学科专业，是推动国家和区域人力资本结构转变、实现从传统经济向新经济转变的核心要素
- 新工科研究和实践围绕工程教育改革的新理念、新结构、新模式、新质量、新体系开展
- 工程改变世界，行动创造未来，改革呼唤创新，新工科建设在行动

通过个性化培养，我们建立了优秀的导师平台，为同学们提供了导师方向的指导和指引。学生培养方案的特点是先进、开放和共享。通过三个面向，即面向学生培养、面向基地建设、面向教师发展，打造面向立体交通教学科研的实验平台。在学生培养方面，我们重点并优先推进一流教学平台的建设，同时结合双一流建设也积极推进一流科创平台的建设。

学院人才培养成果丰硕。学院建院以来 11 人获得“沈元奖章”，这是北航本科生中的最高荣誉，全校每年仅 10 人。同学们在科技竞赛中也获奖无数。不得不说的是交通学院创建的大学生方程式赛车队，连续十余年参赛，是全国最早的大学生赛车队之一，也是北航全校最大、覆盖面最广的跨专业大学生科创平台。因为非常具有影响力，我们的大学生方程式赛车队进入了北京市冬奥会的宣传片，更获得了多项奖励，硕果累累。学院方面积极组织同学们参与各类科创活动和比赛，也获得了丰硕的成果。

在国际化教学实践方面，交通科学与工程学院和国外多所大学进行了联合培养招生。国际办学拓展全球视野，在人才国际化培养和教学方面，我们交通学院也体现了明显的优势和特色。

交叉培养新模式，造就独特发展新优势，就业深造两相宜，拥抱智慧美好未来。交通学院的同学们毕业之后，有非常好的就业去向和深造前景。我们交通科学与工程学院是全校第一个申请整体搬迁到沙河校区的学院，得到了非常大的发展空间和非常难得的发展机遇，也希望同学们在专业选择这个十分重要的“十字路口”，能够面对机遇、智慧选择。

交叉培养新模式，造就独特发展优势
就业深造两相宜，拥抱智慧美好未来

最后，欢迎同学们选择北航交通科学与工程学院，谢谢大家。

扫描二维码查看哔哩哔哩完整视频

可靠性与系统工程学院

学院介绍

学院概览

可靠性与系统工程学院成立于 1985 年，由中国可靠性系统工程事业的奠基人杨为民教授创建，开辟了我国可靠性系统工程人才培养、科学研究和工程服务的新兴领域。学院一直保持国内可靠性系统工程领域的领军地位，为航空航天、舰船兵器、交通运输、通信电子、网络信息等军民各行业大型复杂装备的高可靠、高安全提供理论指导、技术支持和人才保障。

师资队伍

学院现有教职工 128 人，其中正高级职称 24 人，副高级职称 56 人；长江学者特聘教授 2 人，“973” 首席科学家 2 人，“万人计划” 入选者 2 人，杰青 1 人，优青 1 人，青年卓越百人副教授 8 人。聘任国内外兼职教授专家 30 余人，教师中博士学位比例达 85%。

科学研究

学院拥有专业领域唯一的可靠性与环境工程技术国防科技重点实验室，同时挂靠军委装发部、国防科技工业等多个国家级和行业级可靠性工程技术中心。为国家和国防重大工程项目提供技术支持，荣获国家科技进步特等奖（参与）2 项、二等奖 2 项。

本科专业及培养体系

学院建有全国唯一的从本科到博士的可靠性系统工程专业人才培养体系。本科专业为“飞行器质量与可靠性” 和 “安全工程”。“飞行器质量与可靠性” 专业被列为国防科技和国民经济建设紧缺专业和高等教育特色专业，入选教育部 “卓越工程师计划”。“安全工程” 专业针对新时期航空航天等国家战略领域的人才需求，构建面向人 – 机 – 环系统安全的状态感知、危险控制、故障预测和健康管理的知识体系，培养新型安全模式的高层次人才。

就业、升学、出国情况

学院就业领域涵盖航空航天、舰船兵器、通信导航等国防重点行业，同时也包括金融安全、计算机应用、高铁动车、汽车电子等国民经济支柱产业。2200余名校友目前很多已成为相应可靠性工程部门的领导和技术骨干。学院毕业生就业率常年保持100%。本科升学率近十年来稳定在80%+，其中，20%的学生免试推荐，15%的学生出国深造。

康锐

行高致远，可靠安全

各位同学大家好，我是北京航空航天大学可靠性与系统工程学院的康锐老师，今天我的报告题目是《行高致远，可靠安全》。

下面通过四个故事来介绍我们北京航空航天大学的一个非常有特色的学科专业——可靠性。

第一个故事是北航故事。1950年10月19日，中国人民志愿军跨过鸭绿江，开启了一场抗美援朝战争。1950年的10月25日，志愿军在朝鲜打了第一场遭遇战，并取得了全胜。1951年，党中央把10月25日定为抗美援朝纪念日。1952年10月25日，党中央决定成立北京航空学院，这就是我们北航校庆日的来由。

大家看下面这张图片，在抗美援朝战场上，我志愿军战士用机关枪扫射空中进犯的敌机。那个时候我们的航空装备几乎是空白，国家要建立自己的航空装备制造业，就需要一所大学来培养这方面的高层次的人才。因此北航的使命就是服务国家战略需求，航空卫国，使命担当。

北航故事

1950年10月19日，志愿军跨过鸭绿江

志愿军战士用机关枪扫射空中进犯的敌机

- 1950年10月19日，志愿军入朝。
- 1950年10月25日，志愿军赴朝后在两水洞、丰下洞地区首战全胜。
- 1951年，党中央决定将1950年10月25日，定为抗美援朝纪念日。
- **1952年10月25日，北京航空学院成立。**

航空卫国　使命担当

北航成立初期，学校的师生利用简陋的仪器设备完成了很多实战的装备，号称十大工程，从“北京一号”一直到“北京十号”。其中“北京一号”是一架轻型客机，“北京二号”是探空火箭，大家从这些名称可以看到，我们北航几乎把现在大家看到的航空航天领域的各类产品，在 1955—1960 年那短短的五年时间里都进行了创新性的探索。

下面我重点给大家讲讲“北京一号”的故事。

这是当年我们北航 1958 年毕业的全体同学的一个毕业设计，一个大作业，一个大跃进。当时全校 800 余名师生连续干了三个月，就把“北京一号”设计、制造出来了，而且就在我们学校学生毕业设计的教室里、实验室里、机加工厂里设计制造出的。但是这架飞机能不能真正地飞起来呢？那个时候北航虽然还没有可靠性专业，但大家还是有安全意识的。怎么飞的呢？我们先试着从北京飞到天津，飞机没有掉下来，还不错，飞机还是挺可靠的；那就再试试，又从天津跨海飞过渤海湾到了青岛，飞机还是没有掉下来，看起来还是挺可靠；再试着又从青岛飞到了上海，飞机仍然是安全的；这样，对这架飞机安全、可靠的信心大增，这回一使劲从上海直接飞回北京！这架飞机就研制成功了！这就是当年的干劲，这也是可靠性专业的渊源。虽然当时我们没有可靠性这个专业，但是我们有这种理念了！

第二个故事是为民故事。杨为民老师是我们可靠性与系统工程学院的创始人，也是我们国家第一型高空无人侦察机“无侦五”的总设计师。目前这型无人机仍然在服役。北航 1965 年成立了无人机研究所，1969 年中央军委批准北航把我空军击落的美国的几架高空无人侦察机的残骸拼装起来，看看还能不能飞。一共拼出来三架，并在 1970 年实现了首飞。这个还不错，我们从中明白了无人机是这么回事。

1971—1976 年，我们北航无人机所开始研制新型无人侦察机，到 1979 年这架飞机还在科研阶段就参加了对越自卫反击战，并荣立了二等功。1980 年这型飞机装备部队，至今仍在服役。2000 年，这个无人机研制成功的信息被镌刻在北京中华世纪坛的青铜甬道上，而这个青铜甬道按年记录了中华民族 5000 年来的大事。这是杨为民老师在创办可靠性专业之前的经历，那个时候他在无人机的研究上已经取得了非常大的成就。

大家知道，研究一型飞机是非常艰难的，在这个过程中曾出过很多次故障，如果你们仔细看杨老师的脸，会发现一道伤疤，那是一次飞机事故留下的。杨老师对产品发生故障的后果和安全影响，有着刻骨铭心的理解。所以到了 1985 年，当无人机研制任务完成以后，他发现了一个当时中国制造业急缺的新兴专业——可靠性。北航可靠性专业就是那一年建立的，从创立之初到现在一直是一个独立的系和学院。目前，我们可靠性与系统工程学院有两个本科专业：飞行器质量与可靠性工程和安全工程。因为杨为民老师为我国武器装备建设和国防科技发展做出了杰出贡献，所以在北航学院路校区有两个标志性的建筑来纪念他的丰功伟绩：一个是二号教学楼前的杨为民塑像；另一个是在校区南侧的为民楼，就是我们学院的教学科研大楼。

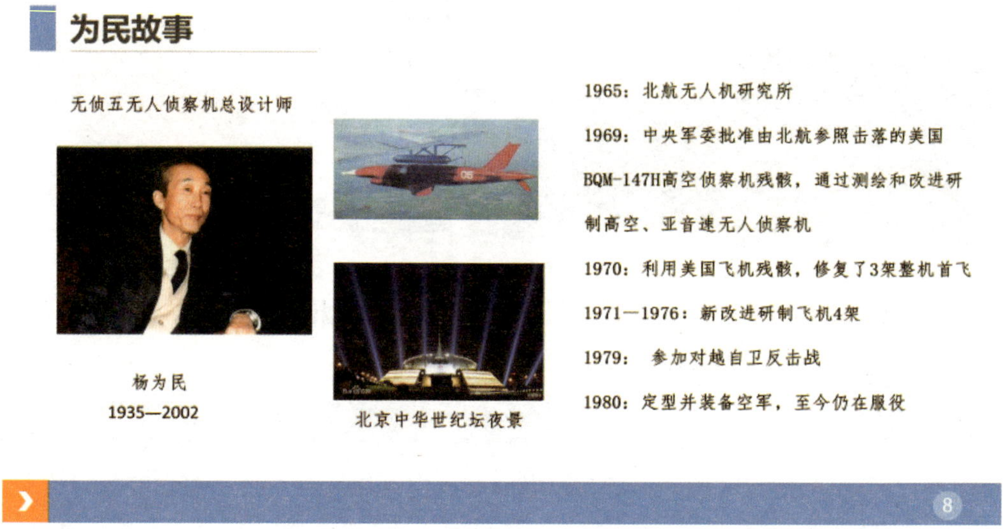

经过35年的发展，我们学院到现在为止，形成了本科、硕士、博士完整的人才培养体系；我们学院科研项目的经费也比较多，北航的人均科研经费是120万，我们学院是140万。我们还是国家智库，国家智库是什么呢？就是为我们国家的武器装备和国防科技发展、为中国制造2025规划提供质量和可靠性方面的战略咨询和政策建议。

我们学院还有一系列国家授权的可靠性试验鉴定机构，包括对电子元器件、计算机软件、机载设备、弹载设备、星载设备直至整个装备的可靠性指标进行权威的评估。到目前为止，我们学院是国内外大学中唯一一个主攻方向为可靠性的学院。我们学校招生就业处公布的数据表明，近20年来北航本科生、研究生就业最好的专业就是我们学院的专业。

经过30多年的发展，我们可靠性学院，已经成为北航的一个特色专业、品牌专业。在这个发展过程中，由于中国特色的工业化发展道路和杨为民先生的个人的人格魅力，孕育了我们这么一个独特的学院。下面我给大家说一说杨为民老师的人格魅力。

杨老师带领我们在北航建立了可靠性专业之后，我们学院的师生参与了各类航空航天武器装备的研制过程，为这些装备研制提供了急需的可靠性理论和技术、试验鉴定和评估方法。比如在2015年9月3日纪念抗战胜利70周年的阅兵式上，展示了各种武器装备，我们学院的师生几乎参与了所有装备的可靠性工作。这些装备的研制成功都有我们北航可靠性学院的贡献。

为民故事

9·3阅兵 各型号武器装备

C919国产大型客机

神舟飞船与天宫一号

空警200预警机

运-20大型运输机

东风系列导弹

辽宁号航空母舰

BZK-005无人侦察机

3

在这一过程中，杨为民先生为我们留下了为民精神，即献身国防，无私奉献的崇高境界；高屋建瓴，开拓创新的学术风范；淡泊名利，廉洁自律的高尚情怀；以人为本，集体发展的团队精神。北京人民艺术剧院曾经在2003年专门排演过话剧《杨为民》，这就是杨为民老师的人格魅力。

第三个故事是我的故事。刚才说了，中国特色的工业化发展道路和杨老师的人格魅力孕育了我们这个独特的可靠性学院，那么中国特色的发展道路是什么意思呢？我想通过我的故事、我个人经历的两件事向同学和家长做一个介绍。第一件事是在1992年，我刚参加工作不久，参加了一起强5Ⅱ飞机飞行事故调查。强5飞机1958年开始研制，它是在歼-6基础上改建的，1965年首飞，1968年批量生产，1985年获得国家科技进步特等奖，这是一个重大的进步。2012年10月交付最后一架，现在还有部分装备在服役。

大家注意这个时间线，在20世纪90年代初，强5是主力作战飞机，在某次训练过程中发生了一起事故。事故发生在整个飞行团转场过程中。转场就是整个飞行团的所有飞机都从A机场飞到B机场。在转场过程中最后一架飞机是由飞行团长亲自驾驶，当这架飞机接近B机场时，飞机突然迅速掉高度，然后在500米高度的时

我的故事

199×年×月×日，某型强5飞机从A机场转飞到B机场。

当飞机接近机场B时，改平高度至500m，在第三转弯放下起落架准备着陆，飞机速度突然急剧减小，迅速掉高度、抛出座舱盖，但飞行员未能弹出座舱，造成机毁人亡的一等飞行事故。

强5强击机：单座双发超音速强击机
在歼-6（苏联米格-19）歼击机基础上研制

- 1958年开始研制
- 1965年月首飞
- 1968年成批生产
- 1985年获得中国国家科技进步特等奖
- 2012年10月25日交付最后一架

4

候飞行员紧急弹射，座舱盖抛出来了，但是飞行员没有弹射出来，造成了机毁人亡的一等事故。当年我参加了这起事故调查，通过调查发现，整个事故的原因是飞机上的发电机断电。发电机断电没有被及时发现，应急电源投入工作（在可靠性技术上，应急电源属于冗余技术），当应急电源的蓄电池电量耗尽后，发动机供油泵停止工作，发动机停车，飞机动力失控，最后弹射救生失败，造成机毁人亡。

这是一起很惨烈的飞行事故。事故原因具体有以下几个方面：第一个原因是该型飞机电源系统的电压调节器（控制电源系统输出的电压在一定范围内）刚刚从原来的炭片式机械调压器产品改成了晶体管式电子调压器。可靠性理论中有一个基本原理，即采用新技术就会带来新风险。强 5 飞机设计时，还没有可靠性专业，所以在研制过程中没有做可靠性设计与分析工作，这是一个断电的原因。第二个原因是断电处置不当。就是断电必须告警，但当时设计时只设计了一个红色告警信号灯，没有设计成闪烁式告警，更没有设计成声音告警。当电源系统断电时这个红色信号灯是亮的，但如果阳光正好从飞行员的身后照射到面板上，那么红色告警灯就不明显。这种情况在专业术语里叫人机功效设计差、安全性设计考虑不周。第三个原因就是弹射救生失败。飞行事故是分等级的，二等事故是机毁人未亡，如何保证飞行员的生命？战斗机靠弹射座椅，但是这架飞机的弹射座椅没有正常弹射。事后我们对几十架飞机的弹射座椅都进行了检验，发现有一半弹射座椅都不能弹射出来！这是已经交付部队使用的飞机，这是飞行员天天在飞行训练的飞机！用我们的专业术语，称为生产过程中的质量控制不严格，将不合格品交付给用户使用了！

在前面的讲述中，我提到了三个关键词：质量、可靠性、安全性，这三个关键词对应着我们学院的两个本科专业：飞行器质量与可靠性工程和安全工程。

当时我看到这型飞机有这么多的设计缺陷，我们的飞行员还冒着这么高的风险在坚持训练，感触很深，意识到质量与可靠性专业、安全工程专业是多么重要啊！这是我经历的第一起事故调查，所以记忆犹新。

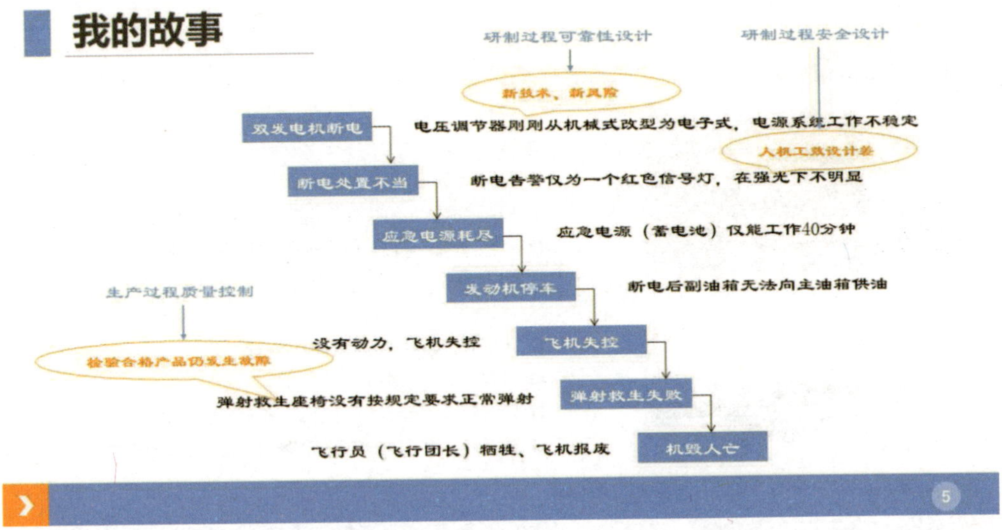

第二件事说说运 -8 飞机的发展过程。大型运输机代表着制造业的高端领域，但它的起步那时在我们国家是相当艰难的，都是测绘仿制走过来的。测绘仿制也只能仿制苏联飞机，美国人也不给我们呀！我刚才说的杨老师仿制的是美国的无人机，那是我们空军把它打下来几架，我们用这几架的残骸，把它拼装起来，飞成功了，然后我们开始仿制再到改进、创新。

我们的运 -8 也是仿制苏联的运输机，其原型机是苏联 1956 年首飞的安 -12。安 -12 于 1958 年投入批产然后交付，1973 年停产，曾经是苏联航空兵运输机的主力，1974 年开始逐渐被伊尔 -76 更大的运输机替代了。国内是 1968 年开始测绘工作的，也就是在原型机首飞 13 年后我们才开始。此时离它停产就差几年了。这就是我们国家当时的现状，因此能把这个型号搞起来已经很不容易了！我们的起步就已经很晚了。过程还算顺利，1974 年运 -8 首飞成功，1980 年设计定型，开始批生产，1985 年获得了国家科技进步一等奖。

我今天要说的故事还不是运 –8，而是一型预警机。在运 –8 机的基础上，于2000年左右，我们国家开始研制空警 –200 预警机。网上资料显示，该型机就是在运 –8 的基础上加装了一个平衡木（即雷达），让雷达跟飞到天上去就能预警，站得高、看得远，就能预警。这型预警机是 2003 年开始研制，2004 年首飞，2006 年交付，到2006年6月3号，有一架预警机在执行任务过程中就发生了事故。这个事故非常惨重，是迄今为止我们建军史上最严重的一起空难，包括机组人员共有 40 名工作人员遇难，这些英烈都是研制预警机的专家！

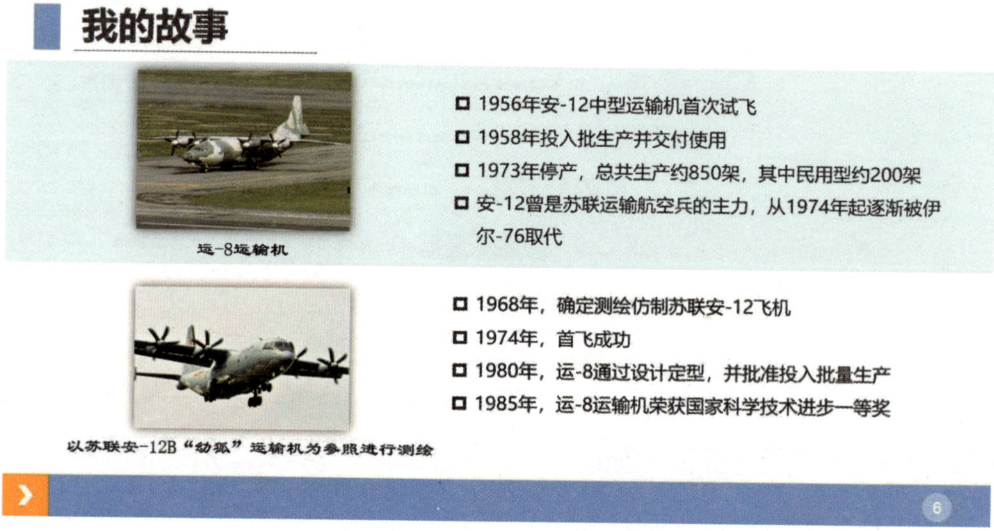

我参与了这个事故的调查过程。调查过程中经过排查发现了很多事故疑点，最后聚焦到机翼结冰的问题。我们的运 –8 机加上了平衡木之后，就变成了预警机，那么它在空中的工作时间就比原来留空时间长了，因为它的工作模式就是要长时间留空侦察。这种长时间的留空飞行，当遇到结冰的气象条件时，机翼上就会结冰，如果除冰系统设计得好，就可以消除结冰。但这型预警机是在运 –8 的基础上几经改进而来的，而原除冰系统是我们测绘仿制的除冰系统，遇到这种新的结冰情况，除冰效果就不理想了，当结冰到一定程度就会影响飞机的飞行姿态，然后失去控制。事故最后定位在这么一个原因。

我的故事

空警-200预警机

- 2003年5月立项开始研制空警-200预警机
- 2004年10月28日首飞成功
- 2006年1月交付部队试用

2006年6月3日，一架隶属中国人民解放军空军的空警-200预警机在执行任务途中，在安徽省广德县柏垫镇梨山村上空**失事坠毁**，机上包括机组人员在内的40人全部罹难。**这是迄今为止中国人民解放军建军历史上最严重的空难**！

7

这件事也说明了我们可靠性专业的重要性。装备的可靠性与使用条件紧密相关，同样的飞机变换了使用条件之后，它原有的设计是否还可靠？是否还安全？这是可靠性专业要解决的问题！这些问题只靠理论计算还不行，还需要大型的实验设施——冰风洞。新型飞机设计都要在风洞中做吹风实验，通过吹风实验来考查新飞机在结冰条件下的气动效果。但是，当年我们国家还没有冰风洞这种大型科学实验装置！就无法开展这种实验！而在国外先进国家，做冰风洞实验是新飞机研制的一个必备的步骤。

给大家介绍我亲身经历的两件事，就是想告诉同学们，中国制造业的发展过程是十分艰难的，其间，很多时候是知其然不知其所以然，在不知其所以然的基础上的改进和创新是不可靠的！在中国制造走向中国创造的过程中，创新是我们必须要面对的挑战！越是创新，越是需要可靠性、安全性这些专业来预防和解决创新带来的技术风险。

最后说说专业的故事。可靠性专业到底是什么？下面用思维导图的形式跟大家讲讲什么是可靠性、为什么要研究可靠性和可靠性未来的发展。

首先，什么是可靠性？简单地说，可靠性要研究的是产品的“生、老、病、死”。“生”是指设计出产品的功能和性能；“老”是指产品的退化，任何产品的性能都要在使用中退化，这是可靠性的基本科学原理；“病”是指产品的故障，任何产品都有出故障的可能，出了故障还需要维修；“死”是指产品的寿命，很多产品在设计过程中就要考虑产品的寿命，在使用过程中还要实时预测产品的剩余寿命。在可靠性专业里面有很多理论和方法，比如可靠设计理论、统计理论、物理方法、逻辑方法，这些理论和方法构成了我们的专业课。

其次，为什么要研究可靠性？这是我们国家的战略需求！质量强国是中国创造的必由之路，为什么这么说？前面已经提到，我国的制造业或者工业化其实走的是模仿的道路，这是我们的后发优势，是我们迅速成为全球制造业大国的基础。但是，中国制造从大到强的发展必须由科技创新来驱动，而创新带来的不确定性就需要用可靠性专业去化解！所以我们研究可靠性，就是要规避风险，保证质量，降低成本，提高竞争力。

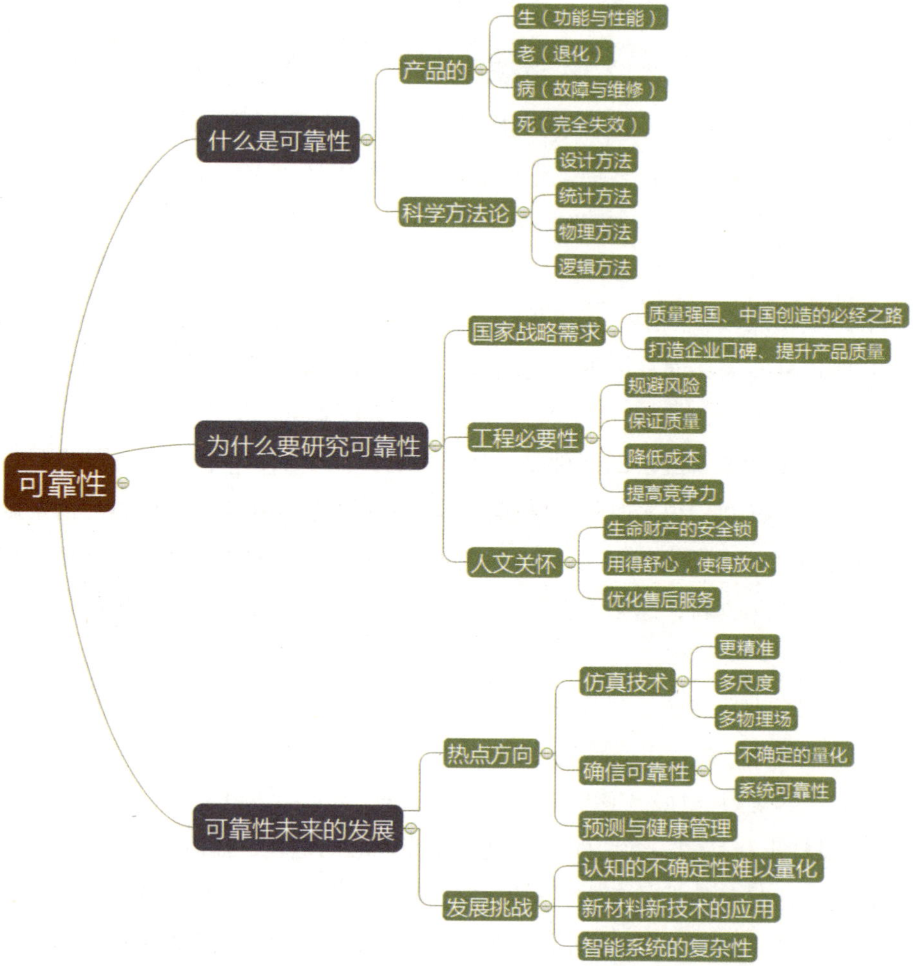

研究可靠性有什么重要意义呢？下面用图给大家简单地分析一下。图中的可用度、可靠度都是我们可靠性的专业术语。什么叫可用度呢？比如有 100 架飞机，当接到命令让它们去执行任务的时候，能飞起来多少架的比例就是可用度。同学们可能会问：为啥有的飞机不能飞了呢？因为出了故障在维修，因为飞机的寿命太短，有的飞机已经用到寿命极限了，再飞就不安全了，等等，都是可靠性专业范畴的事情。就像人生病就要住院治疗、要休息，就不能工作了一样。所以 100 架飞机，在接到起飞命令的那一刻，有 80 架可以起飞，就说这群飞机的可用度是 0.8。什么是可靠度呢？还是这 80 架飞机，在执行任务的过程中有 72 架没出故障，那么它的可靠度就是 0.9。最后，这 100 架飞机，能真正投入作战的有 72 架。这张图展示了对战双方的飞机可靠性水平对作战效果的影响。蓝颜色的是 A 国的飞机，黄颜色的是 C 国的飞机。A 国的飞机可用度、可靠度都高，100 架最终能投入战斗的是 72 架；C 国有 100 架飞机，最终能投入战斗的是 42 架。在这个对比情况下，可靠性就是装备的战斗力！在同等条件下（两架飞机的技术性能都相同），可靠性高战斗力就强！

专业故事

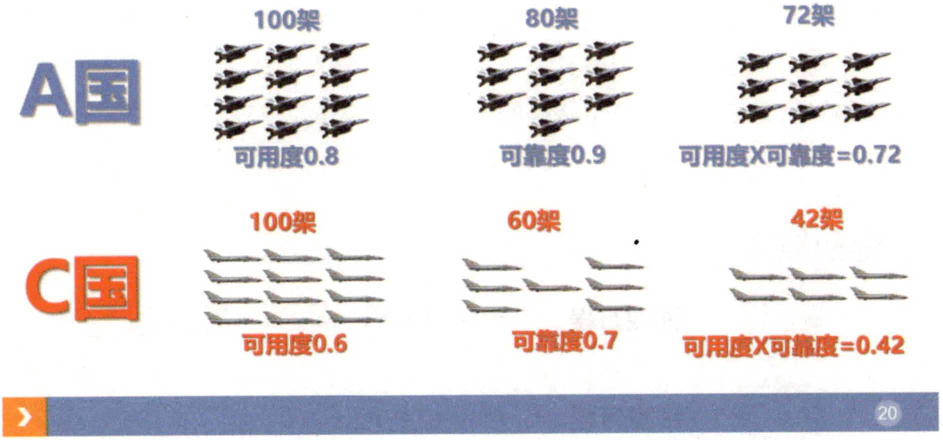

下面这张图是可靠性科学的三个原理。左边是裕量可靠原理，就是我们在设计的时候，要给产品的性能指标留足够的裕量，它在工作时就能够保证可靠。就像我们玩游戏，要有充足的血量，要有多条命。中间是退化永恒原理，即产品的性能会随着时间进行不可逆的退化，其深层次的物理规律就是热力学第二定律，熵增定律。这是一个普遍规律，任何产品都具有这样的规律。右边是不确定原理，即产品的退化和裕量是不确定的，因此就会带来风险。这就是我们可靠性的三个科学原理。

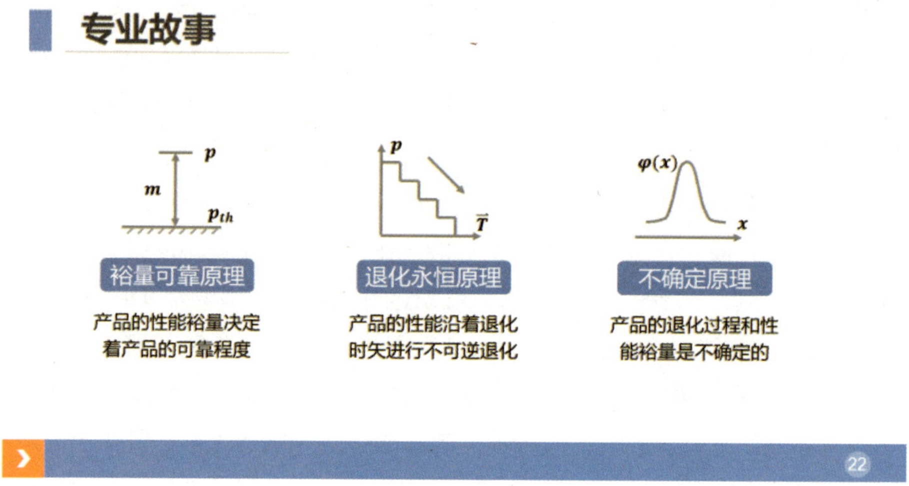

我们可靠性专业与其他专业有什么关系呢？下面这张图做了一个简单解释。这张图中列出了四类方程，其中性能方程描述了产品性能与产品的内部变量 X 和外部变量 Y 的函数关系。这个性能方程是电子工程、机械工程、航空工程、航天工程等专业要研究回答的；而裕量方程、退化方程和度量方程是可靠性工程专业要研究和回答的。裕量方程对应裕量可靠原理，退化方程对应退化永恒原理，度量方程对应不确定原理。所以，这四类方程中有三个是我们可靠性专业的事情，只有一个是其他专业的事情。可靠性专业对数学基础的要求还是很高的，将来要学到概率论、不确定理论和机会理论，这三个理论是支撑我们可靠性学科专业的一套数学基础。

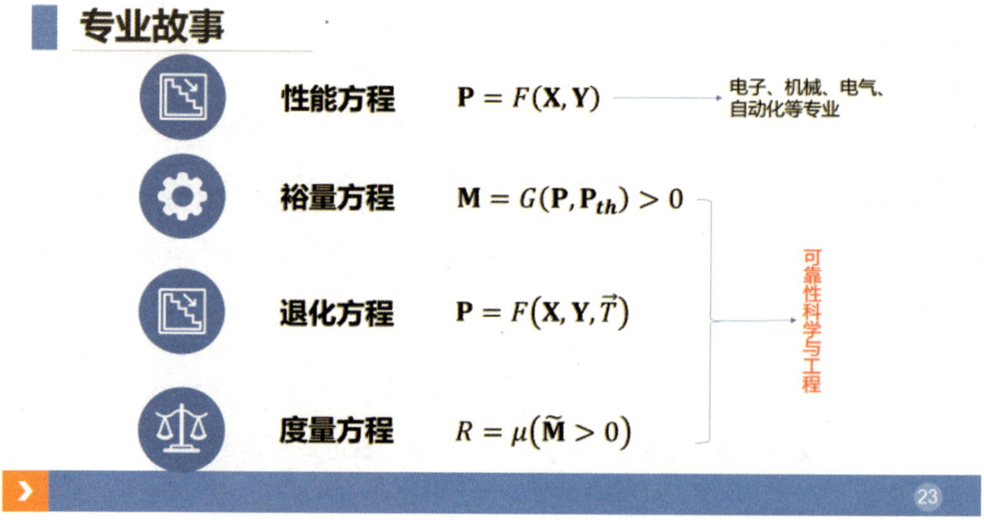

其实可靠性专业不仅仅适用于工程系统，也适用于生命系统、社会系统和自然系统。因为这些系统在运行的过程中都存在着不确定性，都需要可靠性的专业知识来化解。这里给大家举个例子，这是国外的期刊发的一篇文章，这篇文章的题目是《我们为什么会死亡——工程中的可靠性理论给出了人类老化的解释》。这篇文章说的是人类的衰老和死亡同机器没有太大的区别，当我们把自己看作是一个从一开始就有些缺陷的、有冗余零件的机器的时候，这个区别就可以最小化了。啥意思呢？就是说人和机器差不多，也可以用可靠性理论来研究人类衰老的问题。即可靠性理论为研究“老化”现象的不同领域的科学家们提供了一个通用的科学语言和总体框架，这有助于他们打破已有的障碍，更好地相互理解。就是说用可靠性理论去研究人的疾病、衰老和死亡，同样是适用的。在这个方向上，目前国内外有很多专家学者都在继续类似的研究。我们学院也有一个研究小组，在研究睡眠障碍、癫痫症和阿尔兹海默症的机理和规律。因此这是可靠性专业跨越到生命科学领域的一个案例。

专业故事

Why We Fall Apart——

Engineering's reliability theory explains human aging

IEEE SPECTRUM, SEPTEMBER,2004

我们为社么会死亡——

工程中的可靠性理论给出了人类老化的解释

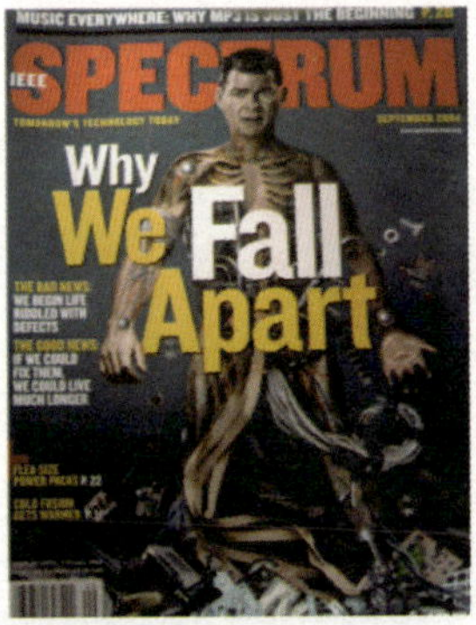

26

学习可靠性专业还可以学到一些面对生活、面对人生的一些世界观、价值观和人生观。第一，树立向死而生的世界观。向死而生是一个哲学思想，具有积极向上的意思。简单地说：当你出生的时候就开始了人生倒计时，所以你要时刻意识到这件事情，就要珍惜当下的每一天，让每一天都活得有意义。第二，要直面人生的不确定性。在生活的道路上，会遇到很多不确定性事件，当这些事件发生的时候，我们应用什么样的态度，什么样的措施，什么样的手段去面对和化解这些风险。第三，追求一生可靠的价值观。在我们整个生命周期里，要去追求可靠安全的价值观。

这样来说，可靠性其实是一个非常美好的专业。《说文解字》里对这三个字的解释："可"字是肯定，口气舒缓的意思；"靠"是背靠背、相互依赖的意思；"性"是生命力、创造力、向上提升的能力。所以可靠性是很美好的、令人心情舒畅的、靠谱的、安全又有生命力、创造力的一个新型的专业。

扫描二维码查看哔哩哔哩完整视频

最后，欢迎大家来北航，欢迎大家选择可靠性专业，谢谢大家。

宇航学院

学院介绍

学院概览

宇航学院主要从事航天人才培养和航天技术研究。1988 年成立，前身为 1958 年成立的火箭系。两个一级学科入选“双一流”建设学科：航空宇航科学与技术学科评估为 A^+，全国第一，控制科学与工程学科评估为 A。拥有飞行器设计、航空宇航推进理论与工程、制导导航与控制、模式识别与智能系统四个博士学位和航天工程专业硕士学位授权点。

师资队伍

目前，宇航学院共有教师 123 人，院士 1 人，博导 47 人，正副教授 91 人。汇聚了一大批具有行业影响力的专家学者，多位教师担任国家级科研、教学专家组成员。

科学研究

学院近年获得 3 项国家技术发明奖。拥有“航天器设计优化与动态模拟技术”教育部重点实验室和“数字媒体”北京市重点实验室。建成世界一流的真空羽流效应实验系统。承担多项国家级科研项目，具有雄厚的科研实力。

本科专业及培养体系

学院下设四个本科专业：飞行器设计与工程（航天），飞行器动力工程（航天），探测制导与控制技术（航天），飞行器控制与信息工程。培养航天飞行器总体设计、动力装置、制导导航控制、目标探测识别跟踪、图像处理等方面的科研和技术人才。学院作为“总师”的摇篮，创新以综合项目为载体的人才培养模式，已经先后开展了探空火箭、小卫星等综合项目。

就业、升学、出国情况

学院毕业生主要在航天、航空、互联网、人工智能等行业工作。近三年来应届本科生通过免试推荐和全国统一考试攻读硕士（含从本科直接攻读博士）研究生的比例均超过 70%。学院与多所国际知名大学签订交换协议，为本科生出国交换提供优质平台。

杨立军

圆飞天梦，向北航行

亲爱的同学们，大家好，我是北京航空航天大学宇航学院院长杨立军，我今天的报告题目是《圆飞天梦，向北航行》。

今天的报告有三部分内容：第一部分内容是人类的飞天梦想，第二部分内容是北航的航天人才培养，第三部分是宇航学院的人才培养。

我们每个同学都有梦想，再过两个月就是每个同学梦想的实现时刻。有的人想成为科学家，有的人想成为宇航员……那么，我们人类的梦想是什么呢？在很古老的时候，我们人类就有飞天的梦想，这个梦想在公元前 306 年敦煌莫高窟的壁画中就有体现，汉代著名天文学家张衡说过：“宇之表无极，宙之端无穷。”宇宙是什么？宇就是空间，宙就是时间，那么宇宙就是空间与时间的总和。

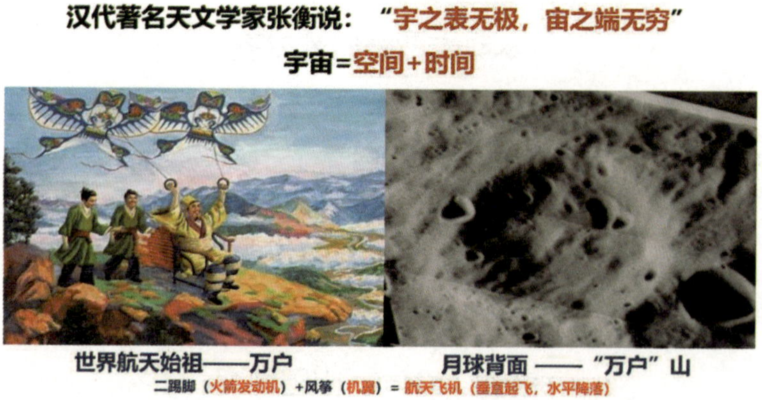

人类最早尝试实现飞天梦想的人是万户，万户是官职的名称，而不是人的名字。万户本名叫陶成义，浙江金华人，原是浙江婺城陶家书院山长，喜好钻研炼丹技巧。

在炼丹时偶然发生了爆炸，于是他把炼丹技术变成了火器。在朱元璋打天下的时候，他把这种火器献给了朱元璋，之后朱元璋打了很大的胜仗，就封他为万户。晚年的时候万户在想，人是不是也能飞起来？这个时候他要把这个想法变成现实，他用47根火箭绑在一把椅子上，上面有两个风筝，当把火箭点燃的时候，他飞了起来，但是在点燃第二排火箭的时候，发生爆炸，他不幸去世了。他是人类第一个尝试飞天的实践者，这是我们的祖先在600年前为世界航天做出的贡献。为了纪念万户的飞天贡献，国际天文学联合会将月球背面的一座环形山命名为万户山。万户尝试飞行的这种方法也是航天飞机的雏形，垂直起飞，水平降落。

说到航天，不能不提另外一个人物，这个人就是齐奥尔科夫斯基。齐奥尔科夫斯基是一名中学教师，年轻时在一次生病中耳朵聋了。他一生中写了800多篇论文，但很多论文由于当时的条件并没有发表。他有最著名的一句话和最著名的一个公式。最著名的一句话就是“地球是人类的摇篮，但人类不能永远生活在摇篮中”。著名的公式就是齐奥尔科夫斯基提出的火箭公式，我们现在的多级火箭都是利用这个公式来设计的。齐奥尔科夫斯基还提出了很多新概念，包括我们现在的飞船、空间站等，包括植物在太空生长用来提供人类所需要的氧气和其他食物。

$$V_{Roc} = V_0 \ln \frac{M_F}{M_0}$$

“地球是人类的摇篮，但是人类不能永远生活在摇篮里”

——齐奥尔科夫斯基（俄）

一直有很多人会把航空与航天混淆了，以为天和空是一样的，但是在我们航天这个专业，或者航空这个专业里，它们并不一样。那什么是天，什么是空呢？

空是指大气层以内，100公里为界，大气层以内是空。在这个领域里面飞机在飞行，因为它有大气，飞机借助大气的升力来飞行。但是在100公里以外怎么飞行？没有空气了，这个时候就是航天，需要的是火箭。大气层以外叫什么呢？叫宇宙。目前人类航空和航天的部分梦想已经实现了，但是我们知道，距离宇宙还很远。比如说太阳系，太阳系跟地球比，已经非常巨大了，但是跟宇宙比还很小。我们整个地球在浩瀚的宇宙中是一个很小很小的分子，航天实际上是指在太阳系以内的活动。

现在国内很多高校都成立了航空航天学院，而北航不叫航天学院，叫宇航学院。为什么叫宇航学院，大家可能也清楚，其他的学校叫航天学院还是在太阳系以内的，我们的理想更高远，在宇宙飞行。有同学问，人类现在能不能飞出太阳系呢？实际上科学家已经做了探索，大家知道有个“旅行者 1 号”，还有“旅行者 2 号”。“旅行者 1 号”目前已经飞到太阳系的边缘，它现在正以每秒 17 公里的速度在飞行。根据它的三个核燃料电池的能量估算，大概能飞到 2030 年。这个“旅行者 1 号”航天器很有意思，它带了一个能够播放的光盘。这个光盘是用铜镀金做的，它的探针是金刚石做的，据说，这个光盘搜集了地球上所有能够出现的声音，能够播放 10 亿年不变的音质。

大家知道为什么要这么做吗？是想通过光盘放出的声音，让其他星球的外星人能听到地球的声音，跟我们人类对话，这就是我们人类的梦想。我们讲以电磁波的传输，现在旅行者 1 号和地面的通信，它的时差接近 20 个小时，这是很有趣的一个事情。

前面讲的是航天的历史，下面讲一下我们航天的具体工作。如果同学们来到北航，来到我们学院，未来能干什么呢？完成我们国家的航天战略。对于我们国家来说，卫星导航分三步走。大家知道，我们现在用的 GPS 是美国的，我们自己的导航系统是北斗，我们很快就能用到自己的全球卫星定位系统了。第二步是探月。嫦娥探月工程有三期，第一期是绕，第二期是落，第三期是回。这三期工程也是近几年，或者未来几年我们探月工程重大的事情。第三步是载人航天。以前所有的航天器是不带人的，是自动的，自主地飞行。我们国家从杨利伟开始，陆续地送宇航员进入太空，包括我们要在太空建的空间站。原定计划是 2022 年，现在计划也没有变，太空即将迎来我们中国的空间站。

因为国际空间站即将退役，我们国家的空间站将是人类在太空唯一的一个空间站，这是中国人的航天情怀。前面介绍了人类的航天历史，中国航天人的举措和战略，包括航天的情怀。那么下面就介绍北航的航天人才培养，北航是怎么来的？当时为什么要成立北京航空学院呢？

1952 年，中国正在抗美援朝，同学们学过历史，知道抗美援朝打得很艰苦，艰苦到什么程度呢？从这张照片里可以看出，三名志愿军战士在用机关枪打飞机。飞机飞的高度是多少？是 1 万米的高空。那机枪的射程是多少？可能是几百米或上千米，这是打不着飞机的。那为什么还要这么做呢？这么做也是无奈。就是在这种情况下，党中央决定一定要成立自己的航空学院，要有自己的导弹，自己的飞机，要把制空权拿回来。那一年，由周总理亲自筹办，成立了北京航空学院。

抗美援朝炮火中诞生的北航

□1952年抗美援朝：没有制空权，被动就挨打

志愿军战士用机关枪扫射空中进犯的敌机

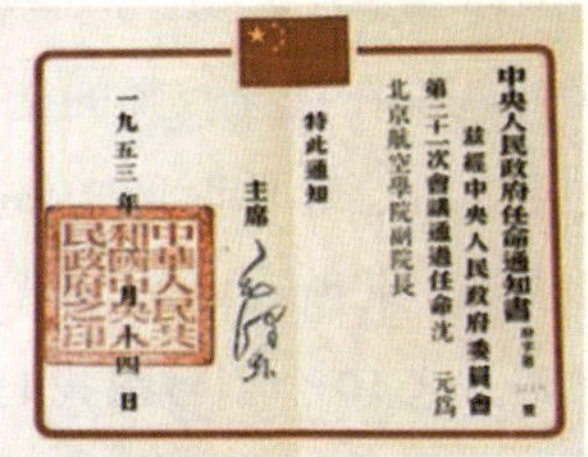

□周恩来总理亲自筹办，面向国家战略需求，为建设我国航空工业成立**北京航空学院**

□1952年10月25日：在原中法大学礼堂隆重举行了成立大会

北京航空学院当时的副院长沈元教授是毛主席亲自任命的，北航是在抗美援朝的炮火中成立的一所大学。打飞机要用导弹，因此1956年北航在国内率先成立了自己的航天专业，接着1958年成立了火箭系。当时火箭系的创始人是北京航空学院的教务长屠守锷先生，屠先生是23位两弹一星元勋科学家之一。

火箭系——北航航天人的起点

屠守锷（院士）——北京航空学院教务长（1952—1957）

1956年航天专业

1958年火箭系

曹传钧——北京航空学院院长（1982—1988）

航天专业创始人——屠守锷院士（两弹一星元勋）

大家看这块金牌，照片很小，实际不小，直径大概是80毫米。这块金牌说明什么呢？说明这些科学家对我们国家的国防，对我们国家的安全，对我们现在安静的生活、和平的生活所做贡献的肯定。

在建校初期，北航就全力探索人才培养模式，北航的人才该怎么培养呢？北航的航天人才该怎么培养呢？这种培养的模式实际上是在探索的过程中形成的，航天一定是要理论和实际相结合。因此北航当时的培养目标就是培养红色工程师。我们怎样才能体现出工程师的本色呢？就是理论和实践结合。大家知道大学毕业的时候有个最重要的环节是什么吗？是毕业设计。

毕业设计就是在指导教师的指导下，由学生自己去做一些实际的研究工作，大概用一个学期，即半年的时间去做。北航的毕业设计是做什么呢？当时是 1958 年，在那样的环境下，北航决定做 10 个型号，这些型号那时候中国没有，由北航的老师和大学生来做。这 10 个型号跟我们航天有关的就有 4 个，这 4 个型号分别是高空探测火箭、液体火箭、卫星及中程弹道导弹。同学们，那个时候还没有导弹，还没有人造卫星。不是说导弹和卫星是我们北航造的，而是我们这样培养的学生去工业部门，研制发射了导弹、卫星，正是因为有这样的一些教育教学基础。

北航的毕业设计做就做最牛的。做这些航天器需要一些研究实验基地，1958 年，那个时候中国的工业力量还不足。我们决定要自己建这些实验基地，实际上我们北航除了在沙河校区、学院路校区，还有个地方大家可能不知道，就是北京的西山大觉寺附近，那里有 200 亩地，当时我们的火箭发动机试车台就是在这个地方。如果有机会，北京的同学或者以后考到北京的同学可以到这个地方去看看。大觉寺后面有这样一个遗址，就是我们火箭发动机的试车台，也是很壮观的遗址。

在 1960 年，我们建成并成功完成了 15 吨液体火箭发动机的点火试车试验，作为国庆的献礼。当时的教育部部长杨秀峰、北京市领导万里同志，还有钟赤兵同志亲临现场观看。想想看，一个学校大学生做的一些工作，能得到教育部长亲自去观看，这也是振奋人心的事情。

基础条件有了，我们实践教学就是要练最真实的。有了这个实验基地，有了理论，我们毕业设计要做的火箭叫做“北京二号”。这是亚洲第一枚探空火箭，因为这个火箭是亚洲第一个做出来的。我们知道，二战后的火箭研制主要在欧洲，德国、苏联还有美国，他们导弹武器发展得很快，但是在亚洲，第一枚火箭是“北京二号”。下面我就详细介绍一下“北京二号”的研制过程和一些研制的花絮。

这个火箭建好了，我们便打算在国庆十周年时献给祖国，献上最新的、亚洲第一枚火箭。这一枚探空火箭是在 1958 年 3 月设计的，有效载荷是 10 千克。10 千克大家觉得体形也不大，挺小的，10 千克就 20 斤，也是可以的，对吧？也就是小型的战斗部，这样导弹的雏形就出来了。但实际上这个过程并不容易。因为我们当时没有任何的基础，就像你们现在的高中生，到大学里只学了三年的理论知识，之前见都没有见过火箭，直接开始建造了。热试车就经历了43次的失败过程，功夫不负有心人，终于在1958年9月22日下午6点20分在白城子的靶场发射成功。

这个火箭是什么样的？是不是只有一级，就像“二踢脚”一样，放一下？不是的，这个火箭是二级火箭，不仅仅是固体或液体燃料的。这个二级火箭，因为教育、教学、固体、液体都要涉及到，所以我们有两个型号：一个是BJ–2L，一个是BJ–2S。L是液体的英文首字母；S是固体的英文首字母；2L表示第一级是固体，第二级是液体；2S表示第一级是固体，第二级是固体。这个火箭总共造了9枚，用于实验、教学，还要用于发射。

有同学要问，原来都没见过火箭，又要造9枚火箭，又是一些年轻的大学生和老师，得花几年的时间吧？我告诉大家，没用多长时间，180天。180天9枚火箭，这180天设计并发射了这个火箭，中间还要经历一些发射实验过程。我们安排的发射时间非常集中，9月22日第一枚，24日固体燃料火箭发射成功，因为固体、液体两个型号，到10月3日液体燃料火箭也发射成功。整个发射是在十周年国庆前后，我们集中将火箭发射成功。

在发射的过程中，实际上是出现了一些问题的，比如说偏差，有的偏差比较大。因为我搞火箭发动机，知道液体和固体火箭发动机的优缺点。从结构上讲，液体的火箭发动机更复杂，因为它涉及一整套推进剂供给系统，而固体的火箭发动机结构相对比较简单。不是说固体不难，都难，但是难点不一样，从结构复杂性方面讲，液体更为复杂。但是不管怎么说，我们的火箭都是由一群没有见过真实火箭的年轻人在180天内完成的，而且在短短半年的时间里做了9枚，并成功发射，成为亚洲的第一枚探空火箭，是很了不起的。

这个事情得到了国家领导人的关切并前来观看，能得到这样的待遇，是件多么了不得事情啊！想到几年前我们的志愿军战士用机枪去打飞机的照片，这个火箭意义重大？意味着我们北航做的火箭可以装着弹头打飞机，这就是北航的贡献。

我们学校理论和实践、教学和科研相结合的模式得到了领导人的肯定。在理论和实践、教学和科研的这种培养模式下，我们培养了一代又一代的航天人。我们总结起来，从学校成立到现在已培养了三代航天人。第一代是魂牵梦绕的爱国心，原二炮司令员杨国梁上将是我们培养的第一代优秀毕业生。第二代毕业生是桃李芬芳报国志，如中央委员军民融合办常务副主任金壮龙，浙江省省长袁家军，团中央书记处第一书记贺军科。第三代毕业生是矢志不渝的强国梦，比如“天衡一号”的总师袁仕耿，航天科技集团的副总经理张红文等都是这一代学生的优秀代表，他们为我们国家的航天事业做出了巨大的贡献。

说起中国火箭，大家知道长征系列，长征系列有“长征 1 号”到“长征 7 号”，知道这七个型号怎么来的吗？从我们学院带领学生做了亚洲第一枚探空火箭开始，从“北京二号”逐步完善成长为“长征 7 号”整个家族。

这七个型号的总师都是在北航读过书的毕业生，如韩厚建、屠守锷、荆木春、王德臣、施金苗、李东，而“长征 5 号”是我国目前推力最大的火箭，其总设计师李东也是我们学校培养的毕业生。他的助手，年龄比他小 10 多岁的何巍，是北航宇航学院的本硕博的学生，也是未来更大推力火箭的设计者。这便是我们航天一代又一代的传承。

前面介绍了北航的航天人才培养，下面就介绍一下宇航学院的人才培养。宇航学院的成立始于 1958 年的火箭系，1970—1988 年，由于机构调整曾一度被分散到北航其他的院系。1988 年航空、航天部合并，北航成立了宇航学院，这是宇航学院的简单历史。

宇航学院现有 130 名教师和教研服务人员，专职教师 117 人，学生 1300 人左右，总人数接近 1500 人。宇航学院这个人员总量，完全可以完成航天所有的产品研制设计。宇航学院如果不作教学，而是研制一个航天产品，我们完全可以独立完成。宇航学院有四个系，分别是航天器设计系、导航制导控制系、宇航推进系和航天控制与信息工程系。

航天器设计系就是设计各种各样的航天器甚至飞行器等。同学们，我在这里讲航天器、飞行器，你们知道它们有什么区别吗？航天器是在大气层以外，靠引力、靠它的旋转速度在飞翔。飞行器在大气层以内、大气层以外都能飞行，这就是它们的区别。什么是推进系？推进系就是动力，想要飞行就一定要有动力，就像我们跑步一定要有劲儿一样；还有就是导航制导控制系，你要控制往哪儿飞；还有航天控制与信息工程系，你要飞到哪里，就要观测一些目标。航空宇航学科在国内排名一直是第一，从来没第二过，是 A+ 学科。

我们本科专业有：飞行器设计与工程，航天的有航天器、卫星、飞船、导弹、空间站等；飞行器动力工程，火箭发动机、冲压发动机、各种各样的电推进发动机、激光推进的发动机、离子推进发动机、太阳热、太阳光发动机等；导航制导与控制系，还有飞行器控制与信息工程这样的专业。

航空宇航科学我们是全国第一，软科的排名是世界第一。国外的话应该是GIT，就是佐治亚理工，它很强，麻省理工也很强，宾州州立也很强，但是它们的规模要远小于我们。莫斯科航空学院也比我们差很多。

宇航学院经费从2014年到2019年是7个亿。7个亿人均每年是100万，说这个是什么意思呢？意思是北航有充足的经费，能用于我们的本科生培养，用于人才的培养，让我们的学生有更多的实践机会，得到足够的培养训练。另外，我们还获得了国家奖励，如蔡国飙教授的团队，还有我的团队，分别是在2015年、2017年、2019年，在人民大会堂由习总书记亲自颁奖。

宇航学院的培养方向，以航天器为目标：弹是导弹，箭是火箭，星是卫星，船是飞船，还有站，即空间站。对航天器，我们的目标是要去研究它，设计它，甚至制造它，还要发射它。我们的宇航员在太空去漫游去翱翔，这个专业就是总体设计。这个弹设计成什么？像花一样？玫瑰花一样，都可以，都是取决于你们的，未来的你们。智能控制，因为航天器开始就是无人的，大家都知道最远的航天器已飞到太阳系的边缘了，这么远的距离肯定是智能控制，没有人操控，因此航天器天生就是智能的。还有能源动力、科学应用，比如我们去探测暗物质，探测宇宙中的射线，探测引力波等这些有趣和未知的东西。这需要天文、力学、材料、电子信息、自动控制、动力、基因，以及生物生命、物理、化学、数学等一系列知识。

宇航学院有什么样的培养特色呢？或者说北航的这种培养特色，宇航学院怎么去传承呢？我们的培养目标就是航天领域的领军领导人才。航天器研制有两总系统，什么是两总系统呢？一个是总指挥，一个型号系统有一个总指挥，每个月进度是什么，每年进度是什么，都需要组织协调。另一个是总设计师系统，比如这个零件往哪儿放，那个零件往哪儿放，导航往哪儿放，制导往哪儿放，整个往哪儿放。因为做一个系统产品，一定会有总师在负责。培养思路就是使命担当、服务国家的航天战略需求。

这该如何培养呢？我们把这称为载体创新的大型综合项目的设计和制作。大型的综合项目就是一个火箭、一个导弹、一个飞船或一个卫星。综合制作，下面详细介绍它的系统维度和创新维度，就是我们一定要有系统的概念和创新的概念，面对未知的太空，我们一定要有创新这种思路，还要有交叉融合，就是各个学科交叉融合，以及培养志存高远、航天报国这样有情怀的一些年轻人和优秀的学生。

整个人才培养体系是什么样的？在本科一年级阶段，我们学校有“冯如杯”创意大赛，可以把你在高中，甚至儿时的梦想都提出来，转化为科学的想法或者产品的想法。二年级、三年级时针对这些梦想我们去做一些实践。四年级，我们可以参与大型科技制作项目。下面对这四个阶段，四个年级的培养体系进行介绍。

首先，一年级是认知阶段，此时同学们只有初等的物理、数学知识，还没有高等物理，包括力学等各个方面的物理知识。这个时候参加“冯如杯”创意大赛，这个阶段的题目比较有趣，比如机器蜘蛛侠、足球越位测定仪，都是我们在高中时候的一些想法；也有做得非常有创意的，比如魔方飞行器，曾获得了亚太地区的创新奖。还有这个子母火星探测器，都是跟你们一样，是由一年级的学生在学了一些基础知识后做成的。这在过去是我们这些成年人想都不敢想的一些想法，但我们的学生做出来了。因此第一年就是放飞梦想，激发学习的兴趣。

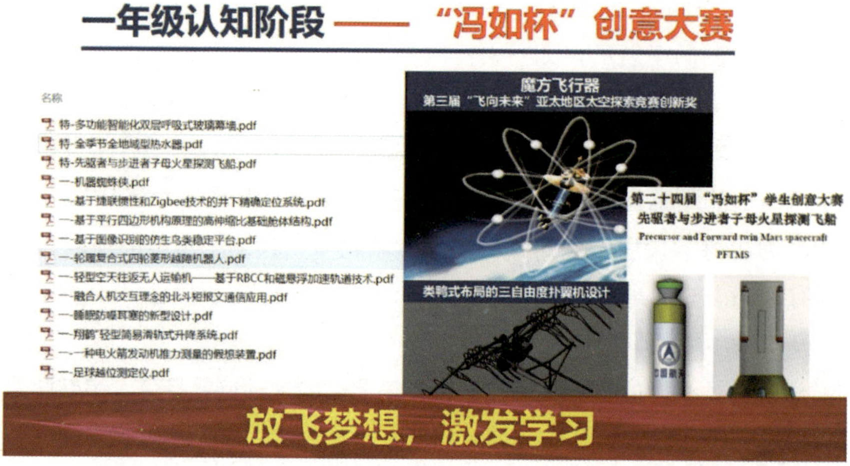

二年级是准备阶段（叫 SRTP），北航的 SRPT 综合创新的实践，都是全员参与，100% 全覆盖的，就是基于一年的基础知识把梦想的某些部件变成现实。这里有学生做的一些东西，如高效齿轮传动机制、键盘演奏的指示系统，都非常有意思，还有基于水与火箭原理的跳跃平台，都起到了很好的锻炼动手能力的作用。二年级就是小试牛刀，这个时候要把基础夯实了，理论与实践结合。到大三的时候，要干些什么呢？这时候要做的不是大型综合项目，而是去做一个产品，比如发动机、智能点火装置等，还有软着陆器、玉衡号、月面车、月球车等。我们此时会部分实现梦想，把我们追求的梦想一步步实现，还要在两年的基础上实现一些创新。

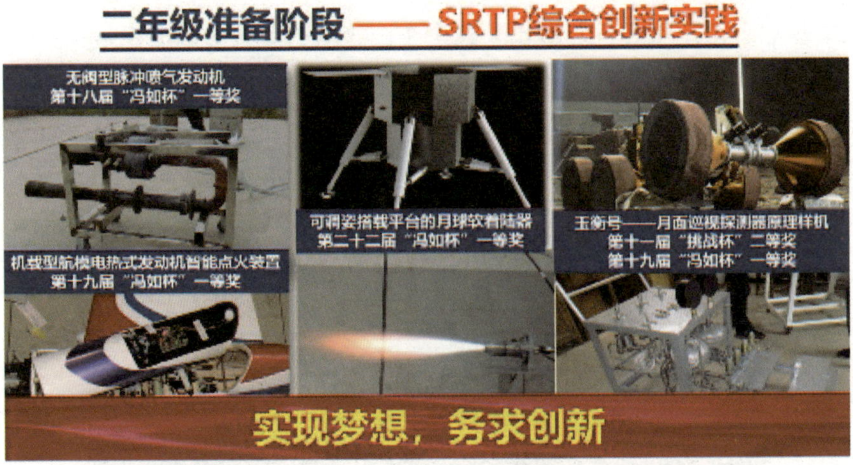

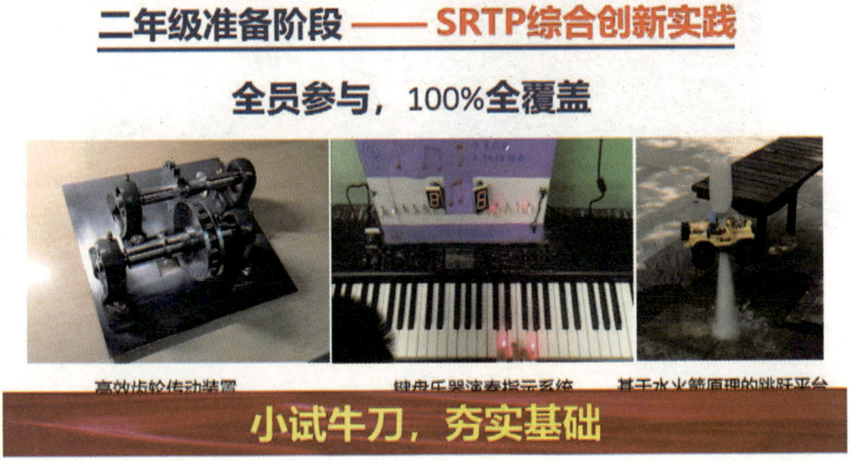

三年级是成熟阶段，我们举一些具体的示例，这是我们从网上找的国外的视频，希望大家还是不要虐待猫。从视频上可以看到，把一只猫从小于 10 米的高度抛出这个猫是摔不死的，无论你怎么试它都是四个脚着地。那别的动物是不是这样呢？有可能就会把它摔死了。猫四脚着地的原理是什么呢？这是你们的师兄做过的，他在观察猫落地的过程中，发现了这个现象，就思考这过程中蕴含的原理。然后他们就把这个原理找出来，这是他做的仿猫，姿势、姿态与真猫一模一样。有同学说这就是一个兴趣，但实际上这其中有着复杂的理论力学和控制问题，我在这里就不详细介绍了。如果你们来到宇航学院，我可以把这个原理告诉你，他是怎么去研究的，又有什么用，伞兵、伞降是否可以用到？火箭回收，四个柔性直落地，是否可以用到？

大家想想自己是不是也能做出来这个东西，从创意到样机，都是我们学生在三年级做的，因此获得了“冯如杯”和团中央组织的“挑战杯”发明二等奖。有人可能会问，这个东西是否还有其他用，能不能创造价值和财富呢？我们看这个，智能手语翻译的这种臂环，这是一名叫郝策的同学做的翻译臂环，已从创意到产品，获得了千万元的天使投资。

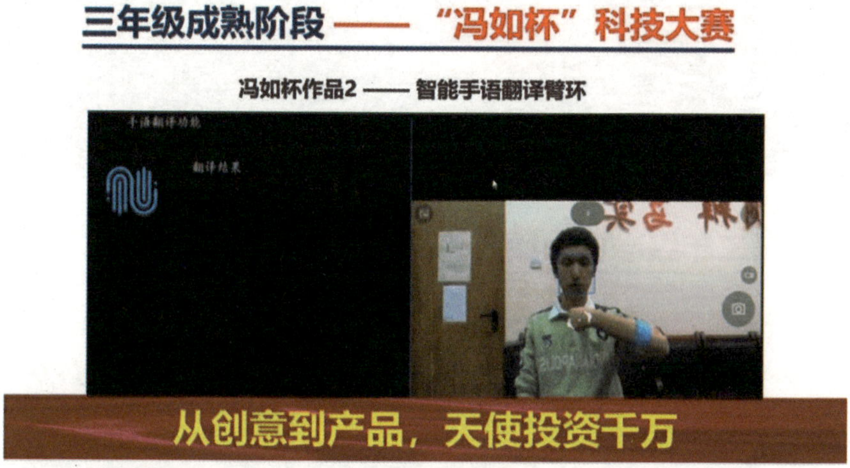

四年级是提高阶段，就是综合项目载体，利用我们宇航学院设计、动力、信息等已有的知识做一个航天器的产品。航天器是交叉跨领域综合的产品，所有专业的学生会一起去做这个工作。那怎么培养领导领军人才呢？安排是这样的，轮流做总师、总指挥，这个月你做总指挥，下个月他做总师，这样每个人都得到了训练，都有系统的概念，都有团队的概念，都有交叉融合的概念，都有优化概念，通过专业互通、团队配合及组织协调来培养两总人才。

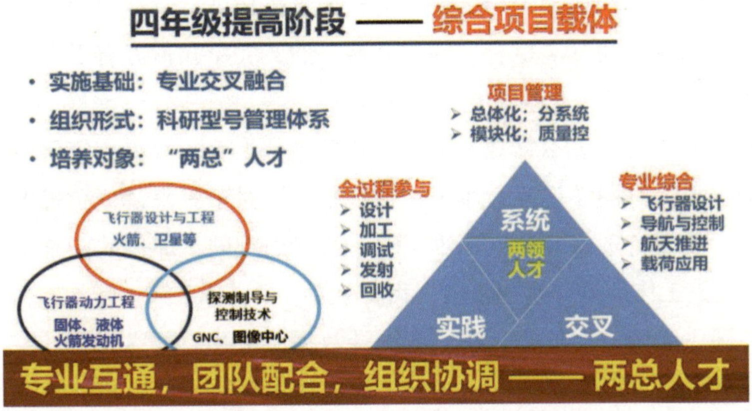

我们有这个实力吗？这不是我们说说而已，在 2006 年 7 月 1 号，由 14 名本科生用了 360 天制作发射了一枚探空火箭，这是他们的毕设。从 2006 年做到现在，这枚探测火箭已经较原来有了很大的不同，有创新，有发展。已不只是这 14 名同学了，而是又换了一些同学，15~20 名。"北京二号""北京三号"，这个火箭有什么不同呢？这个是固液混合的。原来我们的火箭固体就是固体，固体烧，作为一级烧完了，然后二级是液体的烧，现在我们把固体和液体做成一级，就是固体和液体混合烧的这个火箭。这样做有一些具体的好处，我就不详细讲了。这是我们学生做的，当时也引起了强烈的轰动，《人民日报》《光明日报》《中国青年报》都做了报道，CCTV 的《东方时空》还播出了这个消息，当时其中一位朱浩同学是本科生的总指挥，现在是留校的老师。

除了小火箭，我们还做了一个小卫星。大家说，卫星其他学校都有，北航没有。北航帮助八一中学、鹿泉中学在做这个小卫星，我们还帮助国外学生做。这是 2007 年启动的项目，共百余名本科和研究生参与了小卫星的研制。这个卫星是什么样的呢？实际上是三颗卫星，一枚火箭要发三颗卫星，还要建十个地面站，这十个地面站分布在三个大洲，欧亚美的三个国家，即十个卫星地面站。接着，我们是一箭三星，编队飞行，中国牵头，这些国家都参与了，我们正在制作，我们打算今年或者是明年就发射三颗卫星。这都是我们学生在做的。

2009 年，时任国家副主席的习近平同志来北航视察，对这个综合载体项目给予了高度评价，也和总设计师朱浩同学合影留念，并对我们的航天人才培养模式给予了高度的肯定。这也是我们这种理论和实践，做实的、练真的这种培养方式，时隔 60 年获得两代领导人的肯定和认可。

如果我们要飞到更远的地方，就需要有燃料和动力。下面我介绍的是一个大家都知道的引力弹弓，利用两个球之间引力，把飞机像弹弓一样弹出去。在这个浩瀚的宇宙，每个星球之间其实也有一些“公路”的，大家知道万有引力，利用各个星球的引力使航天器飞行，这些研究非常有趣。

怎么样离它近呢？怎么样离它远呢？轨迹是什么呢？值得大家研究。说到下面同学未来的选择，有同学说我太难了，是很难，但对于我来讲，我觉得不难，为什么不难呢？向北航行选择北航，不难了吧。我强烈赞同，那你的未来是什么呢？大家关心的就业、工作地点等这些事情，我简单说一说，你未来干什么？你想干什么？做航天器，圆飞天梦。在哪儿？我们有统计数据，是我们的毕业生，宇航学院毕业生的数据统计分布，北京约 50%，加上上海、华东总共占了近 90%，说这个的意思并不是不让学生去西部，我们是鼓励学生去西部的，去全国各地，但是航天的单位、航天的院所大部分设在北京、上海。上海有八院，一到五院全在北京。

同学问：“我去北航去搞航天器，别人会怎么评价？”那肯定是这么说：“你那是高精尖技术，我这搞汽车的不行。你那是高大上的事业。”因为我出去坐火车，一问到你是做什么的？我说我是搞航天的，就会听到：“哎呀！你这是高精尖，高大上。”

还有个例子，是关于我们的一位老师的。他本科就来了北航，因为来北航有非常多的优秀的有梦想的学生，这个人也是其中之一，是桂海潮老师。他有着飞天梦想。他在北航读了本科、硕士、博士，现在是我们的副教授，未来他可能会进入太空，实现他的梦想。他是 1985 年出生的年轻老师，他身体很棒、人很帅，最重要的是他代表着地球人类。除了航天人外，没有其他行业敢说自己是代表地球人类，这是航天人的骄傲。

最后用陶渊明的一句诗来结束我今天的报告，“俯仰终宇宙，不乐复何如？”这是晋代陶渊明《读山海经》中的一首诗。意思是如果你选择来到北航，或者来到宇航学院，从事航天事业，会让你一生快乐。最后谢谢大家，祝大家像火箭一样，火箭的加速度是很大的，在未来近一个月的冲刺过程中，像火箭的加速度一样，把成绩提高，达到北航的录取成绩，来到北航，在北航我们将成为师生，成为朋友，谢谢大家！

扫描二维码查看哔哩哔哩完整视频

飞行学院

学院介绍

学院概览

北航飞行学院成立于 1993 年 9 月，由北京航空航天大学与中国南方航空股份有限公司联合创办。学院充分利用学校已有教学资源，发挥校企合作办学优势，培养研究型的民航界领军、领导人才，同时培养具有总师潜质的无人驾驶航空器系统工程设计师和架构师。

师资队伍

学院依托北京航空航天大学优秀教育教学资源，结合校企合作和国际合作，采用校内外兼聘、双聘等方式构建多元化的教师团队开展人才培养。科学研究学院获批中央高校教育教学改革专项“无人驾驶航空器系统工程”双一流学科建设项目和“双百工程（优质课程）”建设项目，以及中国民用航空局“智能法规库”建设等多个教学和科研项目。

本科专业及培养体系

学院以“建设一流国际化飞行学院”为发展方向，设有飞行技术、交通运输（民航机务工程）、无人驾驶航空器系统工程三个本科专业。飞行技术专业通过理论学习、国外飞行训练、职业资格取证和综合素养教育四大体系，实施准军事化管理，培养研究型的民航界领军、领导人才。交通运输及无人驾驶航空器系统工程专业通过理论知识学习，紧密结合实习实践，培养具有有人机 / 无人机专业知识及工程实践能力的行业领军、领导人才。

就业、升学、出国情况

飞行技术专业属于校企联合培养模式，因此本专业毕业生具有行业倾向性，学生顺利毕业之后大部分会直接入职国内各航空公司相继担任航线运输副驾驶、机长等工作岗位。除升学深造外，交通运输专业和无人驾驶航空器系统工程专业的毕业生会应聘到各大国企、科研院所等工作。

6 工科试验班类（信息类）

电子信息工程学院

学院介绍

学院概览

本学院于 1958 年率先建立遥测遥控、雷达和无线电导航专业，是新中国第一个航空无线电系。历经 60 余年的发展，学院在空天信息技术领域居国内领先地位。共获得国家级奖励 18 项，其中一等奖 5 项。在 2017 年一级学科评估中进入 A 类行列。已培养优秀毕业生 15000 余人。

师资队伍

学院有在编教师 154 人，包括教授 43 人、副教授 59 人；其中，诺贝尔奖获得者 1 人，中国工程院院士 4 人（包括双聘院士），长江学者 4 人，四青人才 7 人，国家教学名师 1 人，北京市教学名师 7 人。拥有国家、北京市、工信部教学团队。

科学研究

学院聚焦国际学术前沿、国家重大需求，在空天地一体化信息网络、电磁环境效应、信息获取与处理、通信与导航、毫米波、紧缩场、集成电路等领域，处于国内领先或国际先进水平。拥有国家自然科学基金委员会创新研究群体、创新引智基地、国家工程实验室。获国家技术发明 / 科技进步一等奖 5 项。

本科专业及培养体系

学院电子信息类 8 个专业实施大类培养，其中包括教育部特色专业 2 个、国防重点专业 1 个、紧缺专业 2 个，获批国家级一流本科专业和北京市重点建设一流专业；通过中国工程教育专业认证并获 6 年有效期，建有国家集成电路人才培养基地和国家级工程实践教学基地、实验教学示范中心、虚拟仿真实验中心。瞄准我国电子信息产业发展契机，深度参与了我国 5G 移动通信、人工智能、集成电路、北斗导航等领域的国家重大项目。2019 年组织学生参与了 40 余项学科竞赛，1774 人次获奖。

就业、升学、出国情况

近 4 年，学院本科毕业生就业率一直稳定在 99% 以上，升学率为 72%，其中国内升学占 49%，绝大多数到 985 高校、中科院和航空航天系统攻读研究生；留学深造比例为 23%，大多进入牛津大学、康奈尔大学、卡内基梅隆大学、哥伦比亚大学、东京大学和我国的香港科技大学等 20 余所大学；毕业生就业领域涵盖了电子信息产业相关的行业和部门、政府机关、高校与科研院所。

蔡开泉

民航信息工程专业介绍

各位同学大家好，我是北京航空航天大学电子信息工程学院的蔡开泉。今天很高兴有这样的机会给大家介绍一下北京航空航天大学民航信息工程这个专业的情况，特别是能结合我自己从事的现代空中交通管理系统方向做一些分享。

据统计，中国、欧洲、美国这三个国家和地区全球航空飞行量相对比较集中。事实上按国家来论的话，中国民航的运输总量已经连续 15 年位居全球第二，仅次于美国。

面对空中交通如此高密度的全球化运行，利用什么样的技术手段才能保证空中交通的安全高效有序运行。这实际上就是空中交通管理系统所需要解决的问题。

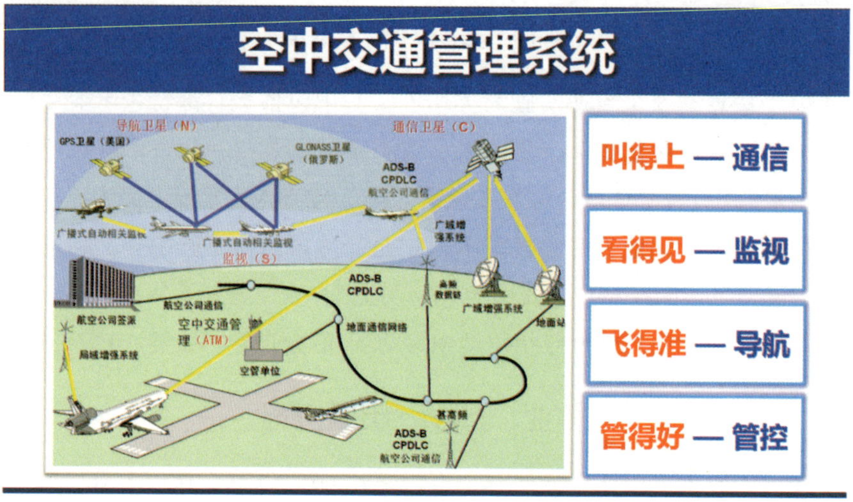

从上面这个图中可以看出，空中交通管理系统是由通信、导航、监视这些信息基础设施，以及地面的空中交通管制等应用服务系统构成，核心要实现四个功能：第一个就是飞机跟地面之间要通信得上，即“叫得上”；第二是要掌握飞行全过程的飞行动态，即“看得见”，那就需要有监视手段的支撑；第三个是在给定的航路航线飞机需要有准确的飞行、导航和引导的能力，即“飞得准”，也就是需要导航设施的支撑。有了通信、监视和导航这些设施之后，我们还要确保空中交通的安全运行，也就是说飞机与飞机之间不能发生碰撞或者冲突，而且要保持高效有序运行，所以还要解决“管得好”的问题。

这四大功能构成了空中交通管理系统的核心能力。空管系统是航空运输安全和效率的重要保障，同时也是国家国土防空安全的重要组成部分。因此空管系统是国家重大战略基础设施。

国际民航组织对空中交通管理有明确的定义，它指的是什么呢？它是确保航空器在整个飞行阶段的安全和效率、地基和空基系统的综合。要实现这样的综合，就需要多学科、多专业技术门类知识的支撑。与空中交通管理系统直接相关的就有三个一级学科，包括信息与通信工程、电子科学与技术及交通运输工程。那我们刚才提到的航空通信、航空导航、航空监视，是由信息通信工程和电子科学与技术这两个一级学科交叉支撑的；网络化的协同空管这个方向是由交通运输工程和信息与通信工程这两个一级学科交叉支撑的。同样，电子科学与技术和交通运输工程这两个一级学科又可以支撑空管航空电子。对未来一些先进的发展方向，其实需要更多的学科交叉，比如说近年来发展的智慧空管就是这样的一个方向。因此多学科交叉是民航信息工程这个专业的突出特点。

作为一个应用型的行业或领域，空管技术的进步要紧密围绕着行业发展的需求。从民航发展的现状来说，它其实面临着一些实际的问题。

这里举两个例子。第一个例子是从全国航路网络的空中交通流量分布看，在东部地区，京广、京沪、沪广等主要干线航路飞行流量其实已经饱和，特别容易导致空中交通拥堵和大面积航班延误等现象。另一例子是在西部地区因为地理环境的限制，雷达这种陆基空管设施难以建设部署，这也制约了我国西部航路的开通和建设，进而影响航空运输的发展。所以，其实我国民航安全和效率面临着严峻的挑战，迫切需要空管技术革新来提升民航的高质量发展。

国家在 2019 年发布了《交通强国建设纲要》，民航系统作为交通运输系统一个重要组成部分，中国民航局也提出了新时期民航强国建设的行动纲要。而空管系统又是民航系统中技术密集的高科技领域，在民航强国建设中，自然要承担更多的使命。事实上，国际上也正在推动新一轮的空管技术变革，其核心特征就是空天地一体的智慧空管系统。总的来说，体现出四个特征。第一个特征是互联。互联需要的是由空间的基础设施、卫星、空中的航空器和地面的基础设施共同构成的一个空天地一体化的通信网。第二个特征是精准的网络导航。航空器需要用卫星的导航设施，以及地面的导航网络来共同实现高精度的航空导航定位与飞行引导。第三个特征是对整个空中交通态势的广域无缝实时监视。在这基础上，再实现智能高效运行，即第四个特征。所以我们说是四个方面的特征，那下面分别围绕这四方面的特征展开介绍。

第一个方面是空天地一体化网络方向，我们需要有空间上的导航卫星、通信卫星这些基础设施。同时可能还要有临近空间的一些信息平台，以及空气空间中的航空器，还有地面的基础设施，共同构成了天空地一体化的网络拓扑。

在这拓扑之上要处理的信息有哪些呢？包括空域环境的信息，宽度传输的网络，多源精密的引导信息，以及安全态势的信息。有了处理这些信息的能力之后，又会提供各种服务，包括空域的运行管控的服务、航空器健康管理和监测的服务，甚至航空应急救援这样的服务。所以说天空地一体化是一个重要的基础设施。

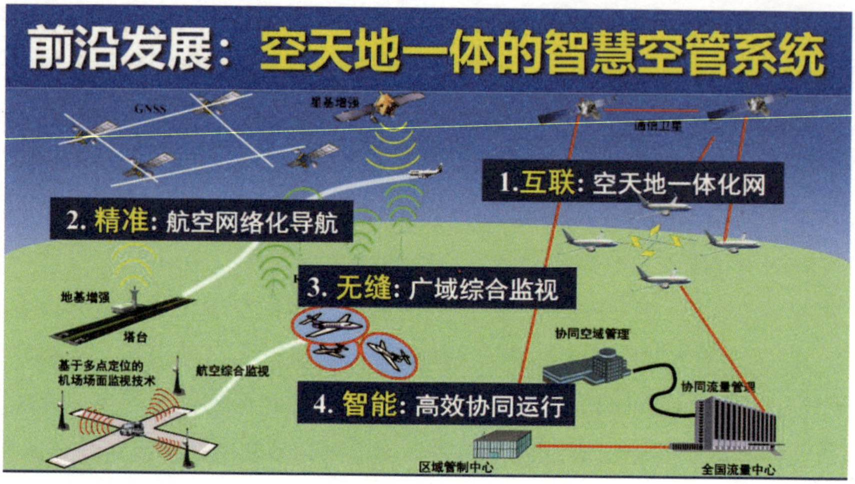

以宽带通信为例，与现在的通信方式不一样，有了宽带的通信能力之后，我们除了可以对飞机进行实时地动态监视，还可以实时地获取机载黑匣子数据，不需要再事后进行分析。另外还包括气象情报，甚至机舱的监控视频都可以通过网络进行传输；还有可以为旅客提供宽带、空中的互联网这样一些服务。

第二个方面是航空网络化导航。网络化导航的趋势目前是由传统的陆基的导航方式往天上的星基导航方向去发展。特别是有了北斗导航系统之后，我们自主的卫星导航能力大大提升，由此我们就可以建立立体的，即星地一体的，立体化的导航网络。有了这个导航网络之后，我们就可以提供更高效的运行服务。这也可以举两个例子来说。

第一个例子是我们有了精准导航能力，在同样的一个空域空间可以将单行线变成双行线，空域容量可以大大提升。第二个例子是在垂直方向上 8900~12500 米的空间内，飞行高度间隔由原来的 600 米缩小到 300 米。这也是我们现在已经实现且正在运行的。有了更精准的导航服务之后，有没有可能再进一步压缩呢？这也是我们后续要开展的一些研究方向。

另外，就是针对我们拉萨机场，它的进近的一个实例。我们知道拉萨机场西侧的地形比较复杂，没有开阔的空间，所以很难实现传统的直线进近着陆。因此传统的运行就是单向的起降，也就是东向单向的起降。有了精准的导航能力之后，它的起降能力会有显著的提升。从视频（扫二维码）上看，这个最短距离（即飞机跟峡谷之间）只有 1.5 公里，飞行难度很大，稍有不慎就会撞山。所以在这种情况下就需要有更精准的飞行导航能力，有了这个能力之后，就可以实现西侧的进离场起降，进而大大提升机场的运行能力。

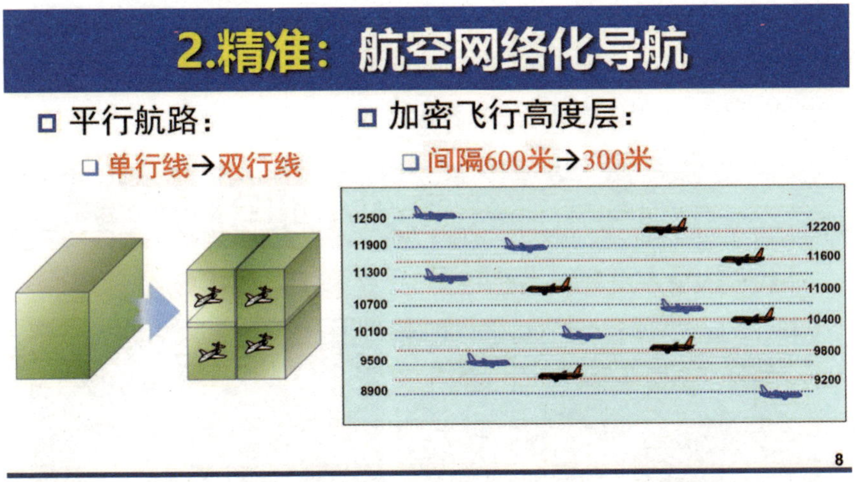

第三个方面是广域综合监视。大家应该还记得马航 370 事件吧，2004 年发生了这个事件之后，马航 370 航空器最终消失的地点在洋区，这也反映了空管系统或者航空监控系统在洋区存在盲区。在这个事件之后，国际民航组织非常重视无陆基空管设施区域如何补盲的问题。国际民航提出了一个思路，能不能把陆基的这些基础设施搬到卫星上去，利用卫星网络来实现广域全球无缝的监视服务。进一步，是否也可以把通信的设施、导航的设施也搬到卫星上去，我们称此为空天地一体的空事信息系统的理念。这也是现在我们研究的一个热点方向。

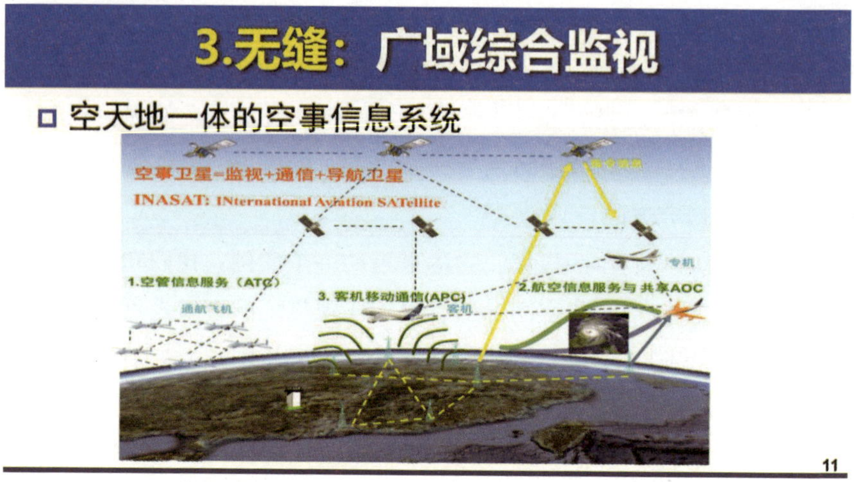

第四个方面是高效协同运行。有了通信导航监视这些基础设施之后，就可以实现智能化的运行，从两方面给大家举例。从航空器上来说，我们知道传统的飞机飞行，特别是像 737、320 这些大飞机，我们目前执行的都是双人制机组，也就是说要由机长和副驾驶共同来执行一个航班任务。现在国内的一些厂商，包括波音、空客等公司就在考虑有没有可能用驾驶机器人来替代副驾驶。

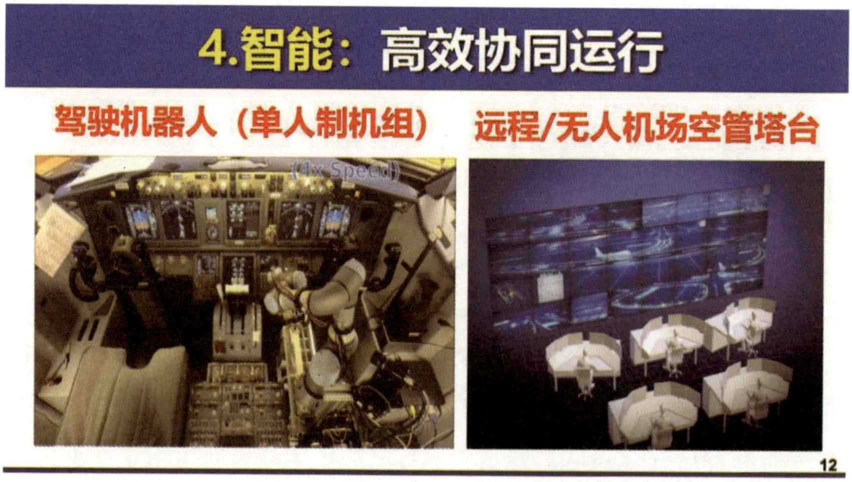

在最后的着陆阶段，通过这个驾驶机器人可以完成常规的操作，而且能比较平稳地完成驾驶。从这里面我们也可以看出，在未来双人制机组变成单人制机组确实是可能的。如果这个真的实现了，就能较大程度地解决飞行员紧缺和飞行成本过高的问题。同样，随着人工智能、云计算、虚拟现实等新一代信息技术的发展，地面管制系统也会发生很大的变化。

每个机场一般都会设置一个空管塔台，地面管制员在塔台中现场指挥飞机的起降与场面运行。利用新一代信息技术有没有可能实现塔台运行的虚拟化、无人化？对于管制指挥的场景，这是可行的，特别是一些飞行量相对比较小，保障压力不是太大的偏远机场，完全可以应用虚拟化、无人化的塔台管制技术来提升机场空管保障能力、降低机场运行成本。

总的来说，空天地一体化的智慧空管系统，核心是由三部分组成，包括空中的航空器、天上的空间基础设施和地面的空管服务设施。我们总是说要实现航空强国、民航强国的理想，那怎么才能算是航空强国或民航强国？我认为哪天我们能实现中国制造的大型飞机利用中国自主的空间基础设施，自由飞翔在中国创造的智慧空管系统里，那时就是我们实现航空强国、民航强国的时候。

具体又应如何来实现强国梦呢？习主席说过人才是第一资源。这个论断尤其适用于我们航空航天领域的人才培养。特别是在民航信息工程这个领域，我国高层次的专业人才非常紧缺。为此，北航电子信息工程学院，针对民航信息工程这个专业，一直在坚持我们的特色培养理念。在专业基础方面，我们强调的是理论知识与实践技能并重。在创新意识这方面，我们强调的是基于多学科交叉融合的创新。在国际视野方面，我们要有意识地去建立开放式、国际化的教学与实践体系。在学以致用方面，我们倡导的是产学研联合培养的模式。我想这也是我们这个专业的一个培养特色，同时也体现了北京航空航天大学作为航空航天领域的高等学府，一贯坚持的培养特色。

在北航的电子信息工程学院，除了民航信息工程这个专业以外，事实上我们还有电子信息工程、通信工程、电子科学与技术、光电信息科学与工程、集成电路设计与集成系统、电磁场与无线技术这六个专业。学院从 1958 年建成以来，为国家培养了一批又一批各行各业的领军人才，其中代表性的人物包括咱们国家歼 -15 的总设计师、中国工程院孙聪院士，被誉为电磁“女侦探”的中国工程院苏东林院士，还有中央的纪委委员、北京理工大学校长、中国工程院张军院士，以及中央候补委员、北航的党委书记曹淑敏，而且曹淑敏书记还是国家科学技术进步奖特等奖项目的第一完成人。其中，张军院士也是原北航党委书记，在调任北京理工大学校长之前，他一直是我们民航信息工程这个学科的学术带头人。在他的带领之下，应该说我们的民航信息工程屡次为国家空管系统立功：从 2004 年到 2019 年的这 15 年间，取得了国家科技奖励一等奖三次，包括国家科学技术进步一等奖一次、国际技术发明一等奖二次，为国家空管系统的发展和进步做出了巨大的贡献。

为什么我们能持续取得成功？我认为主要在三个方面：首先，我们持续服务于国家需求；其次，我们坚持的是多学科交叉创新思路；最后，在实践过程中，我们坚持产学研用相结合的特色。我想这三个方面也是我们在人才培养过程中一直坚持的关键特色。

以上是我对民航信息工程这个专业的介绍，非常欢迎有志于空天报国梦想的考生报考北京航空航天大学，也特别希望有更多的年轻力量加入到航空强国、民航强国的建设过程中来。最后祝各位考生不负韶华，梦想成真，谢谢大家！

扫描二维码查看哔哩哔哩完整视频

自动化科学与电气工程学院

学院介绍

学院概览

自动化、电气和机器人是支撑航空、航天、智能制造、工业互联网等的关键专业，是运载机械、重大装备、人工智能、医工交叉的核心前沿，更是全球热点专业。我院“控制科学与工程”入选国家双一流学科，已成为高素质人才培养基地和科研基地，为歼击机、大型飞机、无人机、高超飞行器、运载火箭、飞船、导弹及智能系统等国家重大科研项目做出了重要贡献。

师资队伍

自动化科学与电气工程学院（简称自动化学院）现有教师182人，其中教授54人，副教授82人，中国工程院/科学院院士2人，长江学者特聘教授9人，国家杰出青年基金获得者7人，国家万人科技领军人才3人，四青人才（不计重）9人次。IEEE/SCS Fellow 2人，中国青年科技奖获得者4人，何梁何利科学与技术进步奖获得者2人，北京市教学名师1人，享受政府特殊津贴8人，全球高被引科学家2人。

科学研究

历史上，学院曾作为主要完成单位研制成功我国第一架轻型旅客机“北京一号”、第一架高空高速无人侦察机、靶机、“蜜蜂”系列轻型飞机和第一架共轴式双旋翼直升机、我国第一台歼击机飞行模拟器及第一台民用飞机飞行模拟器等，创造了多项全国第一。近十年来，学院在机载系统、导航制导与控制、智能制造、电气工程、集群智能、工业物联网和机器人等方向取得了一系列重要成果。学院曾获国家科技进步一等奖1项、二等奖6项；国家自然科学二等奖1项；国家技术发明一等奖1项、二等奖3项；省部级一等奖16项，其他各种奖励百余项。

本科专业及培养体系

学院坚持“强化基础、突出实践、重在素质、面向创新”的本科人才培养方针，培养富有创新潜质、具备团队精神、基础扎实、善于学习实践的高层次高素质人才。学院承载 3 个一级学科和 9 个二级学科，其中 2 个国家重点一级学科、5 个国家重点二级学科拥有 7 个博士点、9 个硕士点和 1 个工程硕士专业学位点。本科生设有自动化、电气工程及自动化和机器人工程三个宽口径专业，培养自动化、电气、机器人、机电、智能、检测等领域的创新性、复合型人才。

就业、升学、出国情况

学院每年选拔约 20% 的本科生免试攻读博 / 硕士学位，有 20% 左右的本科生出国赴哈佛大学、帝国理工学院等国外知名学府留学，本科生深造率达到 70%，本科出国联合培养率达近 30%。学院本科、研究生一次就业率均大于 99%，毕业生就业去向广泛，分布在航空航天、智能制造、信息技术、金融服务等各个领域。

王少萍

飞行控制让飞机在蓝天上自由翱翔

各位同学，各位家长，大家好，我是来自北京航空航天大学自动化科学与电气工程学院的王少萍，我今天给大家讲的是飞行控制让飞机在蓝天上自由翱翔。

在讲之前，首先我们看一下 2018 年 11 月 6 日，在珠海航展上，我们自己研制的歼 -10B 因为加装了推力矢量发动机给我们做了非常美丽的眼镜蛇式机动和落叶飘机动。在珠海航展的特技飞行中，由于歼 -10B 采用了推力矢量，使得飞机能够突然将机鼻抬起至迎角超过 90°，在这次飞行中实际上有三次超过 100° 的大机动飞行，这种特技飞行叫做普加乔夫眼镜蛇式机动。再说落叶飘，它是指一架飞机在爬升的最后阶段迅速进入螺旋下降状态，像落叶一样飘落下来，然后实现躲避敌机的功能。

2018 年 10 月 29 日，印尼航空的一架飞机在起飞爬升的过程中突然低头，然后坠落，发生了空难。

大家可能已经从后续的报道中知道了这起空难的主要原因是什么。这起空难的主要原因是：飞机迎角传感器的错误数据激活了波音737MAX飞机的机动特性增强系统，并与驾驶员争夺对飞机的控制权，导致飞机最终失控。通常，飞机迎角超过一定范围会造成飞机不可控，因此会设计一个迎角保护程序。而波音737MAX在改装时采用了一个推力更大的发动机，为了防止大迎角飞行，引入了防失速控制软件，而这个软件实际上是有bug的。那么，这个bug是怎么产生的呢？

首先检测到飞机的单一迎角传感器超出边界，该软件就给一个低头力矩，按常理来说这个低头力矩一旦恢复到正常迎角范围就应断开，但是该低头指令非但没有自动断开，在驾驶员强行介入后也无法断开，因此过五秒钟给一个低头信号、过五秒钟又给一个低头信号，导致飞机向下俯冲，酿成空难。造成波音737MAX空难的原因有两个：第一个是单一迎角传感器的误报，第二个是控制软件在整个低头指令的施加过程中，人不能够强行关闭它，转换到驾驶员操纵模式。所以大家可以发现，其实波音737MAX空难前主要是人机大战，也就是操纵飞机的驾驶员和软件低头指令一直在搏斗。大家知道飞机的舵面的操纵力矩高达20吨，人是很难战胜自动控制软件进行飞机操纵的。所以飞机的控制是非常重要的。

我今天的报告将按照以下四个方面展开。因为我是自动化学院的教师，主要从事飞机的飞行控制方面的研究工作，因此第一部分我给大家介绍一下什么叫飞机的控制系统；第二部分介绍一下北航的自动化专业；第三部分介绍一下新成立的新工科专业——机器人专业；最后介绍一下我们自动化学院人才培养的一些理念和一些创新性的做法。欢迎大家报考我们北航，报考我们自动化学院。

一、什么是飞行控制系统

早在远古时期，人类就有在蓝天上自由飞翔的梦想。人们模拟自然界中各种飞禽设计的飞机雏形比比皆是，如风筝。后来，又出现了根据雨燕、飞蛇和蜂鸟来设计飞行器的尝试。

20世纪初，莱特兄弟于1903年发明和制造出第一架有人驾驶的飞机，并注册了莱特飞机公司。这架飞机在机体比空气重的情况下，实现了人类的飞行梦想。这里我问大家一个问题：什么样的飞机才可以飞起来？换句话说就是飞机应该具有哪些性能才能自由翱翔？

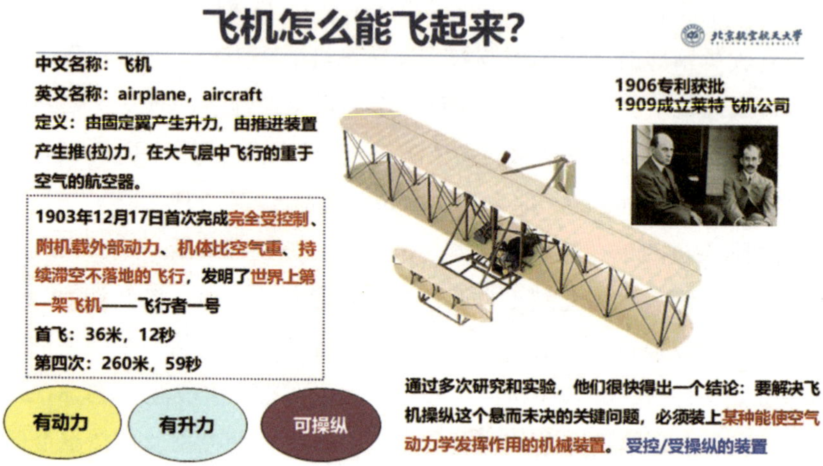

要让一架飞机飞上天空，需要满足三个要素：首先它必须要有动力，其次要有升力，最后它应是可操纵的。大家知道有动力就是需要有非常强有力的发动机。有升力就是一定要设计一个好的气动布局，以便通过机翼和机身的布局提供足够的升力。可操纵就是由我们飞行的控制系统来完成的。大家可以看到，第一架有人驾驶的飞机的操纵机构是非常非常简单的，是简单的机械操纵系统。飞机驾驶员通过操纵驾驶杆（或驾驶盘）和脚蹬，带动钢索和连杆，驱动舵面偏转实现对飞机姿态的控制。虽然目前飞机的控制系统设计要比机械操纵先进得多，但是系统组成和工作原理是类似的。

下面我们来看一看飞机的升力是如何获得的。以低速空气动力学为例说明升力的产生机理，我们可以把它等效为一个定常的空气流动，它是服从质量守恒的流体连续性原理。由于质量守恒，当流体流过一个翼面时，我们可以看到，翼面上方流管密、流速快，翼面下方流管稀、流速慢。

下面我们再看一下流体的伯努利方程。流体的伯努利方程是流体的能量守恒方程，它描述的是什么样的理论呢？伯努利方程描述的是整个流体过程中，任一截面动压加上它的静压等于总压，它在任何一个截面上的总压都是一样的。因此，当流体流过翼面的上表面时，上方的流速是比较快的，因此它的压力就小。当流体流过下表面时，流速较慢，因此下面的压力就大。这样在翼面上就产生了一个压力差，这个压力差就是我们所要的升力。

下面我们再讲一个概念，也就是马赫数。马赫数是飞机在空气中运动的速度与当地声速的比值。

刚才讲到波音 737MAX 时，我提到过迎角传感器故障，那么什么是迎角呢？迎角是气流方向与机翼之间的角度，或者说是机翼弦线和飞机速度矢量方向的夹角。

如果当迎角增大到临界迎角时，而不加以保护，这时飞机就会失速。刚才讲到的波音 737MAX 就是在单一迎角传感器发生故障时，被误报成飞机迎角超出了范围，飞机控制软件就会做出迎角保护控制。

下面我们介绍一下失速的概念。刚才讲到了，迎角在一定范围内，随着迎角的增加升力系数是逐渐增加的；但是当达到临界迎角时，一般飞机是 12° ~20°，如果再增加飞机的迎角，飞机的升力就会不升反降，飞机就会往下掉，所以这时我们要对它进行迎角保护。如果这时不进行处理，就会出现失速尾旋。那么失速尾旋的概念是什么？就是当达到临界迎角时，我们如果不进行迎角保护，失速飞机就会坠落。这也是为什么在波音 737MAX 飞行软件设计中，当迎角过大时一定要有一个失速保护控制，这样的话整个飞机的飞行才是稳定和安全可靠的。

在讲完飞机的升力、迎角和失速等概念后，下面给大家讲一下飞机的飞行控制系统。

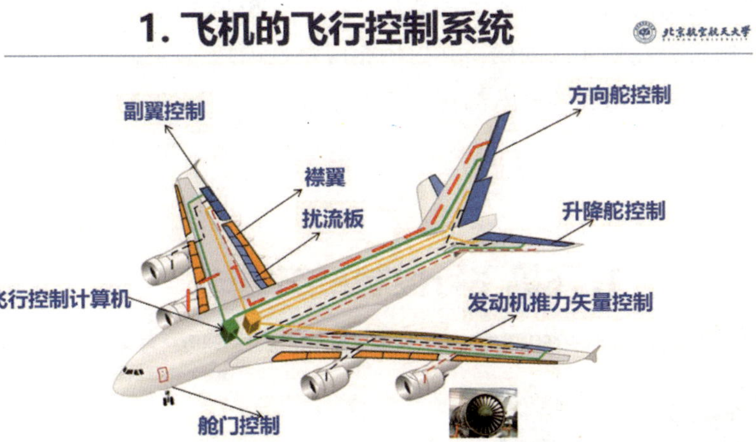

什么是飞机的飞行控制系统？就是飞机进行姿态和轨迹操纵的系统，又叫做飞机的飞行操纵系统。通常，飞机的飞行控制系统主要包括三个主操动面：平尾（也就是升降舵）、方向舵和副翼。升降舵主要用于控制飞机的俯仰，方向舵主要用于控制飞机的偏航，副翼主要用于控制飞机的滚转。除了以上三个主操纵面外，还有辅助操纵系统，如扰流板、襟翼等。当然，还有发动机的推力矢量喷管控制，可以通过改变喷管的方向和大小，实现飞推一体化控制，实现前面讲到的“眼镜蛇式”大机动飞行。

要完成飞机在空中的自由翱翔，必须满足几个条件。第一个条件是我要知道我在哪儿，我还要知道我要去哪儿。对不对？作为飞机我得知道我的位置，并且我要知道我要去的那个地方的位置，比如我要从北京飞到深圳，我要知道这个航线，我要知道我在哪儿，我要飞到哪儿。这个工作要通过导航来完成，它相当于我们人类的眼睛。第二个条件是我应该怎样去目的地，也就是我要能够指挥飞机去目的地。对不对？怎么指挥飞机去目的地呢？我们可以通过飞机的控制律，通过改变飞机的姿态和轨迹实现飞行的控制，相当于我们的大脑指挥我们做一些动作。第三个条件就是作动。作动相当于我们的四肢，飞机根据要求驱动舵面偏转实现姿态的变化，这叫做作动。第四个条件就是测量系统，也就是给出我实际到了哪里。我通过测量系统来进行测量，然后通过闭环控制确保飞机的姿态和轨迹控制。如果有偏差也没有关系，测量的这个误差反馈到我的控制系统，反馈到我的大脑里面以后，我会去调节它，最终就可以实现飞机在空中的自由翱翔。

下面我们可以看一下，在飞机控制系统中如何实现导航，如何实现控制，如何完成作动及如何去测量飞机的姿态和轨迹。在飞机控制系统中，首要的是导航，我们用导航系统解决在哪儿的问题，并提供相应跟运动相关的速度、方向和姿态等信息。那么，我们现在用到的导航都有哪些类型呢？最常见的就是陀螺，我们可以用陀螺得到准确位置，我们可以用加速度计、用 GPS 信号、用基于仿生视觉的感知实现导航。

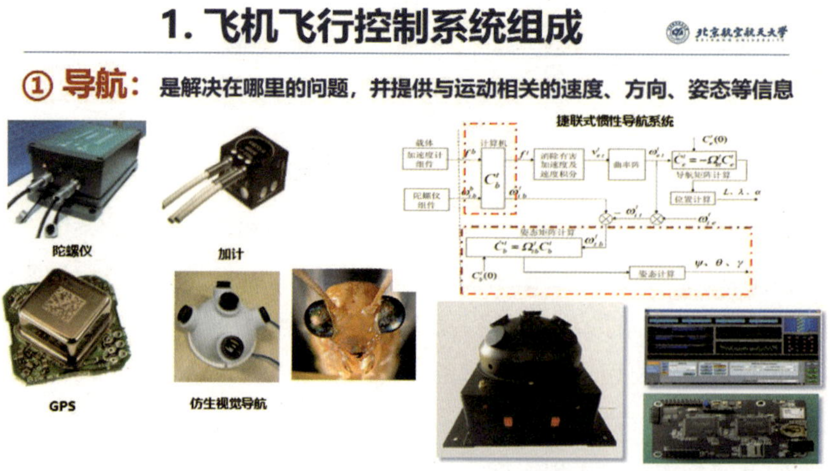

飞机的导航系统常采用组合形式，如由加速度计和陀螺仪组合的捷联式惯性导航系统进行解算，得到当前的位置；也可以采用 INS/GPS 组合导航、视觉 – 惯性组合导航等形式，从而给出精确的位置信息。

第二个方面就是控制。控制系统就是飞机的大脑。那么飞机的大脑是如何实现控制的呢？我们先看人是如何操纵飞机的。莱特兄弟发明的第一架有人驾驶的飞机就是由人来操纵的。我们来看飞机控制系统是如何像人一样操纵飞机的。这里以飞机俯仰控制为例进行说明。

当人操纵飞机时，如果要让飞机抬头应该怎么办？我当然要拉驾驶杆使飞机抬头，飞机抬头到一定程度，就可以回杆了，回杆以后它就按照这样一个高度来巡航平飞。如果我想降落的时候，我就推杆，飞机就下降。在这个过程中，实际上驾驶员就相当于我们的控制软件，也就是控制律，控制器可以完成我刚才讲到的所有工作，驱动执行机构，实现姿态控制。要使飞机的姿态或轨迹与我们预定的相同，我们需要用眼睛检测它的位置，适当调整，以完成我们规划的飞行轨迹和飞行姿态。如果采用飞机控制系统，就需要一个传感器充当眼睛，实现姿态和轨迹的检测。

下面我们看一下控制系统是如何实现以上功能的。这里，我再举个例子：如果我的大脑指挥我去某地取一样东西，我的大脑就会控制腿走过去，同时大脑还会指挥我的手臂去拿这个东西，于是完成一个控制过程。这里，大脑就是控制器，四肢就是执行器，眼睛就是传感器。飞机舵面控制系统中，指令驱动作动器，拖动舵面偏转，实现姿态变化。

下面看一下作动系统。作动系统接受控制器指令，输出一定的能量拖动舵面偏转，实现飞机的俯仰、偏航和滚转。因此每一次飞行的动作都是由所谓的舵回路，也就是作动器来完成的。

如果想让飞机的姿态发生变化，我们其实需要控制它的力和力矩。下面以飞机的俯仰为例进行说明：当飞机在巡航平飞时，大家可以看到它的推力和阻力是平衡的，也就是说飞机在巡航高度上飞行只需要推力和阻力平衡。如果我想要改变姿态，我想让它爬升，那这时候就需要提供额外的升力。这个升力从哪里得到呢？通常，升力主要由迎角来产生，还有些由平尾来产生。可以通过控制升降舵偏转，改变飞机的迎角，实现俯仰的姿态变化。

控制计算机给出指令，控制指令驱动执行机构，改变迎角，然后进行爬升。在飞机操纵方面，大家还需要知道一个概念，那就是焦点。那什么是飞机的焦点呢？

焦点就是飞机的气动中心点。一般来说，静稳定性设计的飞机，这个焦点是设计在飞机的重心之后的。对于静稳定性设计的飞机，如果在飞机经历一股阵风时给飞机一个抬头的力矩，那么由于在重心这个位置上，焦点会给它一个反力矩，就可以使飞机平衡外来的扰动，这也是“静稳定性设计”这个名称的由来。

同样的，飞机的静稳定性设计也可以使滚转和偏航具有自稳定性。一般战斗机和民航客机的设计是不一样的，民航客机一般希望稳定性好，而战斗机希望机动性好。如果把飞机的气动焦点设计在飞机的重心后面，它的稳定性就好。但是依据静稳定性设计的飞机虽然稳定性好，但相随的问题就是操纵性差。那么如何去获得好的操纵性呢？这就要依靠静不稳定性设计了。什么叫静不稳定性设计呢？静不稳定性设计就是把气动焦点设计在飞机的重心之前，这也就意味着当这个飞机在亚声速飞行时飞机是不稳定的。不稳定怎么办？用我们的主动控制系统稳定飞机！通常，随着飞行速度的不断提升，飞机的焦点会向后移动，这样在以亚声速飞行时飞机是静不稳定的，但可以靠飞机的控制系统使它变得稳定；随着速度的不断提升，到超声速的时候，飞机的焦点向后移动，飞机就会逐渐变成稳定的。基于以上设计，飞行控制系统就可以实现良好的稳定性和良好的操纵性。

再看一下舵效和配平。刚才我们以俯仰为例讲到了飞机的力平衡，下面再看一下力矩平衡，我们仍然从纵向操纵角度来分析飞机的力矩平衡。飞机的力矩包括零升力矩、纵向稳定性力矩和配平力矩。其中，迎角产生的是纵向稳定性力矩，平尾产生的是配平力矩，由它来进行平衡以实现整个飞机的控制，也就是说如果飞机飞到一定程度，需要的高度已经达到了，那么再回到它的正常飞行状态，就可以实现这个操纵。

既然这个力矩和力的平衡可以由迎角和平尾来实现，下面我们再讲一下平尾的操纵效能。通常，平尾舵效对于整个飞机的影响是非常大的，波音 737MAX 就是因为迎角误报激活平尾上给了一个反力矩，并且每五秒钟给一次指令，且没有办法关闭，也就是说人的操纵和这个自动的操纵没有办法关闭，所以才造成了空难。那么进行平尾操纵效能设计是非常重要的。

刚才讲到的力矩最后反映在舵面上就是铰链力矩。对于大型飞机，比如说波音的飞机或空客的飞机，或者是大型战斗机，比如歼 –20 或 F–35，飞机的整个舵面操纵的铰链力矩能够达到什么程度呢？一般能够达到 20 吨左右。所以大家可以看到，实际上有这么大的铰链力矩的驱动，对于飞机的控制还是非常有挑战的。也就是说你要让它很快地去改变姿态，比如说做眼镜蛇式机动，飞机舵面又有那么大的惯量，那怎么去设计呢？通常，飞机的铰链力矩与飞机的迎角、舵偏角、高度，还有舵面的几何参数有关，可以通过优化得到优化解。在大的铰链力矩下，让飞机具有很高的机动性是非常困难的。但我们现在的民航客机和战斗机的操纵特性已经达到了非常高的水准，而这正是由于有控制系统的存在。

那我们现在看一下飞行控制系统是由哪些部分组成的。这里给大家讲一下飞机操纵的过程：飞机的驾驶员松开刹车，然后加大油门，当飞机加速到一定速度后要起飞，驾驶员拉杆，飞机抬头起飞，然后爬升到巡航高度进行巡航飞行。当准备降落时，驾驶员推杆，飞机开始下降，接着进入进近，然后接地滑跑刹停飞机，这就是整个驾驶员操纵飞机的过程。如果这个过程让飞行控制系统来完成，需要怎么做呢？首先我们要有一个操纵杆，利用操纵杆去操纵飞机的升降舵从而改变它的俯仰，当然操纵杆还可以改变飞机的副翼从而实现滚转，还可以利用脚蹬实现对方向舵的控制。因此飞行控制系统需要由以下几个部分构成，而这几个组成部分正是北航自动化科学与电气工程学院主要的研究方向。

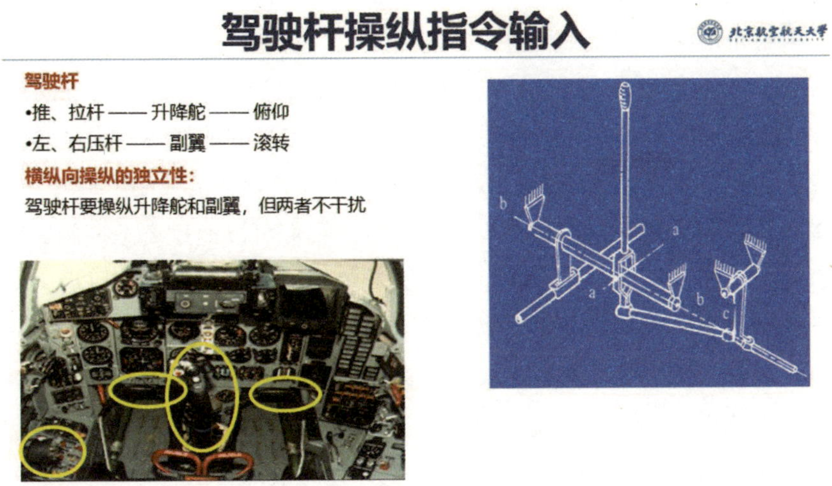

我刚才讲过，要知道我在哪儿，我们就需要有导航并控制工程方向。然后我还要准确知道我现在到了什么地方，这就需要有传感器和检测技术。同时，我还需要知道如何去目标地——我需要执行机构，执行机构可以是机械的也可以是电动的，比如液压系统可以提供大功率输出去驱动 20 吨的外负载，或者说克服更大一点的铰链力矩，然后进行舵面的偏转。除此之外，类似我们大脑的作用，就需要有一个飞控计算机来进行控制律的解算，指挥这些机械的、电子的执行机构作动，从而实现对飞机姿态和飞行轨迹的控制。

我们北航的自动化专业，包括了导航、传感、机械电子和自动控制。我们还有一个方向是电气工程。电气工程主要研究的是飞机的发电、输配电和用电等技术。应该说，飞机自由飞行的所有必要条件，除了发动机，在自动化科学与电气工程学院里面都涵盖了。

下面我们来看一下飞行控制系统的控制律，看飞行控制系统如何使用控制律来进行姿态控制和轨迹控制。姿态控制包含了两个回路，一个回路我们把它叫做内回路，另一个回路叫外回路。内回路主要是完成姿态角的控制。那么它包括什么？迎角的控制、侧滑角的控制、过载的控制，等等。刚才讲到迎角传感器发生故障以后施加的低头力矩，就是迎角控制。

在飞机的姿态的控制律里，有姿态角和速度的控制。其中内回路是刚才讲的作动系统的舵回路，它实现飞机的迎角、侧滑角和一些过载的控制。此外，我们要实现飞机的姿态角和速度控制的时候，还需要通过运动学关系给它进行比如说俯仰角、偏航角、滚转角的控制。这个就可以实现姿态的角控制，有时也叫位置控制。在完成姿态控制后，我们还要能实现轨迹控制。比如说我现在要让飞机方向舵有一个35° 角的偏航控制，那么到底飞机要用多长时间沿怎样的曲线飞过去也是需要控制的。这就是飞机的导航回路，用这个导航回路可以实现轨迹的控制。

所谓轨迹控制就是飞机要按预定轨迹飞行。我们可以通过姿态控制回路得到飞机的姿态角，比如说俯仰角、滚转角还有侧滑角等。获得这些角度以后，就可以通过运动学关系去计算其位置。要计算这个位置我们需要通过导航的轨迹测量部件，通过导引控制器，去按照一个轨迹来进行控制，这就是上面讲的轨迹控制。这个轨迹控制就可以使得我们从某一地飞到另外一个地方，实现一个准确的轨迹的控制。这就是一个自动控制里面最主要也是最基本的一些组成部分。

总之，飞行控制系统的功能首先是飞机的稳定飞行，也就是姿态稳定，比如说将升降舵控制在一个俯仰角，它一定能够快速偏转到指令的角度并稳住。其次飞行控制系统还要能够自动飞行，能够实现航迹、高度、航向和起飞着陆的自动控制。再者，飞行控制系统还要能实现目标跟踪，比如说两架飞机的跟踪飞行，或者导弹的跟踪和拦截。飞行控制系统还可以实现轨迹跟踪，包括预定轨迹的跟踪，比如导弹可以沿预定的弹道飞行，运载火箭可以沿飞行轨道飞行。轨迹跟踪还包括无人机规划轨迹跟踪，如无人机突防轨迹跟踪等，都可以实现飞机控制系统的这些功能。

目前，飞行控制系统要实现我刚才讲到的比如说俯仰、滚转、偏航等功能，对固定翼飞机来说还是非常容易的。无论是国内还是国外，现有机型的飞行控制都可以达到非常好的控制效能。那么，未来飞行控制系统有什么具有挑战性的研究方向吗？有。比如说双机格斗。双机格斗的困难是你要跟上这架飞机，同时你还要能够打击它，那你就要比它飞得快瞄得准。在双机格斗这种情况下，超机动飞行控制是非常困难的，需要将我们前面讲到的固定翼飞行控制与推力矢量控制结合才能实现。正如我们前面讲到的眼镜蛇式机动，这个小拐弯半径机动或者是蛇形的机动，在飞行控制中仍然是比较困难的。

现代战争已经不再采用陆军作战模式，主要采用的是集中空中打击，而要实现一个区域的完整覆盖性空中打击，一架或几架飞机是做不到的。所以目前有挑战性的研究方向还包括多机编队和智能机群，比如说机群编队来跟踪目标或者用子母弹集中打击一个区域，采用多架飞机集群作战来完成以前可能是陆海空一起来打击的功能。所以目前研究智能机群的控制方法，对现代战争的成败是非常重要的。

还有就是在一些比较偏远的地方，比如说海上，或者是一些环境比较恶劣的区域，任务的不确定性对于编队飞行也是非常有挑战性的。比如说在多机飞行过程中，某一架飞机可能会由于山体的遮蔽，与其他飞机通信出现问题，这也会影响机群的作战能力。因此这种任务不确定性下的编队飞行，对于现在的飞行控制也带来了很大的挑战。

还有就是舰载机，如我们自己的“辽宁号”上的舰载机，要实现准确着舰是非常困难的。舰载机在航母运动的条件下短矩降落，并且准确挂在航母上的挂钩上，是非常非常困难的。对于舰载机来说，要在航母上降落，就像要在大海中的一片树叶上降落，飞机要找到它、准确着陆到甲板上是非常非常困难的。除此之外，在未来变体飞行器控制方面也存在困难。正如前面讲到的，飞机控制系统要用升降舵来操纵俯仰、用方向舵来操纵偏航、用副翼差动来操纵滚转都是很容易的，且技术已经很成熟了。但是对于变体飞行器，已经不能够用传统飞行控制理论来进行控制了，因此变体飞行的控制也是具有非常大的挑战性的研究方向。希望大家能加盟北航，一同去攻克这些挑战。

现在再看一下前面讲到的作动系统。作动系统是输出大功率去驱动舵面的装置。

飞机自被发明以来已经经历了机械操纵、液力助力操纵、电液伺服控制以及分布式功率电传操纵。为了提高操纵的可靠性，目前的先进作动系统采用的是什么样的操纵模式呢？是一个异构驱动的方式。为了保证飞机操纵的安全性，可以将舵面分割成多块进行分别控制，也可以在一块舵面上用完全不同的作动器驱动，由于作动器的结构完全不同，因此将其称为异构作动。异构的好处是什么？当液压作动与电静液作动异构作动一块舵面时，当液压作动器故障后，电静液作动器还可以用；电静液作动器坏后，液压作动器也还可以用，从而来保证飞机的操纵安全性。

为了提高整个飞行控制系统的可靠性，目前广泛采用的一种飞机架构叫多电飞机架构。传统的飞机采用的是集中式的液压油源，也就是发动机通过发动机机匣直接与液压泵连接，输出高压流体能量，该液压能根据指令驱动舵面偏转，这个就是传统的液压作动器。为了保证飞机操纵可靠，为什么要用多电呢？什么是多电呢？就是发动机输出不仅接液压泵，而且接发电机，发电机输出电能，利用电能去驱动舵面偏转，这个就是电静液作动器（EHA）。目前多电飞机的概念是什么呢？就是把以上两者进行综合，形成一个液电混合式的非相似的冗余系统，从而提升它的可靠性。因为这种架构的能源有液压源和电源、作动系统有液压作动器和电静液作动器，因此液压系统故障或电系统故障都可以保证飞行操纵的高可靠性，且电作动维修性好。

下面看一下多电系统为什么能提高飞机操纵的可靠性。据统计，飞机是世界上最可靠的一种交通工具。为什么？我们看一下多电飞机的组成：三台飞控计算机、两套液压能源、两套电源，舵面驱动系统既有液压作动器也有电静液作动器。如此多的余度设计使得飞机操纵系统具有很高的可靠性。

飞机操纵系统安全性的设计理念是“永不放弃”，也就是说只要有元部件可以构成一套飞机控制系统，飞机的飞行控制系统就可以操控飞机安全回到地面，这是飞机控制系统的一个设计理念。

下面我们来看一下飞行控制系统的容错控制技术。所谓容错控制，就是在飞行控制系统出现故障的条件下飞行控制系统还可以提供相应的控制效能。滚转通常是由副翼驱动完成的，假如副翼故障了，我们用升降舵差动也可以进行滚转。我们知道是利用平尾来完成俯仰的，但是如果平尾出现故障，副翼和扰流板结合起来进行差动也可以实现俯仰。偏航是由方向舵来完成的，如果方向舵出现问题，我们利用副翼差动和升降舵差动也可以完成航向的控制，所以可以看到，飞机是一个在控制层面上非常高可靠性的系统，飞机也是安全性很高的交通工具。

前面讲到的各种情况都有可能发生。如果事先可以了解以上故障的情况，飞行控制系统就可以提前设计出相应的控制律进行应对，当任何一个故障发生时，系统会自动切换到它合适的控制律上，来进行控制，使它能够正常地完成姿态控制和轨迹控制，实现它的容错。

在极端工况下也需要设计容错控制。一架日航的 123 飞机由于方向舵全被拉断而失去了所有液压系统，造成了史上最大的空难。如果飞机采用刚才讲到的多电飞机设计，并辅助以发动机推力矢量容错控制，即便方向舵全部损坏，飞机还是可以跟踪到指令，实现安全控制。

我们在实验室和样机上对设计的容错控制进行过验证，通过风洞试验和实际等比模型飞行试验，验证容错飞行控制系统在极端工况下仍然可以实现姿态和轨迹的安全控制。

二、北航的自动化与电气专业

在讲解了飞行控制系统之后，下面我给大家讲一下我们北航的专业设置。北航的自动化专业是一个具有红色历史的专业，大家知道北航是 1952 年成立的，飞机设备系作为北航最早的专业于 1954 年成立，一直发展成现在的自动化科学与电气工程学院。北航自动化专业是围绕飞机控制能力的专业，主要包括刚才讲的测量、导航、机电和电气等与飞行控制相关的方向。这个专业实际上是为完成飞机姿态和轨迹控制而建设的专业。在学院的整个发展过程中，有一大批从国外著名学府，如 MIT、佐治亚理工大学、密歇根大学等回来的著名专家，也有从国内具有航空航天专业的大学来的一批专家，以及若干红色科学家，他们是北航自动化专业的第一、第二代开拓者。

最令我们学院引以为豪的是中国第一架旅行客机，我们把它叫“北京一号”。“北京一号”是由我们学院徐鑫福教授作为主设计师，北航师生用 100 天的时间从设计、制造到试飞，实现了北京→青岛→上海→北京的飞行。周总理曾跟机组人员一起拍了照片，下页上部的图是 1958 年起飞仪式的辉煌见证。

再说一下中国第一架无人机“北京 5 号”，它是由我们的第一任系主任文传源老先生作为主设计师完成的。令人痛心的是文老先生 2019 年去世了，享年 101 岁。他将苏联飞机安 –2 改装了无人驾驶系统，开创了我国无人机的先河，奠定了我国无人机事业的基础。从此，我国有了自己的旅行客机和无人机。

北航自动化专业的开拓者是林士谔先生，他是著名仪表和导航专家，他发明的高阶方程劈因解根法，被誉为“林氏方法”，到目前还在被使用。我们可以看到有这么多先驱打造了非常辉煌的北航自动化学院历史。由此，北航自动化学院也拿到了北航第一个国家科技进步一等奖和北航第一个国家教学成果一等奖。

在此感召下，我们北航自动化专业培养出了一大批有家国情怀的老师和学生，涌现出了“立德树人成就奖”获得者文传源先生和“立德树人优秀奖”获得者林岩老师，所以我们自动化专业拥有非常好的师资条件。

北航自动化专业的目标是培养一批具有高素质和创新能力的自动化人才。我们的就业领域主要包括航空航天、轨道交通、网络通信、智能制造、工业互联网等。

同时我们在国际交流、在人才培养方面有很多非常好的计划，我后面会给大家讲。

北航自动化学院有非常好的教学和科研环境，比如我们有国内唯一的“飞行器控制一体化”国防重点实验室，有先进飞控与多电实验室，还有跟国外大型企业合作的联合实验室，如美国的罗克韦尔公司和博世力士乐公司分别给我们捐资 1000 万元构建了国际化联合教学实验室，为我们的学生培养提供了很好的平台。

北航自动化专业有五个主要的研究方向。

第一个方向就是导航与控制工程。我刚才讲了导航的作用，目前常用的导航系统有惯性导航、GPS 导航、激光导航以及组合导航等。

为了能够适应人工智能的发展，我们的导航专业中还设置了一个模式识别与人工智能方向。在这个方向，利用深度学习和机器学习，可以实现脑机接口和快速脑认知，我们有脑机智能控制医疗的脑机团队。

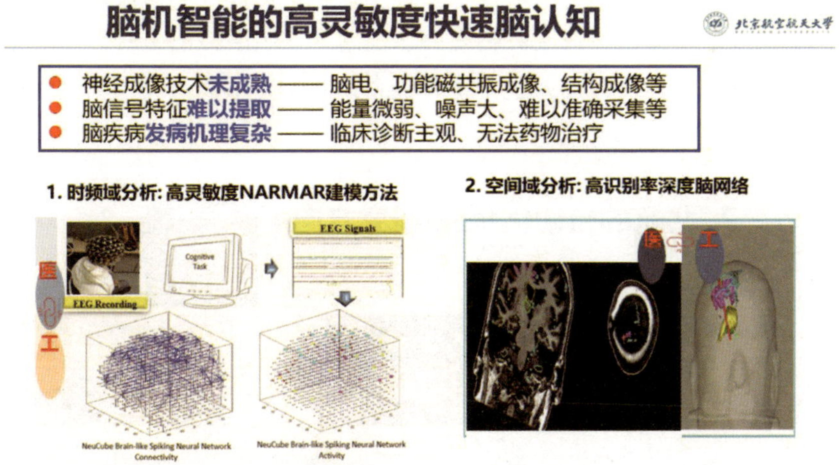

我们还可以利用图像识别实现一些癌症的诊断。同时，可以利用图像识别来进行目标跟踪，比如跟踪一个人或者是可疑车辆。这个技术还可以进行人脸识别，实现天眼监控等。

第二个方向是传感器与检测技术。这个方向主要是设计和研发各种高精度的传感器，包括载人飞船上面的二氧化碳传感器，高度传感器、燃油油量传感器等，还包括通用的测试平台。

现在航空航天里面用到的很多传感器都是我们自动化科学与电气工程学院的老师研制出来的。

第三个方向是机械电子工程。前面讲到的完成姿态控制的作动器就属于这个研究方向。除了飞机之外，还有一些大型的工程机械、船舶、运载火箭、盾构机械等也都是由机械电子工程来完成的，盾构机械就是挖地铁的装置。这个方向最有特色的科研工作是半物理仿真平台，也就是模拟整个飞机飞行的地面模拟平台。它包括模拟姿态的转台、模拟载荷的负载模拟器和模拟刹车的刹车模拟器等。这样一个半物理的仿真平台，可以实现在地面上对飞行控制系统的性能验证。

在这个方向，还有对于飞机的机载系统，如液压系统、燃油系统、刹车系统和环控系统等，进行的故障预测和健康管理。通过研制各种各样的作动器，如前面讲的异构作动器和直线作动器，来完成飞机的姿态控制。

第四个方向就是我们前面讲到的大脑，就是飞行控制律。飞机控制系统设计各种各样的控制律来完成飞机的控制以及空、地、海的控制。在飞机控制系统的设计中，既包括单机的控制也包括多机的协同控制。比如说多机伴飞和集群控制，都需要飞行控制的高精度轨迹跟踪，以及高精度姿态控制。下图中给出了我们实验室进行多机协同的情况，其中还可以实现空中无人机和地面无人车的协同控制，实现人工智能的集群控制。

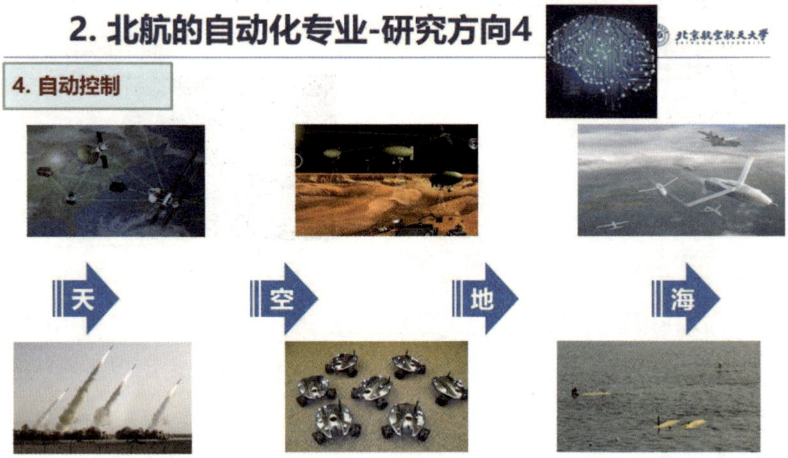

第五个方向是系统建模与仿真。大家知道任何一个飞行控制都不可能是通过大量的试飞或导弹打靶来完成的，而大部分的飞行控制都是通过数字仿真和半物理仿真来完成的。在这个专业方向里，主要是要构建一个数字环境，然后用这个数字环境模拟各种工况，比如说蓝兵和红兵作战，模拟机载工况或模拟机群作战等。通过模拟作战想定来实现地面上的仿真。我们航空科技重点实验室借助我们自己研发的一个模拟器和环境来实现飞行控制全程的数字仿真。同时这样一个仿真平台也可以用在我们的装备虚拟装配上，实现一个复杂产品的装配数字化模拟。

基于前面讲到的飞行控制系统，我们构建了自动化专业。随着人工智能的发展，我们对机器人（如养老机器人、康复机器人）的需求不断提升。因此在 2019 年，我们成立了一个新工科专业——机器人工程专业。这个专业依托于刚才讲到的飞行控制的所有专业方向，主要是要培养工业机器人和智能机器人研究方面的高端人才，同时为我国航空航天事业以及工业互联网、大数据、医疗健康事业提供人才。

三、北航的机器人专业

大家可以看到，将飞行控制扩展到机器人是一个非常合适的扩充，比如说飞机里面用到的控制可以用在汽车的生产线上，这就成为了机器人控制，当然也可以用在一些服务机器人的控制上。实际上还有更多方面，比如说仓储、工业机械臂等，可以把控制的东西拓展到机器人上。如果想让一个机器人按照你的意愿完成它的功能，就必须知道它现在在哪儿、它要完成什么样的工作、如何控制它去完成这个工作以及它是否正确地完成了预期的工作。这就需要导航、控制、执行机构和检测部件，而执行可以用一个小车走过去也可以用一个机械臂抓取。

通过把控制系统的关键技术用在机器人上所培养的人才也是触类旁通的。机器人专业有很多关键技术，其一是多传感器信息融合。比如波士顿动力公司发明的大狗，当对大狗施加一个非常大的外力时，它可以通过自己控制调整回到正常状态。这个主要依赖大狗的视觉传感器、关节角度传感器、力传感器、陀螺仪与加速度计的综合来进行控制，从而保证整个机器人可以在复杂的、动态不确定和未知的环境下，完成这样一个非常复杂的控制。

机器人专业的第二个关键技术是导航与定位。前面讲了，飞机的导航主要用惯性导航、激光、GPS 以及组合导航。而很多机器人是在室内的，对不对？在室内要确定我在哪儿，往哪儿走是比较困难的。这就需要室内导航定位，如可以采用 SLAM 进行扫描，构建地图，以完成机器人的室内导航和定位。目前常用的有视觉 SLAM、Wi-Fi SLAM 和雷达 SLAM，它们都可以实现室内导航，从而实现机器人定位和导航功能。所以这个导航和定位跟我们飞行控制系统的导航是一脉相承的。

机器人的另一个关键技术是控制。前面讲到了，要想让机器人完成一定的功能就需要进行机器人控制，尤其需要智能控制。

机器人专业还有一个关键技术就是人机接口技术。这个人机接口对于整个系统来说，是人机交互的设备。人机交互对于康复机器人或者是外骨骼机器人等都是非常重要的，所以人机接口在机器人专业也是非常重要的一个研究方向。

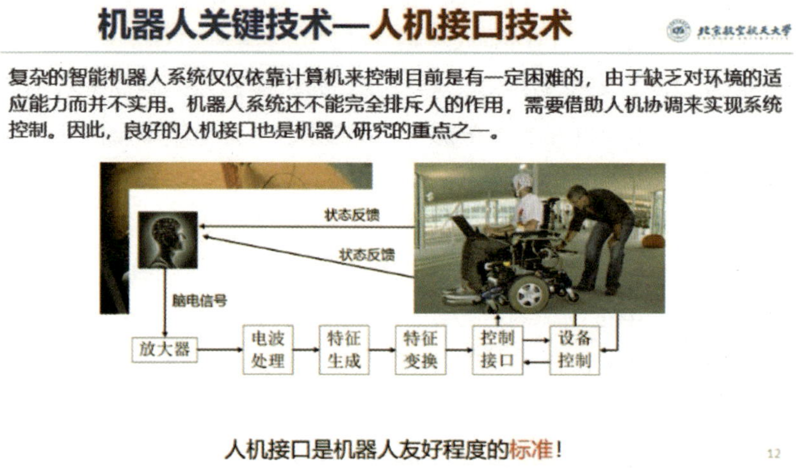

机器人的应用在目前的生活中是很普通的，比如军事机器人、医疗机器人，再比如我们专业研究的踝关节假肢，也可以视为医疗机器人。另外的应用还包括航拍无人机或者京东、亚马逊的智能仓储机器人，还有仿生机器人。仿生机器人是模拟生物去设计的机器人。比如说可以悬停或贴在墙面进行侦察的机器人，它可以用自然颜色进行伪装来完成很多任务，还有仿鱼的水下探测器等。

这就是我们把飞行控制拓展到机器人控制的方向，非常有意思。下面我给大家介绍一下北航自动化学院的人才培养情况。

四、北航自动化学院的人才培养

首先看一下我们的师资队伍，我们的师资队伍中包括院士 1 名、长江学者 11 名、国家级人才 1 名。再看一下我们的青年人才，我们有 8 名青年人才，是活跃在我前面讲的飞行控制系统和机器人领域里的杰出人才。北航自动化学院的人才培养院训是“钩深驭远”，它源自《周易》的“探赜索隐，钩深致远”，目的是培养一大批具有驾驭和控制能力的一流人才，他们可以驾驭包括航空、航天、航海等方面的高精尖装备，能够驾驭美好的未来，所以我们的文化叫“驭远”文化。

在这个“驭远”文化里，我们构建了驭远大讲堂、驭远实验班、驭远机器人大赛、驭远教育基金、驭远奖学金和驭远创新基金，同学们来到北航自动化学院，从大一开始就可以拿到支持去参与各种“驭远”文化的品牌活动，提升自己的科学研究能力、工程的技术能力以及创新能力。

在人才培养中，我们注重培养研究型学习能力、独立思考和批判性思维能力，以及交流沟通能力和价值判断能力。我们有“双翼工程”的人才培养理念，一个翼是科技实践创新，一个翼是博雅通识教育。在自动化学院里面，有一个飞天艺术团，包括飞天合唱团、飞天话剧社以及各种文艺团体。这些文艺团体在国际上屡获大奖，比如说在俄罗斯拿到了索契国际合唱节的金奖。因此可以看到，到北航不仅仅有科学研究和工程技术，还有文化和修养的提升空间。

北航自动化学院多年来培养出了非常多的优秀学生，比如说“沈元奖章”获得者。我们知道北航每年也就有十人可以获得最高荣誉“沈元奖章”，而我们学院在2019年就有刘晨颖和王语霖两位同学获得了北航的这项最高荣誉。

北航自动化学院本科的平均就业率是98%，我们有70%的学生会考研、出国留学或者读博士。我们也培养出了非常多的具有创造、创新和创业能力的人才。有一个学生就是我培养的，他叫杨健勃。他在我的指导下做的细胞机器人获得了北航的“冯如杯”一等奖，然后得到了全国“挑战杯”一等奖，他最后又成立了北京可以科技公司，他在2017年入选福布斯亚洲地区30位30岁以下商业领袖。所以，可以看到我们自动化学院培养的学生是非常有创造和创新能力的。

再看另外一个学生，他叫宋子健，他创造了“微跑小娃”公司，获得了9800万元的融资。还有汪海涛同学，他设计的静电吸附材料，可以使得无人机吸附在墙面上长达几十分钟，从而完成探测任务。我们的本科生做出来的许多作品孵化成了公司，实现了成功的创新和创业。

除此之外，北航自动化学院还提供了很多国际交流平台，我们有双硕士学位、双博士学位计划，还有一些暑期国际学校，还有到国外的著名大学去做半年的交流计划，我们每年有100多位学生会到国外的著名大学进行交流和接受联合培养，因此这对有意愿出国的同学来说也是一个很好的平台。

我们还培养出了大量的杰出校友，其中包括一些院士。比如王巍院士就是我大学本科和研究生的同学。他在大概三四年前的时候，就已经是科学院院士了。我们还有外籍院士。当然，我们也培养出了一批活跃在型号任务中的总师，以及一些行政领导和国外的著名学者。总之，北航的飞行控制其实一直在为中国的航空发力，无论是战斗机领域，还是民航机领域，如 C919 和 CR929，都有我们培养的学生参与整个研制过程。我们可以看到，随着我国飞机研制的不断发展进步，我们需要大量的优秀人才加入，所以非常欢迎大家能够加入北航，能够让我们国家的飞机飞得更高，飞得更远。谢谢大家！

扫描二维码查看哔哩哔哩完整视频

计算机学院

学院介绍

学院概览

历经 60 余年发展，学院在人才培养、师资力量、教学研究环境、学科建设、国际合作等方面综合水平居全国高校前列。1998 年获批计算机科学与技术一级学科博士学位授予权，2007 年获批计算机科学与技术重点一级学科，2011 年获批软件工程一级学科博士学位授予权。2017 年软件工程学科评级为 A +，计算机科学与技术学科评级为 A，均列入国家公布的双一流学科建设名单。

师资队伍

学院现有 2 名中国科学院院士，1 名中国工程院院士，1 名中国科学院外籍院士，教授 58 名，副教授 55 名；聘请 21 位兼职导师，包括院士 1 名、教授 15 名，形成了一支以两院院士与国际著名专家为学科带头人、以年富力强的中青年知名学者为骨干、学术造诣深、团结协作并且年龄结构合理的师资队伍。

科学研究

重点布局大数据与人工智能、虚拟现实与数字媒体、网络空间信息安全、可信计算系统平台、高效能计算与环境、大型信息化工程等前沿方向，拥有 2 个国家重点实验室，2 个国家工程实验室，1 个北京市高精尖创新中心，7 个省部级重点实验室。

本科专业及培养体系

以宽口径培养和精英教育为宗旨，建立了国内领先、国际一流的工程教育人才培养体系，连续 2 次以优异成绩通过专业认证。以挑战性复杂工程问题为导向，建立了对标国际水准的“大课重课”型课程体系和虚实结合的在线实验平台与体系。学院不断推动将科研优势转化为教学优势，全部实验室均向本科生开放，建立了培育创新思维、提升创新能力的科技实践体系。学院拥有 1 个国家级一流本科专业建设点，首个国家级实验教学示范中心和国家级虚拟仿真实验中心，1 个国家级教学团队，2门国家精品课，4名北京市教学名师，获得国家级教学成果奖4项。

就业、升学、出国情况

本科生进入国内外知名高校和科研机构深造的比例达到60%，其中被美国宾夕法尼亚大学、卡内基梅隆大学，英国帝国理工学院，我国香港科技大学等国际名校录取的比例超过30%。近5年来平均一次就业率超过99%，就业单位包括百度、阿里巴巴、腾讯、华为、京东等头部企业和国家部委、事业单位等，毕业生深受用人单位欢迎，平均年薪始终处于高位。

吕卫锋

信息强国的使命与担当

亲爱的同学们、家长们，大家好！今天我代表北航计算机学院给大家介绍一下北航信息学科群的情况，并从信息强国的使命与担当的角度，介绍计算机学院的情况。我的介绍分为三个部分：第一部分我想跟大家分享一下到底什么是信息，它从哪里来，要到哪里去；第二部分从北航的角度来跟大家分享一下，在信息科技的发展过程中北航人的担当和工作；第三部分我想跟大家分享一下，同学们进入北航信息大类，在未来应该有什么样的使命。

首先我们来讨论一下到底什么是信息。信息的英文名字是information，这个词在以前是没有的，它真正作为一个科学术语出现是在20世纪由哈特莱提出来的。那么information这个词到底是什么意思呢？大家都学过英文，可以根据词根来理解。它是由两个词根构成的，一个是in，来自拉丁语intelligere。intelligere是什么？是智慧。什么叫智慧？什么东西是智慧的？人是智慧的，人在认识世界和改造世界中，对客观世界和社会的认识就叫intelligere。人的智慧在什么地方呢？就是面对客观世界，我们会做出抉择，这种东西叫智慧，这是第一个词根。第二个词根是什么呢？ formation，是指把人类认识世界和改造世界的这些认知进行格式化、规范化的描述。这就是information这个词的由来，这就是信息。

“信息”这个词由哈特莱提出以后，真正使其成为主流思想的是另外一个人，那就是著名的克劳德·香农。他提出了信息论，真正讨论了什么是信息、围绕着信息的科学以及信息能干什么。那么，什么是信息呢？信息泛指人类社会传播的一切内容，我们通过识别自然界、社会的不同信息来区别不同事物。我们人类认识创建宇宙万物的最基本万能的单位是信息。人类认识世界的所有思考活动，能不能被规范化地描述出来呢？我们可以用比特来描述，这就是信息论的基本观点。所以 information 就是将人类认识世界和改造世界的一切知识、一切数据、一切内容都进行规范化、格式化的描述。

那么为什么信息会成为一门科学，成为现在信息社会的核心主流呢？这里我们要谈到第二个问题：到底什么是信息科学和信息科学技术。

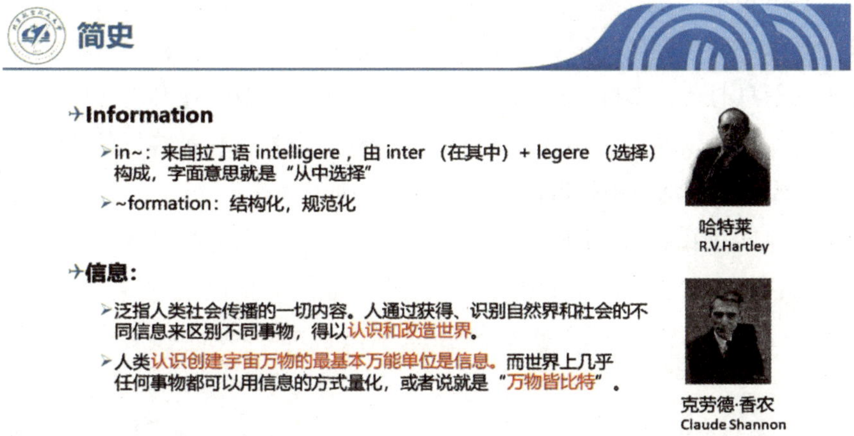

信息科学技术的核心问题是什么？人类的脑力劳动、思考过程有很多特征，人类用于认识世界、改造世界的感知、知识、记忆、理解、联想等一系列能力都是人类脑力活动的特征。那信息科学技术研究的是什么呢？就是人类脑力活动的内容能不能由机械自动进行。我们一直在说人到底是怎么思考事情的、怎么决定事情的、怎么认识事情的、怎么感触事情的，以及感触完以后又是怎么判断的，这一切的内容都是靠人脑进行描述，那么这些内容能不能够靠机器来描述呢？这就是信息科学技术要干的事情。所以信息科学技术的本质是什么？就是要发明代替人类脑力活动的机器，所有有关信息科学技术的领域都在研究这件事情。

简史

- **信息科学技术——发明能代替人类脑力活动的机器**
  - **人类脑力活动的特征：**
    - 人类用于认识世界和改造世界的感知、知识、记忆、理解、联想、情感、逻辑、辨别、计算、分析、判断、文化、中庸、包容、决定等多种能力的集合
  - **脑力活动的载体：**
    - 信息采集、传输、存储、处理、运用、表现
  - **发明一种能完成自动计算的机器**
    - 研究脑力活动的信息运动规律和应用方法（信息科学）
    - 模拟脑力活动及对外界认知的各种能力（信息技术）

那这件事情重不重要呢？极其重要。从人类社会发展的长河中可以看到，我们人与动物最重要的区别就是能够发明、制造和使用工具。人类社会从农业时代到工业时代再到信息时代，实际上经历的是什么阶段呢？农业时代和工业时代的重要特征是什么呢？人类发明了能够替代人类体力劳动的工具，各种各样的机械、各种各样的电力时代的东西都是用机器代替人的体力劳动。

那么信息时代我们研究的是什么问题呢？信息科技研究的是什么问题呢？就是要研究能够代替人的脑力活动的机器及其如何制造、如何改造世界、如何认知世界的一系列的过程。所以信息科学技术，包括北航信息大类，全都是按上述过程进展的。

简史

- 人类和猿最重要的区别就是发明、制造和使用工具

- **人类发明创造工具改造世界的时代**

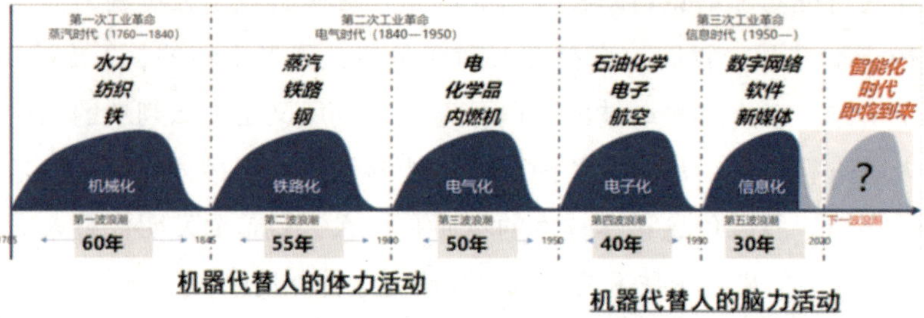

信息科技是从哪里来的呢？古时候有没有研究这件事情的人呢？实际上在古时

候，人们就开始研究人是怎么思考、怎么决策的，以及决策和思考的过程能不能够让机器来代替。所以古时候的科学家就想：人类思考的过程靠的是什么呢？人最重要的思考问题方式是计算，所以在 16 世纪、17 世纪，人们就开始讨论计算过程能不能让机器来做，于是就有了纳皮尔算筹、帕斯卡加法器、莱布尼茨运算器、差分机、分析机，这些都是希望用机器代替数学计算。这些机械的计算工具，都是当时的一系列尝试，这种尝试跟现代的信息科学还不太一样，更多的只是机械式的工具，或机械化的计算工具。

那么，到什么时候信息科学才成为一个主导的科学方向呢？这其中包含了三大支柱。

第一个支柱，在整个科学发展史上，首先要考虑我们的大脑是怎么思考的，如何对思考的过程进行抽象的形式化描述，用机器来替代思考过程。这里要说一下几个核心人物：一位是康托尔，康托尔通过集合论把近代的所有数学知识统一起来，形成了抽象的理论基础。第二位是罗素，他是一个逻辑主义者，他基于康托尔的集合论写了一本重要的书叫《数学原理》，介绍了数学的原理、数学的过程以及严格的推导过程，使我们能够进行形式化的表示和符号化的表示，从而使自动进行成为可能，这就是罗素的贡献。但是仅依靠这些是不是能够进行严格的机械推理呢？推理过程是不是正确的、是不是完备的呢？另外一个人发挥了重要作用，他就是哥德尔，他提出了哥德尔完备性定理和哥德尔不完备性定理，来证明客观世界中数学的东西、推理的过程，一些是可以机械进行的，一些是不可以机械进行、不可以计算的，因为它的证明、推理过程和构造过程是不完备的，不能证明正确性。那么客观世界中有哪些东西是可计算的，又有哪些东西是不可计算的呢？围绕着这一问题的最重要的人物是图灵。图灵的一个很重要的贡献是提出了可计算性理论，通过在可计算性的数的构造过程中，构造了一个逻辑上虚拟的机器，这个虚拟的机器可以自动进行推理演算，来识别哪些数是可计算数，这个机器就是现代计算机的理论基础，我们称之为图灵机。有了这个概念我们就可以知道，数学的很多内容可以变成自动进行的，而且这些进行过程有理论基础，这就是信息科学最重要的理论起源。

简史

信息科学的理论起源

- 格奥尔格·康托尔：集合论，现代分析学构建理论和逻辑基础。
- 伯特兰·罗素：逻辑原子主义，和导师完成《数学原理》，使得数理逻辑更加系统更加完善。
- 库尔特·哥德尔：证明了算术逻辑系统的“不完全性定理”。
- 艾伦·图灵：可计算性理论，设计了图灵机，用机器来模拟人们用纸笔进行数学运算的过程，给出了现代计算机的主要构成，是计算学科最核心的理论。

第二个支柱是信息技术的理论基础。信息可以进行自动计算运行，但是如何表示、如何描述、如何传输信息？这里有另外一个核心的人物，他就是信息论的鼻祖——克劳德·香农。他发现在人类社会的发展过程中，人与人之间的交互，包括人与人之间的通讯，实际上就是信息的互动过程。我们对社会、对世界的认识如何传播给另外一个人？可以通过符号、文字、声音、图像等一系列的表示方法。那这些表示方法是否可以进行规范化的传输呢？这就是香农研究的问题，也就是通信的理论基础。什么叫信息论呢？我们研究的是在一个地点能够精确或者近似地复现从另外一个地点选取的信息，是信息传输问题。比如在二战的时候，一个情报如何能够远距离传输到另外一个地方去？答案是要采用最小的代价、最快的速度、最有效的编码形式。在研究过程中逐渐产生了信息编码问题和信息传输问题，香农提出了重要的香农三大定律，这三大定律成为整个信息通信理论和信息论的核心技术基础，表示信息内容是可以进行比特化的，通过比特化可以在各个地方进行表示和传输，也就构成了信息社会最重要的载体和传输的模型，这是信息科学的第二个理论基础。

简史

信息技术的理论基础

- 信息论的诞生 ——克劳德·香农，《通信的数学理论》：在一点精确地或近似地复现另一地点所选取的讯息。（1948年）

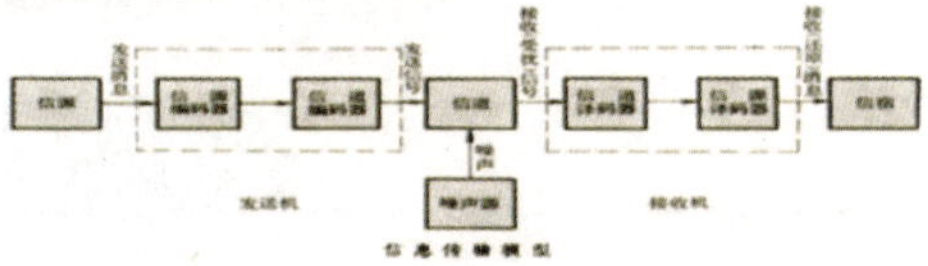

- 信息是熵，信息的量度是一种不确定性的度量，需要一个单位bit。
- 信息论基础——香农三大定理：第一定理是可变长无失真信源编码定理。第二定理是有噪信道编码定理。第三定理是保失真度准则下的有失真信源编码定理。

第三个支柱很重要。信息可以用机器自动进行运算，可以表示出来、可以存储、可以传输、可以通信。那么这可以用来干什么呢？推理完的东西怎么进行反映呢？这就涉及了信息系统的理论基础。在二战末期的时候，维纳开始研究人的脑力活动、推理过程为什么会不断地演进和迭代，换句话说就是系统的控制能力，也就是研究动物和机械的通信和交互中，影响动物行为和机械行为的过程是不是有理论基础，研究动态系统在动态变化的环境下如何保持平衡和稳定的状态，这就是控制论。

简史

信息系统的理论基础

- 控制论——诺伯特·维纳，《关于在动物和机器中控制和通信的科学》：研究动态系统在变的环境条件下如何保持平衡状态或稳定状态的科学。（1948年）

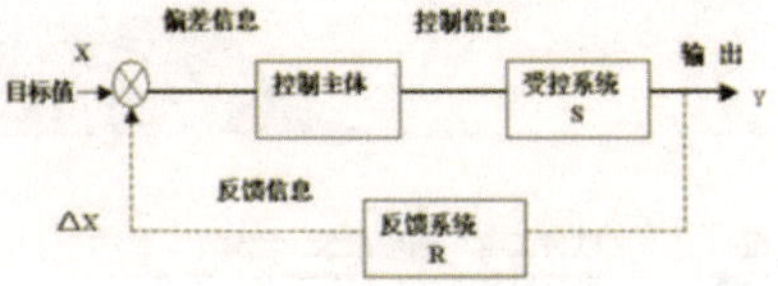

- 控制的基础是信息，一切信息传递都是为了控制，进而任何控制又都有赖于信息反馈来实现。信息反馈是控制论的一个极其重要的概念。

所以有了图灵计算机、香农的信息论、维纳的控制论以后，要想让机器去代替脑力劳动可以从几个方面入手：如何将脑力活动规范化地表示和存储起来、如何进行传输和交互、如何进行演算和推理、演算推理的过程如何不断提升我们改造世界的能力，而这就是信息科学的由来。有了这三个理论基础，信息科学和技术就在二战以后爆发出勃勃的生机，构造了整个信息社会的科学基础。

到底什么是信息科学呢？信息科学就是以信息为主要研究对象，以信息的运动规律和应用方法为主要研究内容，以计算机、电子通信、自动化、仪器传感等技术为主要研究工具，以扩展人类的信息功能为主要目标的一门新兴的综合性学科。那么，什么是信息技术呢？它是在科学的基础上，我们管理和处理信息时所采用的各种技术的总称，包括应用计算机、应用电子通信技术来实施的一系列系统和软件。

简史

信息科学：

- **以信息为主要研究对象，以信息的运动规律和应用方法为主要研究内容，以计算机、电子通信、自动化、仪器传感等技术为主要研究工具，以扩展人类的信息功能为主要目标的一门新兴的综合性学科。**

信息技术：

- **要用于管理和处理信息所采用的各种技术的总称。主要是应用计算机科学和通信技术来设计、开发、安装和实施信息系统及应用软件。主要包括传感技术、计算机与智能技术、通信技术和控制技术。**

所以我们北航特意把跟信息相关的学院合在一起，形成了现在的信息大类。我们从全国招收的学生入学第一年首先进入四个书院，从信息总论的角度来学习到底什么是信息的感知、传输、运算、反馈以及管控的一系列过程等科学理论。我们信息大类里包含哪些学院呢？包括电子信息工程学院、计算机学院、自动化学院、软件学院、微电子学院（现更名为集成电路科学与工程学院）、网络空间安全学院，信息大类去年又成立了人工智能研究院。信息大类的学生在学习中最重要的是加强数学基础，因为数学是我们整个信息大类的核心理论基础。

简史

信息大类：

- **电子通信：信息传输、复现**
- **计算机科学：信息变换、处理**
- **自动化科学：信息利用、控制**
- **软件工程：信息系统、集成**
- **网络空间安全：信息安全、可靠**
- **微电子：信息处理、存储**

数学是信息科学与技术的基础

课程模块	课程类别	课程代码	课程名称	总学分	总学时	理论学时	实验学时	实践学时	开课学期		课程性质、学习要求	考核方式
									学年	学期（春秋夏）		
基础课程	数学与自然科学类	B1A09104A	工科数学分析（1）	6	96	96	0	0	一	秋	必修	考试
		B1A09106A	工科高等代数	6	96	96	0	0	一	秋	必修	考试
		B1A09105A	工科数学分析（2）	6	96	96	0	0	一	春	必修	考试
		B1A19103A	基础物理学（1）	5	80	80	0	0	一	春	必修	考试
	工程基础类	B1B061050	程序设计基础训练	1.5	32	16	16	0	一	秋	必修	考查
		B1B321010	工程认识	0.5	16	0	16	0	一	秋	必修	考查
		B1B021140	电子设计基础训练	2	62	2	30	30	一	春	必修	考查
		B1B061060	离散数学（信息类）	2	32	32	0	0	一	春	必修	考试
		B1B061070	数据结构与程序设计（信息类）	4	80	48	32	0	一	春	必修	考试

我们讲了信息是怎么来的，那信息的未来又会是什么的样呢？有些同学和家长

可能会有顾虑，现在信息太热了，十年、二十年以后，这个信息专业是不是已经发展到头了？不是这样的。我们可以看几个数据，到 2035 年计算将无处不在，信息通信将连接远超于人类数量十倍到二十倍的设备和设施，电子和光电子还远远没有发展到尽头，人工智能正处于一个爆发期，网络安全会面临越来越严峻的形势。所以世界将需要大量的人才在信息变革的过程中推动信息社会发展。

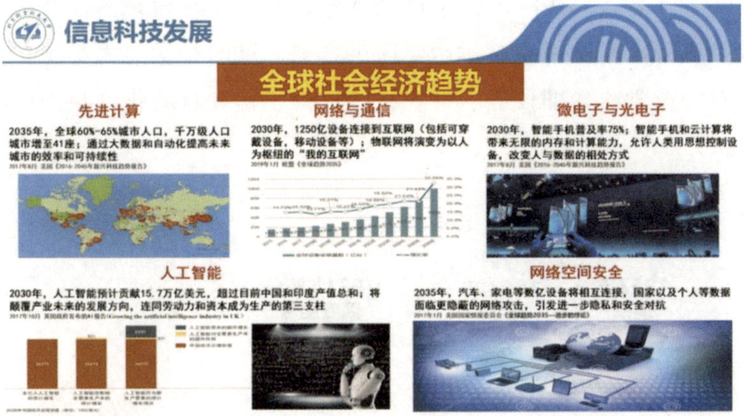

接下来介绍一下北航尤其是北航计算机学院在国家信息科技发展过程中所起的作用和所作的贡献。什么是北航呢？在抗美援朝的时候，我国深刻地感觉到了没有制空权就会被动挨打，没有先进的科学技术就会被动挨打，所以在抗美援朝战争一结束的时候，国家就把国内高校所有涉及航空领域的专业汇集在一起，成立了北京航空学院，专门集中力量来研制国家的自主航空科学技术。10 月 25 日是抗美援朝纪念日，也是北航的校庆日，所以我们北航自诞生以来就是一所围绕着国家的使命和担当的高校。

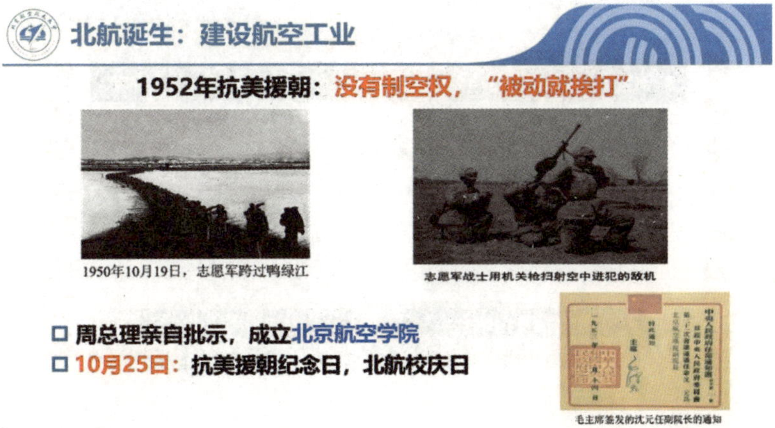

北航成立之初只有两个系，一个研究如何建飞机，一个研究如何让飞机飞起来，所以有飞机组和发动机组，后来发展成为四个系。到 20 世纪 80 年代，飞机设备系延伸出了信息科学群。这个科学群里有什么呢？有电子信息学科、仪器光电学科、计算机学科、软件工程学科、自动化学科和网络空间安全学科。目前北航信息大类的六大学科都处于国内领先地位，电子与信息学科是 A−，仪器光电学科是 A＋，计算机学科是 A，软件工程学科是 A＋，自动化学科是 A，网络空间安全学科是国内首批获得国家网络安全示范学院的学科。同时在信息大类里，有四个学科是教育部的双一流学科，即仪器、计算机、软件工程和自动化，在国内高校里我们是排第一位的。

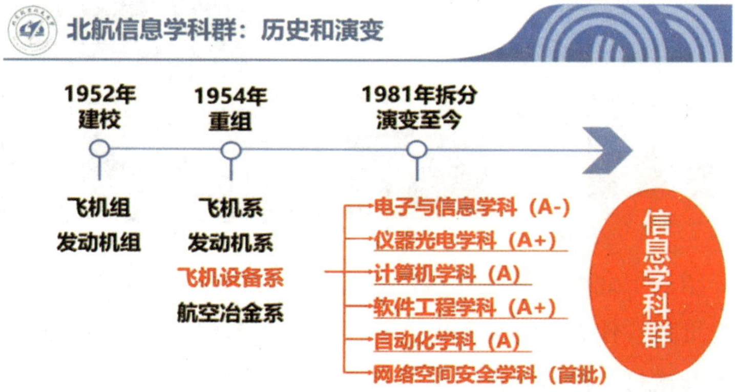

同时，北航的信息学科群围绕着这些学科的建设，也决定了信息学科群的责任与使命。这个责任与使命是什么呢？我们要支撑国家的空天强国战略，引领信息科技变革。从下图中大家可以看到，我们的信息学科群中各个学院的重点聚焦方向。

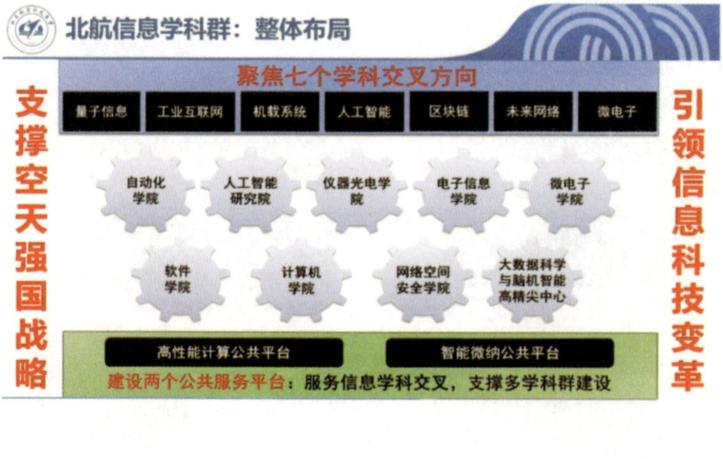

下面，我作为计算机学院院长简单地介绍一下计算机专业、计算机学院。北航计算机专业源起是在1958年，当时需要在飞机和导弹上进行解算，所以我们叫解算装置专业。在解算装置专业的基础之上，我们把握趋势、敢为人先，参与了第一台国产电子计算机的研制，同时探索如何把计算应用于飞机，参与了220机的研制。同时我们也是国内最早开展计算语言学研究的高校，所以在刚开始的时候，我们一直是国内最早开展计算研究，并把计算用于国家关键设备的。

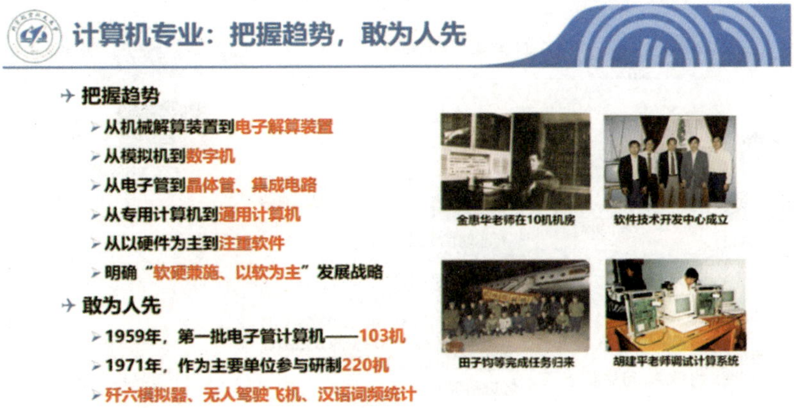

到目前为止，北航计算机学院在系统、软件、理论以及应用方向上都取得了很多成绩，为国家建立安全可靠的计算系统是我们计算机学院义不容辞的使命，因为我们是航空航天大学的计算机学院，所以首先研究的就是如何在航空航天中支持计算系统。在国家的重要计算系统，比如星载、机载、特种计算机的研制和创造过程中，我们都发挥了重要作用。不仅如此，我们在国家的大型计算系统研制过程中也发挥了重要作用，这是我们的核心使命。所以大家来到计算机学院，肯定首先要研究的是国家关键计算系统的可靠性、领先性以及安全性的问题，这是核心问题。

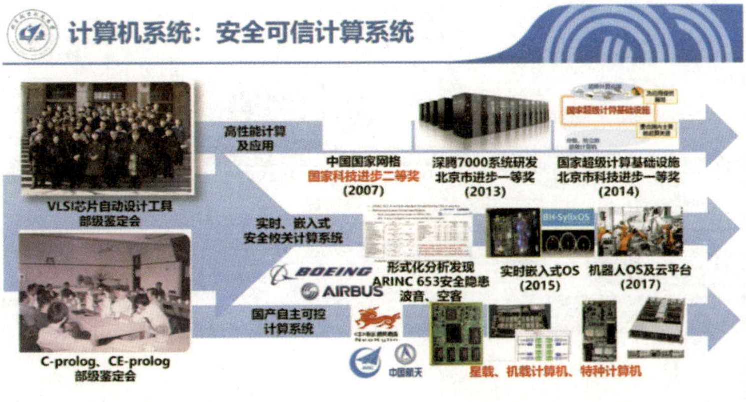

另外，北航计算机学院也是国内最早开展海量信息与大数据研究的。我们的李未院士、怀进鹏院士和郑志明院士从20世纪90年代末期就开始研究海量信息处理。当时我们就预见到了未来的信息系统一定是一个复杂海量的大数据建成的系统，它所面临的组织理论与方法研究是未来的核心问题。所以我们在大数据方向上、海量信息处理方向上不仅开展了很多的理论研究，而且在各类大数据的研究和工程建设过程中发挥了重要作用。

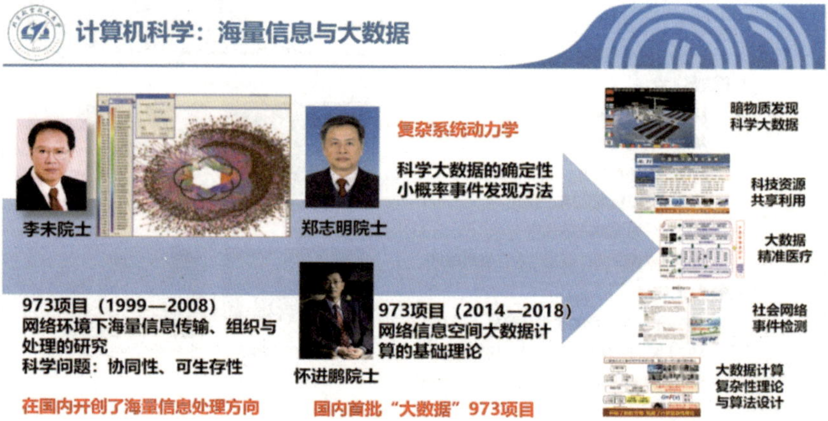

同时，在由于数据爆炸带来的计算的复杂性研究中，我们也取得了国际领先的理论和成果。到目前为止，我们有大数据高精尖中心，有国家科技大数据工程技术研究中心，有综合交通大数据国家工程实验室，这都是计算机学院在大数据研究过程中建设的一系列基地和平台，也取得了一系列的成绩。

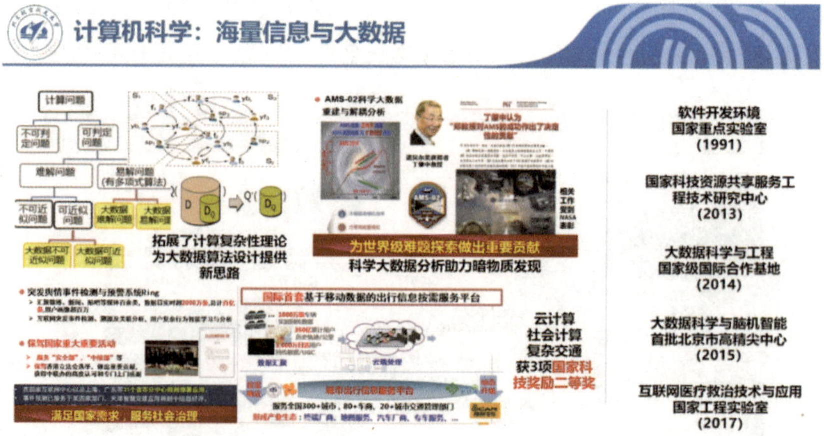

在计算机应用方向上，北航计算机学院认为未来的应用一定会推动人和机器的交互，让它变成一种层进式的交互模式，而这就是虚拟现实。我们的赵沁平院士从20世纪80年代末、90年代初就开始研究虚拟现实技术与系统，到目前为止，我们是国内唯一拥有虚拟现实技术与系统国家重点实验室和国家工程实验室两个实验室的高校，也是国内在虚拟现实技术与系统研究方面的顶尖高校。

下面两张图展示的是我们在虚拟现实方向上获得的一系列的成果。我们不仅把虚拟现实技术应用于民用社会经济事业，也支撑了国家的军事和国防领域，而且在医学领域也开展了各种各样的研究。

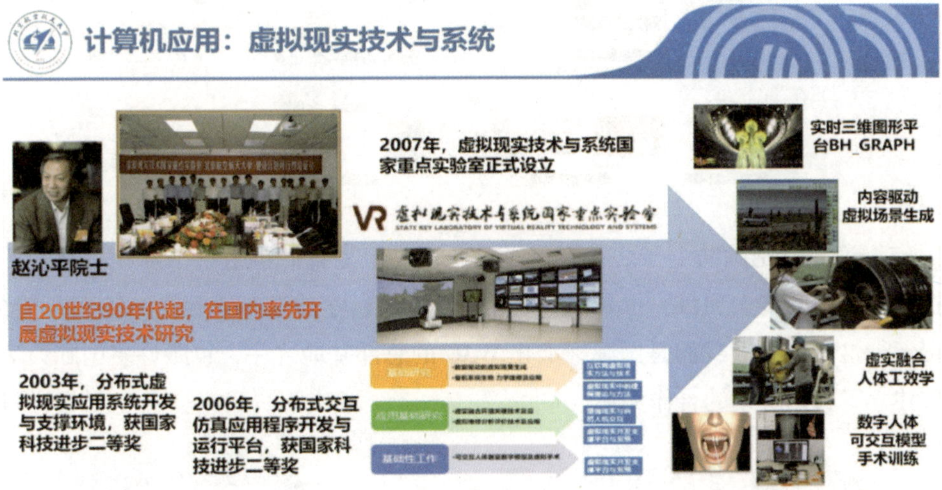

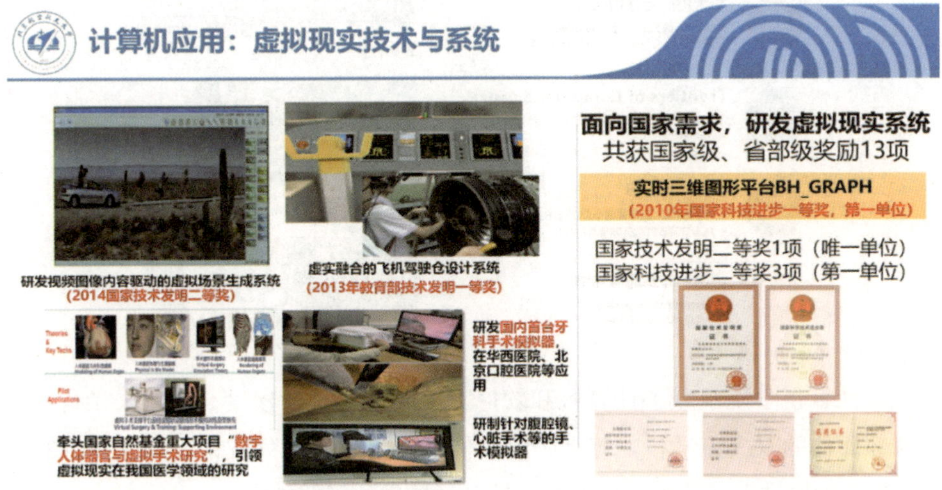

北航确确实实是一所有使命担当的高校，我们在国家一系列重要信息系统的发展、研制与运行过程中发挥着重要作用，这也是北航在信息领域、信息系统建设过程中取得的一系列成果。

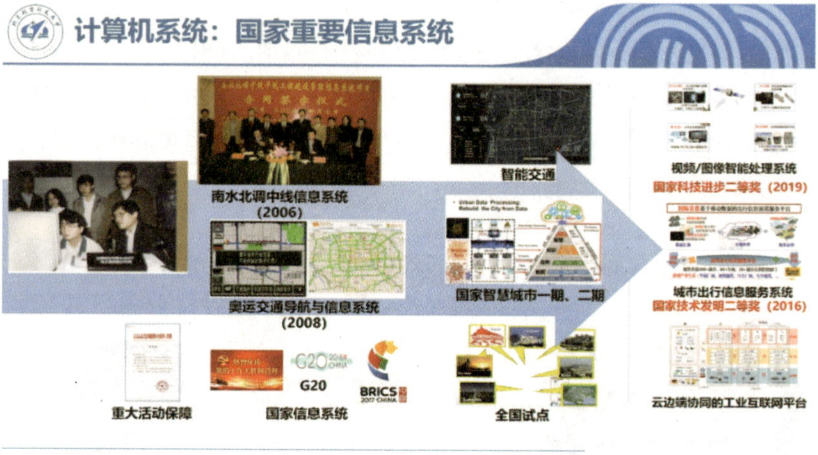

有人说北航是国防七子之一，是军工院校，但是我们也重视国际化。我们不仅承担国际合作的重大项目，也是国际期刊、计算机科学前沿 SCI 刊物 FCS 的编辑部，负责运行这个期刊。我们是国际标准化 W3C 的总部基地之一，也跟许多国际大学和高校建立了长期持续的合作关系。

北航计算机学院承载了计算机和软件工程两个学科的建设。这两个学科都进入了教育部评估的双一流学科。每个阶段我们都产生了一系列成果，在全球计算机科学实力排名中也进入了前 100 名，有的排名已经进入了前 50 名。

学科建设

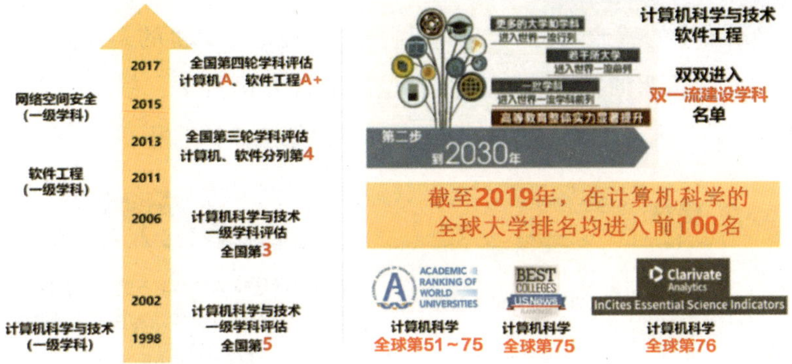

北航计算机学院拥有一系列的学科带头人，也是国内唯一拥有两个国家重点实验室——软件开发环境国家重点实验室和虚拟现实技术与系统国家重点实验室的学院，同时我们还有一个国家工程中心、一个国家工程实验室，还有一系列的省部级重点实验室。

那么，如果同学们来到了北航信息大类，你们的使命是什么，以及我们信息大类的使命是什么？谈到使命，我觉得家长特别感兴趣的是孩子的未来是什么样的。这里有一个简单的数据：麦肯锡全球研究院发布了一个报告，在未来的十年到二十年里，社会的就业结构会发生根本性变化，未来将会有近 3.75 亿人口面临重新就业，其中中国就占到 1 个亿。这是我们在未来会面临的不断深刻变化的职业结构，这个结构变化有一个加剧因素——信息科技。

使命

麦肯锡全球研究院（McKinsey Global Institute）发布的报告中称，随着科技的进步，未来全球大概有3.75亿人口将面临重新就业，其中中国占1亿

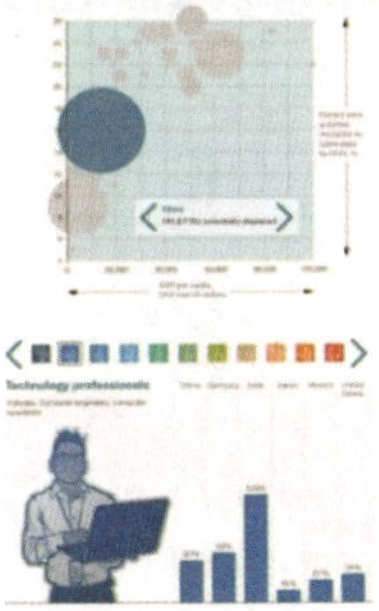

◆横坐标代表不同国家的2010年的GDP总值

◆纵坐标代表2030年各国目前的工作被人工智能取代的比例

◆深蓝色圆圈代表中国，表示2030年，中国预计有1.112亿人的工作被人工智能所取代

◆在技术专家（计算机工程师、专家）大类中，中国岗位需求将增长50%

下图中的数据是美国劳工部，也就是美国的人力资源部发布的。数据显示会有大量的人进行重新就业；另外，美国的人力资源部还预测：到 2025 年的时候，在科学技术工程和数学的就业岗位上，信息科技，尤其是计算机的人才需求将达到 76%，在大量的人重新就业的同时，会产生大量的对计算机科学、信息科学人才的需求，而且这种信息科学人才的需求将不只是 50%，而是 76%。

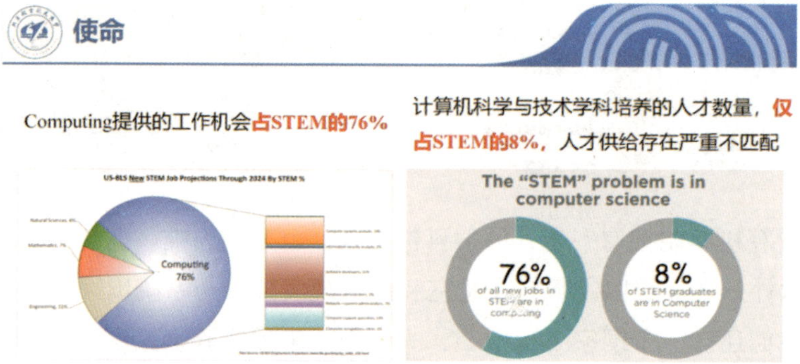

STEM：Science, Technology, Engineering, and Mathematics

这个情况导致的结果将是什么呢？在 2018 年的时候，华为公司和中国软件行业协会专门发布了一个报告，即中国 ICT 人才白皮书，其中显示现在信息科技人才是大量欠缺的，这导致的结果将是什么？结果将是现在的信息科技人才的工资水平居高不下。这是有道理的，因为各个行业都需要信息科技人才，这是我们将面临的客观情况。所以我们信息大类的招生规模也在扩充，但是扩充速度远远跟不上国家对信息科技人才的需求。我们北航的信息科技人才应该是什么样的人呢？这就涉及使命问题了。

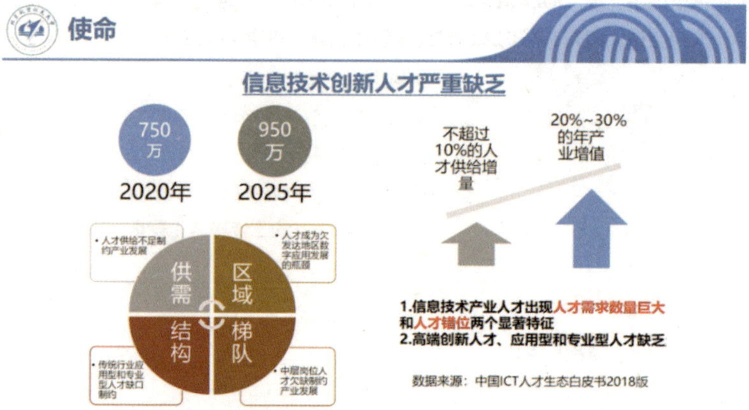

北航是围绕着国家战略建立的高校，我们应该培养的就是国家未来发展战略中需要的人才。我们现在面临着一个什么样的趋势呢？大家都知道，信息科技已经带来了社会的第三轮变革，同时，全球的环境也在发生急剧变化，这种急剧变化导致我们必须要发展信息科技，而且是自主创新的信息科技。习总书记说，我们已经迈进了一个新时代，我们要开启网信事业的新征程。在这个新征程中，北航人要发挥重要作用。

那么，如何进行学生的培养？学院在培养过程中应该秉持什么理念呢？学生以后应该成为什么样的人呢？我个人认为我们一定要抓住一件事情——变。社会在变革，个体也在不断变化，教学和人才培养的模式也在不断变化，同学们到了北航信息大类，一定会发现各个方面都在不断变化。我们培养人才的核心任务就是让学生能够适应未来社会的发展和挑战，成为具有可持续竞争力的人才。目前学到的知识可能十年后、二十年后会过时，学生需要做的是能够动态学习知识，不断提高创新能力和持续竞争力。

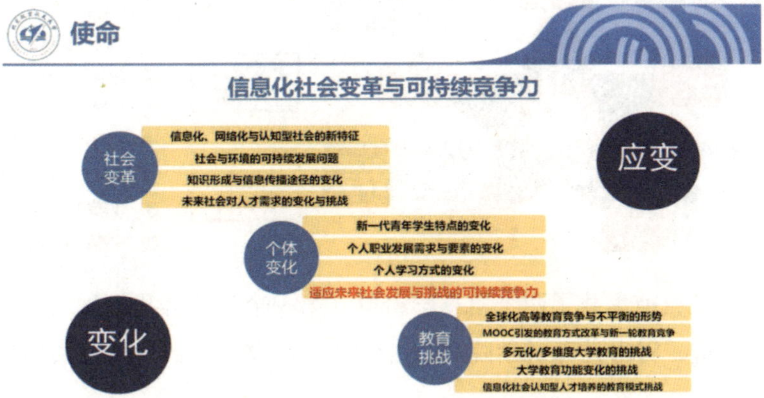

所以，学院要培养的人一定是面向未来的新机器和新工程体的信息人才，而且这些人才一定要成为未来工程的制造者和发现者。在发现的过程中，我们更应该关注学生思维的形成以及学习的变革，这是整个信息学科群要面临的挑战。

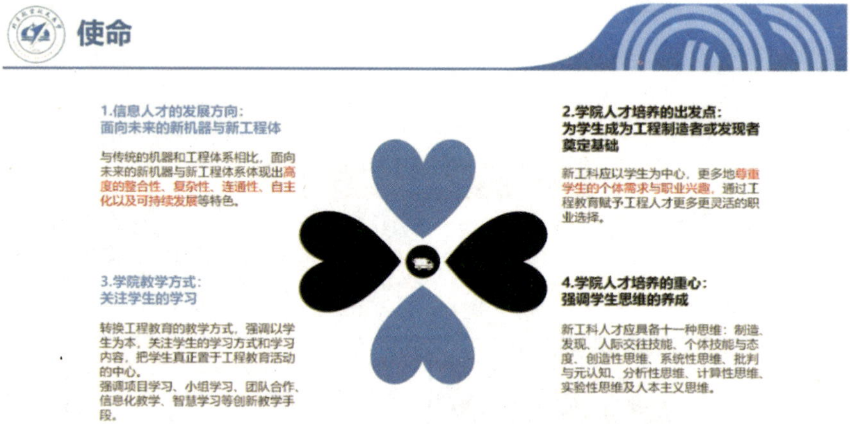

所以学院从 2019 年开始持续对信息学科群进行规划，提出了信息学科群的定位是以立德树人为核心，支撑空天强国战略，引领信息科技变革。我们要培养的是服务国家战略、有空天强国情怀、引领信息科技变革的拔尖领军人才，而且在培养中一定要迎合空天信息融合特色，并在学习和研究过程中引领信息社会变革的重大系统和工程。这也是我们整个信息大类的目标。

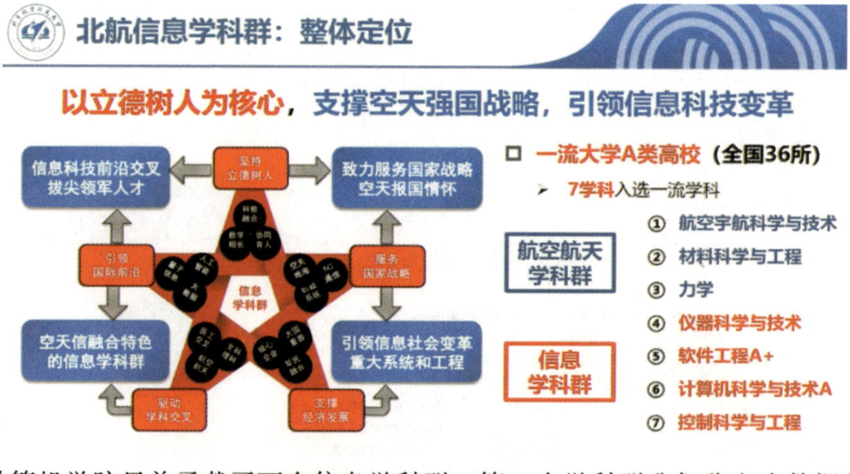

计算机学院目前承载了两个信息学科群，第一个学科群我们称之为数据科学与软件工程学科群，将由计算机学院和软件学院、可靠性、数学学院共同建成。第二

个学科群是计算机科学与智能技术学科群，由计算机学院、人工智能研究院、电子信息工程学院、自动化学院建成。我们要抓住自动化变革的机遇，促进智能驱动的学科交叉。

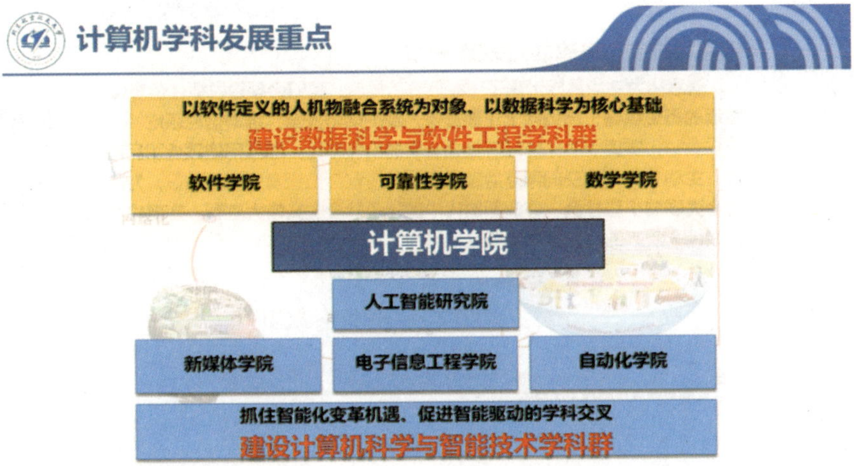

这是计算机学院的整体规划。围绕着整体规划我们现在的研究也分为了八个方面，有一些是我们现在的重点优势方向，有一些是面向未来智能系统和未来社会变革的重要方向。

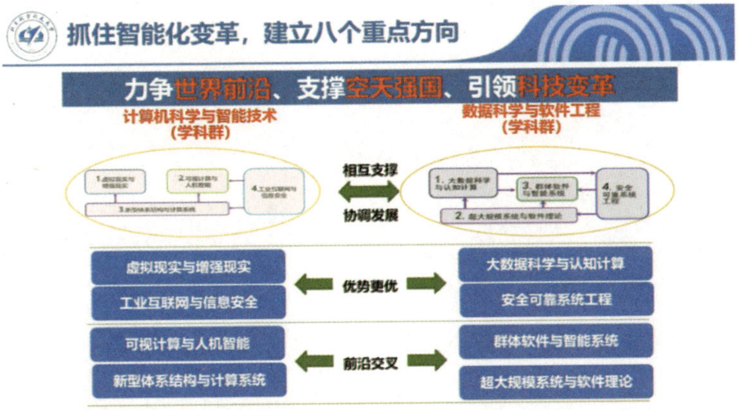

以上是北航信息大类和计算机学院的基本情况。习近平总书记说过信息化为中华民族带来了千载难逢的机遇。无论是学院、学校，还是各位家长和同学，都必须敏锐地抓住信息化发展的历史机遇。我们要推动信息领域的核心技术突破，发挥信息化对经济社会的引领作用，同时还要自主创新推进网络强国建设。同学们，中国未来信息科技的变革，一切由年轻的你们来决定。

谢谢大家！

使命

信息科技创造未来的最关键一代！

信息化为中华民族带来了千载难逢的机遇。我们必须敏锐抓住信息化发展的历史机遇，加强网上正面宣传，维护网络安全，推动信息领域核心技术突破，发挥信息化对经济社会发展的引领作用，加强网信领域军民融合，主动参与网络空间国际治理进程，自主创新推进网络强国建设，为决胜全面建成小康社会、夺取新时代中国特色社会主义伟大胜利、实现中华民族伟大复兴的中国梦作出新的贡献。

中国未来信息科技的变革，

一切由年轻的你们来决定！

扫描二维码查看哔哩哔哩完整视频

仪器科学与光电工程学院

学院介绍

学院概览

学院成立于2003年，源于建校初期的“航空陀螺及惯性导航”和“航空仪表与传感器”研究室，现涵盖仪器科学与技术（A＋学科，并列第一）和光学工程（B＋学科，北京市重点）两个一级学科，始终瞄准航空航天国家重大需求和国民经济建设，培养了一大批惯性技术、精密测量与测试和光电成像探测领域的杰出人才，在国内外具有显著影响力。

师资队伍

专任教师152人，拥有正高级职称者46人，拥有1个国家基金委创新群体、5个省部级创新团队。其中：院士3人，长江学者、杰出青年等国家级人才29人，青年国家级人才16人，北京市教学名师2人，北航“立德树人”奖获得者2人。

科学研究

形成了先进惯性器件与系统、精密光机电测试、先进传感技术、光学遥感成像等优势研究方向。拥有1个国家级、7个省部级重点实验室；2006年以来主持获得14项国家奖（含一等奖2项）。主持多项重大专项，年均科研经费2亿多元。

本科专业及培养体系

设有仪器类大类专业，下设测控技术与仪器、探测制导与控制技术、光电信息科学与工程、遥感科学与技术等4个重点专业方向。现有国家精品课3门；2个省部级教学实验中心和人才培养基地。具有完备的创新人才培养体系，以电子、计算机、控制、光学、光电子、导航、图像处理与分析、传感与测试、遥感技术为基础，通过培养，使学生扎实掌握数理基础知识、较宽的专业知识，拥有较强的分析和解决实际问题的技能，成为有创新思维与能力的优秀科研、技术人员。

就业、升学、出国情况

本科毕业生升学率为80.99%，其中国（境）外升学率为18.1%，以去英国剑桥大学、帝国理工学院，美国斯坦福大学、哥伦比亚大学等著名高校攻读博士学位为主。与国外多所著名大学建立了密切合作关系，建有国际合作联合实验室、研究中心及引智基地，每年组织“英国暑期学校”。就业集中在航空航天、船舶、电力、通信、互联网等主流行业和华为、BAT等骨干企业。

徐立军

走进北航，走近仪器科学

亲爱的同学、家长朋友们，大家好！我是北航仪器科学与光电工程学院的院长徐立军，今天由我来给大家介绍一下仪器科学这个专业，以及北航的仪器科学与技术、光学工程这两个学科和学院的整体情况。

我的报告包括四个部分：

（1）思古今，仪器助力璀璨文明；

（2）忆往昔，峥嵘岁月，砥砺前行；

（3）看今朝，重整行装静候君来；

（4）展未来，德才兼修培育英才。

首先看第一部分。这一部分我主要给大家讲解一下仪器仪表是怎么回事。我们首先看奠定人类早期璀璨文明基础的仪器仪表的由来。我们从《说文解字》当中可以了解到，“仪”就是“度”，“器”即“皿”也，“表”是“上衣”，仪器仪表就是这么来的。在神话当中，大家都听说过一些仪器和仪表，比如说大禹治水时用到的“左准绳右规矩”，准绳、规矩就是简单的仪器仪表。下页第二组图中右边这张图表现的是风后和指南车这个故事，这里边也有“仪”也有“表”。那么，早期的“仪”和“表”都有哪些具体形态呢？

奠定人类早期璀璨文明基础的仪器仪表——仪器仪表的由来

➤《说文解字》：“仪，度也。”

➤《说文解字》：“器，皿也。”

➤《说文解字》：“表，上衣也。”

奠定人类早期璀璨文明基础的仪器仪表——神话中的仪器仪表

准、绳、规、矩是什么？

风后和指南车的故事

下面这组图中最左边的这张是浑天仪，大家在小学时就知道了；中间是张衡的地动仪，右边是圭表，这些都是早期的仪表。人类早期怎么准确把握测量和计量？各有各的方法。早期想测量地球的尺寸对人类来讲非常困难。怎么办？埃拉托色尼知道。从锡恩到亚历山大港，是 920 千米，他在锡恩量了量太阳光垂直入射锡恩的角度，到亚历山大港又量了量太阳光垂直入射亚历山大港时的角度，角度差是 7.2° 。他认为地球是圆的，并算出来地球的周长是 39360 公里，与实际的、真正的 4 万多公里相差非常小，这就是早期的测量。

奠定人类早期璀璨文明基础的仪器仪表——早期的“仪”和“表”

落下闳及浑天仪

候风地动仪（东汉-张衡）

圭表

奠定人类早期璀璨文明基础的仪器仪表——人类早期的精确测量

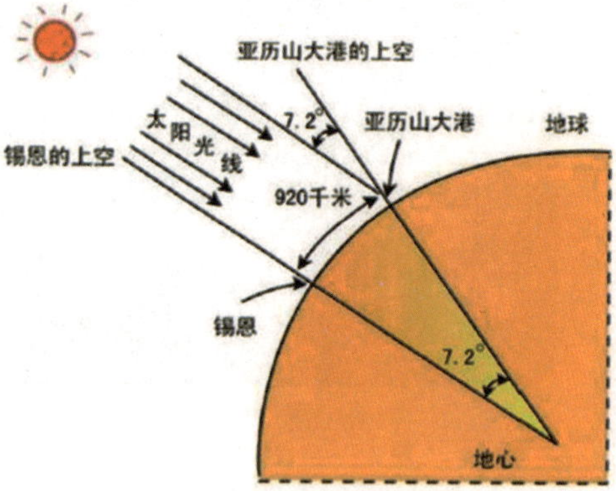

古希腊文明：

埃拉托色尼测量的地球周长为39360公里，现代测量结果为40076公里。

我们再讲讲机械式仪表。我不知道同学们是否去过北京的钟楼和鼓楼？如果去过的话，你看到沙漏、铜漏了吧？古人还用一炷香的功夫来确定固定的时长，这些都是来自古代的非常简单的计时方法。科技在不断发展和进步，卡文迪许设计了一个扭称实验，并发现了电荷之间的相互作用，这是一个非常有代表性的机械式仪表。

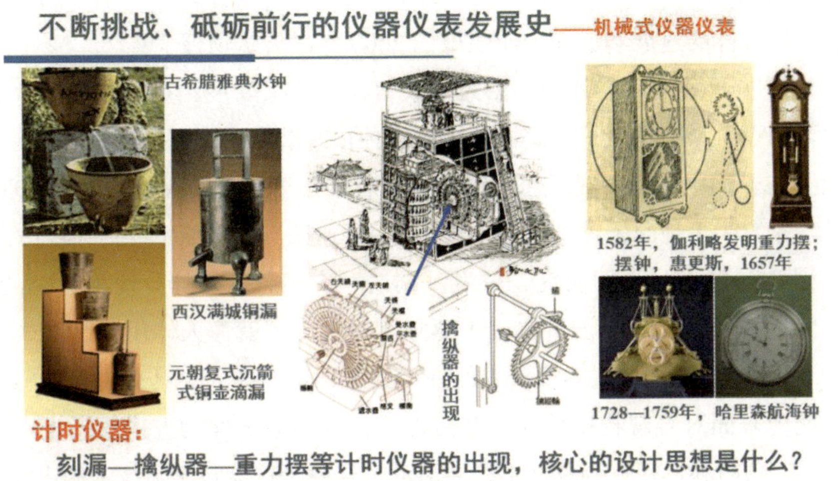

我们再看电磁式的仪器仪表，从卡文迪许的扭秤实验到奥斯特的电流撞击实验，以及我们所说的法拉第利用电磁感应定律测量泰晤士河水的流量等，这些都是电磁式仪表的应用。

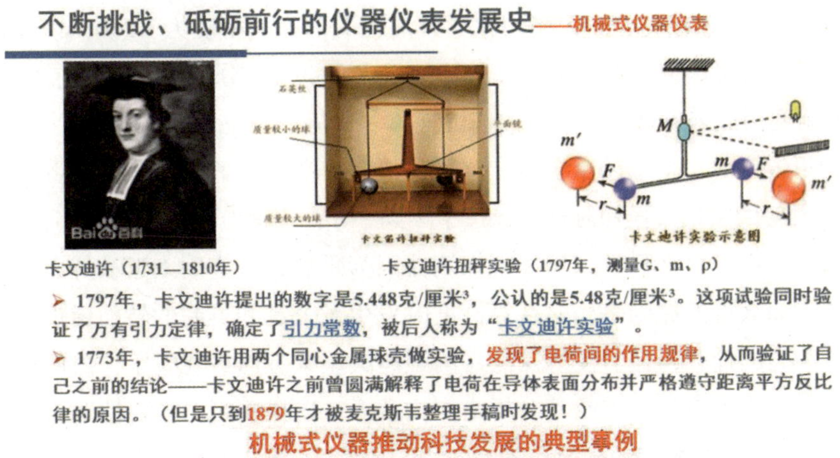

到了现代，大家都知道，有一个大科学家，他就是薛其坤院士，他的贡献是量子反常霍尔效应，这是固体材料中的电磁感应效应，发展到后来，由霍尔效应到反常霍尔效应，有整数也有分数，这些都是电磁学里最经典但又前沿的知识。

再看光电式的仪器仪表，光电式的仪器仪表比电学仪表更进了一步，那就是应用到了光学。比如说在1958年基尔比和诺伊斯发明的首块集成电路，就是光电式的。

有一位非常著名的华裔科学家叫高坤，他因“光通信中研究光在纤维中的传输”取得了非常有突破性的进展和成果，而获得了2009年诺贝尔物理学奖。

我们再看量子式的仪器仪表。由光电式仪器仪表又发展到量子式仪器仪表，又是一个很大的飞跃。现在量子仪表被认为是一种很有潜力的仪表。最早，约瑟夫·汤姆逊发现了电子，卢瑟福发现了阿尔法粒子，后来科学家又发现了电子衍射现象等，到现在科学家发明了铯原子钟、氢原子钟等，人们把定时精度提高到了很高的高度。

仪器科学与技术是专门研究、开发、制造、应用各种仪器，使得人类的感觉、思维、体能感官等可以用于测量，用于感知客观世界（就像人体用眼睛看或其他方式一样），得到对客观事物或客观世界的一个描述，从而使人类具有更强的感知和操作工具的能力来面对客观物质世界，并能以最佳或接近最佳的方式发展生产力、进行科学研究、预防和诊疗疾病及从事社会活动，这就是仪器科学与技术的内涵。

仪器仪表的理论体系包括传感器的理论和原理，其中有计量检测的理论和原理，也有分析理论与技术、自动控制和信号处理等。我们谈到仪器仪表，就不得不提准确评价的问题。为什么说准确评价是必要的呢？科学家瑞利认为一切科学上的最伟大的发现几乎都来自精确的量度，量度就是精确的测量，他用分离法测量氮气的密度，测量结果是1.2572 g/cm^3，而用化学方法提取的氮的密度为1.2505 g/cm^3，是准确值，两者非常接近但又有些不同，分析结果表明空气中分离出的氮含有其他成分，由此促使雷塞姆后来发现了空气中的惰性气体——氩。

我们再说说单位规范的重要性。这里我给大家举个例子——火星探测。1998年12月美国发射的火星气候探测器在经过了不到一年的时间，于1999年9月因故障和地面失去了联系。后来科学家们发现探测器因为距离火星表面太近被烧毁了，而它距离火星表面太近的原因是当时计算高度时发生了公制和英制的转换错误。这一错误导致了距离的计算误差，使得探测器因距离火星太近而被烧毁了！由此可见单位的规范性是多么重要！误差及其分析是多么重要！这里我用“紧要性”来形容误差分析，比如，美国耗资15亿美元的哈勃太空望远镜，由于主镜片存在缺陷，导致成像模糊，结果造成一半以上的实验和许多观察项目无法进行，而这个缺陷是不可修复的。

再来说说计量检测问题，首先是经典计量，大家都知道米是长度单位，千克是质量单位。但是米作为长度的基本量，在过去是以一米长的实物原器作为计量基准，而实物原器受温度、湿度等因素的影响，其精度现在就不够了，所以现在我们不用它了。千克原器也是同样的命运。到目前，7 个基本物理量都量子化了，都用量子化的基准代替了实物基准。

这里我先讲讲秒基准：铯原子钟，Cs—133 原子基态的两个超精细能级之间跃迁所对应的辐射的 9192631770 个周期的持续时间为 1 秒。再说长度单位——米基准，以光在真空中 1/299792458 秒的时间间隔内所经过的距离为 1 米，这比以实物为计量基准要准确得多。

我们再看误差理论的发展历程。最早提出误差概念的是伽利略，他于 1632 年提出。1794 年高斯提出了最小二乘法，现代科学家提出了不确定度的概念和现代误差理论。

下面我给大家介绍一下第二部分：忆往昔，峥嵘岁月砥砺前行，把北航、北航仪器学科和仪器学院的历史给大家介绍一下。北航的历史可以说是一部不忘初心、坚守使命的历史，从她诞生之日起，第一代北航人就以航空为国为己任。1952 年，八大学院的航空系汇聚到北航，成立了中国第一所航空航天高等学府北京航空学院。第二代北航人，以空天报国为己任，为祖国的航空航天事业做出了卓越的贡献。未来，重任将落到你们这一代人身上，我希望我们的同学们将来能够以科技强国、建设扎根中国大地的一流大学为己任，为我们国家和民族的富强做出更大的贡献，而北航的使命便是服务国家，扎根中国。

北航仪器科学与光电工程学院创业兴学，形成了三代人的陀螺梦。20 世纪 50 年代，为了服务国家“两弹一星”的战略需求，由钱学森先生提议、由林士谔先生创办了我们国家的第一个航空陀螺惯导专业，这也是我们仪器专业的前身。1981 年，学院获批首批国家博士点，1988 年获批首批国家重点学科，2007 年获批首批国家一级重点学科——仪器科学与技术，这也是本学科三个国家一级重点学科之一。2010 年获批“惯性技术”国家级重点实验室，2012 年和 2016 年在教育部学科评估当中，北航分别获得第一名和 A ＋的成绩，2016 年的 A ＋实际上是和清华大学并列第一，2017 年本学科又入选国家双一流建设学科。

北航仪器科学与光电工程学院于 2003 年 12 月由宇航学院和自动化学院的一部分合并组建，到目前已经发展到四个系两个所，包括测控系、惯性导航系、光电工程系、遥感系，光电所和精仪与量子传感所，还有一个实验教学中心。

回顾一下历史：中国机械陀螺之父林士谔先生是我国早期到美国求学的科学家之一。他 1935 年从上海交大毕业后，奔赴美国的 MIT，师从 Draper 教授。他是我国航空仪表及惯性技术的奠基人之一，他的发现被命名为林氏定理。林先生热爱祖国，谢绝挽留，于 1940 年回国参加抗日。他发明了膜盒空速表，获得了光华发明奖，相当于现在的国家技术发明奖。

历史回顾：中国机械陀螺之父——林士谔

林士谔
(1913—1987)

- 1935年：交通大学（上海）电机系毕业（第2名）
- 1935年：公费留学美国MIT
- 1939年：获博士学位（师从Draper教授）
- 是我国航空仪表技术及惯性技术的奠基人之一
- 著名的自动控制专家和航空教育家

◆1939年，林士谔在博士论文中首创高阶代数方程的劈因子法（在国际上被称为“林氏定理”）

林士谔的导师Draper教授被誉为“惯性导航之父”

下面这张照片，大家有可能在别处见过。这是建校时八大院校航空系的系主任齐聚北航时的合影，他们是当时八大院校航空系的带头人。

建校伊始：建校时的学术大师

1985年6月，组建北航的原8所院校航空系科领队合影。从左至右：厦门大学林士谔教授、中央工专张锡圣教授、华北大学工学院王俊奎教授、清华大学沈元教授、云南大学王绍增教授、西北工学院吴云书教授、四川大学赵世诚教授（时任四川大学航空系领队为饶国璋教授，拍摄时已离世，由赵世诚代表该校）、北洋大学王洪星教授

说到我们学院，我们得说三代人。

第一代人的代表是林士谔先生，他带领北航团队研制了我国第一个液浮陀螺、第一个挠性陀螺、第一个动压气浮陀螺等，实现了我国机械式陀螺的从无到有。

第二代人的代表是被称为光纤陀螺之父的张维叙先生，他在国内率先开展了光纤陀螺的研究，30 年持续攻关，于 2009 年获得国家技术发明二等奖，实现了我国从机械陀螺时代到光学陀螺时代的跨越。

再看看我们第三代人——实现了惯性技术从跟跑到并跑。第三代人发明的“卫星新型姿控 / 储能两用飞轮技术”和“小型高精度天体敏感器技术”，分别获得 2007 年度和 2008 年度的国家技术发明一等奖，带头人分别是房建成院士和张广军院士。信息技术已经进入了量子时代，第三代人也向国际最前沿技术的原子陀螺发起了攻关，挑战测量极限。

在 2009 年，我们学院得到了时任国家副主席习近平同志的关怀，他来到学院的实验室视察工作，鼓励我们继续创新，服务国家的重大战略需求。

我们的学生也不甘落后，他们以林士谔先生为创作原型，自编自导自演了话剧《永恒》，传承永恒的陀螺精神。时任校党委书记张军及其他学院领导观看了演出并上台慰问全体演职人员。精神的传承往往比知识本身更有力量。

下面我们看第三部分：看今朝，重整行装静候君来。我们学院始终以培养一流的人才为目标，那么怎么保证把学生培养成一流人才呢？我们有一流的党建和思想引领、一流的学科基础、一流的培养理念、一流的师资队伍、一流的科研团队、一流的平台基地、一流的科研基础、一流的教学和培养条件。

一流的党建和思想引领：我们有和谐、创新、发展的理念，我们有永恒的陀螺精神，我们希望未来的你和我们一样有永恒的陀螺精神。

一流的学科基础：学院拥有仪器科学与技术和光学工程两个一级学科，在教育部组织的历届学科评估中：2004 年第一轮评估中，北航排名第四；2009 年第二轮评估中我们上升了一小点，排名第三；2012 年第三轮评估中，我们排名第一；2016 年第四轮评估中北航又与清华并列 A +。这个评估结果很好地说明了我们的学科基础称得上是一流的。

一流的培养理念：我们始终把培养拔尖人才与强化爱国担当相结合，坚持政治品质与学术品质塑造并重，培养、汇聚又红又专的人才。希望大家记住这 16 个字：“理想高远，学识一流，胸怀寰宇，致真唯实”；还有，“德才兼备，知行合一”，这是北航的校训。

一流的师资队伍：学院现有教职工 164 人，专职教师 145 人，其中教授 42 人，副教授 65 人，两院院士 3 人，长江学者 10 人，国家杰出青年 9 人，万人领军人才 6 人。等大家上了大学，就知道这些荣誉称号的分量了。

一流的科研团队：我们拥有国家自然基金委创新群体 1 个，教育部创新团队 3 个，科技部重点领域创新团队 2 个。这个团队也是非常强的。

一流的平台基地：我们拥有国家级重点实验室 1 个，国家国际科技合作基地 1 个，省部级重点实验室 6 个，省部级工程中心 1 个，省部级国合基地 1 个（像这样的平台基地在国内高校当中是首屈一指的）。

一流的科研基础：近些年主持获得国家级奖励 16 项，其中包括国家技术发明一等奖 2 项、科技进步奖 5 项、中国专利金奖 1 项、国家教学成果奖 1 项。2005 年以来科研经费逐年上升，到现在基本上每年在 2 亿元左右，人均经费每年 100 多万元，我们的科研经费是非常充足的。

科学研究方面。我们的专业方向是仪器类，欢迎大家选择仪器类专业方向。学院下设 4 个本科生专业——测控、探测制导与控制、光电信息、遥感，分属于仪器科学与技术和光学工程两个一级学科，本科生和研究生的培养现在已经实现了本研一体化。

（1）测控技术及仪器专业：测控，顾名思义就是测量＋控制，有很多应用领域。举几个例子：一是天体敏感器，它被称为航天器的眼睛；又比如，激光吸收光谱成像，它被称为看透火焰的眼睛；还有先进的硅微压力传感器、石墨烯加速度传感器等。这些大家上了大学后可以更详细地了解、学习。

（2）探测制导与控制技术专业：有量子精密测量研究方向，房建成副校长的研究就在这个专业方向上；有磁悬浮技术及应用研究方向（军民两用）；还有精密仪器和导航控制方向，包括导航技术、无人传感、自主智能传感、光学成像与探测等。

（3）光电信息科学与工程专业：包括光纤传感、光学测量、惯性测量与导航、先进成像、量子探测等世界领先的成像前沿基础研究；另外还包括信息显示、光场操控。

（4）遥感科学与技术专业：研究航空遥感、卫星遥感、地基观测等。我们有好几位大教授在做这方面的研究工作。该方向的研究内容包括非接触式光电探测、新型光电成像探测、信息处理与遥感应用等，应用领域包括航空航天、生物医疗，成果已经应用于国家的一些重要任务，比如“高分 5 号”“嫦娥 3 号”等。同时响应“绿水青山就是金山银山”的号召，成果还应用于矿产勘查、精准农业、城市调查等。

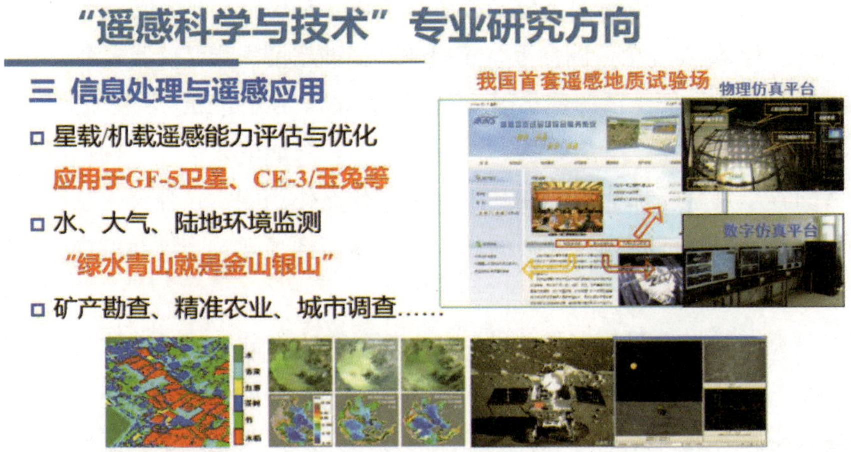

一流的教学和培养条件：学院先后获批国家级精品课程 1 门，国家级精品视频公开课和精品资源共享课各 1 门，北京市精品课程 3 门。学院的教学成果，先后获得国家级教学成果二等奖 2 项，北京市教学成果奖 3 项。北航测控技术与仪器专业入选教育部卓越工程师计划，2019 年入选教育部一流本科专业；探测制导与控制技术专业获批工信部重点专业；遥感科学与技术专业入选国防紧缺专业；学院实验中心牵头获批工信部实验示范教学中心等，这些都为学院的教学和人才培养提供了一流的条件。

下面给大家介绍第四部分：展未来，德才兼修培育英才。我们是仪器类专业，说到科学发现，我们就得说科学仪器以及其背后的仪器科学与技术。我国光学仪器的鼻祖王大珩院士说仪器是科学发现的先行官。这一点都不为过，确实是这样。“帕克号”太阳探测器是美国 NASA 也是人类发射的第一个飞入太阳日冕的飞行器，近日点位于太阳表面上方仅仅 8.86 个太阳半径处。这是人类第一次近距离接触太阳。该仪器发挥了什么作用呢？该太阳探测器上搭载的科学仪器将探测它们遇到的等离子体、磁场和波、高能粒子和尘埃，也将对太阳探测器轨道附近以及日冕底部的偶极结构的日冕结构进行成像。再如，在跨尺度精密测量中，要求在 1600 公里的距离下，测量精度达到 0.2 pm，pm 是 10 的 –12 次方米。LIGO 引力波探测器是这两年非常热、非常火的科学装置，它对测量精度的要求非常高。怎么办呢？别为难，让科学仪器来完成这样的任务。

仪器又是装备制造的加速器。为什么这么说呢？我们知道，近年来我国自主研发的战斗机，如歼 –15、歼 –20，相继列装，C919 大飞机也已试飞成功。其中航空发动机是关键装备，它被称为飞机的心脏，它由 3.5 万个零件构成，其中 65% 是超精密级零件，有 20 多万个待测参数，需要 400 多种超精密测量仪器来测量。

仪器又是改变我们生活的催化剂。现代生活都离不开电力。从发电厂到变电站，再到终端——智能楼宇、智能家居、汽车充电站、智能电表等，电网已经渗透到了我们生活的各个角落。那么仪器在其中起到了什么作用呢？仪器又是怎样让电网变得智能的呢？我想生活在现代社会的你们早已体会到了吧？当前我们在尝试智能交通，没有仪器肯定不行。

仪器是点燃科技文明的火种。奥运会火炬的点火方式一次比一次进步。大家可以从中悟出些道道来。有一部非常火的电影叫《三体》，看过的同学认为其中有测量吗？哪些又能变为现实呢？未来科技发展的方向又是什么呢？不管怎样，未来的仪器会变得越来越先进，人类社会会变得越来越文明。

习近平总书记对青年寄予了厚望。青年兴则国家兴，青年强则国家强。我想我们的同学，就是在看这篇报告的同学，你们既生逢其时又重任在肩，你们既是追梦人，又是我们的圆梦人。

扫描二维码查看哔哩哔哩完整视频

北京航空航天大学，值得同学们向往！北航仪器科学与光电工程学院，值得同学们托付！让我们怀着空天报国的使命感、敢为人先的创新精神，不忘初心，携手奋进，再创辉煌。

我的汇报到此结束，谢谢各位同学，谢谢家长朋友们！再见！

软件学院

学院介绍

学院概览

北航软件学院是 2002 年经教育部和国家计委联合批准成立的全国 37 所国家示范性软件学院之一。以北航“建设扎根中国大地的世界一流大学”发展目标为牵引，围绕国家战略需求和产业前沿，注重理论、技术和实践结合，探索新工科人才培养，推进产学研协同育人，培养全面和谐发展、创新型、国际化和市场急需的软件工程人才。

师资队伍

学院按照“领军人才、培养骨干、多元结构、校企结合、国际视野”的原则和“分类卓越”的要求建设师资队伍。学院专职教师中有 3 位领军人才，62% 具有高级职称，63% 具有博士学位，80% 具有海外留学或访学背景。学院还聘有一定比例来自行业和企业界的一线专家作为兼职教师。

科学研究

学院的科研项目包括航空航天、智慧城市等国家重大工程领域，涉及的科学技术包括人工智能、虚拟现实、大数据等新兴产业方向，学院与腾讯、百度等名企有紧密的办学合作与人才协同培养机制。学生有机会参与各类科研训练。

本科专业及培养体系

本科按软件工程一级学科招生，培养面向国民经济信息化建设和发展需要、面向企事业单位需求的“高层次、实用性、复合型、国际化”的软件工程技术和管理人才。课程体系设置参照 ACM 和 IEEE 等联合推荐的方法，同时兼顾基础性和前沿性、理论性和技术性、人文与科学等方面，突出培养学生的工程意识、职业素养和实践能力；开设研讨课、视频翻转课堂、实践系列课程，强调团队合作、实践实训环节以及解决复杂软件工程问题的能力。

就业、升学、出国情况

毕业生深受市场欢迎，就业面广、质量高、薪水高。本科生就业率达到 99% 以上，在腾讯、百度、阿里巴巴、微软、美团、今日头条等知名企业就业的毕业生达 30% 以上，在国有大中型企业就业的在 60% 以上。学生读研深造率近 70%，在国内攻读硕士研究生者占总人数的 40% 以上，其中免推攻读研究生比例约为 20%，出国留学比例约为 25%。

网络空间安全学院

学院介绍

学院概览

北航是国内最早开展网络空间安全研究的高校，获评中央网信办、教育部共同授牌的“一流网络安全学院建设示范项目高校”、首批国家网络空间安全一级学科博士点、首批国家网络空间安全学科博士后流动站。“信息安全专业”是首批教育部“双万计划”国家级一流本科专业建设点。“网络空间安全”是北京高精尖学科。学院师资力量雄厚，拥有 2 个国家级平台、1 个国防科技重点实验室、2 个省部级重点实验室、9 个一流本科教学实验室和 15 个校企联合实验室。

师资队伍

北航网络空间安全学院拥有国内一流、国际水准的教学科研团队和实验教学团队，拥有兼职院士 3 人、国家级青年人才 3 人、优青基金获得者 1 人、入选青年人才托举工程 1 人、国家网络安全优秀教师 1 人、北京教学名师 1 人、北京市优秀教师 1 人。科学研究瞄准国家和国防重大战略，在密码学及区块链应用、空天地一体化网络安全、大数据与人工智能安全、工业互联网安全、安全可信系统、网络舆情获取与处理、网络空间安全治理等研究领域，形成了特色鲜明的研究方向。

本科专业及培养体系

学院下设信息安全系、信息对抗系、安全工程系和实验实践教学中心，设有信息安全专业、信息对抗技术和网络空间安全 3 个本科专业。本科按信息大类招生，每年从信息大类生源中遴选本科生。在本科生专业培养方案的制定上突出学科交叉，建立本硕博统筹规划的课程体系和实验实践教学体系。创新网络空间安全人才培养体系机制，不拘一格选拔人才，选拔优秀学生实行直博和本硕博连读，打造本—硕—博一体化人才培养体系。

就业、升学、出国情况

学院瞄准国家经济社会发展的战略需求，加快培养网络空间安全相关领域急需的应用型、复合型创新创业人才。毕业生深受用人单位欢迎，在国家政府部门、国内外著名 IT 公司、大中型网信企业、各大银行、科研院所等单位就业的比例高达 80% 以上。毕业生出国深造的比例持续增长，研究生保研率高出平均水平 10%，研究生升学率达 82%。

刘建伟

这里的战场静悄悄——网络空间面临的安全挑战及行动对策

同学们好，今天我为大家作报告，报告的题目是“这里的战场静悄悄——网络空间安全面临的安全挑战及行动对策”。今天报告的内容主要有五点：一是国内外网络空间安全现状；二是网络空间对抗经典案例；三是工业控制系统安全；四是我国面对现在的国内外安全形势应该采取何种对策和建议；五是 5G 通信网络安全现状和关键技术。

我们首先讲一下国内外网络空间安全的现状。近年来，国内外网络安全的形势越来越严峻，国内外发生的很多网络安全事件使得网络安全成为老百姓街谈巷议的热门话题。这里我们先从 1991 年爆发的海湾战争讲起。当时的伊拉克总统萨达姆下令让他的部队开进了科威特，并占领了整个科威特，以美国为首的北约要求伊拉克撤军，而伊拉克坚持不撤军，并且宣称科威特是伊拉克的一个省。当时以美国为首的北约就对伊拉克发动了第一次海湾战争。在海湾战争打响之前，美国特工人员在安曼偷偷给伊拉克从德国进口的一批打印机设备换了一个含有可控计算机病毒的芯片，在战争初期，这个芯片中的病毒扩散，导致伊拉克的军事指挥通信系统全面瘫痪。在战场上，伊拉克军队的通信设施处于瘫痪状态，只能靠高音喇叭指挥战斗。大家想一想在这样的大战中，用高音喇叭指挥战斗还有保密性可言吗？军事专家也将 1991 年发生的第一次海湾战争称为人类历史上的第一次信息战。

据最新报道，美国已生产出带有“病毒固化”技术的集成电路芯片，并开始嵌入到出口的计算机系统中。我们现在用的计算机，主要芯片都来自美国，我们的操作系统也是来自美国。在这种情况下，我国的网络安全形势就显得更加严峻。这些嵌入的可控病毒一旦需要，便可以被遥控激活，攻击者只要发出一条指令，这个病毒就可能开始发挥作用。

2000 年 11 月 25 日，微软公司遭到来自俄罗斯黑客的袭击。我们知道微软是一个软件帝国，应该说微软公司里面有很多超级黑客，但事实上像微软这样的公司的源代码都会被窃取，由此可以推断我们现在的网络没有一个是安全的。因此有专家说“网络安全是相对的，不是绝对的”，没有一个公司敢宣称自己的网络是百分之百安全的。

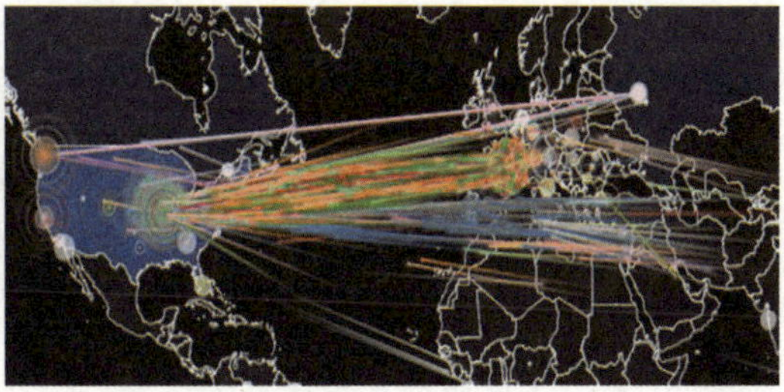

2001 年 4 月 4 日，美国的一些黑客组织相继对我国的网站发起了攻击，这个事件的导火索是什么呢？ 2001 年 4 月 1 日，我国的一架战机在我国的南海拦截美国的侦察机，驾机者是空军优秀的飞行员王伟烈士，他驾驶着我国最先进的歼 -8 战机在南海上空执行驱逐任务时与美国的侦察机发生了碰撞。当时美国的侦察机迫降到了海南的陵水军用机场，我们俘获了美军的侦察机，也俘获了美军侦察机上的人员。当时美国网民要求中国放人放飞机，但是中国不答应。因此美国黑客就开始对中国国内的网站进行大规模的攻击。

2010 年 1 月 21 日，美国《纽约时报》报告，谷歌公司遭到了来自中国的黑客袭击。

他们通过 IP 的检测，声称攻击来自中国的两所高校，而这两所学校均否认。我们知道黑客攻击的时候，往往会找到一台网上不设防的计算机，俗称“肉鸡”，先取得这台计算机的控制权，然后再以这个“肉鸡”为跳板来攻击其他的计算机，这样可以嫁祸于人。所以不能靠 IP 地址来判断这个攻击来自哪里。

2010 年黑客大会上，IOActive 公司安全测试总监 Barnaby Jack 在大会现场向参会者演示了如何利用远程访问漏洞让没有打补丁的 ATM 取款机狂吐钞票。如果某台 ATM 不安全，或者有漏洞，黑客就可以利用此漏洞从 ATM 里面取出钞票。

2011 年 7 月 14 日，美国公布了《网络空间行动战略》，将网络空间作为继陆、海、空、天之后的第五战场，把网络攻击视为战争行为。如果它发现了来自某个国家的黑客攻击，那么它可以用传统的军事力量对等报复，也就是说可以与你开战。

2011 年 8 月拉斯维加斯黑客大会上，McAfee 公司的安全工程师杰伊·拉德克里夫通过无线设备和自己的笔记本电脑成功遥控了 46 米外的一台胰岛素注射泵。我们知道有的糖尿病人身上会内置一个无线控制的胰岛素注射泵，如果注射泵被黑客控制的话，那么黑客就可以控制注射过量的胰岛素，从而实现遥控杀人，这是非常危险的黑客攻击行为。

2013 年 4 月在荷兰黑客安全大会上，德国安全工程师 Hugo Teso 成功绕过飞机的安全检查系统，此举可实现改变飞行路线，甚至让飞机坠毁。这种攻击会对航空安全造成非常大的危害。若飞机上有这样一名黑客乘客，全飞机的人都会面临非常

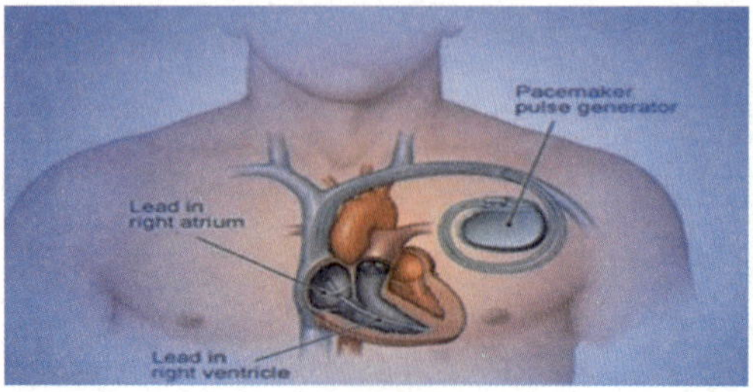

严重的生命威胁。

2013 年 7 月 5 日，Barnaby Jack，也就是刚才讲的从 ATM 取款机中取钱的那位超级黑客，在旧金山的一个加油站被人开枪打死了。他原计划于 2013 年 8 月 1 日在拉斯维加斯黑客大会上曝光自己的黑客绝技，用黑客技术攻击人的心脏除颤器和心脏起搏器。有一些心脏病患者体内植入了心脏起搏器，如果这个心脏起搏器被黑客攻击，就可以直接致人死亡。有人怀疑，体内植入了心脏起搏器的患者因害怕 Barnaby Jack 泄露攻击心脏起搏器的黑客技术而将他开枪打死。

大家都知道爱德华·斯诺登这个人，他是原美国中情局的职员。2013 年 6 月 13 日，他爆出了“棱镜门”事件。他在爆料中指出：从 2007 年小布什执政时期，美国情报机构一直在监听全球领导人的视频、通话或电子邮件，受害的国家领导人有很多。

我们知道特斯拉是美国的一个著名电动汽车品牌，老板叫马斯克。2014 年 10 月，在黑客大赛上，特斯拉 Model S 型汽车电子系统被攻破，特斯拉可被远程遥控实现“无人驾驶”，黑客可以通过单击网页的按钮，实时控制特斯拉车的前进、倒车和熄火等动作。

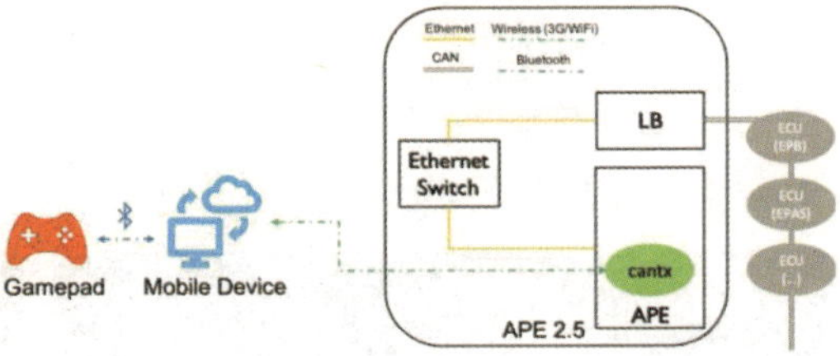

据国家计算机网络应急技术处理协调中心报告，微信等 350 款苹果 APP 被发现存在 Xcode 恶意后门。该恶意代码具有信息窃取的行为，并具有恶意的远程控制功能。

2016 年 1 月，汇丰银行遭受不明流量的攻击，系统崩溃，服务中断两天，1 月 29 日汇丰银行再次遭受 DDOS 攻击，服务再次陷入瘫痪，业务损失惨重。

2010 年 5 月 25 日，欧盟网络数据隐私保护新规 GDPR，即《通用数据保护条例》，在欧盟的成员国中正式生效。这意味着什么呢？如果一个公司泄露了用户的隐私数据，或是卖掉了用户的隐私数据，这个公司就会受到惩罚。按照 GDPR 的规定，要受到多大的惩罚呢？我们举个例子：据英国《金融时报》报道，万豪国际酒店旗下的西达屋酒店的客户系统被黑客侵入了，约有 5 亿客户的个人资料遭到泄露。按照 GDPR 的规定，万豪酒店要面临高达 9 亿美元的罚款。对欧盟包括国际上的公司，只要在欧盟的地界上犯了法，违反了这个 GDPR 条例，就会被处以极高的罚款。Facebook 的老板扎克伯格专门到欧盟议会作出解释，因为 Facebook 把一些用户数据送给了一个公司作研究。若欧盟据 GDPR 对他实行惩罚，Facebook 将会损失惨重。

看了前面这些国内外发生的安全事件介绍，大家想一想这意味着什么呢？这意味着网络空间战时代已经到来。

下面我们来介绍网络空间对抗的一些经典案例。第一个就是“网络导弹”，这个“导弹”的名字叫 STUXNET 病毒。它是 2010 年 6 月问世的，已经成功地对全球 4.5 万个局域网实施过攻击，2010 年 9 月它成功地攻击了伊朗布什尔核电站，造成整个核电站设备的离心机失控，导致伊朗不得不把离心机中的核燃料倒出来。所以，攻击核设施并不只是靠导弹，一个病毒就可以做到。这是一个最高端的蠕虫病毒，是第一个以工业控制系统为目标的病毒，专门破坏 SCADA 系统。什么是 SCADA 系统呢？它就是数据采集与监视控制系统，是现在许多工业控制系统中常用的。这种病毒带来的安全风险非常大，如果这个 SCADA 系统不安全，那么就会使这种蠕虫病毒的攻击奏效。

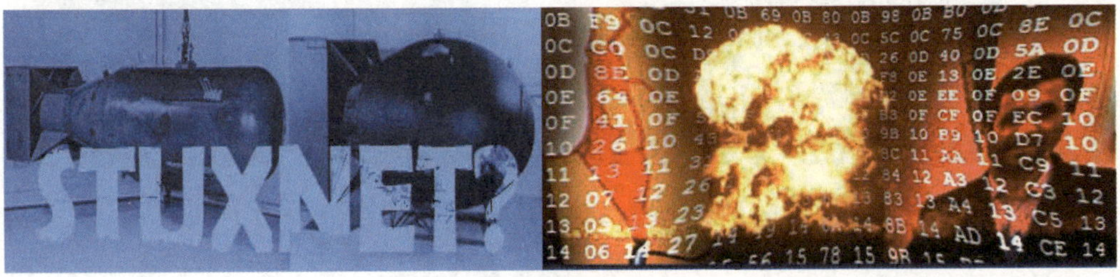

再来看一下利比亚战争。据美国《航空周刊与空间技术》网站 2011 年 3 月 25 日的报道，政府军位于黎波里的部队遭到电磁、网络和舆情攻击。政府军的通信雷达受到干扰，网络被入侵，高级将领的手机也不断收到劝降短信。这是一种典型的信息战，舆论战、宣传战在前面先出场，后面紧接着就开始军事行动。

我们再说一说利比亚前总统卡扎菲。开战后卡扎菲就失踪了，没有人知道他藏在什么地方。他失踪一段时间以后想逃往叙利亚，用自己的海事卫星电话给叙利亚总统巴沙尔打了一个电话。但是，这个海事卫星电话是美国的系统，他竟敢用美国的海事卫星系统打电话，真是有点不可思议，他一开机就被定位了。然后，他在电话中讲到的所有内容也都被窃听了。他一打开海事卫星电话就暴露了他的精确位置，而且他的逃跑计划也被美国实时掌握了。美国将此情报告诉了利比亚的反对派，利比亚的反对派只需在卡扎菲逃跑的路上等着就行了。果不其然，当卡扎菲带着车队逃跑时，因为车队行进的路线已经被掌握了，他在半路上被截住了。我们知道卡扎菲在现场就被人开枪打死了。所以，美国海军负责欧洲和非洲战场的萨缪尔洛克利尔上将表示：取得战场上的信息控制权，是打赢现代化战争的决定因素。未来战争打的就是信息战，有可能根本没有看到敌人就已经没命了。

我们再讲一个火焰病毒“Flame”。这个病毒在 2012 年 5 月由卡巴斯基实验室发现。它是迄今为止发现的最厉害的间谍软件。这个病毒可以干什么事情呢？它可以捕捉到你键盘的敲击，窃取你的密码，删除你的硬盘数据，窃听网络电话；一旦侵入你的系统，它就开始收集内网电脑上的机密信息，它还可以自动打开电脑话筒，对电脑附近人们的谈话进行录音；它还可以通过蓝牙接入到电脑系统，来捕获你的电脑截屏；它还能进到你的聊天室，窃取用户的互联网聊天记录，你的微信、QQ 聊天信息都会被拿走。

我们再谈一谈工业控制系统安全。现在，工业控制系统的应用很广泛，在钢铁和有色金属冶金、化工、装备制造、电力、石油石化、水利、铁路、城市轨道交通、环境保护、城市供水供电供热这些领域都会用到。其中，80% 以上的工业控制网络都会涉及国计民生，是一些关键基础设施必须要采用的系统。目前，工业信息系统安全已成为我国实施制造强国和网络强国战略的重要技术支撑。

如果上述领域的工业控制系统遭到攻击，后果会非常严重。大家看到的这些图片分别是炼油厂发生爆炸和输油管线发生爆炸的照片，还有高铁脱轨、大坝决堤等，都是由于工业控制系统出了问题而导致的灾难性的后果。所以说，工业控制系统的瘫痪将导致重大的恶性事件。我们知道，山东青岛黄岛的输油管线爆炸，共造成 62 人死亡、136 人受伤，直接经济损失 7.5 亿元；温州高铁脱轨，很多人失去了生命。所以，工业控制系统安全问题严重威胁到社会稳定和国家安全。在航空航天领域，如果航空航天指挥控制系统不安全，那么发射的卫星就会偏离轨道，武器系统就会打不准。由此可见，在航空航天领域出现的网络与信息安全事件后果也非常严重。

我们再看几个有关工业控制系统安全问题的案例。第一个案例是进口奥迪轿车的电子控制系统存在安全隐患。如果电子控制系统被植入木马，奥迪汽车的整个行进路线，包括乘客的谈话都会被远程监控到，车上的人没有隐私可言。

第二个案例就是核电站。核电站如果发生了爆炸，那后果是非常严重的。我们都知道苏联的切尔诺贝利核电站在 1986 年 4 月 26 日凌晨 1 时许发生了爆炸。30 多年过去了，那里还是一片荒芜，到现在仍没有人烟。如果核电站发生爆炸，带来的后果是灾难性的。这是核电站工业控制网络存在安全漏洞的案例。

还有进口的 PLC 电子产品存在安全漏洞的案例。因为我们现在很多的工业控制系统都采用了进口的可编程逻辑控制器。可编程逻辑控制器 PLC 是一种专门为工业控制应用而设计的数据运算操作电子装置。黑客可以利用 PLC 存在的安全漏洞，对工业控制系统实施攻击，从而导致系统瘫痪。

最后谈一下我们的行动对策和建议。2014 年 2 月 27 日，中央网络安全和信息化领导小组成立，习近平总书记任组长。习近平总书记在中央网络安全和信息化领导小组第一次会议上发表讲话指出：没有网络安全就没有国家安全，没有信息化就没有现代化。总书记把网络安全提升到了一个非常高的高度。网络空间对抗的类型有四种：通信对抗、雷达对抗、光电对抗和网络对抗。目前，美国等发达国家正在发展一些杀手锏武器来应对未来的挑战。

第一个杀手锏武器是电磁轨道炮。美国已经研制出了电磁轨道炮。电磁轨道炮的炮弹速度极快，它可以对低空的一些飞行器实施攻击。

第二个杀手锏武器是反卫星导弹。美国已进行了导弹打卫星的实验，并取得了成功。反卫星导弹可以摧毁导航卫星和通信卫星。

第三个杀手锏武器是高能激光武器。现在，美国已经研究出了高能激光武器。高能激光武器的优点是发射成本低，可击落导弹、无人机、战机等。

第四个杀手锏武器就是“太空铁锤”。这是美国正在做的一个太空武器，它是从卫星平台上发射，对地面实施攻击。我们知道核导弹平时是不能用的。它属于核武器，很多国家虽然有核导弹，但是不能用，用了核导弹将造成毁灭性的后果。一般来讲，使用常规武器危害相对小一些。所以世界各国都在开发这种威力可以跟核武器相比拟的常规武器——如果“太空铁锤”砸到航母上，可以在几分钟内使航母沉没。

第五个杀手锏武器是“上帝之杖”。“上帝之杖”也是美国正在研制的武器，由卫星平台搭载，从太空向地面发射，借助小型火箭助推，采用精确制导，威力巨大。只需发射几个“上帝之杖”，就可以瞬间毁灭一个大中型城市。

为了应对未来的挑战，我国也应加紧研制类似的杀手锏武器，以取得网络空间对抗的优势。只有如此，才能在未来的战争中立于不败之地。

下面简要介绍一下现在国内外最关心的5G通信网络安全技术。将来5G技术在空天网络中会有重大的应用。目前，空天网络存在很多安全风险，在信息传输、信息存储、终端安全这些方面都存在一些安全隐患，必须采用安全技术来避免这些安全风险。现在我们已开展了一些研究，第一个研究方向是空天网络数据安全与传输技术，第二个研究方向是空天网络安全存储技术，第三个研究方向是移动终端安全技术。我们已开发了几种终端，围绕5G网络数据安全通信技术开展研究。

我给大家介绍一下我们进行的通信实验。我们在南海做了智能终端通话实验，实现海上与陆地之间的保密通信。

我们科研团队研制的“星海协同的海上应急搜救系统”获三沙市策划项目作品一等奖。

我们再看一下 5G 天线是什么样子。下图上部的小圆形天线是 5G 室内天线，下面这个大的盒子是室外天线。打开盖子以后可以看见 256 个天线阵子。图片中显示的有华为、中兴和诺基亚等公司的 5G 天线。

最后，再展望一下未来。现在我们处于 5G 时代，在未来还有 6G。现在我国的 5G 已经开始布网了。未来的 6G 会采用更高的频段、更宽的带宽，6G 的频段会向亚太赫兹迈进。

未来的智能终端也会发生很大的变化，手机形态也会发生非常大的变化。在未来，我们使用的手机可能会有很多人类视觉功能和机器视觉功能。大家再了解一下天线的集成度，以前 10 cm × 10 cm 的芯片上可以集成 10000 个天线，今天我们可以做到在 1 mm × 1 mm 这样小的芯片上集成 10000 个天线。因此，未来我们的智能手机可能会有人类的感知能力。

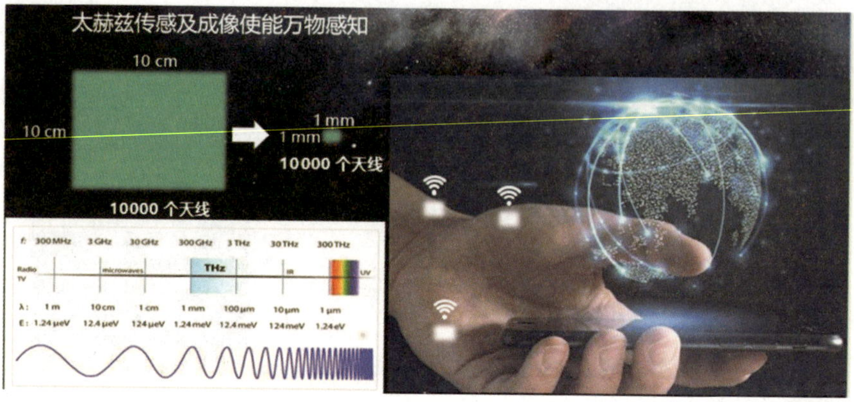

今天我的讲座就到这里，谢谢同学们。

扫描二维码查看哔哩哔哩完整视频

集成电路科学与工程学院（原名为“微电子学院”）

学院介绍

学院概览

2003年北航获“电子科学与技术”一级学科博士学位授予权，建有2个国家级工程研究中心、4个省部级重点实验室/中心。2005年，依托“微电子学与固体电子学”学科建立了国家级集成电路人才培养基地，2015年在此基础上获批国家首批筹备建设示范性微电子学院。2018年6月正式实体化运行。2019年获批工信部重点实验室。

师资队伍

我院现有在编教师32名，其中教授6人、副教授9人、讲师（助理教授）17人，所有教师都具有全球排名前100大学的留学经历。共有硕士生导师32人，博士生导师15人；国家级专家5人，外聘兼职博导3人（其中艾尔伯·费尔教授为诺贝尔物理奖得主，法国科学院院士）。

科学研究

北航示范性微电子学院的特色学科为自旋电子芯片、人工智能芯片及生物芯片等“微电子学与固体电子学”与其他学科深度交叉的新兴研究方向。近年来承担了重大科研项目20多项，发表高水平论文超过200篇。

本科专业及培养体系

北航微电子学院现有本科专业“微电子科学与工程”。学院具备完善的课程体系和实验教学条件。学院坚持“产学研用”协同与国际化合作的教学理念，通过与企业深度合作加强人才培养实训能力，为微电子产业提供高精尖人才，通过国际科技合作提高学生国际化能力及学科国际影响力，鼓励并支持学生出国交流。学院在坚持培养学生扎实的理论知识的基础上，注重培养学生的实际动手能力，为学生提供芯片设计及流片机会。

就业、升学、出国情况

微电子是国家急需的重要战略支柱性产业。我国对微电子领域高端人才需求保持旺盛态势，人才缺口逾 40 万。微电子学院为本科生提供大量的海外交流机会，与法国、荷兰、俄罗斯等国外高校和研究所保持合作关系。微电子学院本科毕业生大部分将攻读硕士和博士学位，其中约三分之一出国攻读学位。

胡远奇

集成电路工程导论

同学们，大家好，欢迎来到北京航空航天大学的科普课系列，今天我们讲的是集成电路工程导论，我是北航微电子学院的胡远奇。

既然我们是科普课系列，那么介绍一样事物，通常就是介绍它的过去、现在以及未来发展的趋势，首先我们就从它的过去开始。

一、集成电路的历史

当我们站在现在这个时刻上，去回顾一切事物的过去时，我们最喜欢干的一件事情就是对比。那么我们可以想象一下，当今的生活和我们 100 年前的生活有什么区别。说到生活，中山先生曾经说过，生活就是衣食住行，那我们从着装开始说。如果现在让你穿上 100 年前的衣服，好像没什么问题，而且还有点时髦。特别是婚纱，从我这个普通男人的角度来看，全世界的婚纱长得都一样，这个已经是上百年没有变化的了。

然后说我们的出行。我们说到出行，第一想到的就是汽车。吉利公司的老总李书福在进入汽车行业之前，说过一句很有名的话，汽车就是四个轮子的沙发。当时很多人嘲笑他，说他是一个外行，但是我们仔细回想一下汽车这个事物，它似乎好像确实没有什么发展，一直是以轮子和沙发的形态出现，那么这 100 年到底发生了什么呢？

100年前的生活 vs 现在的生活

服装

出行

这是我很喜欢的一张照片，首先它体现了一点，人类自拍的欲望是亘古不变的，所以人还是那个人，那变化的是什么呢？我们可以看到右边这张图体现了一个信息的变化，这也就是我们过去 100 年最大的一个变化。

100年前的生活 vs 现在的生活

自拍

我们说过去 100 年人类经历了第三次工业革命。第三次工业革命有很多代表性的成果，比较经典的有原子能、太空技术，还有生物工程。既然我是搞微电子的，所以我这边也不用立场太中立，我觉得第三次工业革命中最核心的一个变化就是信息技术革命。我们现在经常说工业 4.0，那 4.0 是什么，其实就是第四次工业革命，我们现在还不知道它具体在哪里，目前看来它的核心突破点还是在信息技术上面。

在之前漫长的时间进程里，人类的人均GDP其实是没有什么变化的。那当我们说到王朝盛世时，大多讲的都是它的人口众多、地域广阔，但人类一直没有突破他自身的一个束缚，直到第一次工业革命，我们用机械代替了手工，第二次工业革命引入了电气化，人均GDP才逐步开始上升，突破了人作为一个生物的极限，而直到信息革命爆发以后，这个趋势就不同了，人均GDP飞速上涨。所以，如果你的梦想是星辰大海或者是要屹立于人类科技最前沿，毫无疑问，你需要加入信息行业这个领域；但如果你只是在乎柴米油盐，或者我们几年前很流行的一个词叫小确幸，那么你也应该加入信息行业，因为还有一句话就是：站在风口上，猪也能起飞。

接下来我们说一下信息革命。信息革命的本质是什么？它的本质就是信息计算方式的改变。在以前人类只能用手工计算，即使有工具也只有像算盘这样的工具。在20世纪50年代，我国的科学家搞两弹一星，他们为了计算弹道，需要数百名科学家分成若干组，然后每一组计算一个维度，然后每一个人计算一个线程，200名科学家计算一张弹道表需要2到3天。即使在国外，稍微好一点的，有一些像机械这样的计算工具，计算一个弹道表通常也需要20个小时，在这个对计算有庞大需求的背景下，计算机诞生了，就是第一代计算机，它主要用的是电子管，因为电子管的特性，它不可避免地占地很大、很笨重，而且功耗很高。因为电子管是有它天生的限制的，因此为了克服它的种种限制，人们开始把目光朝向了半导体。贝尔实验室在1946年成立了一个半导体研究小组，次年就观测到一个具有放大作用的晶体管，这里我们看到的就是晶体管而不是电子管了，过了将近十年，第一块我们所谓的集成电路就诞生了。这两项工作分别获得了诺贝尔的物理学奖。

信息革命的开始——信息计算方式的改变

❑ 手工计算

算盘

《横空出世》（1999年）算盘计算原子弹物理、力学问题

❑ 机械计算

帕斯卡发明的进位装置（只能进行加减运算）

莱布尼茨发明的手摇计算机（可以进行乘除运算）

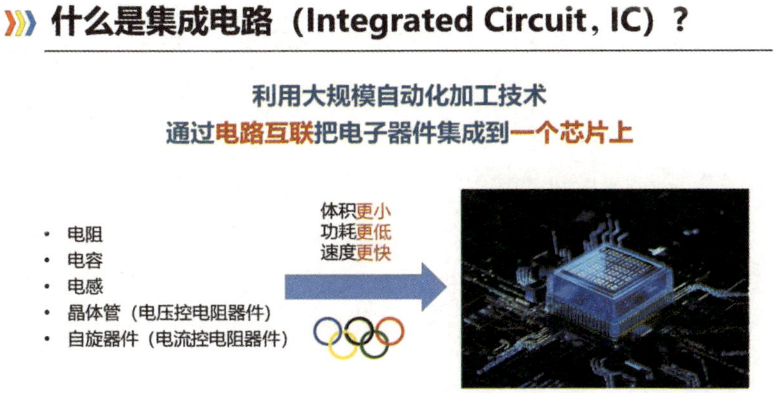

1958 年第二代电子计算机诞生了，它的主要特性就是用晶体管替代了我们所说的电子管。但是注意，这边用的还是分离式晶体管，直到 1964 年所谓的现代意义上的集成电路电子计算机才诞生，它就是第三代电子计算机。因为它的集成化，它的速度终于上升到了每秒百万次量级，同时一些分时系统诞生也标志着我们的操作系统正式诞生了。

从集成电路诞生至今，它的整个发展历史如果用四个字去概括，那最好的四个字就是摩尔定律。它的大意就是指集成电路的单芯片量集成度每两年可以翻一番，并且能够持续发展几十年，当然这个具体数字在后续会经过一些微调，但总体上来说，这个趋势被很好地预言并实现了。应该说，在过去的将近四五十年中，对于整个集成电路行业的发展，它的关键材料没有变，核心器件没有变，而且制造方法也没有变，直到最近几年，由于我们的发展已经接近了它的物理原子的极限，因此才有一些新的工艺诞生。

二、集成电路的现在

讲完了集成电路的发展背景，我们回到现在。有一个问题其实一直没有回答大家，到底什么是集成电路。一句话来说，利用大规模自动化加工技术，通过电路互联把电子器件集成到一个芯片上，就是集成电路。这些电路器件包括我们常见的电阻、电感、电容以及集成电路特有的晶体管，还有一些新型器件像自旋器件。如果把整个行业比作一个奥林匹克竞赛，那么对于集成电路来说，我们的目标就是体积更小、功耗更低以及速度更快。

哪些是集成电路这个行业的标志性产品呢？例如手机，除去它的电池以外全部都是。所谓的中央处理器（CPU）、运行内存（RAM）、机身内存（ROM）包括摄象头、屏幕，所有的这些都是集成电路的核心代表。所以可以说，集成电路是现代所有信息产品的制高点。

大家都知道，在集成电路中，我们用的是二进制。从数学上来讲，二进制还是一个比较新鲜的事物，18 世纪才被提出来。当然，我们的先辈们其实很早就提出了阴阳的概念，而且还有一生二、二生三、三生万物这种颇有一点二进制可以代表全世界的哲学思想。但是话说回来，全世界大多数的古代文明用的都是十进制，因为人有十个手指，比较好计算嘛。那为什么在计算机中，或者在信息产业中用的是二进制呢？因为集成电路的制造工艺支撑不了多进制的精度。

二进制怎么运算呢？这里有一个最简单的二进制计算实例。这是一个最简单的代表叫与非门，它是什么意思呢？就是当输入 A 和 B 同时为 1 时输出为零，其他任何输入的情况都输出 1，这是一个与非门。怎么理解它呢？我们有一个水池，有两个开关，即 A 和 B，只有 A 和 B 同时关断时，下面这个水池的水才不会溢出，我们可以这样来理解与非的概念。那么现在回到电路上，我们是不是需要找到一种器件，它的两个端口之间导通与否就像水龙头是否导通与否是由第三个端口来控制的，这是一个晶体管的符号。倘若能找到这么一个器件，就可以把与非门这样一个逻辑操作通过电路来实现，这就是通过电路来实现二进制计算的一个最基本单元。因此，核心是找到一种电阻可变的材料，这也就引出了半导体材料这个概念。之所以说集成电路是一个半导体产业，原因就在于此。

二进制数字逻辑计算

• 与非门（NAND）

逻辑符号

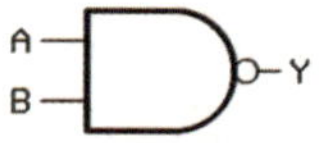

真值表

输入		输出
A	B	Y
0	0	1
0	1	1
1	0	1
1	1	0

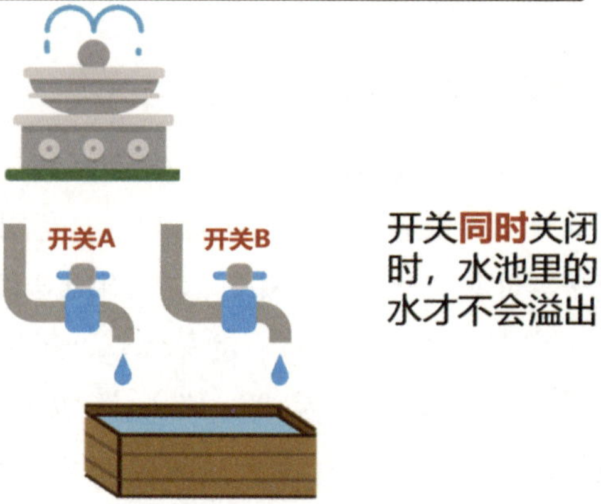

半导体基于导体和绝缘体之间，整体理论可以靠固体能带理论提出，该理论也获得了诺贝尔奖。具体怎么解释，这边就不展开了，核心点就是半导体材料的电导是可以通过第三方的电压来调制的，这是导体和绝缘体其中不同的一点。因此，我们需要找到一种半导体材料。翻开我们的元素周期表，在三族到五族之间，我们找到了一种材料即硅。它的最大特点是什么呢？就是便宜。硅，是整个地壳中含量第二丰富的元素，仅次于氧，二氧化硅是什么，就是沙子嘛。硅的最外层是四个电子，它容易与其他硅原子形成共价键而失去导电性，因此需要在它的邻居三族和五族之间找到一些微量元素对它进行一些掺杂，比如三价的硼以及五价的磷，经过不同程度的掺杂之后，半导体材料将会显示出不同的特性。

半导体材料

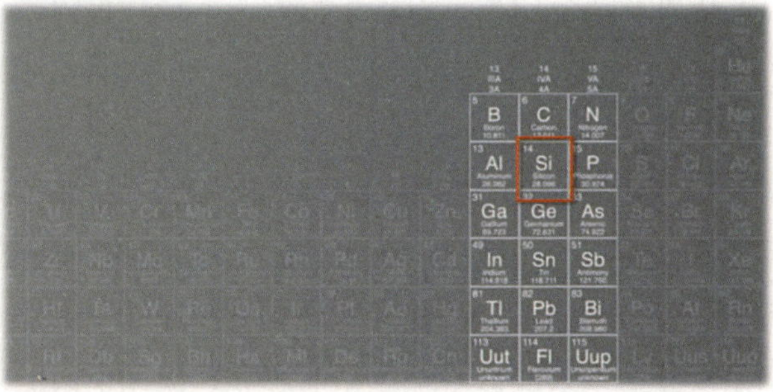

硅：原子序数14，广泛存在于岩石、砂砾、尘土之中。硅在宇宙中的储量排在第八位。在地壳中，它是第二丰富的元素，构成地壳总质量的26.4%，仅次于第一位的氧（49.4%）。

继续说硅。二氧化硅就是沙子，一吨沙子现在大概200元，一卡车沙子大概1000元，而用硅做出来的产品，比如这款Intel的i9处理器，重量可以忽略不计，也就是说，它的物料成本可以忽略不计，售价达到了4299元。那么从不值钱的沙子到这么昂贵的芯片，这其中发生了什么？这是一个简化后的流程图，沙子是二氧化硅，我们想要的是硅，所以第一步需要将二氧化硅变为硅，这一步叫作净化熔炼，通常得到的是一个体积很庞大的单晶硅，我们需要像切肉片一样把它切成薄片，获得所谓的晶圆；接着在晶圆上不停地进行研磨、光刻，然后掺杂，要进行上百道的工序，才能获得晶体管，这就是之前所说的晶体管；之后在顶层进行一些电路互联，就能得到一个相应的电路，最后将它封装，从而形成芯片产品。

从沙子到芯片

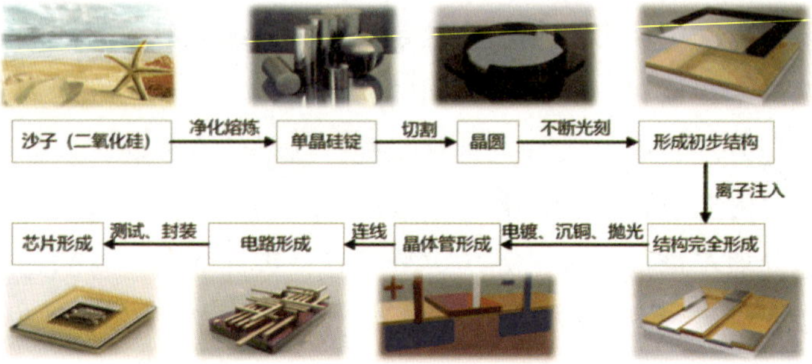

整个集成电路产业大致可以分成设计、制造和测试三部分，通常是上游厂商向手机生产商提出需求，然后由芯片设计公司来进行一定的设计，设计公司将设计完的图发给制造公司，接着制造公司根据设计进行制造，最后再由测试公司进行测试。目前来讲，整个行业中设计、制造和测试基本上是 1 ∶ 1 ∶ 1，这是整个行业的产值，因此这三部分还是比较恰当的。

然后我们来讲中国目前遇到的一些挑战。简而言之，我国的集成电路产业是相对落后的。2019 年集成电路市场销售有 4000 多亿美元，而我国就进口了 3000 多亿美元，集成电路产品是最大的进口产品，已经超过了进口汽车、仪器仪表、显示面板、飞机、医药、医疗器械等 8 项其他核心工业品的总和，而且单向逆差将近 2000 亿美元，严重威胁到我国的信息及经济安全。造成这个困境的根本原因就是我们的集成电路科学与技术的全面落后，因此我国早在 2014 年就成立了一个“国家集成电路发展小组”，并且筹集了 14000 亿元的产业发展基金，第二期的 20000 亿元也已筹备完成，我们正在困境中发展并在寻求一些突破。国家也希望能够在新一轮的产业发展中取得一定的突破。

大家第一次听到“芯片”这个词或者这个概念也许是从“中兴事件”开始的，确实目前中美贸易战的一个核心杀手锏就是芯片。2019 年，美国也将华为加入其实体名单，在进入这个名单之后，华为就不得不重塑它的庞大的供应链，因此会不可避免地造成一些影响，在 2019 年其营收少了将近 100 亿美元。

面对种种制约，我们该如何回应呢？华为给出的答案就是海思半导体，这是华为旗下的一个专门做芯片的子公司。同时，海思半导体对自己产品的定位也十分有意思，它的第一款手机芯片代号叫 K3。K3 在登山界是鼎鼎有名的，它与它的兄弟 K2 乔戈里峰是全球攀登死亡率最高的山峰之一。作为一个半导体行业的攀登者，海思的第一款芯片也确实阵亡了，发出来之后基本上就没有什么响应。所幸的是，这个攀登团队可以说是前赴后继，越挫越勇，经过将近十年的发展，在这个行业中已经攀登到了半山腰。目前，海思的麒麟芯片，如果我们把它看作是一个攀登者，那么它往左一看有个高通，往右一看有个三星，再往前一看就只有领先半步的苹果了。同样的基带处理器巴龙系列，因现在 5G 的发展而鼎鼎有名（注：巴龙是珠穆朗玛峰旁边的一个侧峰，起初也是默默无闻）。整个海思半导体对外部的制约做出了一个很好的回应，那就是自给自足。

整个芯片行业的落后从根本上来说就是从业人员的缺失或者人才的缺失，因此目前我国多所高校都开设了微电子专业，同时工信部和教育部还协同支持了一批示范性的微电子学院。之所以得到国家的各种重视以及各方面的支持，关键就在于集成电路是现代产业技术的一个制高点，一切的发展都是绕不开这一点的。

三、集成电路的未来

说完现在，我们讲一下未来的趋势。未来的趋势主要有两个：

第一趋势就是全民造“芯”的趋势。这是一张传统信息产业的产业链，集成电路还是在一个偏上游的位置，它离我们经常接触的像 BAT 这些公司，中间还隔了两层，那现在就不是这样的情况了。全球科技公司人均收益的前 20 中有大量的集成电路产业公司，前三名分别是苹果、脸书和谷歌，它们目前都是一个跨领域的集成电路公司，不再是传统意义上的软件公司。在这前 20 的全球科技公司中，除了做游戏的暴雪和传统老牌微软外，其他的非集成电路公司都是做金融的，也就是说，在科技公司领域中，只有金融公司可以与集成电路公司并驾齐驱了。

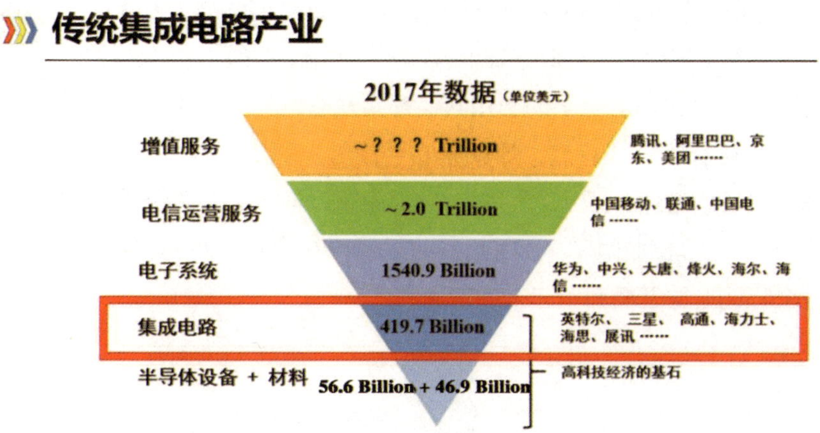

说回那些跨领域的新型集成电路公司，它们为什么要进入这个行业？其关键就在于信息技术对芯片的依赖程度越来越高。苹果早就是一家芯片公司了，其最有名的产品就是iPhone手机，它之所以这么流畅，除了拥有iOS这个软硬一体的设计之外，还有一个很关键的因素就是，它的芯片始终保持着比他竞争对手高一代以上的竞争优势。2020 年高通新系列的旗舰产品，其性能才刚刚赶上苹果 18 个月前发布的那个产品，因此，我们一直觉得苹果手机很流畅。同时，在华为公司自主研发了芯片之后，就形成了一个很好的差异化产品的竞争力。

再说谷歌，它以前只是一个纯软件公司，现在为了支持它的各种软件算法，比如人工智能算法，它从头设计了自己的处理器，其核心就是要提供庞大的人工智能算例。除此之外，谷歌为了进一步提升人机交互的感受，还专门设计了一款芯片，它能够跟踪亚毫米级别的手势运动，从而提升人机交互的体验。

特斯拉很有名，前段时间有个“芯片门”，“芯片门”到底是什么呢？我们知道特斯拉之前的自动驾驶技术是依赖于英伟达 GPU 实现的，如自动驾驶 2.0 和 2.5。但是，因为不满足英伟达提供的算例，特斯拉就自主研发了它的自动驾驶 3.0 芯片，它能够同时处理 8 路摄像头带来的每秒 2300 帧的图像数据，同时还有数据冗余，是现款 2.5 芯片算例的 21 倍。可以看出，当消费者发现他买的汽车应该是 3.0 的硬件，却变成了 2.5，他当然要维权。所以可以看出，即使是传统汽车厂商，他要实现像自动驾驶这些功能，也必须涉足芯片研发这一行列。

第二个趋势就是新技术和新方法的引入。我们之前说了，由于集成电路的发展进入瓶颈期，摩尔定律已经进入到物理极限，因此需要引入一些新的方法。而对于集成电路或者电脑，它的永恒的发展方向有两个，一是更高效的能耗比，Alpho GO 之前赢了柯洁，但是没有人知道 Alpho GO 的功耗将近是柯洁的 1 万倍；二是用更复杂的系统来实现更庞大的功能，在此基础上就需要一些新的技术，比如自旋电子技术。

到目前为止，我们对电子的利用其实都是在它的一个基本特性上，那就是电荷，但是电子其实还有第二个特点，那就是它会旋转。对于电荷特性的利用就相当于你把一个球从中场踢进门一样，它需要大量的能量，但是如果你只是把这个球转起来，那么只需要微小的能量就够了。因此，如果想要在功耗上进行进一步突破，那么电子自旋这个特性迟早是要利用起来的。

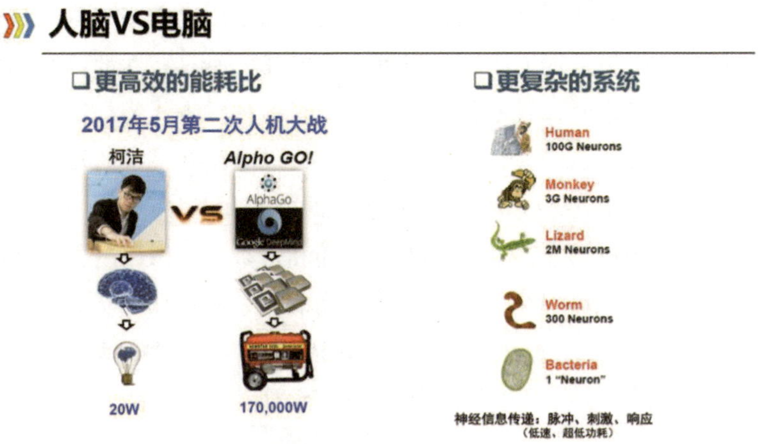

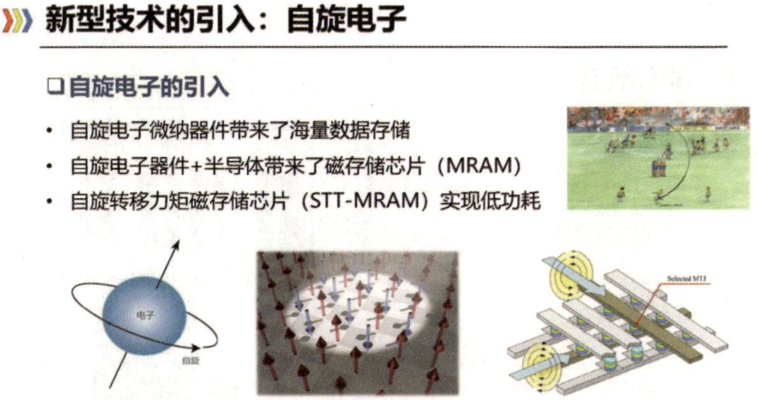

第一点就是光子。我们知道，对于芯片与芯片之间的互联，甚至芯片内部的互联，由于电子运动都会有很大的延迟，而光就不会受到这方面的束缚。因此，在芯片中集成基于硅的光子技术将会为整个芯片的集成度以及速度的提升提供一个技术支持。

第二点就是三维技术。这个比较好理解，目前芯片看起来像小平房一样，之后我们会像小高楼层一样，把芯片逐个叠加起来，因此以后可能看不到在一个 PCB 板上分布着不同的芯片，而是出现一个单一芯片在 3D 层面上的叠加，将传感、存储、计算、发射、接收等目前看来毫不相关的技术集成在一个芯片上。

第三点就是一些计算架构的革新。目前大部分处理器都是依托于冯·诺依曼架构，存储是在内存和闪存之间，而数据的处理是在中央处理器上，这之间就需要数据来回搬运，所谓的存储墙就出现在这个位置。由于 AI 带来的新一轮技术革命，之后大概会出现像存算一体这样的架构，数据的存储和计算都放在同一个模组中。

最后一点就是新型半导体材料的介入。之所以使用这么多硅的材料，主要原因是硅便宜，但是经过将近四五十年的发展，硅的几乎所有特性都已经被我们榨取干了，当我们有新的需求时，就不得不寻找一些新的材料来代替，比如现在已经十分火的氮化镓。因此在摩尔时代将近要终结时，集成电路新一步的发展可能会侧重在架构、数据模式、器件、材料和状态变量等不同的维度上。

总结一下集成电路整个产业的过去、现在和未来，应该说过去集成电路是人类进步的一个关键基石，那现在集成电路是现代信息产业的技术制高点，那将来可能会出现一个万众创“新”，全面造“芯”的情况。说了这么多，大家肯定要问了，北航微电子学院现在是一个什么状况，接下来将介绍该学院的概况。

四、北航微电子学院

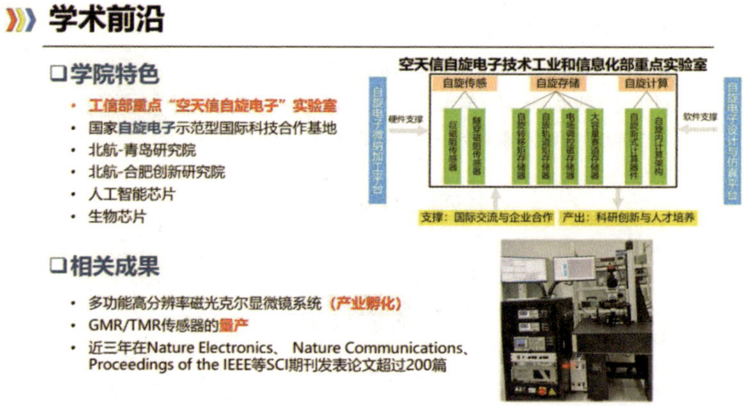

北航微电子学院还是比较有特色的，在集成电路方面有十分前沿的研究，并且有工信部的重点实验室。除此之外，学院在人工智能芯片和生物芯片上也有所突破。相关的成果除了一些高质量的论文之外，我们还进行了一些产业化的孵化，并且已经有产品在市面上销售。我们微电子学院拥有一个国际顶尖的团队，诺贝尔物理学奖得主费尔教授就是我们学院的兼职博导，他除了会来指导我们的博士生进行科研之外，每学期还会来学院跟我们的本科生进行面对面的大师讲堂活动；学院目前有教师 48 人，其中，全职教师都具有在全球排名前 100 大学的留学经历，其中 8 人获得国外排名前 100 大学博士文凭，其他老师也均毕业于清华、北大、复旦、国科大、北航等国内的名校。

硬件设备就不赘述了，肯定是国际领先的硬件设备。整个学院的合作框架除了有面向国内外的高校之外，还跟企业有紧密的联系。集成电路行业是一个工程属性十分强烈的行业，因此不能离开企业进行独立的发展。在这里不得不提一下我们学院的重大创新性实验，就是“小而精”的高端人才培养方式，我们目前要着重培养国际化领军人才。因此，我们每年会从信息大类中挑选约 30 名本科生进行一个小班式的教育，每名学生都会配备一名学业导师，同时我们会要求每名本科生在毕业时要完成三个“1”：第一个是能够制备测试一个完整的微电子器件，第二个是要设计并流片一款模拟集成电路芯片，第三个是设计并验证一款人工智能芯片。这三个“1”做完之后，学生基本上就会对从器件到电路到系统整个行业有一个全面的了解。同时，会有超过 50% 的本科生具有出国交流的经历。在校企联合方面，我们与很多知名企业都达成了战略合作协议，比如华为，我们每年会派 10 名左右的学生去华为实习，同时华为的技术总监也会到学校来现场授课。在国际交流方面，学院会定期支持优秀的学生去参加相关领域的一些暑期课程，就是 Summer School，从 2013 年至今，我们学院已经跟巴黎萨克雷大学联合培养了超过 10 名的双博士学位研究生。

因此，总的来说，通过一个高端人才的培养方式希望学生有一个全产业链的概念，从器件到模拟芯片到数字芯片，同时又有一个广阔的国际化视野，因此学院的整个培养方案也是围绕这两点来制定的。

好，我的介绍就到这里，谢谢大家。

扫描二维码查看哔哩哔哩完整视频

人工智能研究院

学院介绍

研究院概览

北航人工智能研究院由郑志明院士领衔，以顶尖信息学科和优势数学学科为支撑，深度整合人工智能涉及的多学科资源，汇聚一批具有重要国际影响的学术带头人，形成重大创新团队，面向国家重大战略需求开展基础理论和关键技术研究，2019 年获批人工智能北京市高精尖学科。研究院以培养人工智能领域拔尖创新人才为目标，建立完善的本研一体化培养体系。

师资队伍

聘有教师 80 余人，其中，中国科学院院士 3 名，中国科学院外籍院士 1 名，欧洲科学院院士 1 名，各类国家级人才 40 余名；另聘请多名国际知名学者作为兼职教师，形成了一支科研创新和教学培养能力突出的雄厚师资队伍。

科学研究

率先在国内开展群体智能和脑机智能研究，提出精准智能原创性理论形成新一代人工智能学派——系统主义。承担了首批“新一代人工智能”等一批国家重大项目，取得了多项原创性成果，获国家技术发明一等奖 1 项，科技进步和技术发明二等奖 10 余项。

本科专业及培养体系

研究院以培养能解决卡脖子问题的人工智能拔尖人才为目标，重点加强数学基础，依靠北航顶尖的信息学科资源进行多学科交叉培养；将科教和产教融合贯穿于专业培养，所有国家级科研平台对本科生开放，与人工智能一流企业和科研院所合作建设联合实验室和实训基地并邀请知名学者参与学生培养。拥有 2 个国家级教学团队，1 个国家级实验教学示范中心和 1 个国家级虚拟仿真实验中心，5 门国家级精品课程，2 名国家级教学名师，并荣获 5 项国家级教学成果奖。

就业、升学、出国情况

人工智能专业为新兴专业，将采取本研一体化的实验班培养模式，通过研究院组织的考核后，可免试推荐攻读硕士或博士学位。

吕金虎

AI 赋能，科幻成真

各位同学大家好，非常高兴有这样的机会给大家介绍北航的人工智能学科。我是北京航空航天大学的吕金虎老师。今天我给大家带来的讲座题目是“AI 赋能，科幻成真”。非常感谢大家的聆听。

今天的讲座将围绕以下四个问题来展开。第一个问题：什么是 AI？我将从机器思考的历史来回答什么是人工智能。第二个问题：AI 有用吗？我将从 AI 驱动的技术革命来告诉大家，AI 非常有用。第三个问题：AI 的未来是什么？我会通过展望未来的智能社会来告诉大家，AI 的未来究竟是怎样的。第四个问题就是北航的 AI，我将介绍北航人工智能学科的发展现状和未来。

第一个问题，什么是 AI？对于这个问题，我们可以从机器思考的历史来回答。大家来看下图中左边这个简单的程序，从 C 语言第一行程序到复杂的人脸识别，这

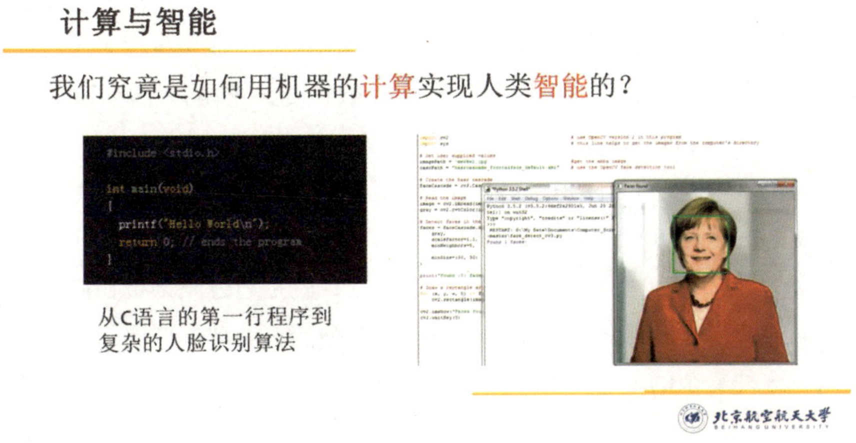

样一个复杂的过程，它是怎样运行的，又是怎样实现的呢？这就是如何用机器的技术来实现人类的智能。今天的我们可以用一些简单的程序，或者说非常复杂的程序来实现我们所需要的一些功能。但是，机器能够实现人类的能力还是非常有限的，它有很大的发展空间。

我们从计算的历史来看，它与人类的文明是相伴而生的。计算的机械化是我们人类一直追求的目标，计算不仅是一种工具，更是一种思想。这几个图给我们展现的是早期的计算工具，非常简单，它仅仅是一种计算工具而已。但是当今世界，大家所熟知的“天河 1 号”“天河 2 号”，还有神威超级计算机，都是世界 500 强的计算机，它们展现出了超强的计算能力，同时也展现出了很强的智能。

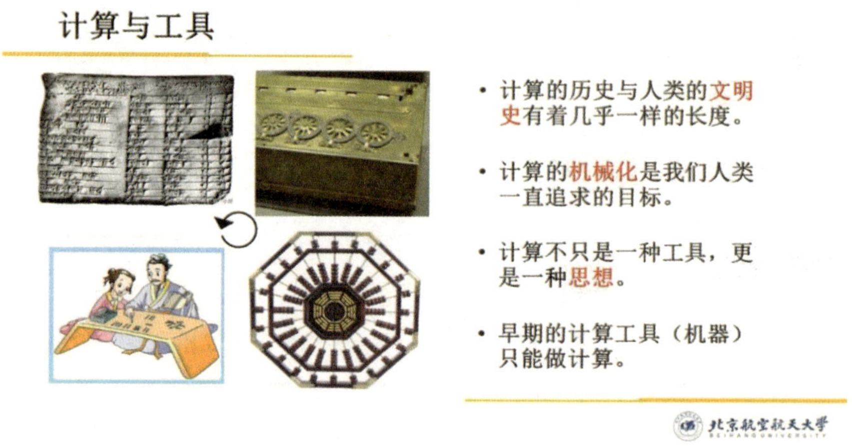

那怎样使机器能够实现一个功能呢？那就是要通过程序来实现人的功能，实现人与机器的对话。我们把人的思想传递给机器，让机器按照我们的意识来办事。我们现在所能实现的人机对话是非常有限的，很多思想还不能用机器来实现，这也有待于我们深入研究。我们再来看逻辑运算和算数运算，这是程序运行的基本过程，从左边这个阴阳图可以看出，这些运算本质上是一种阴阳平衡。

莱布尼茨从中国的八卦图开始研究二进制，他通过研究布尔代数把算数运算变成逻辑运算。这样一切的计算就变得只跟 0 和 1 有关。下面我们来看一下从逻辑门到集成电路。集成电路这样一个非常复杂的结构，就是通过光刻机在硅上烧蚀成一些凸凹不平的结构，如同百万个晶体管，连接在一起，展现出如同印章中阴刻与阳刻的关系。这种复杂的信息处理功能，通过输入和输出来实现 0、1 的转换。半导体的摩尔定律，是因特尔创始人摩尔提出的。其内容是在同等的价格情况下，每隔 18 个月或者 24 个月，这种集成电路上的晶体管数量就提升两倍，一直到现在，摩尔定律依然发挥着重要的作用。我们所知道的，阿兰·图灵是计算机之父，也是人工智能之父，现在计算机界的诺贝尔奖——图灵奖就是用他的名字来命名的，我们中国人的第一个图灵奖获得者是清华大学的姚期智先生。

那么机器能思考吗？像大家所看到的一个机器、一架飞机，按我们通常的理解，它是不会思考的。但是，机器实际上是按它自己独有的方式在运行、在思考。我们可以通过下图中左边这个例子来说明。例如，我们需要建造一架飞机，就需要了解它的每一个结构，每一个齿轮之间的传动关系。我们需要按照固定的程序来让它运转工作，这个过程实际上就是机器的思考过程。

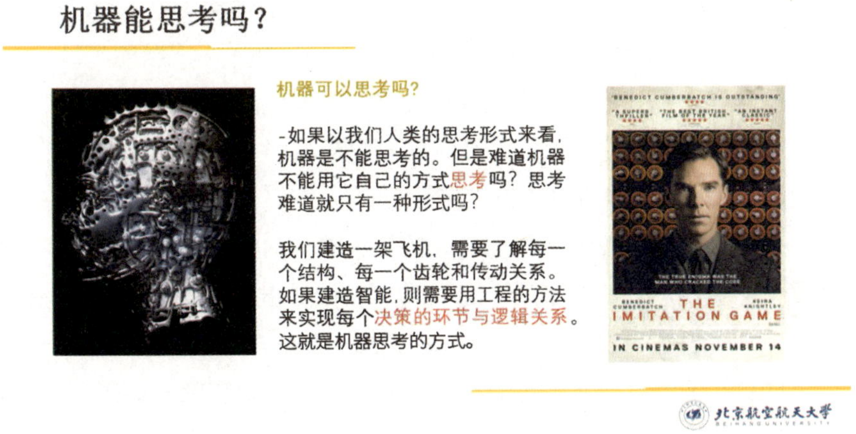

人工智能的历史最早可以追溯到 1956 年，Dartmouth 的人工智能会议，有 10 位顶尖的科学家召开了一个论坛。现在人们认为，这个会议开启了人工智能的历史。人工智能作为一个独立的学科，它的发展也经历了三起三落。现在是人工智能的一个高潮，这是因为我们大家所熟知的 Alpha GO 战胜了人类。人工智能也有学派，大家所熟知的一个是符号学派，一个是连接学派。这两个学派，此消彼长，促使这个学科不断地往前推进。

第二个问题，AI 有用吗？我将从 AI 驱动的技术革命来告诉大家，人工智能非常有用。人工智能涉及很多学科的综合交叉，如我们所熟知的机器学习与深度学习、计算机视觉与模式识别、自然语言处理、专家系统演化计算以及医学影像等学科。

人工智能的出现

与其他学科的发展一样，人工智能从诞生到现在，也一路曲折，三起三落，通过无数先贤的努力，才有今天的成就与发展。

那么在世人眼中人工智能是什么？通常大众媒体和通俗文化告诉我们，人工智能是人类的敌人，好像 Alpha GO 战胜了人类，我们人类的明天就是黑暗的。这种恐惧来源于无知，实际上人工智能非常有用。

我们来看语音识别技术。大家现在用的 Siri 和智能音响，它们代表着语音识别的顶尖技术，实现了人类的便捷沟通。我们对着手机说一句话，它就能开机，这就非常便利地实现了人与机器的沟通和交流。

再来看一下生物识别技术。我们进入北航校园，扫脸就能够进来。我们在超市里面（在马云的超市里面），刷脸就能够付费。所以，指纹与人脸等生物识别技术帮助我们实现了很多功能。比如支付功能，促进了公共安全和隐私保护。

再就是自动驾驶。自动驾驶是通过对街景的自动识别与感知，以及多模态数据的融合来做一个驾驶决策。大家所知道的飞机巡航也是一种自动驾驶。那么我相信在不远的未来，这个自动驾驶技术将会走入我们的街道。

自动驾驶

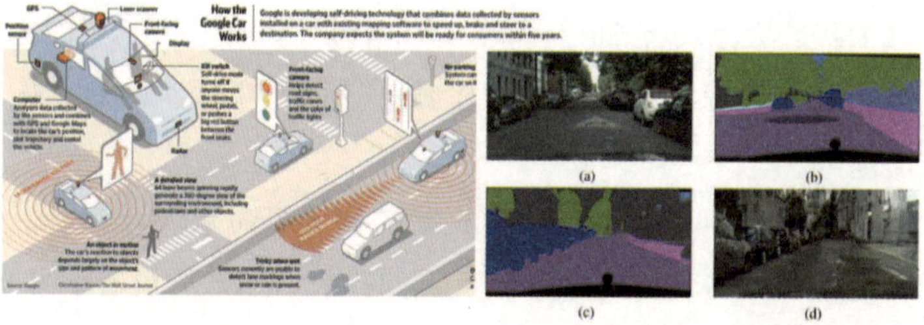

通过对街景的识别与分析，以及多模态的数据融合来做驾驶决策。

还有我们熟知的金融风险控制。现在有很多专家系统，可以根据个人的需求来自动评估金融风险，提供个性化的服务。再就是我们所熟知的医疗影像，医院会用到 CT、核磁共振等技术，来帮助医生诊断疾病。通过这些图像或者各种数据，我们可以确定病灶，并进行风险评估。现在有了 5G 技术，我们甚至可以通过 5G 技术来实现远程的手术，这在 10 年前或者 20 年前都是不可想象的。

金融风险控制

自动评估金融风险，提供个性化客户服务！

北京航空航天大学

大家可能经常有一种感觉，就是看到一个人在路上走，尽管只看到一个背影，还是能够判断这是谁的。对于这个过程，如果我们学习得足够精细，就能够通过人的姿态、动作来识别他，然后应用于很多方面。例如刑侦，我们现在戴着口罩，也能够识别你是谁，正是因为这种识别能力的提升，能够为我们提供很多方便。

再就是机器视觉。大家知道，对于各种各样的漫画，我们可以通过对输入和输出图像关系的学习来着色。以前我们是通过笔墨来着色，但是这种着色还是很有限的，它依赖于艺术的想象。现在我们有了机器，能够根据你的需求、你的想象、你的性格来设计各种各样的图形和漫画，这就叫 AI 漫画。实际上，人工智能创造了很多新的职业、新的技术和新的行业。

我们可以通过自然的风景来进行各种各样的设计。根据不同的时代，比如你喜欢怀旧，那我可以通过这个现代的图加上怀旧的色彩来回顾历史。如果我希望展望未来，也可以加上一些现代的风格。这就是艺术创作的过程。我们通过计算机，通过人工智能来实现艺术的创作和提升。还有我们以假乱真的人工智能技术，大家知道的 deepfake 技术，就是换脸术，能够为演员换脸。试想利用某个人的脸同时利用其他人的嘴来讲述些事情，以达到以假乱真的目的。但是，这种人工智能技术需要非常谨慎地使用，所以说需要人工智能的立法。

那我们再来看一下诗歌的生成，如何利用中国自然语言处理来生成诗歌。比如远望、春江和明月，通过这些词的构成，以及人工智能的学习，就能够写出一段非常好的诗。

万里长流去，青山独自来。
水光天外尽，云色雨前开。
一点浮生客，孤心落酒杯。
谁家吹画角，风雪满楼台。

实际上，我们通过学习杜甫、李白的诗，能够重现他们的思想，并按照他们的思路去写一首诗，这是人工智能技术已经能够做到的事情。

再比如，个性化推荐。我们用谷歌、百度来搜索我们喜欢的产品，经常会发现，这些网站给我们推荐的内容，正是我们想要了解的内容。在搜索的过程中，通过输入的词，搜索引擎可以分析你的兴趣、性格，就可以根据你的性格、兴趣来推送你想要的内容，这就是个性化的推荐。实际上，个性化推荐不仅能够推荐各种商品，还能够推荐新闻或电视剧，就是说你想要什么我就能够推荐什么。比如根据你需要什么，你的性格是什么样的，我可以给你推荐一双鞋，这双鞋正好是你想要的鞋、想要的风格。现在人工智能技术已经发展得非常成熟了。

第三个问题，AI 的未来是什么？我们可以看一下，未来的智能社会究竟是什么样子的。今天实际上就是我们昨天的未来，试想我们 10 年前、20 年前，绝对想不到我们今天的生活会这么便捷，那一个世纪或半个世纪前就更难想象了，我们现在的技术就是人工智能技术的一个展现。

我们从手工到机械的发展过程中，最早用棍棒，然后是石器，再然后到机械，这个过程就代表我们这种智能的能力在逐渐增强。再就是我们所见的自动化到信息，我们所知道的汽车工厂、飞机制造厂，很多这种智能制造的车间，它们能够完成我们人类用手工做不到的高精度拼接和设计，实现高精度的制造，这就是人工智能的作用。

信息时代我们有了 5G，有了大数据，有了工业互联网，我们可以展现出更强的智能。未来的社会，我们可以通过智能的技术来实现你所想要的社会。现在我们回想小时候在动画片里看到的场景和想象的故事，在今天已经成为现实。那我们今天在动画和各种电影中看到的一些理想，我想在不久的将来也一定会成为现实。

未来科学是和人工智能的发展高度融合的，我们有智能疫苗、智能生产，还有智能设计。我们把智能和药物结合来帮助我们设计各种各样的药物。所以，人工智能技术的发展大大推动了各个学科的发展，而人工智能算法是通过对自然规律的理解来实现的。我们通过人工智能算法来把自己的想法和愿望实现。2010 年图灵奖获得者 Leslie Valiant，就是相关人工智能算法的提出者。未来通过算法来探索自然与智能的本源，仿造模拟人类的思想，从而促进人类的进步。

当今社会是一个人机共存的时代。在日本，有一个机器狗的“入殓师”，有一个博物馆来代表机器狗发展的历史。

第四个问题，北航的 AI。我们北航的校训是“德才兼备，知行合一”。我们既要仰望星空，探索未知的世界、未知的智能，也要脚踏实地，做好一些关键技术的攻关，因此我们要发展一流的人工智能学科。北航面向国家战略需求，面向国际学术前沿，发展具有航空航天特色的世界一流人工智能学科，在这方面我们做了很多有益的探索。

发展一流人工智能学科

面向国家战略需求，面向国际学术前沿发展具有航空航天特色的世界一流人工智能学科

前沿基础创新引领，核心技术重点突破

立足国家重大需求，聚焦军事空天战略

拔尖人才重点培养，服务智能人才教育

充分合作国际前沿，逐步形成国际影响

北京航空航天大学

我们在前沿基础领域实现引领，在核心关键技术领域实现重大突破。立足于国家重大战略需求，聚焦军事航空航天领域，注重拔尖人才的培养，服务于智能人才的教育，我们也充分发挥国际合作，现在已经形成了具有重要国际影响力的人工智能学科。

下面我们简要回顾北航人工智能研究院的发展。2018 年，我们获批了人工智能本科专业，全国只有 35 家；也获批了研究生培养的人工智能交叉学科。2019 年 5 月，获批了人工智能北京市顶尖学科。2019 年 9 月，聘任郑志明院士为人工智能研究院院长，郑院士是人工智能领域里的世界级顶尖专家。

我们的人工智能发展，实现的是 1+M+N 的建设模式。有 1 个基础的研究领域、核心的基础，M 个共性的关键技术，N 个各种实际的系统和平台。我们的目标是支撑空天强国的战略，引领信息科技的变革。我们北航的人工智能是共性与特色相结合，集中与分布相结合，我们在郑志明院士的带领下，已经形成了一个完整的人工智能的发展体系。

下面将介绍北航的人工智能重要进展。

第一个代表性成果是创新群体智能的基础理论体系。群体智能是我们北航的老校长——李未院士首先提出来的，它也是国家新一代人工智能的五大方向之一。研究群体智能，主要是通过对于群智共识协同，激励涌现和量化度量三方面的研究，探索由个体到群体。再到全局群智的涌现规律。

第二个代表性成果是创新脑机智能研究。在北航的前任校长怀进鹏院士的带领下，我们研究并借鉴了人脑思考机理，从数据的无序有序关联。形成了以数据知识和新计算结构为特色的机器智脑系统，构建了人机协同增强机制，突破了脑电信息判断推理等关键技术。

第三个代表性成果是我们郑志明院士原创性提出的精准智能，这是内嵌数学物理机理的创新智能理论。其主要面向系统要素间的非线性随机性关联关系，发展内嵌数学物理机理的系统学习方法，研究数据系统的演化规律和科学发现。

北航人工智能未来就是要通过在群体智能、脑机智能和精准智能三个方向上进一步深入探索，构建人工智能的系统主义，目前，我们在这三个方向上产生了比较大的影响。比如，承担中国工程院战略咨询项目，获批科技创新 2030——新一代人工智能”重大项目支持：在北京市的支持下，成立大数据与脑机智能高精尖创新中心，在精准智能方向上获得国家自然科学基金重大项目支持，并将复杂性科学与人工智能理论”列入国家自然科学基金二级代码。

在刚刚提到的三大代表性成果基础上，我们形成了新一代人工智能学派，即系统主义，在人工智能方面，我们还有其他的一些代表性成果，在这里我简单地介绍一下。

比如我们在人工智能核心关键技术上也取得了一些突破，获得 2011 年国家技术发明二等奖的项目就是关于视频的传输，2015 年的国家科技进步二等奖也是关于车辆联网的感知与智能驾驶方面的控制。再就是我们在服务地方经济方面也产生了一些显著的效果，如关于智能交通的出行和城市应急保障，我们分别获得 2016 年的国家发明二等奖和 2018 年的国家科技进步二等奖。

我们北航的人工智能在国际上也产生了重要的影响，在国际组织中扮演了一些重要角色。例如 W3C 中国，我们是第四个总部组织；创办了人工智能顶尖期刊——*Frontiers of Computer Science*；主办了一系列重要的国际竞赛，如 ECCV2018；承办了重大国际合作项目，如 AMS-02 暗物质探索，这是郑志明院士参与的一个重要项目。我们在国际交流方面也非常活跃，展现了我们北航的视野、北航人的智慧。我们的很多学生到世界一流的大学，如哈佛大学、MIT、剑桥大学、牛津大学继续深造。我们人工智能的学生在全世界顶尖高校和企业中都非常受欢迎。

受欢迎的原因是我们北航的人工智能人才培养是非常成功的，有着成功的经验，人才培养基础非常好。我们在国内很早就开展了人工智能教育体系的建设，积极推动了人工智能学科建设和人才培养。我们举办了首届人工智能本科专业研讨会，然后针对人工智能人才培养的短板，夯实研究基础，实现多学科交叉与融合，来提升学生们的综合能力。我们重点培养学生“理解复杂动态系统”和“处理科学数据”的能力，这是目前人工智能面临的两个重要的挑战。

接下来再来说说我们人才的培养目标。我们北航的人工智能联合计算机学科、数学学科、自动化学科等，实现了多学科的交叉与融合；我们服务于国家的重大需求，瞄准国家科技创新的前沿，有使命有担当；我们培养基础广、专业精、理论实际相结合的人才，实现多学科交叉；我们通过名师的言传身教和精耕细琢培养高水平的人工智能人才，实现本研一体化；我们择优独立招生，创新培养体系，产出顶尖人才。

我们从入口就是单独招生，然后在培养阶段有单独的培养计划，结合高水平的国际交流，再就是独立的课程体系建设和独立的导师培养制度，还有独立的科研平台，实现高水平的人才培养。

我们北航的人工智能学科在非常注重基础训练的同时也注重高水平的国际合作，使得我们培养的人才在国际上都非常受欢迎。同时，我们北航的人工智能也在进行校企的协同培养，比如在“新一代人工智能产业技术创新战略联盟”里，我们是副理事长单位。我们通过与科研院所，智能制造企业，政府、国防，以及智能联盟等多产业多学科的交叉和融合，来提高我们学生的综合培养能力。

我们北航的人工智能有科技实践平台，比如“冯如杯”，实现了学生的全覆盖，培养了学生的综合能力。我们从 2009 年开始通过这种通识教育，专业知识以及科研的实践，来培养学生的创新能力。我们还有一系列的科研实验平台。在全国“挑战杯”大学课外竞赛（以下简称“挑战杯”）中我们获得了非常好的成绩，2017 年（第 15 届），我们获得了一项特等奖和两项一等奖。2019 年，也就是去年，我们北航主办了“挑战杯”，我们获得了六个特等奖，总分全国第一，获得“挑战杯”的最高荣誉。同时，我们是全国唯一一所连续 16 届捧得“优胜杯”的高校。所以我们的学生，人工智能研究院的学生动手能力非常强。

我们还创建了一系列的科研实践平台，例如环北航学生创业圈，“世宁 - 柏彦 - 致真”等，这一系列的创新平台，都为鼓励学生创业。我们实现学生的全覆盖，累计超过 100 个学生创业联盟入驻。同时，我们有完善的学生创业团队发展流程，覆盖财务、注册、路演等一系列，让学生充分展现自己的才华。我们的学生科技实践成果丰富，比如在 Unicorn 无人机系统里就获得了一系列优异的成绩；同时我们在细胞机器人里、顶尖的高科技里，又实现了一系列的突破。路透社给我们的评价是，最好的机器人之一，Best of CES，说明我们在国际上是领先的。

我通过上述四个问题，给大家讲解了什么是人工智能，人工智能有什么用，未来的人工智能是什么，还有我们北航的人工智能。我们是想告诉大家，北航的人工智能是具有航空航天特色的、世界一流的人工智能专业，我们欢迎大家报考北航，报考我们的人工智能专业。期待 9 月我们在北航相聚，谢谢大家。

扫描二维码查看哔哩哔哩完整视频

7 理科试验班类

经济管理学院

学院介绍

学院概览

北航经济管理学院成立于1956年，是我国理工科大学中成立最早、省部级重点实验室最多的经济管理类院系，是全国首批8个具有管理科学与工程国家重点学科的学院之一。学院是“双一流”的重点建设单位，致力于努力建设扎根中国大地的世界一流经济管理学院。拥有8个本科专业，实行无障碍的专业流动，国际化程度高。

师资队伍

教职工129人，其中，教授35人，博导40人，长江学者特聘2人，青年长江学者1人，杰青4人，优青3人，“973”首席科学家1人。兼职教授包括诺贝尔奖获得者，以及来自美国耶鲁大学、纽约大学，英国伦敦大学等名校名师。

科学研究

承担和完成国家自然科学基金项目200余项，国家重点研发计划、国家自然基金重大项目、国家自然基金重点项目等国家级重大重点项目10余项；科研成果获国家自然科学奖二等奖、教育部自然科学奖一等奖等省部级奖励40余次。与普林斯顿、剑桥、多伦多等大学有经常性学术交流。

本科专业及培养体系

围绕学校“建设扎根中国大地的世界一流大学”战略目标，培养面向未来发展、富有创新潜质、具备团队精神、善于学习实践的宽专业、厚基础、复合型的经济管理人才。实行大类培养，在理科试验班的基础上，二至四年级先后开设院级平台课、学科平台课、专业核心课和专业选修课，学生可以根据个人兴趣跨专业选修课程。共设8个本科专业：工程管理、信息管理与信息系统、工业工程、能源经济学、经济统计学、金融学、会计学、工商管理。实行无障碍的专业流动。

就业、升学、出国情况

近年本科就业率100%，升学率62.28%，就业单位包括中航工业、国航、南航、百度、华为、京东、腾讯、工商银行、中国银行、中国移动等。连续获得高质量出国留学奖，学生进入南加州大学、哥伦比亚大学、伦敦大学、墨尔本大学等名校深造；与UIUC、舒力克商学院、布鲁塞尔自由大学、意大利米兰理工大学等有学生交换项目，并与哈佛大学、剑桥大学、哥伦比亚大学等有合作交流关系。

刘志新

疫情下我国宏观经济形势及政策解读

各位同学大家好，今天给大家做一个讲座，题目是“疫情下我国宏观经济形势及政策解读”。我来自北京航空航天大学经济管理学院，所以请允许我先介绍一下北航经济管理学院。

北航经济管理学院成立于1956年，是我国最早成立经济管理专业的学院。北航是“211”、“985”和“双一流”建设的高校，经济管理学院是双一流建设中经济与管理学科群的承载单位。目前经管学院在校生2400多人，下设9个系，

15 个研究中心，还有两个省部级的重点实验室，承载 4 个一级学科。

总体概况

- 成立于1956年，是我国理工科大学中成立最早、省部级重点实验室最多的经济管理类院系，是全国首批8个具有管理科学与工程国家重点学科的学院之一。
- 是国家“211”、“985”工程和北航“双一流”目标的重点建设单位，也是“2011计划”国家协同创新中心、北京市高精尖创新中心建设单位；“管理与经济”双一流学科群承建单位。
- 在校生2425人，其中本科生555人、研究生1730人、留学生140人。

第一个学科是管理科学与工程，国家重点学科。研究领域涉及生产运作管理、供应链管理、交通运输规划与管理、系统仿真及优化。管理信息系统涉及大型 ERP 系统的分析、信息系统开发、网络技术等。该学科是经管学院成立最早的一个学科，也是在历届国务院学位办评估中处在全国排名前列的学科。

第二个学科是应用经济学科。其主要包括金融学、国际商务和能源经济三个专业。其中，金融学包括金融市场、金融工具及金融机构；国际商务主要是研究国际贸易政策和国际贸易环境；能源经济主要研究碳排放和碳市场。金融学的优势是金融工程、数理金融及金融科技；根据能源经济的主要研究对象，其在全国相关学院中具有明显的竞争优势。

第三个学科是工商管理。工商管理学科涉及工商管理的各个方面，包括企业战略、人力资源、市场营销和财务会计。经管学院的工商管理学科最大的优势是强调案例教学，在历年全国工商管理的案例大赛中，获得多篇的百优案例。

第四个学科是统计学，它是数量经济和经济学交叉学科。它的主要领域包括数量经济和商务统计。北航现在是大类招生和大类培养，经管学院招收的一年级新生在理科试验班大类里培养，二年级分流至经管学院。所以，经管学院的学生和数学学院、物理学院、化学学院等学院的学生在一年级时是一起培养的。第二年进入经济管理学院后，可任选专业。我们现在已经采取学分制，也就是说，同学们第二年进入经管学院后，四年里达到这个专业的学分要求，并且参加这个专业毕业论文答辩，就能够获得这个专业学位。个别同学如果能力比较强，可以同时选修两个专业，获得双专业学位，所以非常欢迎大家报考北航经济管理学院。

下面给同学们介绍今天主讲的内容，就是“疫情下我国宏观经济形势及政策解读”。首先将给大家介绍宏观经济分析的两个重要的宏观指标，并根据这两个指标把经济状态分成四种状态。

第一个指标就是 GDP，也就是国内生产总值。这个指标最大的特点是非常简单，它把一个国家一年创造的财富用一个数字表达出来，比如 2019 年我们国家生产了很多钢材、很多辆小汽车，提供了很多餐饮服务、旅游服务等，最终我们创造的财富是多少呢？用 GDP 衡量约为 100 万亿元人民币。简单地用一个数据表达了一个国家一年所创造的财富。这个指标还有几个特点：第一个特点，它反映的是一个价格概念，如果不能用货币计量，就无法统计。举个例子，明天我邀请大家到我家作客，我有两种方式打扫房间：一种方式是请家政服务公司来我家打扫，我付钱，他给我开发票，这样我就为本地创造了 GDP；另一种方式是我自己在家把房间打扫得干干净净，同样达到明天接待客人的效果，但这种方式就创造不了 GDP，为什么呢？因为没有货币计量，没有价格体现。这是它的一个特点。

第二个特点，GDP 是一个生产的概念。比如一个家具厂，2019 年生产 1000 套桌椅板凳，它创造了对应 1000 套桌椅板凳的 GDP，但是 2019 年它只销售了 500 套，只有 500 套被社会享用，体现了它的社会效用，还有 500 套没有卖出去，放在仓库中，5 年之后这些桌椅板凳变形，报废处置了。那么从 GDP 统计来说，它统计的是 1000 套桌椅板凳的增加值，但是从服务于社会、发挥社会效用的角度，只有 500 套桌椅板凳发挥了效用。所以，我们在考虑 GDP 时不仅要看数量，实际还要看质量。

同样有些产业能够创造很高的 GDP，但是会造成社会的严重污染。所以，讨论 GDP 有一个质量的问题。2018 年以后，我们更强调 GDP 的质量，也就是速度与质量并重。总之，GDP 这个指标在一定程度上能够反映一国经济的增长，每年政府工作报告都会提到 GDP 增长目标，把它作为一个国家经济增长的重要指标。

第二个指标我们称为 CPI，也就是消费物价指数。这个指数是国家统计局对一些消费品价格进行定时定点抽样和测算，与基期比较，测算变化，以此反映通货膨胀。我国 CPI 构成中主要有八大类，如食品、衣着、居住、生活用品、交通通信、教育文化等，每类的权重都不一样。我国 CPI 测算有个特点，就是食品的权重比较大，CPI 容易受食品价格波动的影响，造成 CPI 上升。

一、宏观经济分析的两个指标和四种状况

2、两个宏观经济指标 —— CPI

- * CPI的含义及商品构成比例
- * 中国CPI构成（2016年）：
  - 食品烟酒（27.5%）
  - 衣着
  - 居住（20%）
  - 生活用品及服务
  - 交通和通信（10%）
  - 教育、文化和娱乐（14%）
  - 医疗保健
  - 其他用品和服务

从历史数据看，CPI 上涨时，主要是食品的 CPI 上涨带来的，再进一步细分肉禽类，可以看到食品 CPI 的上涨主要是由肉禽造成的。肉禽中有一项就是猪肉，当猪肉价格上涨时，会导致有一部分居民消费不起猪肉，消费其他替代肉禽，结果猪肉价格上涨会导致其他肉禽价格上涨。另外，猪肉还有一个特点，它涨了以后还带动饲料粮的价格上涨。这样猪肉价格上涨，牵动肉禽的 CPI，进一步牵动食品的 CPI，食品的 CPI 在整个 CPI 中所占的比重比较高，所以最终又牵动所谓的 CPI 上涨。一环影响一环，所以我们经常开玩笑地说“中国的 CPI 基本上被猪给控制了”。但无论如何，CPI 在一定程度上基本能反映我们物价的上涨程度。

下面根据这两个宏观指标的高高低低，把经济形势分成四种状态：

第一种状态就是 GDP 高速增长，CPI 低位徘徊。这种状态是非常好的，从我国改革开放以来，曾经经历了一个 GDP 高速增长，CPI 低位徘徊的一个状态：在 1997 年

亚洲金融危机时，我们国家基本上处在经济增长的低位，但随后的9年时间，GDP从7.7%连续9年上涨，一直到2007年的14.2%，增速非常明显，也是我国改革开放以来增速最快的一段时间。同时，CPI一直处在低位，保持在1%~3%的区间。对于这种经济状况，我们给它的评价是非常良好。

第二种状态就是GDP高速增长，CPI高位徘徊。尽管GDP的增速很快，由于CPI在高位，存在严重的通货膨胀，导致经济增长不可持续，存在严重泡沫。在2007年下半年，我们的GDP高速增长，CPI在半年时间从3%涨到7%，出现严重的通货膨胀，经济不可持续，我们把这种情况称为经济过热。

第三种状态是GDP增长速度缓慢，CPI处在高位。这种经济状况被称为滞涨。历史上只发生过一次，即1973年由中东石油危机引发的。在过去，西方国家，尤其是美国使用中东的廉价石油，整个生活和经济成本都非常低。1973年中东石油危机爆发后，油价大幅上升，使得整个美国的社会成本大幅提升，CPI高涨，在这种情况下，一方面CPI在高位，另一方面经济处于停滞状态。面对这种状态，政府调控经济相当困难。若采取积极的财政政策和宽松的货币政策将会导致进一步通胀，经济无法控制。

第四种状态是GDP增速低，CPI也处在低位，称为经济衰退。在2010年以后，我国的GDP出现下滑，从11%持续下滑近10年，到目前维持在6%的水平。利率更低，基本上维持在1%~2%的水平。如果两个都低，一般说经济出现衰退。但中国特殊，因为这个6%左右，相对于14%的增长看是低，但相对于发达国家1%~2%的增速，这个速度还是比较高的。我们把这种情况称为中高速增长。

根据两个宏观指标，把宏观形势分成四个基本状态，由此可以简单地判断一个国家、一个经济体的经济所处的状态。

下面我们谈谈这次疫情对我国宏观经济的影响。从供给和需求的角度分析，宏观经济是经济学的一个基本分析方法。经济出了问题要么是供给出了问题，要么是需求出了问题。总需求分为内需和外需，内需主要包括投资和消费，外需主要包括对外贸易，这就是我们俗称的“三架马车”。当经济没有需求时，一般要采取措施拉动需求。供给主要从农业、工业和服务业三大产业分析。问题要么是产业结构不合理，要么是产业本身劳动生产率比较低，需要进行产业的升级换代。核心的四个要素就是劳动力、土地、资本和创新。进行供给侧的调整就是使四大生产要素有效地配合，发挥它的潜能。在2008年金融危机之后，我们采取需求侧拉动，主要采取加大投资和刺激消费的措施，有一定的效果。到 2015 年，需求侧拉动的边际效益很低。在这种情况下，中央做出供给侧改革的决定。这次疫情发生之后，需求端和供给端都停顿了，这个影响是相当大的。我们通过一些指标来看一看，这次疫情对我们国家宏观经济的影响。

第一个是 GDP。GDP 的增速能反映经济整体的变化。2008 年全球金融危机，我国 GDP 增速到 6.5%，采取一些刺激政策后，GDP 上涨到 11.9%。但随后经济开始下滑，一直到疫情发生。疫情之后，我们的 GDP 增速收缩严重。

第二个是“三架马车”。“三架马车”中第一个就是固定资产投资。过去固定资产投资增速一般在 20%~25%，2010 年以后固定资产投资持续下滑，在 2015 年和 2016 年出现大幅滑坡，近几年有些恢复，可是在疫情发生之后，第一季度固定资产投资增速下浮百分之十几。再看消费，一般用全社会消费品零售总额的增长率来衡量消费，这个增长率在过去正常的经济环境下，一般在 13%~14%，2010 年以后下降到 10%~11%，近两年又下滑到 8% 左右。疫情之后，一下变成了负的。最后是对外贸易，我们国家从改革开放以后，对外贸易对经济的贡献相当突出，2008 年全球金融危机影响比较大。这次疫情发生后，对外贸易又遭受更大的创伤。多数人估计这次疫情对于对外贸易的影响会远远超过 2008 年全球的金融危机。这次影响有几个特点：第一个就是有些企业的订单被取消了；第二个是有的订单有了，我给你发货，但你拒付和拒收；第三个是有了订单想生产，物流跟不上。这些造成很多企业压货、资金链断裂，外贸企业受影响很大。

第三个是关于产业链的调整问题。产业链是市场经济的产物，也就是说，一个企业在哪儿办厂，主要考虑：原材料供应、劳动力的性价比和技术水平。比如有些产业为什么放在中国，不放在柬埔寨，这是劳动力素质的差距。还会考虑客户在哪儿，要缩短物流，靠近客户也便于服务和销售。这样就形成一个全球的产业链结构。这次疫情发生之后，有些国家提出要把产业链牵回本国，把自己的制造业牵回本国，这将打断现有的产业链结构，对将来的影响是深刻的。原来都说产业链的上下游，现在产业链不仅是上下游的问题，而且是网状结构，互相联系非常紧密，任何一个点断了，它的影响面都非常广。

第四个是这次疫情对我们经济的短期和长期影响。短期影响已经很明现，如经济出现停滞，企业开工不足，低收入人群增加；关于长期影响，IMF 在《世界经济展望报告》中预计全球的经济下滑是 –3%，发达经济体负增长将达到 6%，能正增长的只有中国和印度。这是 2020 年 4 月份的报告。国家货币基金组织的总裁在一个讲话中说 6 月份将会发布新一期《世界经济展望报告》，将要下调 4 月份的预期，对于未来经济的走势展示了更多的悲观情绪。如果疫情之后政治生态恶化，特别是贸易保护主义进一步抬头，这对全球的经济增长将会造成更大的影响。这个还有待进一步观察。

三、应对政策解读 **（一）六保**

中央政治局会议首次提出“六保”，“六保”针对的都是当前突出矛盾和风险隐患，是直面和克服困难挑战的积极举措。

→保居民就业

→保基本民生

→保市场主体

→保粮食能源安全

→保产业链供应链稳定

→保基层运转

面对疫情对经济的影响，中央提出应对举措。中共中央政治局 4 月份召开会议，提出六保的应对举措，六保就是：保居民就业、保基本民生、保市场主体、保粮食能源安全、保产业链供应链稳定、保基层运转。六保当中有个特点，针对的都是当前非常突出的矛盾和风险隐患，是对症下药，精准施策。

下面给大家做一个简单的分析。

第一就是保就业。保就业实际上是非常基础的，没有就业就没有收入，也就谈不上民生问题。保就业怎么解决呢？我认为有三个要点：第一点要解决中小企业的复工复产问题。谈到中小企业，我们一定要说一个特点，叫五六七八九，就是中小企业提供全国税收的 50%、经济产值的 60%、发明创造的 70%、就业的 80%、数量的 90%。如果中小企业不能够复工复产，就业就无从谈起。要解决就业问题，核心就是要解决中小企业的复工复产，这是一点。

第二点是服务业，服务业是就业大户。在 2010 年以后 GDP 的增速持续在下滑，但是我们的就业没有出现问题，为什么呢？原因在于服务业，我们国家在 2012 年以后，服务业的产值迅速超过制造业，而且增速明显加快，吸纳了大量劳动力就业。尽管有 GDP 的下滑，但就业压力并不大。疫情发生后，对服务业冲击还是比较大的，虽然很多企业复工复产，但有些服务业还没有，比如餐饮、运输、旅游，还有其他的一些娱乐服务等，这些都是就业大户。所以，如果要解决就业问题，服务业的复工复产将起到关键作用。

第三点是要有一定的经济增速。有学者做过测算，说中国 GDP 每增加一个点，就会带来 200 多万人的就业；如果下降一个点，则会造成 400 多万人的失业。当然，这是一个初步测算。但不管怎么样，经济增长的规模和速度会影响就业。所以，我们要保持一定的增速，才能稳住就业。

第二就是保基本民生。民生问题中央非常关注。从第一季度的数据可以看出，下滑 3.9%，这是个平均数据，如果考虑到一些贫困地区和低收入人群，则居民的可支配收入下滑得就更大。因此，保基本民生的核心有两个点要抓住，即第一点是复工复产，这涉及大量劳动力，不复工复产，没有收入来源，就很难解决民生问题；第二点是重点人群，重点人群主要是贫困人口、低收入群体、农民工等，这不仅要复工复产，还需要加大财政补贴力度，提高转移支付的比例。当然也可以扩大我们的失业保险覆盖的范围，这是解决民生的主要策略。

第三就是保市场主体。市场主体涉及市场经济活动中的各个方面。有企业、政府、非盈利组织，还有居民个人，但是这里强调保市场主体，核心是企业，企业里面的重点是谁？是中小企业，是小微企业，是个体工商户。面对这种经济形势，相关部委已出台了一系列的举措，来帮助扶持中小企业恢复。近期工信部出台了 20 条政策来支持中小企业，第一条就是全力保证企业有序复工复产，通过分类指导哪些企业先复工，哪些企业后复工，关键要保证中小企业的生产要素。首先就是员工有没有？我们现在有些省政府采取专列的方式，从一个地区向另外一个地区运输劳动力，这是一个很好的办法，解决劳动力就业问题。第二条就是复工以后，上游的生产要素有没有？有没有原材料？有没有零配件？第三条就是有的企业在疫情发生之后停产，之前可能欠水费、电费、气费，这时它没钱还，如果给它断水、断气、断电，就无法复工复产。所以，唯一的办法是缓交，这就要政府部门发挥作用。

进一步加大对中小企业的财政扶持。中央财政已经出台一些政策，比如对重点的中小企业采取贴息贷款，减免一些税费。地方财政也采取一些财政的扶持政策，包括成立专项的中小企业的扶持基金，减免一些行政收费，社保可以缓交等。政府采购在相同的条件下，可以向我们的中小企业进行倾斜，中小企业已经发生了政府采购，若政府有拖欠行为，则要及时清欠，这都是一些重要的财政扶持政策。

还有就是金融扶持，第一个就是信贷，中小企业货卖不出去，资金出现紧张，甚至断裂，还不上贷款，如果金融机构给它抽贷、断贷，这就出问题了。金融机构要适当展期，使企业能够维持下去。政府也可以提供一些支持，如通过融资担保使企业渡过难关；也可创新一些融资模式。一些地区把一堆中小企业集合起来，发行集合债，风险可以分散，还可以把一片中小企业的问题都解决了，特别是这些企业中如果存在产业链上下游的关系，则一旦打通这个产业链，这些企业就都救活了。

第四就是保粮食能源安全。疫情发生之后，粮食和能源突然变得非常重要。大家都知道，粮食是国民经济运行的基础，中国是一个粮食大国，也是一个人口大国，政府历来重视粮食安全。我们国家一直坚持一个红线，什么红线呢？就是粮食耕地面积的红线。所谓粮食耕地面积，就是说这个耕地不能少。过去农村为了发展经济，毁耕地办一些小作坊。中央三令五申要求地方一定要保证耕地面积的红线要求。2009 年，国土资源部定了我国粮食耕地面积的红线是 18 亿亩。我们的粮食能够实现基本的自给自足。这次疫情发生之后，很多国家提出自己的粮食或者农作物禁止出口，引发粮食市场的恐慌。我们国家虽然进口粮食，但主要是为了丰富人民的生活水平，增加一些品种进口，另一个就是增加饲料粮。中美贸易战中，大家经常听到中国要从美国进口大豆，你知道中国进口大豆干什么用吗？我告诉大家，我们进口一吨大豆压榨以后，榨出 190 公斤的豆油，还剩下渣子，那渣子叫什么，叫豆粕。豆粕能榨出 790 公斤，用作饲料。这次疫情发生后，发改委等相关部委牵头，要求各个省要落实粮食安全责任制，中国的粮食安全是没问题的。

再就是能源安全。我们国家的能源安全有些特殊，因为我们国家是能源的消费大国，一方面反映我们国家经济活跃，另一方面也反映我们国家的能源对外依存度很高。能源中最核心的一个是什么？就是石油。2019 年，我们国家的石油对外依存度高达 72%，2019 年我们进口的石油高达 5 亿吨。进口这么多石油，保证我国正常经济运行的消耗是没有问题的，是能满足要求的，那么我们国家的能源安全问题主要在什么地方呢？主要是我们国家的石油战略储备不足。我们国家原定 2020 年战略储备应达到石油的 90 天的进口量，目前石油储备能够维持正常使用 60 多天。那么大家觉得这个时间长不长呢？实际上不够。如果一旦发生一些局部的军事冲突，这个影响恐怕是比较大的。所以，我们必须要加大石油的战略储备。比如美国，美国的石油战略储备多少天？ 140 天。可以看出，这方面我们还要加大力度，提高石油的战略储备，防范能源风险。

第五就是保产业链和供应链的稳定。产业链和供应链的稳定是一个基础，民生、就业都依赖于企业的复工复产，而企业的复工复产依赖于产业链和供应链的稳定。从国内来看，我们是有足够的力量来打通产业链和供应链的。今年工信部牵头，联合相关部委，在供应链的统筹保障方面采取了一系列有利的措施，称作产业链固链行动。这个作用是明显的。相关部委包括国务院办公厅发布，在行政审批方面简化手续，优化流程；运输部门出台降低运输成本的政策，如公路长期免费、港口也降低收费，这些都是在物流方面提供支持；金融政策方面提供一些专项的资金支持等。所以，打通产业链和供应链，在国内各部门的协调下是能解决的。将来可能影响最大的是什么？就是全球的产业链和供应链。因为现在处在疫情之中，所以很多国家的市场没有开放，现在也没有完全开放。疫情过后是不是还有政治因素的影响？所以这个有待于进一步观察。

第六就是保基层运转。大家知道，我们国家基层单位有它的特殊性，比如像城市基层就是街道办事处、居委会；农村基层就是城镇下面的村委会。这次疫情对我们国家的经济造成了很大的冲击，在抗疫过程中，我们的基层单位发挥了非常重要的作用。疫情之后，又面临一边恢复生产，一边抗疫，防止反弹，同时还要救助贫困群众，所有这些都需要基层单位发挥更大的作用。在这种背景下，地方政府基层单位也遇到一些困难，主要是财政问题。一方面我们的支出在加大，另一方面我们的收入在减少。地方财政的收支缺口加大，要保证基层的正常运转最主要的办法就是要做好转移支付，加大地方财政收入的留存比例等。

面对“六保”，国务院召开了常务会提出了“六稳”的举措，因为“六稳”工作的着力点和支撑点就是在“六保”。“六稳”主要指稳就业、稳金融、稳外贸、稳外资、稳投资、稳预期。这里我们简单地做个解释。

第一个就是稳就业。大家知道，“六稳”和“六保”都涉及就业，就业是个核心问题。

第二个就是稳金融。中国的稳金融主要在两方面：一是要稳杠杆，杠杆就是负债率。比如，企业的负债大概在 150 万亿 ~160 万亿，占 GDP 的比例大概在 150%~160%；居民从银行借钱叫居民的负债，居民的负债占 GDP 的 50%~60%；再加上政府的负债，我们国家目前总的杠杆率在 260%~270%，不同的统计数据，可能有些差异，但基本是这个水平。杠杆高了会引发金融风险，所以我们国家在前两年就提出三大攻坚战，其中第一大攻坚战就是要防范化解金融风险。经过这几年，实际效果显著，最终的目标防金融风险就是不能发生系统性金融风险，这是我们的底线，这个目标实际已经达到了。二是要稳金融环境。这个金融环境稳定实际上就是要保持适度的货币的流动性，使得金融体系的流动性能够传导到实体经济中，这样实体经济货币充裕，资金成本不会太高，可帮助实体经济恢复正常。

第三个就是稳外贸，外贸对我们国家经济增长是一个重要的拉动。我们国家改革开放以后，一直采取出口导向型的发展战略，有些行业我们的外贸依存度高达70%，如果外贸没有，这个行业就出问题了。同时，关税占我们财政税收的20%~25%。直到2008年的全球金融危机对我们的外贸造成很大的影响，之后外贸实际增速基本不稳定。这次疫情造成大幅度下滑。应对举措：一是财税金融的支持，比如降低关税，调低增值税的税率；二是完善出口退税，强化贸易融资等；三是加大自贸区的网络建设，自贸区里生产加工，仓储物流在税收方面都有大量优惠政策；四是贸易的便利化服务，管理中的放管服改革等。还有就是拓展外贸的新业态，要增设跨境电商这个服务。另外，拓展“一带一路”经贸合作，在更高的层面上激发这个市场的活力，这将是我们外贸的一个重要出路。

第四个就是稳外资。外资对我国经济发展非常重要。外商投资企业的产值占我们工业产值的25%，同时它与外贸联系紧密，55%的出口都是外资企业。外资企业减少也影响外贸。我们国家这几年吸引外资总体上还是不错的，外资工作有几个特点：第一个就是外资的规模保持比较稳定，第二个就是有些大的外资投资项目开始上来了，如上海建的特斯拉，10个月办成，影响还挺大，表明我们的经商环境发生了变化。今后的举措，一个是完善政策环境，进一步压缩负面清单；另一个重点就是《外商投资法》，需要进一步明确一些具体的解释和培训解读，使得外商更加安心。另外，外资还能增加我们的外汇储备。

第五个就是稳投资。投资是拉动内需的“三架马车”之一，在这个过程中，政府投资正在发力，如很多地方政府进行了大规模的有效投资，主要是新基建。同时地方债的专项债已经审批完，很多地方甚至已经发完了，资金到位了，有的开始投了，这对地方的投资建设起到重要作用。现在还有一个政策，就是我们开工的新项目，过去要求有个资本金的比例，现在资本金降低了5%，这样对很多开工项目来说，开工就变得更加容易。这都是一些有利的刺激。还有一个重点就是一定要激发民间投资的力量，如果民间投资搞活了，则投资量上是超过政府的，主要是现在这块还没有完全激发出来。我相信随着市场的逐渐变好，这块的积极性会调动起来的。

第六个就是稳预期，稳预期的核心就是稳信心。我们过去经常说，信心比黄金都重要。确实是这样的。稳预期主要有三方面：第一方面就是要稳政策预期，就是我们相信中央这些“六保”“六稳”的政策一定能够把经济搞好。前面已经见证了抗疫政策明显有效，中国的抗疫取得战略性的成果。同样对恢复经济的“六保”和“六稳”政策也要有信心。第二方面要稳市场预期，换句话说，要对市场有信心。现在很多企业停工停产，市场缺口就出来了，如果你对未来市场有信心，作为企业家，你会迅速复工复产，甚至扩大产能。为什么？抓住市场机会，这个效果就非常明显了。第三方面就是稳社会预期。什么叫稳社会预期？就是我们一定要相信，社会一定能够恢复正常，人民一定能够安居乐业。总之，预期要稳了，大家对恢复经济就有信心了。

最后简单说一下，政府应对经济下滑最重要的两个工具就是财政政策和货币政策。

第一是财政政策。积极的财政政策有几个要点：①对于民生保障要兜底，财政就要发挥重要作用；②要拯救企业，就要有针对性的减税降费；③面对支出加大、收入降低的局面，采取财政赤字政策成为必然选择。在 2008 年金融危机的时候，我们的赤字率基本上维持在 2.8%~2.9%，严格控制 3% 这条线。但是，今年这个情况非常特殊，所以我们上上下下达成了一致，财政赤字率突破 3%。这样就有资金加大投资建设的力度。在经济不好的情况下，一定要发挥财政政策的逆周期调节作用。

第二是货币政策。在 2008 年应对金融危机的时候，全球都搞量化宽松的货币政策。面对今年疫情下的经济状况，我们采取的是稳健的货币政策，这意味着我们的货币政策工具箱里还有很多工具，现在只挑了几个来用。如设立一些专项贷款，有针对性地扶持一些中小企业；降低一些贷款的利率，保持实体经济融资成本下行。若后面再出问题，则可以采取多元化的货币政策工具，提高流动性。总体来说，我们在以习近平总书记为核心的党中央的领导下，一定能取得抗击疫情的胜利。我们也相信按着中央的部署，坚持“六稳”和“六保”的举措，各部门齐心合力，一定能够使我们的经济生活恢复正常，也一定能够使我们的人民生活健康快乐。

扫描二维码查看哔哩哔哩完整视频

我的讲座到此就结束了，谢谢大家。

数学科学学院

学院介绍

学院概览

学院拥有数学、统计学 2 个一级学科博士点，共建网络空间安全一级学科博士点，具有 2 个博士后流动站。2003 年获批教育部“数学、信息与行为重点实验室”，2006 年获批国家级教学团队，2007 年数学与应用数学专业入选国家级特色专业，2011 年北航 – 中科院华罗庚班进入教育部首批拔尖计划，2019 年数学与应用数学专业入选首批国家级一流本科专业建设点。

师资队伍

学院有中国科学院院士 1 名，欧洲科学院院士 1 名，长江学者 1 名，杰青 1 名，国家级教学名师 1 名，国家“万人计划”教学名师 2 名，国家级教学团队 1 个，北京市教学名师 5 人，“优青”“卓青”等人才 7 人。学院拥有国家级精品课程 3 门，国家精品在线开放课程 4 门，北京市级精品课程 3 门。获得国家级教学成果二等奖 3 项，北京市教学成果特等奖 2 项，北京市教学成果一等奖 3 项，北京市精品教材奖 6 项等。

科学研究

学院先后承担国家重点研发计划重大专项、国家“973”计划项目、国家“863”计划项目、国家自然科学基金重大项目等国家级省部级项目 300 余项；近 5 年发表高水平 SCI 学术论文近 600 篇；获得国家技术发明一等奖、教育部自然科学一等奖、国防技术发明一等奖等，授权专利 30 余项；郑志明院士、王东明院士担任多种国际 SCI 数学期刊主编或副主编。

本科专业及培养体系

学院围绕数学与应用数学、信息与计算科学、信息安全、统计学 4 个本科专业扩展及深化了如实分析、复分析、数论、动力系统、图像处理、数理统计、并行计算、微分方程数值解、计算流体、运筹优化等诸多可选研究方向。基于数学学科特点以及数学与其他学科交叉融合的优势，学院参照国际标准设计了包括基础课程、专业课程、选修通识课程、学术前沿课程全程贯穿的本研统筹课程体系。同时，学院每年选拔优秀学生进入“华罗庚”数学实验班学习。

就业、升学、出国情况

北航数学拔尖人才培养取得显著成效，北航数学本科生与研究生在 *Nature*、*Science* 子刊、*Adv Math.*、*Ann PureApp Logic*、*PDE*、*Pacific J Math.* 和 *Linear Multilinear Alg.* 期刊发表高水平 SCI 学术论文，北航数学本科生被法国巴黎高师，德国马普所，美国多所常青藤大学，中科院、北大、清华等一流数学院所录取继续深造，应届本科生升学率为 70% 以上。此外，学院毕业生就业行业分布广泛，深受科研院所、高校中学、金融机构、高科技企业、政府及相关事业单位等用人单位的青睐和好评，就业率 99% 以上。

韩德仁

以数学之名，行北航之路

大家好，我是数学科学学院的韩德仁，今天给大家讲讲数学，讲讲北航的数学学院。说到“数学”，大家从小学到大学，学了十几年，都非常熟悉，今天在这里我将和大家分享我所理解的数学。

首先来分享一下数学的“美”。我们来看看数学家眼中的数学。作为研究数与形的一门科学，可以说几乎所有的数学家都认为数学是美的。

著名数学家、泛函分析的奠基人之一巴拿赫（波兰数学家）说，数学是人类精神中一种最美的和最有力的创造。泛函分析是数学学科中的一门核心课程。其实，除了数学家，其他人也时刻能感受到数学的美。

首先来看数学的对称美。对称是美的形式之一，在数学中，对称可以说到处可见。古希腊著名思想家亚里士多德认为数学作为一门科学，它主要展现的就是秩序、对称和限制。这也是古希腊毕达哥拉斯学派对数学的一种描述。我们从方程的角度、函数的角度来看数学的美。当时古希腊人认为，在空间中最美的图形就是球，为什么球最美？大家观察一下，球关于任意一条直径所在的直线都是对称的，球不仅是轴对称的，还是中心对称的，那么在平面上就是圆，这些都是大家在数学课上接触过的。

接下来看看数学中的比例美。达芬奇的一幅名画《蒙娜丽莎》就是比例美在艺术上的展现。这幅画处处都用到了黄金分割比例，从画的尺寸到人的面部、鼻部、眼睛等，所以大家会觉得蒙娜丽莎这么迷人。著名的天文学家开普勒认为，数学中最美的，第一个是黄金分割，第二个就是勾股定理。所以，美是不分学科的，不管是艺术创作还是建筑设计，都展现出了黄金分割的美，不论是艺术家还是数学家或科学家都认为黄金分割是美的。

再来看看数学美的第三个展现形式——数学的简洁美。大家知道欧拉公式，相当简洁，用到的元素就是自然数里最常见的 0、1，以及自然底数 e、单位虚数 i，还有圆周率 π。这样的五个数，这样的一个方程就展现出一个非常重要的基本公式，在力学、光学、天文学方面都有重要作用。

数学最独特的美是数学的神奇，神奇美。刚才我们提到开普勒认为黄金分割和勾股定理是数学中最重要最美的展现形式。勾股定理是第一个数形结合的定理，是欧氏几何的基本定理，$3^2+4^2=5^2$。费马大定理，在 1637 年左右，由法国学者费马提出，从形式上看，它与勾股定理有些相似。勾股定理是费马大定理中 n 取 2，这样的 x 和 y 有很多，也就是说，$x^2+y^2=z^2$，它有很多对整数解。但是，费马大定理说的是，假如 n 不是 2，而是大于 2 的自然数，如 3、4 等，这时要再找这样的整数解就不存在了。这是费马大定理。

费马大定理简洁明了。然而直到 20 世纪，1994 年左右，英国数学家威尔斯才给出了证明，这个证明竟花了几百年的时间。除了这个神奇的定理，费马本身就是一个传奇。我们都知道费马，在学微积分时就有个费马定理，他对数学做了很多的贡献。但实际上，费马是一个业余的数学家，他曾经是位律师，后来又是位外交官。再看看有名的哥德巴赫猜想。哥德巴赫猜想的内容是任意大于 4 的偶数，可以写成两个素数的和。如果你找到一个偶数，不可以写成两个素数的和，那就推翻了这个猜想。但实际上，从 4、6、8 一直举例，都不能举出反例，但是到目前为止，还没有一个完整的证明。

目前最好的结果是我国数学家陈景润的证明，他的结果是，任意一个大于 4 的偶数，可以写成一个素数和另外两个素数的和，就是所谓的1+2。跟费马一样，哥德巴赫也不是一个职业的数学家，但他在数学界的名气要比费马小得多。这样的一个著名猜想，不是在一个高水平的、高影响的杂志上发表的，而是在他写给欧拉的信中提出来的。数学的神奇不仅是数学本身，就连数学家的故事也如此神奇。

数学之美还有一个令人想不到的高冷的美、素颜的美、不加修饰的美。数学的美，是自然展现出来的，不是经过化妆打扮出来的，这是著名的哲学家罗素对数学的评价。罗素的悖论导致了第三次数学危机，从而推动了数学的发展，这也是他对数学的贡献。罗素曾获得诺贝尔文学奖，是一位科学家、哲学家、文学家，也是一位数学家。

数学之美的真谛是数学的真、严谨的逻辑。大家知道爱因斯坦是一位大物理学家，在物理学界拥有无人比拟的成就，他对数学的评价是，数学就是逻辑的诗篇。逻辑的美体现在各个领域，很多哲学家对数学都有相当深的造诣，从毕达哥拉斯、笛卡儿、牛顿到马克斯，都是让世人敬仰的大师，他们身上有很多标签，如物理学家、哲学家，他们讲究的是逻辑性，严谨的逻辑性让他们登上了学术的巅峰。

因此，数学的逻辑除了美以外也是非常有用的。不仅对大师有用，对我们也很有用。假如，大家参加一些社团，或者在找工作进行面试时，都要求有一个基本的能力，那就是沟通能力。大家在简历上也经常说自己的沟通能力强。沟通能力强可以分为以下几种情况：当你在跟对方意见相同的时候，你能够与对方有互动；当意见不一样的时候，要让对方能够听你的分析，如果对方能够冷静地听你分析，你要能够把自己的意见讲明白。这在辩论中也是非常重要的，双方对立时，你能够想办法说服对方。要说服对方，就需要有严密的逻辑性。逻辑性差，漏洞百出，就根本不可能取得对方的信任，也会使你在辩论中失去立足之地。所以，数学的美最终归结于数学的有用，数学的有用离不开数学的逻辑性，数学的逻辑性才是数学美的本质。

接下来讲讲数学作为科学是如何成为一门非常有用的学科的。

我国著名数学家华罗庚说过，宇宙之大，粒子之微，火箭之速，化工之巧，地球之变，生物之谜，日用之繁，所有的这些无处不用数学。华老说的是大家所做的研究，研究空间也好，微粒也好，或是地球、生物也好，无一不在用数学，数学处处可见。

大数学家欧拉也说过，这个世界之所以这么和谐，宇宙之所以这么和谐，这是自然的演化，自然界选择了一个最优化的过程，一种所谓的能量的函数，达到极小的这样的一个过程。能量函数达到极小就是一个数学问题，它涉及函数，涉及极小这样的概念。

再给大家举一个数学家庞加莱在生活中的数学故事。庞加莱是法国数学家，他可以说是一个全才，因为他不仅是数学家，还是天体力学家、数学物理学家、哲学家等。西方人喜欢吃面包，在面包袋上有一个标识——质量，我们看到的标识是1000 克 ±50 克。也就是说，这个面包是按照 1000 克标准做的，但是做的过程中会有偏差，这个偏差的大小是 50 克。庞加莱有计数的习惯，他买了面包后不仅是把它吃掉，吃之前还称一称，前面 9 天的面包的均值是 978.2 克，比 1000 克轻了一点，在偏差范围内。所以他就继续记录，又记录了 16 天，均值是 978.7 克，比前面略微增加了一点，即 0.5 克。

于是，庞加莱就判断面包师作弊了，他通过这组数字就确定面包师作弊了。现在是谁主张谁举证。那么他怎么举证这个面包师作弊呢？他说如果每一个面包真的是服从以 1000 克为均值，50 克为方差的正态分布，那么他买了 25 个面包的平均数也是服从正态分布的，这个正态分布是均值为 1000 克，方差是 10 克的正态分布。这个结论是可以通过简单的数学计算算出来的。

那么买 25 个面包，均值为 978.7 克，这样一件事情发生的可能性是多大呢？不到 5%，一个概率不到 5% 的事件发生了。小概率事件发生就可以说明面包师作弊了，所以庞加莱举报了这个面包师，警察来了，面包师认了，说改进一下。庞加莱通过数学计算证明面包师作弊了。

面包师答应整改以后，庞加莱继续买他的面包，他还在继续记录。又记录了25 天，这时这个均值变成了 1002.6，方差是 5.08。大家看，均值有了提高，比标的1000 还要高一点，标准差变得很小，应该没问题了吧。然而这时庞加莱又发现了问题，仔细看看这个数据，全都落在 991 到 1011 这个区间里。他说如果面包师做的面包还是服从期望是 1000、标准差是 50 这样一个正态分布，那么一个面包落在 991 到1011 区间的概率是 0.16。25 个面包全落在这样一个范围里的概率就是 0.16^{25}，这是一个非常接近于 0 的数字，又一个小概率事件发生了，这个显然也有问题。

假设这个数据没有问题，面包师也没有问题，那么就是工艺制作水平有了突飞猛进的进展，标准差控制得那么小，原来是 50，现在变成了 5 左右。25 天工艺突飞猛进的可能不是太大，也就是说，这件事情不合理。不合理为什么会发生呢？庞加莱认为，不合理的原因是随机性出了问题。面包师给庞加莱的面包不是随机的，面包师知道庞加莱挑剌，所以每次庞加莱买面包时都给他最好的面包，就出现了刚刚的情况。所以庞加莱再次举报了这个面包师，这个面包师在证据面前无话可说，以后只能好好地做他的生意了。

这是数学中的统计，用到的知识是正态分布，利用正态分布、加减乘除，就能揭示表象之下的真理。刚才说到数学随处可见，随处都用，现在再给大家讲讲诺贝尔奖。诺贝尔奖里没有设数学奖，它共有6个奖，即物理学奖、化学奖、和平奖、生理学或医学奖、文学奖，还有后来追设的经济学奖。虽然诺贝尔奖没有数学奖，但很多获奖的结果都用到了数学的结果。获奖者大多都有高深的数学造诣，有很多获奖者本身就有数学学位。我们首先来看诺贝尔物理学奖，这里给大家例举的是2016年的一次获奖。实际上，诺贝尔物理学奖中跟数学关联很密切的例子在20世纪30年代就有了。

2016年的诺贝尔物理学奖授予了三位美国物理学家，他们获奖的主要成果是物理拓扑相变中的一个结果。拓扑是现代数学的一个非常重要的分支，它研究的是非常基础的数学的理论、概念。拓扑最早指的是地形、地貌等几何结构有关，后来才逐渐形成一个重要的数学分支。获奖者用高等数学的方法研究物质的状态，开启了一个新的未知领域。

再来看诺贝尔化学奖。1985年的化学奖授予了美国数学家，他们在测定分子晶体结构时，用到了数学方程、数学方法。大家可能觉得，诺贝尔奖跟我们的生活没有什么直接的联系，但是CT大家应该很熟悉吧？不仅是CT，现在医院里的很多检测，包括磁共振成像等，背后都有很多的数学知识。磁共振技术不仅获得了物理学奖，还获得了诺贝尔化学奖、诺贝尔生理学或医学奖。

大家知道拍过片子后，仪器会测量到一些数据，如果这些数据直接给医生，医生是看不懂的。这时就需要经过一些模型求解，逆变换显示出来，医生才能够看明白。所以，这里面涉及了很多模型算法等数学知识。

再看诺贝尔经济学奖。这可以说是跟数学有紧密关联的大户了。一般认为数学和物理的联系是最紧密的，但是从诺贝尔经济学奖的角度来看，与数学联系最紧密的是经济学。刚才给大家介绍诺贝尔奖时提到，诺贝尔经济奖是1968年才设立的，1969年颁发了第一届。第一届获奖的有两位经济学家，一位叫丁伯根，另一位叫弗里希，表彰他们在计量经济学上的突出贡献。弗里希是统计学博士，他获得统计学博士学位后开始研究经济学。丁伯根是物理学博士，转行研究经济学。这样的现象是非常多的，不是个例，包括2008年、2009年、2012年、2013年、2016年的诺贝尔经济奖获得者，每年有两到三个人，里面都有数学家。

我们从获得诺贝尔奖的角度进行了统计，1969年到2016年，78位获奖者中有数学学位的为32人，占了40%，其中有数学或者统计学博士学位的就有14人。由此可以看出，诺贝尔奖尤其是诺贝尔经济学奖，跟数学相关的特别多，实际上他们的研究也促进了数学的发展，在数学领域，这些研究也成为数学人研究的内容。

很多人都可能看过电影《美丽心灵》，这是一部介绍数学家的美国电影，讲的是约翰·纳什的博弈论。纳什在非合作博弈论领域做出了重要贡献，他是一个纯粹的数学家。当年他去读博士，找工作，他的推荐信里就一句话，“这是一个天才”。

刚才给大家讲的都是学术的成果，现在再给大家讲一下现实生活中应用中的数学。例如现在非常火的人工智能，它在社会上很热，在高校里也很热，北航也非常重视。目前人工智能领域的人才有很大的缺口，供需的不平衡导致人才的报酬也非常高。人工智能可以应用到很多领域，要培养人工智能的人才，就需要知道人工智能在做什么？实际上人工智能的核心是机器学习，深度学习。那么深度学习又在做什么呢？这是我们拿来调侃人工智能专家的一个玩笑，其实是想说这里有很多数学问题，需要我们继续努力去解决。

人工智能的概念是在20世纪五六十年代提出来的，因为一直没有有效的技术，因此停滞不前。近十几年由于统计思想、数学理论与算法的引入，又重新有了一个飞速的发展，它的未来前景也是特别可观的，人才的缺口很大。大家可以看到，人工智能的本质就是数学统计，它从20世纪50年代末60年代初提出来之后，一直在我们的学科中不断地研究和发展，当研究累积到一定程度时，便会形成质的突破。当时的人工智能没有这么热，很多时候大家都不叫它人工智能，现在是有一点相关的都叫人工智能。

人工智能在未来肯定会有一个大的发展，这是我们的预期。如果你问我人工智能未来怎么样，我也不能十分明确地回答，但预期是有一个大的发展。实际上，不管人工智能怎么样，它的核心一直都在那儿，一直都会发展。它的核心就是数学、物理、统计、优化。关于数学的应用，人工智能是现在用得最多的。人工智能现在走到了一个非常困难的境地，也就是说，人工智能要怎么发展？

人工智能发展的第一要务就是夯实人工智能发展的科学的基础。那么这个科学基础是什么呢？就是数学。所以，这也是为什么北航人工智能研究院的牵头人是郑志明院士，因为他是数学家，他把数学的应用做的非常好。

跟大家讲了这么多数学，现在再介绍一下北航的数学学院。北航的数学全国排名为第14名，这个比我们自己的评判略低一点，但也差不多。北航虽然是个工科学校，但从建校之初就成立了数学组，是具有行业特色的工科高校中，较早建立数学学院的一所高校。到今天，我们拥有数学的一级学科博士点、统计学的一级学科博士点、共建网络安全学科点，有信息科学、信息计算与安全（密码）专业。

2001年，北航数学学院获批数学博士后流动站，2019年获批统计学的博士后流动站。对于师资，北航数学学院的师资规模不是特别庞大，但却是一支精干的队伍，有中科院院士1人，欧洲科学院院士1人。看上去这个数字比较小，但大家别小看这个“1”，全国高校的数学学院，有中科院院士的就只有十多个，同时又有欧洲科学院院士的屈指可数。北航数学学院的高层次人才除了中科院院士、欧洲科学院院士以外，还有一些其他人才，如长江学者特聘教授、杰青等国家级人才、国家级青年人才。从教学层次来看，有中组部的万人计划教学名师。

北航数学学院之所以在全国有这样一个认可度，在人才培养方面，尤其是在本科人才培养方面，可以说是下了大功夫的。北航数学学院的数学与应用数学专业在2019年底刚刚获批全国一流本科专业建设点（“双万计划”一流专业）。国际化是北航数学学院在人才培养方面的一个特色，这是针对数学拔尖人才培养的。这个拔尖人才培养是10年前我们国家注意到数学这类基础学科人才的短缺，才设立的培养计划，有时也叫“珠峰计划”，现在发展起来的大概有20所高校院所，北航是其中一所。

本科人才培养的另一个要素是师资力量。对于拔尖人才培养，除了我们自己的高质量的师资之外，我们还借助了中科院、清华、北大以及国外一些高水平的师资。由于我们实行科教融合，因此人才培养的成果也很多。到目前为止，第一批拔尖计划人才基本已经博士毕业，在未来几年，他们的发展还是非常好的。

北航数学学院在本科教学中投入了很大精力，其产出也是非常可观的，包括国家级的教学成果奖。这个奖项每年的数量是非常少的，北航数学学院就获得了一个。在科学研究方面，北航数学学院也取得了非常突出的成果，比如我们顶尖的师资队伍，大师们之所以能够有这样的影响力跟他们的科学研究是密不可分的。

如果大家有航天强国的情怀，有志在数学领域干出一番天地，那就请来北航数学学院，这里一定是你最好的选择。

扫描二维码查看哔哩哔哩完整视频

物理学院

学院介绍

学院概览

从 1952 年北航建校初期的基础部，到改革开放后的应用数理系、理学院物理系，再到 2009 年的物理科学与核能工程学院，直到如今的物理学院，北航物理学科完成了从基础教学到教学科研并重的转变，形成了门类齐全的学科布局和完备的人才培养体系。作为学校理科建设和理工融合发展的主力军之一，物理学院已成为学校培养创新人才、建设世界一流大学的重要力量。

师资队伍

学院现有教职员工 115 人，其中院士 1 人，国家级领军人才 6 人，国家级青年人才 12 人，北京市教学名师 4 人。具有博士学位的教师占 80%，具有高级职称的教师占 85%，45 岁以下教师占 65%，外籍教师占 8%，形成了一支思想活跃、学风严谨、结构合理、勇于创新的教师队伍。

科学研究

学院已经形成以凝聚态物理、理论物理、光学、粒子物理与原子核物理四个二级学科为主体，以物理国际科学前沿与国家重大战略需求相结合的理工融合、特色鲜明的学科格局。未来定位于“理工融合、航空航天特色与国际化”，并着力建设空天物理、医学物理等特色研究板块。

本科专业及培养体系

学院现设物理学、应用物理学与核物理三个本科专业，致力于培养造就面向未来科学发展，富有创新潜质和团队精神，善于学习实践的高层次、综合性、复合型的高素质人才。“应用物理学”为工信部重点专业，获批国家一流专业建设；核物理为国防紧缺专业。拥有“基础物理实验”北京市教学示范基地 / 北京市优秀教学团队，“基础物理实验”“固体物理学”等多门北京市精品课程。自 2013 级起，学院每年选拔约 15 名学生组成“爱因斯坦物理实验班”，通过小班研讨、导师组指导参与前沿科研工作等多种方式，重点培养致力于物理学研究和面向国家重大需求的高端应用型和综合型人才。

就业、升学、出国情况

学院每年有 75% 以上的本科毕业生继续在国内外知名大学和研究机构深造，其他毕业生选择在新兴和交叉学科领域发展，或者在高校、科研院所、高科技企业和行政事业单位工作，为国家培养和输送了大批具有坚实科学基础与良好素养的优秀毕业生，受到社会的高度评价。

吕广宏

北航物理与你相约

各位同学大家好，我是北航物理学院的院长吕广宏，今天我给大家介绍一下北航物理学科情况，题目叫作《北航物理与你相约》。下面我将从学科的历史沿革、学科定位和发展现状、物理教学和人才培养以及学科的未来展望四个方面向各位同学及家长进行介绍。

一、学科的历史沿革

北航建校之初就设有物理学科，北航物理学科的发展分为三个阶段：第一个阶段是从 1952 年到 1996 年，北航物理教研室负责全校整个大学物理的理论和实验的教学工作；第二个阶段是从 1997 年到 2008 年，物理教研室改名为物理系，在这一阶段北航物理学科不断发展，教学、科研都有了，而且科研做得相当不错；第三个阶段是从 2009 年至今，我们成立了物理学院，刚开始命名为物理科学与核能工程学院，后于 2019 年改名为物理学院。

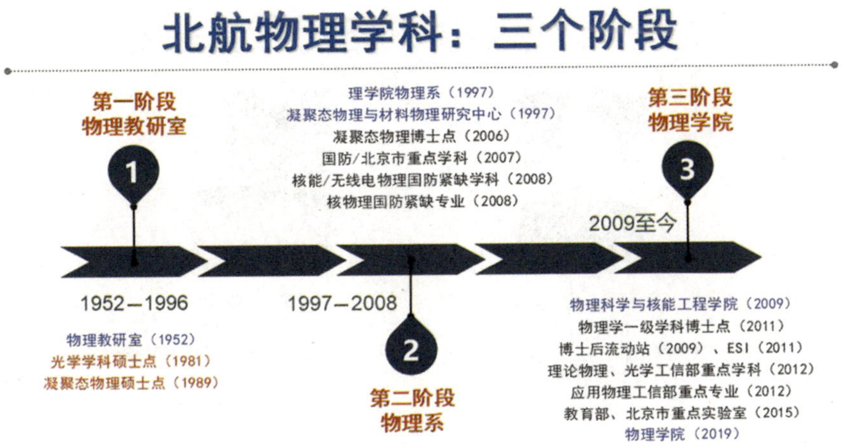

北航物理学科一开始就有很多值得我们铭记的老先生。1952 年学科伊始，北航物理就有包括闻诗、程先安、陆其蕙、裴烈钧、杨省吾、刘复祥、王玉森在内的 7 位老先生，他们并称为北航物理的七剑客。这里面着重给大家介绍两位先生，物理学科创始的两位先生。一位先生是闻诗先生，闻先生出生于 1899 年，浙江温岭人，本科毕业于北京大学，博士就读于法国南锡大学，是浙江温岭在海外拿到博士的第一人；曾在北大就读时参加过五四运动，是一位相当于我们革命老前辈这个级别的人物。闻先生博士毕业之后回国，曾在重庆大学、河南大学、浙江大学等大学任教授，并在浙江大学当过物理系主任。闻先生在 1952 年北航建校时就来到了北航物理系，担任北航物理教研室主任，多次获得"先进工作者""劳动模范"等称号。

第二位先生是程先安先生，1916 年生人，本科就读于武汉大学，硕士就读于美国堪萨斯大学。她的父亲程干云是北大工学部的部长，新中国成立之后在北理工担任一级教授。程先生 1951 年于美国堪萨斯大学硕士毕业后，受她父亲当时在北理工的影响，毅然选择了回国，并在北理工担任教授，1952 年北航建校之后来到北航，一直担任物理教研室的副主任以及理论物理教研室的主任。她也是我们凝聚态物理学科的创始人。程先生于 2006 年离世，一生清贫，没有穿过一件像样的衣服，但就是这样一位老先生，在临终之前却捐赠了 77 万元给北航做先安助教基金。正是我们北航物理学科老先生的这种精神，引领着物理学科一步一步向前行。

1952年物理学科之始的二位先生

闻诗先生
1899—1976
北京大学本科，法国南锡大学博士
首届物理教研室主任

程先安先生
1916—2006
武汉大学本科，美国堪萨斯大学硕士
物理教研室副主任
理论物理教研室主任

1953 年，又有 10 名名校的毕业生加入北航物理学科，其中 5 人来自复旦、2 人来自中山、2 人来自川大、1 人来自厦大。其中戎霭伦老师和丁汉泉老师都来自复旦大学，他们俩当时就是坐着绿皮火车从上海来到了北京。到北京之后的 60 多年，一直坚持在教学科研第一线，为我们北航物理学科乃至北航的发展做出了突出的贡献。北航物理的发展正是历经了几代人的艰苦努力，才有了现在的蓬勃态势。

为了铭记这些老先生，我们以老先生的名字做了一些活动，比如说“闻诗论坛”，就是以闻诗先生命名的，会邀请一些特别高级别的院士、专家来给我们做讲座。“闻诗论坛”启动于 2018 年 9 月 28 日，当时闻诗先生的家属都来了，他的侄儿中科院院士、东北大学教授闻邦椿先生，他的外孙女重庆大学郑玲教授，他的孙子北航实验学校闻东光老师。还有刚才提到的程先安先生，设有“程先安助学基金”。

闻诗论坛/程先安助学基金

闻诗论坛启动仪式：2018年9月28日，闻诗先生侄儿中科院院士、东北大学教授闻邦椿先生，外孙女重庆大学郑玲教授，孙儿北航实验学校闻东光老师出席论坛

2008年9月：“程先安助学基金”捐赠仪式
校党委常务副书记谭振亚教授、
程先安妹妹程先璋女士参加会议

2019年11月30日
物理学院“程先安助学基金”颁发仪式

回顾物理学科的历史，我们学科的历史精神传承可以总结成 16 个字：尚德务实，求真拓新，追求卓越，甘于奉献。这是物理学科的一些老先生们的精神传承，也在激励我们一步一步向前走。

二、学科定位和发展现状

物理学科的定位实际上涉及到一个问题，即在北航应该建设一个什么样的物理学科？北航是一个有着工科优势的学校，因此北航的物理学科一定要有它的特色，那就是理工融合、航空航天特色。所以我们写了这样一段话，既是我们的学科定位，也是我们的远方，叫作“建设面向物理国际科学前沿与国家重大战略需求，理工融合、彰显航空航天特色，支撑与引领北航发展的一流物理学科和人才培养基地”，这个就是我们的远方，也是我们的学科定位。

北航物理学科目前全球排名第 382 位，在中国内地排名第 12 位，是北航进入 ESI 的六个学科之一。ESI 是指 Essential Science Indicators，进入 ESI 是指在全球所有物理机构排名中进入前百分之一。全球有 75200 家物理机构，前 1%，就是排名前 752 位的机构，被称为进入 ESI。在中国内地，北航物理学科 ESI 排名第 12 位、USnews 排名第 10 位、软科排名第 12 位、QS 排名第 13 位、Nature Index 排名第 10 位，所以北航物理学科的排名在国内应该是 10~13 位之间。

北航物理学科有专职教师 99 人，其中高端人才 7 人，包括 1 名院士，4 名外籍教师，另有长江学者、杰青获得者、国家“万人计划”领军人才 2 人。青年人才有 12 人，包括优秀青年基金获得者、青年长江学者等，这些年轻人都非常厉害，都有独门绝活儿和独门武功，如果大家想了解的话，可以跟我联系，每个人，每个年轻人，都有一个故事。此外还有北航自己评选的卓越百人，包括教授、副教授、助理教授共 13 人，这些年轻人也都非常厉害。北航物理学院的老师个个都有绝活儿，特别是外籍教师，物理学院共有 8 位全职外籍教师，这个在国内应该说是特有的。

简单介绍一下我们学科的一些方向，大家来这儿能够做什么，能跟什么方向的老师接触。我们的学科发展实际上两块，一块是入流，一块是特色。什么是入流呢？就是我们物理要做好，要做到能和国内的一些物理学科，如北大、清华、南大、中科大，等等，能够跟他们“华山论剑”。入流这块我们是学科引领，国际前沿，包括凝聚态物理、理论物理、光学、粒子物理与原子核物理、等离子物理，等等，在某些方向能够引领学科发展。第二块就是特色，突出北航特色，理工融合，突出航空航天特色，这块又分为两大块，一块是空天物理，一块是医学物理。

下面就给各位同学以及同学们的家长，介绍一下部分学科方向。北航物理有各种各样的学科方向，有些同学可能对实验方向比较感兴趣，说我就喜欢做前沿的物理实验，这个我们有，比如说我们的凝聚态物理，表面物理与量子物质，有杜铁老师、郝维昌老师、庄金呈老师。杜铁老师是从海外回来到我们这里工作的。另外，还有非常令人激动的物理前沿，比如量子物质这一块，包括一些奇异的狄拉克费米子、奇异的拓扑的电子结构，这些都是最前沿的凝聚态物理方向。前面提到的杜铁老师，实际上在扫描隧道显微镜 STM 方面做得特别好，所以大家如果感兴趣，可以跟着杜铁老师开展这方面的工作。

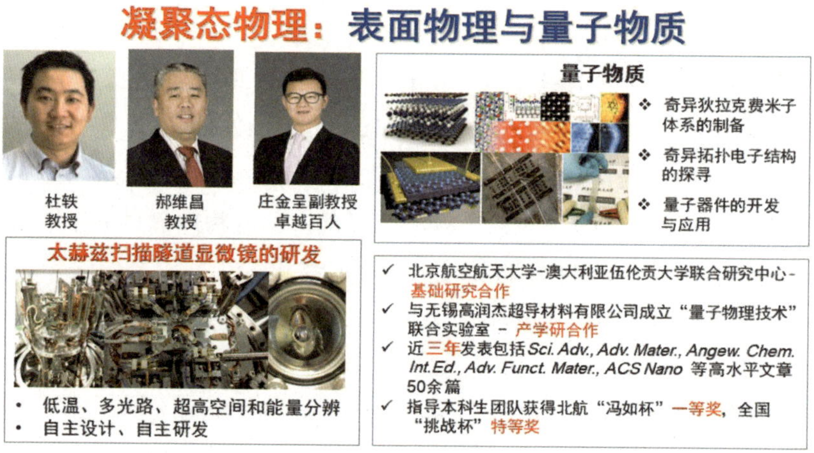

此外，我们在做室温量子霍尔效应，这个做好了，将来会给量子计算实现提供重要的基础。这块原来大部分人都做的是狄拉克电子态，实际上就是它可以低温，但是没有磁场，可以实现室温量子霍尔效应。但是现在我们想做出既不要低温又不要强磁场也能实现室温量子的效应，在这方面我们北航是有特色的，而且也有很大的优势。所以大家如果感兴趣的话，可以来到北航跟我们一起来开展这样的前沿的物理工作。

有些同学说，我不愿意做实验、不愿意动手，我就喜欢玩理论，这个我们也有。比如我们的理论物理凝聚态理论，做关联量子物态、量子多体、关联、强关联，其代表着物理的发展，也是非常有意思的。我们的龚寿书、郭怀明、李伟老师他们都各有绝活儿，从事着量子多体数值计算方法的工作，包括量子自旋液体、阻挫量子磁体等方面的工作，都是非常好玩、非常有意思的方向。

那么有些同学说，我对实验理论不感兴趣，我还希望研究更高层次的理论，比如说我想玩玩宇宙起源，这多有意思，能知道我们从哪里来、我们到哪里去，那这个我们也有。北航物理有粒子原子核物理学科，宇宙中的核物理方向，有外籍教师谷畑勇夫、梶野敏贵，他们都是这些领域的大家。通过大科学装置来开展这个元素起源的研究，最后能知道宇宙起源，这个方面的工作也很有意思。

还有同学说，这个离应用太远了，没意思，我想做一些离应用近的物理的工作有没有？这个我们也有。我们有做金属缺陷物理的团队，直接面向未来的聚变能源，是国家重大战略需求，俗称人造太阳。这个实际上就是我们团队开展的工作。我们承担了很多国家重大项目，有很多做核材料方面的一些特色的装置，大家可以加入，一起为国家重大战略服务。我们的方向就是第一有用，Useful；第二有趣，Interesting，这些是很好玩的工作。

聚变能源方向我可以多说两句，因为《流浪地球》的热映，我们上了央视的《开讲啦》来介绍聚变能源方面的情况。这里面有个小插曲给大家介绍一下，很有意思，就是当时聚变，简单说，聚变就是氘和氚反应形成氦加中子这么一个过程，俗称人造太阳。聚变里面的氘在海水里面是取之不尽、用之不竭的，如果聚变能源实现了，人类的能源可能就一劳永逸地解决了。所以当时我在《开讲啦》里面就说，这个能源能够让你使用到“地老天荒”，用了这么一个词。后来讲这个部分结束之后，小撒上来第一句话就跟我说，说科学工作者也有很多浪漫的情怀，将来我们做这个，假设给女孩子表白的时候，就可以这么说：我对你的爱就像海水里的氘，在核聚变之后所释放的能量一样，这时候女孩子问什么意思，你就说够你使用到地老天荒的。视频发布之后，引起了很大的轰动，上了微博的热搜，点击超过 1 亿次，这也显示了科普的力量。这就是我介绍的几个典型的方向，所以大家都能够找到自己的位置。其实我们还有很多老师从事着很多好的方向，值得大家来挖掘，值得大家来了解。

下面就是北航特色。能够突出北航的物理学科特色的一块是空天物理，一块是医学物理。有些同学可能会说了，说我们到北航来是想做与航空航天相关的事，那到底物理能不能与航空航天相关呢？完全是可以的。比如说我们现在正在做一个事，大家可以跟我们一起做，就是做空间的 gamma 射线的探测。北航和航天五院的钱学森实验室、中国原子能科学研究院、德国马普所空间探测方面的学者在合作，想探测宇宙中的一些长寿命的放射性核素，这样就可以知道元素的起源，就可以为宇宙的起源做贡献。这部分的空天研究，既有科学，也有技术，还有工程，非常有意思。这就是我们的理工融合，这就是我们的航空航天特色。

还有一块医学物理，实际上北航现在的医工结合也是非常重要的一个方向。物理学院也在做医学物理，什么是医学物理呢？简单地普及一下，医学物理包括诊断，比如我们平时做的 CT、核磁，这些都是医学物理的仪器，这是医学物理探测诊断的部分。还包括治疗，比如说放疗，放疗是因人而异的，需要多大的剂量，多大的能量，分布是什么样的，这都是通过医学物理解决的问题。医学物理现在国内的需求特别大，人才缺口特别大，特别是具有物理背景的医学物理人才，缺口在 1 万人到 2 万人，如果你有医学物理学位，马上就能够找到单位去发挥你的作用。北航物理学院 2017 年建立了国内第一个医学物理博士点，是和北大医学部、中国人民解放军总医院一起建设的。所以将来想做医学跟物理结合的同学，也可以报考北航物理学院。

这就是我们整个学科的定位和发展现状。我相信各位同学来了之后都能找到自己感兴趣的方向。上面只介绍了一小部分，将来有机会还可以给大家更全面地介绍物理学院的研究方向，使同学们都能够找到自己的位置，都能够感受到物理科学的前沿和国家重大战略需求。

三、物理教学和人才培养

物理教学和人才培养和大家也是紧密相关的。我们致力于培养具有优良的思想品德与健全人格、扎实的物理专业基础理论、宽广的知识覆盖面、富有创新精神与实践能力、兼顾个人兴趣的学术型、应用型和复合型人才。我们将这些总结成八个字的话，就是“明德至善，格物致知”。所谓明德至善就是追求光明正大的品德，使自身的境界达到尽善尽美。格物致知就是追求事物的原理。严复先生、梁启超先生当时将 physics 翻译为格致学，就格物之理，实际上这就是物理。但后来我们为什么不叫格致学，而叫物理呢？因为咱们当时科技不够发达，日本的科技非常发达，日本把 physics 翻译成物理，我是日本东京大学毕业的，所以物理日语叫（ぶつ り），就是物理。实际上格致学还是物理的这个意思，所以我们人才培养的目标就是明德至善，格物致知。

北航物理本科专业有应用物理学、核物理、物理学三个专业，其中应用物理学获批了国家一流专业建设与强基计划。物理学科也是一流的物理教育和一流的人才培养，所以同学们来这儿会感受到一流的人才培养的氛围。那么有些同学说，我学习能力特别强，我想学习更多的东西，你们有吗？我们有，我们有拔尖人才培养“爱因斯坦实验班”，这块主要是培养学有余力的同学，在新入学的同学里面选大约 15 名同学来组成爱因斯坦实验班。实验班所授的内容，可以是课程内容的深化，也可以是科研前沿能力的培养。

还有同学说想做一些课外的科研，有没有我的位置？有，现在我们都是有组织地让同学们做科研工作。前面我介绍的优秀老师，你任选。实际上我们有同学已经获得了第 16 届“挑战杯”全球大学生课外学术科技作品竞赛的数理组的唯一特等奖，这充分显示了北航理科的快速发展。

另外有些同学说想出国，有没有机会？有，物理学院的国际化交流平台去年组织 48 位本科生参加了为期 21 天的德国慕尼黑工业大学暑期学校。不仅有学习计划，还有创新创业，在那儿可以感受到完全不一样的国际化交流平台的魅力。

有些同学说想考研，没问题。物理学院现在研究生升学率是非常之高的，比如说 2019 年刚刚毕业的一届，升学率是 85%，这里面境外升学，比如到哥伦比亚大学、美国加州大学圣迭戈分校的等有 9 人。国内升学的有 53 人，其中升学到外校的有 18 人。所以你来我们这儿，再想到北大、清华去读研，那绝对没问题，我们每年都至少有 10 个人到清华、北大读研。本校升学有 35 人，其中有 15 个人到非物理学科读研，如计算机学院、航空学院、宇航学院，等等。

真想学物理的也没问题，今年年级的第一名和第二名自愿留在本校读研，北大、

清华都不去，他们就想留在北航。其中一个同学跟随梶野敏贵教授学习。这是我们的外籍教师大家，非常厉害，是一位有梦想的老先生。另一位同学跟随李伟老师学习，李伟老师是北航2002级的毕业生，是这几年新引进的人才。这也说明了我们北航物理学科的发展。

四、学科的未来展望

2019年10月我们召开了物理学科战略咨询委员会会议，有25位两院院士参会。还有北大、清华等国内主要物理学院的院长，都来参加了我们这次会议，给我们献计献策。为什么大家这么感兴趣呢？其一，北航是国内物理发展的一个重要的部分。其二，北航是工科院校，工科院校怎么发展物理，实际上我们就有一个代表性的学科，除了清华、浙大、上交大之外，那么像北航这样的工科院校，工科这么好，将来理科怎么发展，这也是一个值得大家探讨的问题。会议的主任委员是薛其坤院士，副主任委员是刘明和房建成院士。刘明院士也是物理学院毕业的，1999年毕业的博士。毕业生实际上我们都没有讲，物理学院的很多毕业生也都是可圈可点的。

实际上理科的发展对北航来说是非常重要的，为什么呢？我个人认为，北航未来的目标应该发展成中国的MIT，如果是变成中国的MIT的话，理科和基础研究就非常重要了。这里面有个统计，大家可以看到，世界上排名前30的大学它的学科或者学院的设置，像哈佛大学、MIT 、剑桥大学、牛津大学等都有理学院，而且理学院里面都有数理化。所谓“学好数理化，走遍全天下”。

实际上大学要分成三类。第一类就是知识传承性，只做教学没有科研，完全是知识传承。第二类就是知识应用型，如工科，实际上工科它是不创造知识的，它是应用知识。真正的一流大学是什么样的，那就是得有知识创新，得创造知识才是一流大学。所以真正的一流大学一定要有一流的理科和一流的基础研究。北航现在高瞻远瞩，要打造“顶尖工科，一流理科，精品文科，优势医工”，把理科提到了非常重要的位置。

扫描二维码查看哔哩哔哩完整视频

再次欢迎大家加入北航物理学院，我们一起来共同见证北航物理学院和北航理科的发展。北航物理学院与你相约，谢谢大家。

化学学院

学院介绍

学院概览

学院以“建设具有航空航天特色的国际一流化学学院”为目标，以“加强基础、突出实践、重在素质、面向创新”为人才培养理念，培养具有交叉学科背景的创新型人才。学院拥有仿生智能界面科学与技术教育部重点实验室、北京市仿生界面科学未来技术研究院、仿生能源材料与器件北京市重点实验室、工信部化学实验教学示范中心。

师资队伍

学院有教授 24 人，副教授 32 人，其中中科院院士 1 人，美国工程院院士 1 人，长江学者特聘教授 4 人，国家杰青 5 人，国家优青 10 人，青年长江学者 2 人，并且有 15 位国际知名教授作为学院讲座教授。

科学研究

面向国家重大战略需求，聚焦基础性科学问题，以仿生化学与智能材料、能源材料与器件、空天材料化学为核心，其中仿生材料化学处于国际引领地位，在 *Nature*、*Science* 等顶尖期刊上发表系列原创性成果，获国家自然科学二等奖 2 项。

本科专业及培养体系

学院设置化学、应用化学和化学生物学三个本科专业，旨在培养学生系统地掌握专业基础理论和知识，掌握化学实验研究基本方法和技能，熟悉文献检索分析方法，掌握专业技能与研究方法，能够从事化学及相关领域产品研发，培养学生成为具有强烈的创新意识、宽广的国际视野，融知识、能力、素质全面协调发展的有理想、有抱负的创新型人才。

就业、升学、出国情况

学院为国家航空航天及其他重要企事业单位、政府机关、科研院所输送一大批优秀毕业生，主要从事化学、材料、能源、生物医药等领域的产品研发、技术服务、管理咨询等。近年来，本科毕业后到清华、北大、中科院，以及到美国加州大学伯克利分校、卡耐基梅隆大学，新加坡南洋理工大学，英国伯明翰大学等大学攻读研究生的比例平均在80%以上。

刘明杰

化学：探索未知，引领未来

各位同学，各位家长，大家好。我是来自北航化学学院的刘明杰，今天要给大家做一个在化学领域《探索未知，引领未来》的报告。我希望通过这样一个报告让各位同学们，能够更好地了解化学学科，更加深入地了解我们北航的化学学院。

近期社会上存在着一些对化学的误解，比如说我们看到一些宣传和广告的时候，总是会听到这样一些广告语：本产品不含任何的化学成分。那么大家都很自然地认为，好像一些天然的绿色食品都是不含化学成分的，大家会觉得我们的一些合成的食物都是有化学添加剂的，是由各种化学成分组成的。那么事实上是这样吗？下面我们来举一个简单例子。

以香蕉为例，通过对香蕉做化学成分的分析，发现香蕉里面的化学成分不下几十种，而工业合成的一些橡皮糖等，却只有十几种化学成分。所以说如果大家以后再看到某产品不含任何化学添加成分的宣传，那这个商家一定是在做虚假宣传，大家不要轻易相信。并且，也不能说所有的天然的绿色食品，都比人工合成的食品好，比如苹果核里面就含有一种叫作氰苷的分子，或者发芽的土豆里会含有一种叫作龙葵碱的分子，这些分子对我们的人体都是有害的。所以，如果想在现实生活中列举出任何一种不含化学成分的物质，或者是食品，甚至是我们用的化妆品，等等，都是绝对不可能存在的。

化学学科是一个传统的学科，可以上溯到几百年前，例如在中国历史长河中道士的炼丹术，就是在做化学反应。自然科学类奖项的最高荣誉诺贝尔奖的创始人诺贝尔先生也是一位化学家，他所创立的诺贝尔奖也已经有上百年的历史。同时，化学其实也是一个充满活力的前沿学科，尤其是在跟生命科学、跟我们现在的一些信息学以及材料学的交叉中，仍然扮演着重要的地位，焕发着新的活力。本文主要就是想让大家充分地了解一下化学学科，同时介绍北航的化学学院，最后简单谈一下大家关心的化学专业就业形势。

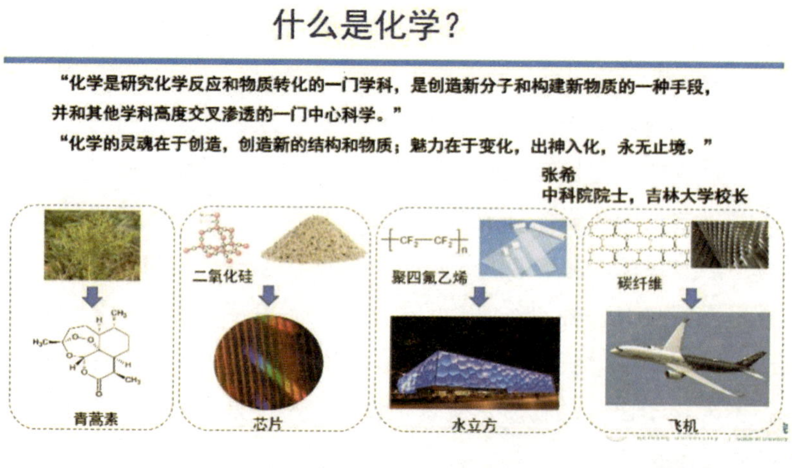

什么是化学呢？我们引用吉林大学校长张希院士的一句话来概括：化学是研究化学反应和物质转化的一门学科，是创造新分子和构建新物质的一种手段，并和其他的学科高度交叉渗透的一门中心科学。化学的灵魂在于创造，创造新的结构和物质；

化学的魅力在于变化，出神入化，永无止境。我们先从简单的说起，比如从青蒿中提炼出青蒿素分子，是通过利用化学的冷萃取技术；硅片是制造芯片最重要的材料，这是人们通过化学反应从沙子中提炼而成的；人们还可以将塑料建设成像水立方这样美丽的建筑物；还可以通过合成高强、高韧的碳纤维来制备更加轻韧、安全的飞行器。这些都是由化学的变化和创造所得来的。

化学之美就在于充满创造，主要体现在它的概念之美、结构之美和功能之美。概念是我们对物质世界的认识，我们提出小分子，我们从小分子发展到高分子，再到现在最前沿的超分子的概念。当然我们也可以去分析我们生命的密码，我们可以理解 DNA 的双螺旋结构，我们也可以在更小尺度上，例如微米、纳米尺度上来创造各种美丽的图案。

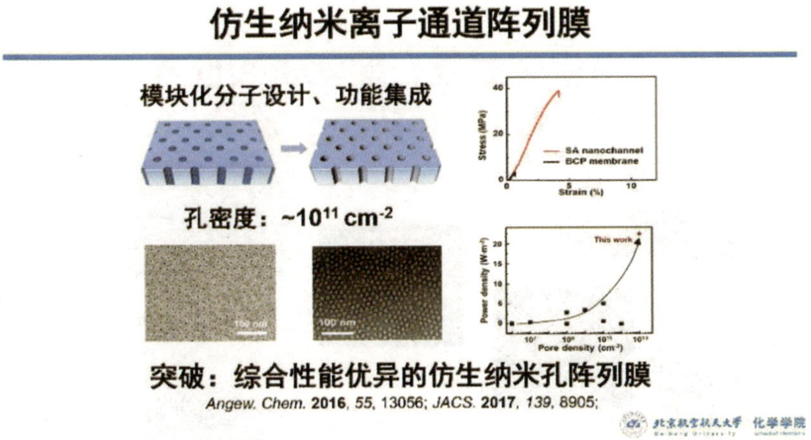

人们可以通过一些结构和概念来改造一些具有特殊功能的物质，比如说我们可以合成一些荧光的分子，可以让我们的细胞具有各种各样的颜色，从而方便人们研究不同组织的功能。人们还可以通过化学仿生构筑，设计出像生物体的表面一样具有这种永不沾水的特性。这些都是从分子尺度和微纳米尺度对物质的结构进行重筑，从而得到各种各样的功能材料。

那么为什么说要学习化学呢？通过在开篇时我给大家介绍的一些现在关于化学的宣传，再到介绍化学的魅力之所在，大家就能发现，化学其实是跟社会发展息息相关的。无论是我们的衣食住行，还是航空航天国防领域的国之重器，化学都在其中起着重要的作用。比如说，我们身处的就是由化学缔造的一个建筑王国。高楼大厦都是由钢筋混凝土构建而成的。人们也可以构建一些新型的建筑材料，比如说利用乙烯－四氟乙烯的共聚物来构建像水立方这样的建筑。

同时，我们生活中时尚舒适的衣服所用的材料也是由化学引领的。服装的材料现在已经不再是简单的像棉麻这种生物纤维，人们已经能够利用化学来合成像尼龙、腈纶、芳纶这样的人造纤维，从而可以缝制出更加漂亮、更加舒适的衣物。通过使用新型化学材料使制造出的眼镜越来越轻便，不再怕摔；生产出的汽车更加坚固，也更加安全；电视从以前的晶体管到现在柔性的显示屏，需要的也是化学合成的有机共轭高分子材料。

人们同时也需要借助前沿的技术来探索未知世界，并且利用化学将这些内容一一记录。例如，利用最先进的荧光显微镜和电子显微镜来探索分子尺度，甚至是原子尺度的物质原貌，以及物质的结构与其性能之间的关系，从而研究如何更好地合成所需要的材料和器件。

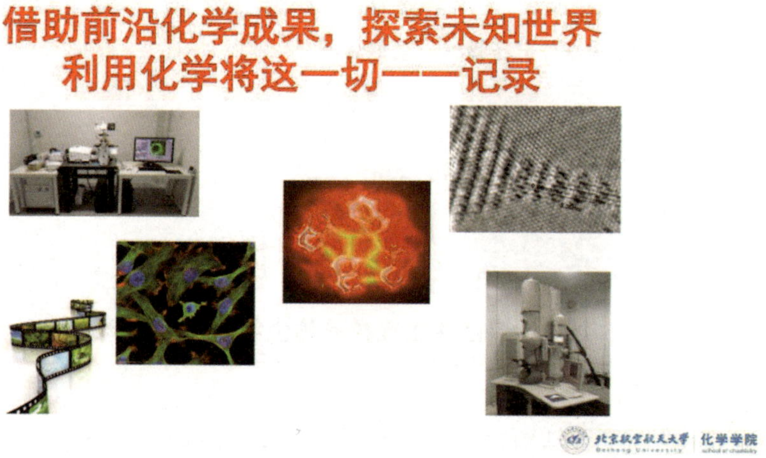

那么化学学院是做什么的呢？在日常生活中，人们经常会有一些相互矛盾的愿望，比如说大家都希望衣服可以既舒适透气，又易清洁；能源既高效富足，又不污染环境；手机越来越轻薄，续航能力越来越强。现在大家用的都是智能手机，每天至少要充一次电，那能否五六天充一次电呢？我们既希望飞机能够更加地轻质机动，又能高强可靠。这些矛盾相悖的想法，貌似是不可能完成的任务，其实正在被北航化学学院的研究者一一地破解。

下面简单介绍一下北航的化学学院。北航的化学学院主要经历了三个阶段，从建校之初的化学教研室、化学系，到 2008 年正式成立的化学与环境学院，之后在

2017年3月更名为化学学院。目前学院下设有化学学科的一级博士点，还有化学环境、环境工程两个一级学科的硕士点。化学学院目前有教授24人，副教授32人，讲师5人。全院具有博士学位的教师达到了100%。值得一提的是，化学学院教师队伍还是比较年轻的，45岁以下的青年教师占教师总数的77%以上。所以说我们形成了一支学术思想活跃、学风自由开放、年龄和知识结构较为合理、勇于创新的优秀的教师队伍。

北航化学学院的领军人才是江雷院士，他也是我们化学学院的创始人和首任院长。江雷院士是中科院院士，同时也是美国工程院的外籍院士、第三世界科学院院士，等等。他获奖无数，包括何梁何利的基础科学与进步奖，还有美国MRSMID协会的青年研究奖，以及中科院的杰出成就奖，等等，这些都说明他在学术上取得了非常巨大的成就。北航化学学院形成了由院士、长江学者、杰青所领衔的这样一个老中青的研究团队。除了江雷院士外，我们还有郭林教授，包括我在内，以及孙艳明、张瑜教授四位长江学者和杰青；还有包括像刘宇宙、张渊等十几位这种国家级的四青人才。我们学院的国家级人才比例占我们学院师资队伍的30%以上，这样一个比例不管是在北航还是在全国，都是非常高的一个比例。所以说北航化学学院拥有一支非常强大的教师队伍。

北航化学学院的一个定位就是要为航空航天服务，具有航空航天特色。同时我们还以仿生科学和纳米科学为牵引，依托国际国内的先进平台，构建北航化学学院的三个学科发展方向，即仿生智能界面科学体系、轻质高强的复合材料体系、能源材料和器件体系。

下面我就对这三个方向进行一下简单的展开说明，同时大家从刚才的介绍中可能也发现了我们是如何去解决一些矛盾的问题的。从2008年建院开始，在12年的时间里，北航化学学院在*Nature*杂志上发表了3篇论文。2010年郑咏梅教授和江雷院士成为北航首次在*Nature*杂志发表论文的人，论文主要揭示了蜘蛛丝的定向汲水效应。*Nature*和*Science*是国际上最顶尖的学术期刊，能在上面发表的成果都是具有重大突破性的原创性工作。我们学院虽然建院时间不长，但是连续发表3篇，这就充分说明了我们的科研实力。2016年我们和机械学院的张德远教授、陈华伟教授合作，在*Nature*杂志上发表了北航的第二篇论文，主要是发现并揭示了猪笼草的微液滴的传输机制。在2020年4月，我和江雷院士合作，在*Nature*杂志上发表了北航的最新一篇论文，此次成果是发展了高强复合材料的规模化制备方法，并揭示了全新的增强机理。

除了刚才介绍的在 *Nature* 杂志上发表的 3 篇论文以外，北航化学学院还有众多的高水平研究成果。例如，在北航 65 周年校庆的时候，我们在国际顶级的材料期刊 *Advanced Materials* 出版了纪念专刊，主要是集中在仿生材料化学方面的研究；我们还在国际著名的微纳米科学杂志 *Small* 出版了“超浸润”界面材料与界面化学专刊，这都是隶属于刚才介绍的仿生智能界面材料的一个体系。

北航化学学院还有更多的这种顶级的成果在国际高水平的期刊上作为封面进行了报道，同时多次获得国家和省部级的奖励，如郭林教授获得了教育部自然科学一等奖、国家自然科学二等奖，江雷院士和朱英教授合作获得了北京市科学技术进步一等奖等。

接下来给大家简单地介绍一下仿生智能界面材料体系的研究对象。我们通过研究自然界中的一些动植物表面所具有的一些跟水滴相关的特殊现象，再对微观结构和宏观性能之间的关系进行深入分析，结合纳米技术和仿生策略将生物表面进行人为重构，从而获得这种具有功能性的新型高性能复合材料。同时，我们也会探索一些应用的领域，比如说在民生医疗、节能减排等方面的应用。

自然界中存在很多有趣的界面现象，尤其是跟液体相关的，我们称之为超浸润现象。比如荷叶的不沾水现象，水滴在叶面上会呈现出一个球形并滚来滚去；到了夏天大家去池塘的时候会发现一个有意思的昆虫叫水黾，水黾可以很自如地在水面上行走，那么它为什么可以在水面上行走呢？还有水里的鱼，鱼鳞表面是如何保持表面清洁的呢？在秋冬的清晨，大家都能发现蜘蛛丝的网上都会凝结成一串一串的水滴，他们是如何形成的呢？仙人掌是如何在干旱的沙漠中生存的呢？猪笼草究竟具备了什么能力，可以让蚂蚁等昆虫在端口处爬行时滑进它的肚子里呢？这些都是自然界的超浸润现象，仿生智能界面科学体系就是要揭示这些超浸润现象背后的原理，来指导合成新型的功能材料。

下面以几个例子给大家稍微展开介绍一下这个方向。比如江雷院士在国际上最早研究了荷叶的自清洁效应，他发现一个水滴在荷叶的表面上具有非常大的一个接触角，就是水滴在这个表面上像一个足球或者篮球一样，滚来滚去的。为什么会出现这种特殊的现象呢？通过扫描电镜来观察荷叶的表面形貌，可以看到荷叶表面具有微纳米的复合结构。这种 10 微米左右的乳突上面又具有上百纳米左右的纳米线的分布。正是这样一个多级次结构，才让荷叶的表面具有超疏水的性能。在理解了生物表面的构效关系以后，就可以用化学的思路进行人为重构，这就是我们合成的人工超疏水表面，可以看到水滴砸在上面像乒乓球一样被弹走，完全没有任何的润湿行为。我们可以将这种超疏水的原理应用到各种服装中，应用到我们的衬衣、领带、丝巾中，那这些织物就可以获得这种自清洁能力。也可以将这种原理应用于不同的面料，如自清洁的西装、自清洁的毛衣等。

再给大家介绍一下汲水效应：为什么蜘蛛丝在一个潮湿的早晨会挂满水滴？那么首先也是来观察蜘蛛丝的结构是怎么样的，它并不是像我们肉眼可见的一个平滑纤维，当去看它的微观结构时可以观察到周期性的纺锤结构。所以说它在一个高湿度的环境下，我们会看到小水滴在蜘蛛丝的旁边先凝结，之后纺锤结构会让这个小水滴发生一个定向的移动，再凝结成大水滴，从而形成一个非常高效的汲水效应。当明白它的构效关系以后，就可以利用化学的方法来合成人造的纤维，通过合成这种周期性的纺锤状纤维可以实现优异的汲水功能。在高湿度的环境下，如雾气来临时，我们可以用这项技术集成为一个器件，从而把淡水从空气中收集下来。现在世界上还是有很多地方存在严重的水资源匮乏问题，通过向蜘蛛学习就可以发现并制备具有汲水功能的材料，这对解决干旱地区的农作物生长和饮用水问题都是非常重要的。

接下来我们从空气中进入水下世界。鱼不像人拥有双手可以去擦洗自己的身体，但为什么可以保持表面的清洁呢？通过观察鱼鳞表面，可以发现很多微纳米的凸起阵列。当用一个油滴去研究它表面的润湿行为时会发现，鱼鳞表面在水下是永远不沾油的，也就是说水下的微生物很难在它表面附着。通过受鱼的这种水下自清洁效应的启发，就可以开发新型的环保型的房屋的涂层。因为无论是舰船还是民用航船，如果长时间在海水里浸泡的话，表面都会长一些藤壶和苔藓，或受贻贝等海洋生物的污染，从而造成行驶过程中能源的浪费。为了防止这些微生物的附着，舰船在出厂时都会喷涂防污油漆，而这些油漆中通常都含有金属离子，铜离子起杀菌作用，但是对于其他海洋生物而言就是非常不利的。那通过研究鱼类的水下自清洁特点，就可以开发绿色环保的防污涂层，减少我们对环境的破坏。

这种抗生物粘附的涂层不仅能应用于舰船表面，对于医疗器械来讲也是非常重要的。因为医用的过程中会涉及到众多的导管、人造血管和血管支架等。这些器件的表面都不希望有蛋白质和细胞在上面进行粘附。因此，开发这种抗粘附、高润滑性的表面可以提高材料表面和组织间的润滑性，从而减轻病人在治疗过程中的痛苦。

水下还有一些像鲨鱼、企鹅等其他可以在水里快速游动的生物。我们学院的于存明老师就是受鲨鱼皮、企鹅皮的启发，专注于仿生减阻研究。当企鹅在水里快速游的时候，它身后都有一串气泡，这种气泡在它表面形成了一层气膜，这种气膜可以有效降低企鹅在水中游动时的阻力。通过调控这种界面的浸软性，可以构筑像鲨鱼皮形貌和企鹅形貌的减阻表面。减阻的意义在于可以有效地降低固液界面的粘滞阻力，在一些国防装备上还有我们的生产生活中都有重要的应用前景。

北航化学学院的第二个大体系是仿生轻质高强复合材料的研究，不同于刚才说的仿生智能界面更多地关注界面研究（即液体跟固体表面的研究），那么这里主要专注于什么呢？我们还可以以蜘蛛丝为研究对象，但这个蜘蛛丝就不是用于汲水的研究了，而是关注于它高强韧的性能；还有贝壳、竹子、开心果等高强韧的材料，它们的结构和力学性能之间的关系。当然也要通过化学合成的方法，结合多层次的可控组装和界面的协同效应，来发展超强超韧、轻质高强的人造复合材料。

这些复合材料在新一代的航空航天装备中，都有很重要的应用。这其中一个最重要的代表就是贝壳类，它是硬质材料的代表。当我们去观察贝壳微观结构的时候会发现，它不是一个单一结构的块体，而是具有多层次的微纳米周期性层状结构。这种结构在受到外力冲击的时候，可以让裂纹发生一个偏移，内部的无机纳米片在破坏过程中可以很好地耗散能量，有效地抑制并控制裂纹的出现与扩展，从而体现出很高的强度和韧性。这种结构可以类比于古代构筑长城的砖泥结构。砖是无机纳米片，泥是有机的蛋白质。可见生物体都不是用单一的材料来获得优异的力学性能的，而是利用了有机和无机的复合结构来制备自己的保护壳，从而在严苛的大自然竞争中适者生存。在理解了生物的原理以后，我们学院的郭林教授和程群峰教授就仿生制备这种类贝壳状的高强高韧的材料，利用有机和无机的界面协同和基元材料之间的协同，把刚才介绍的层状材料换成石墨烯，制备出了目前最高韧性的石墨烯薄膜。

在现实生活中，为了研究机理并制造一小块材料用于研究是不够的，更大的挑战是能否大面积的来连续生产仿生材料，尤其是刚才介绍的高性能仿生结构材料。这个研究是刚才介绍的，我们 2020 年发表在 *Nature* 上的研究成果，就是如何来大面积、连续地制备仿贝壳状结构材料。这个灵感是从哪里获得的呢？就比如说秋冬时风一大，就可以看到树枝都朝一个方向随风摆动。由此类比，如果是把这些纳米片分散在一个液向中，那么液体在快速的流动铺展过程中，纳米片是不是也会发生定向的重排？结合这样一个思路，我们开发了连续的铺展、收集、制备装置。我们可以通过这个方法制备出目前性能上强度和韧性最优异的仿生复合材料，当跟自然界中的贝壳做对比的时候，一个冲击下来，贝壳都已经被击碎了，而我们的材料仍然可以保持完整。

以上介绍的都是刚性材料，然而在广袤的大自然中，像人体肌肉组织和关节软骨是具有功能性的软物质材料，如同刚才介绍的贝壳一样，同样是由层状有序的结构所组成。人们可以通过强磁场来将纳米材料进行取向排列排布，从而构筑出层层有序的软物质复合材料。对于橡胶这类具有弹性的软物质材料而言，当其内部构筑出了层层有序的次级复合结构，就会让橡胶的力学性能具有各向异性。各向异性是指材料在各个方向上的性能出现显著差异，例如力学性能的各向异性可以是指材料在一个方向上难以形变，而在材料的另一个方向却又很容易发生形变。这样具有各向异性性能的材料可以用来做什么呢？人们沿这个思路设计出了仿关节软骨的一个减震体系。当震动打开的时候，小球可以非常稳定地在各向异性力学性能弹性体表面上停留。而在由各向同性的弹性体所制备的支撑底座上，小球则很难停留。各向异性结构弹性体与人体的关节软骨非常相似。关节软骨在人体一生中可以缓冲由于运动所带来的各种振动，同时减轻两个骨头之间的碰撞。因此可见，受关节软骨启发的弹性体就可以非常有效地起到这样一个减震的作用。

人们还可以仿生自然里的其他软组织，例如像海参一样具有变刚度行为的软组织。海参在海里可以改变它自身的模量，从而抵御外界的威胁。通过研究，人们理解了海参可以自由改变自身模量的空位机理。海参的组织内存在软组织和硬组织，那通过改变两者界面间的相互作用，就可以改变海参的模量。通过对海参的研究，我们仿生制备出了这种可变模量的弹性材料。在高温和低温下，它具有不同的模量，在低温下是比较坚硬的状态，而在高温下则是比较柔软的状态。利用这样力学性能的一个变化，可以实现形状记忆的过程。形状记忆是什么呢？就是通过外界条件将材料的变化进行固定，之后在一定的外界刺激下能够再次还原的过程。通过改变材料所处在不同的温度环境，那么这个材料就会展现出不同的形状变化。

我们开发的目前拉伸性能最好的形状记忆凝胶材料，是一个条状的弹性体，我们可以通过在高温下拉伸，之后降温固定。当把它重新放到热水中时，由于材料具有形状记忆的功能，它就可以迅速恢复到原来的状态。我们还可以把这种凝胶材料进行打结，当将其重新放到热水中后，这个材料可以在一瞬间就自行解开这个结扣，然后恢复到原始的形状。

针对此材料的研究，我们和机械学院的文力教授进行了合作，文力教授的研究领域是软体机器人，在以往的软体机器人体系里，需要像吹气球一样产生驱动行为，通过加大气压从而让机器人的手指产生不同角度的弯曲。如果用我们刚才介绍的可以变刚度的弹性材料去替代现有的传统橡胶材料，我们可以得到什么呢？可以得到，不再需要通过改变气压，仅仅通过施加电流，它就能够弯曲到不同的角度，从而驱动这样的一个软体机器人。未来的软体机器人还应具备适应不同形状物体的能力，不管是表面长有刺状的，还是像鸡蛋这种表面光滑的，机器人都应该可以进行很好的抓取。

传统的软体机器人，如果要抓一个物体的话，需要增大腔体压力来驱动各种运动行为，然而压力的增加会导致在抓取橡皮泥的软物质时很容易就被直接挤扁。这时就可以使用刚度可变材料，当软体机器人需要接触到软物质的时候，为了避免破坏材料，就可以人为改变材料的强度和刚量，从而实现对软物质的无损捕获。当然我们也可以把这种刚度可变材料设计成章鱼的触手，通过改变材料的刚度，从而捕获像平面的物体，如手机；曲面的物体，如篮球等。当刚度可变材料遇到粗糙表面的时候，以普通的刚度而言，篮球是抓不起来的，但通过让材料变软，则可以很好地贴合到粗糙的表面，同时进行一个无损的抓取。

刚才介绍的是我院轻质高强复合材料体系，有以贝壳为代表的硬质材料，也有以关节软骨和肌肉组织为代表的弹性体代表。而我院第三大方向是仿生能源材料和器件体系。在这一部分中，我们化学学院的研究者主要集中在人工蛋白质孔道和智能纳米孔道的研究上。通过化学能和电能的相互转换，从而获得能源材料和器件。

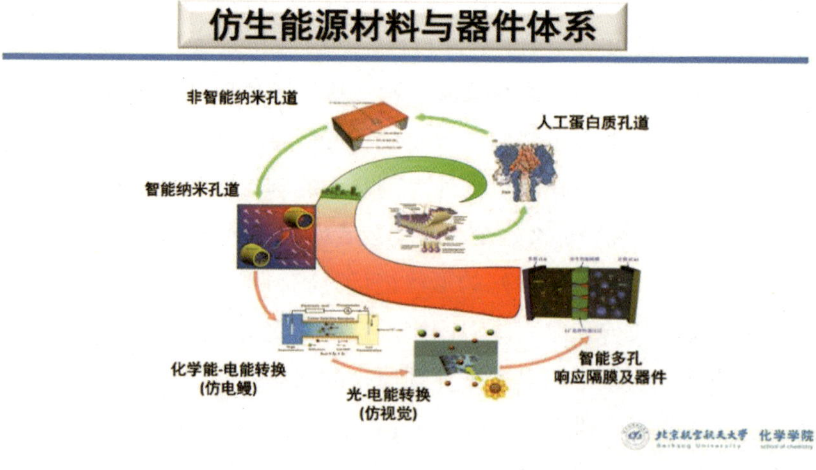

这个领域最主要的一个仿生对象是电鳗，因为人们发现电鳗可以在几十毫秒内释放出高达 600 伏的电压。那电鳗这么强大的放电能力是怎么练就的呢？是靠数以万计有序排列的离子通道，在一瞬间通过放电组织对离子进行迁移从而实现放电的。在人工合成的材料中，如何能够实现这样高密度的离子通道，来实现离子的定向输运呢？我们的翟锦教授和高龙成教授从事的就是这方面的研究。他们利用高分子的相分离现象设计了一种功能性高分子。在扫描电镜的帮助下，可以看到十纳米以下的仿生离子通道被巧妙的制备出来，而且是可以进行大面积成型的。通过利用具有选择性的离子传输，就可以实现目前仅靠离子盐差浓度就能得到的具有最高发电效率的功能器件。通过这项技术人们就可以利用盐差能进行发电，因为盐差能是一种广泛存在于入海口的一种储能丰富的清洁能源。

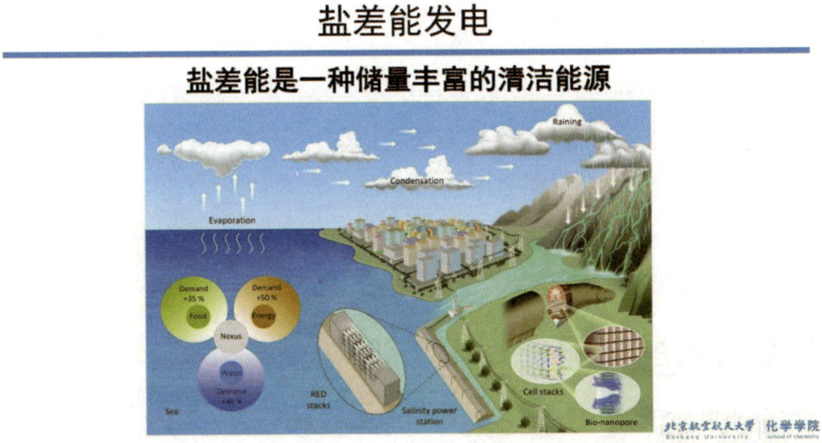

除了研究仿电鳗的离子通道发电以外，我院孙艳明教授还专注于如何将光转化成电，也就是有机太阳能电池的研究。有机太阳能电池的优点是成本低、质量轻，而且可以制成柔性的器件。在便携式透明器件以及航空航天方面，具有巨大的商业化前景。除了太阳能电池以外，我院的张瑜教授从事的是一种新型的锂电池研究。大家应该都知道，目前使用的商用锂电池，存在着理论的极限值电容量，无法满足长航时的需求，这也是目前电动汽车仍然无法替代传统的燃油汽车的主要原因。张瑜教授就是在研究开发下一代的超高锂能的电池，有望能够破解这个电动车续航旅程短的世界难题。但是锂离子电池存在着一个重要的危机，那就是近年来锂离子电池商业对锂元素的消耗量是剧增的，而且锂资源在全世界的分布是极度不均匀的，这就需要开发可替代锂电池的廉价储能体系。我们学院年轻的朱禹洁教授就专注于开发如何来替代锂离子的材料，例如钠离子或是钾离子同样能够发电的新型电池材料。

前面主要是介绍了我们学院的几个特色的研究方向，我们说化学是一门中心的科学，那么目前化学学科发展的趋势是什么呢？学科交叉融合是未来的发展趋势，比如说化学跟工程科学、生命科学、材料学、药学和物理学等交叉，现在学科之间的这个壁垒在逐渐弱化，界限在逐渐模糊，当今越来越多原创性的成果都诞生在学科的交叉处。说下我自己在北航的感觉，就是北航其他学院的老师都非常愿意来找化学学院的老师合作，无论是医学方向还是机械方向，这些科研工作者都喜欢和化学家合作。为什么呢？因为我们可以在分子尺度上来设计新的材料，来赋予传统材料新的功能，甚至是可以按照需求进行一些精准的定制和合成。

Ray H. Baughman 教授是化学学院的一位客座教授，他将先进的材料学和机械工程技术进行了交叉融合，采用市面上常见的尼龙钓鱼线，通过微加工技术，就可以做成高性能的人造肌肉。当使用电或热驱动时，可以产生 40 倍高于人体肌肉的拉力，并可以实现非常优异的往复运动。软体机器人领域还可以跟 3D 打印技术相结合，从而获得比传统金属机器人更为灵活、环境适应能力更强的机器人，这样的机器人可以采用多种能源供给方式，无论是电能或热能，都可以利用化学反应来对机器人进行供能。我们还利用化学的方法让这些机器人具有光电热磁等一系列刺激响应性的性质。例如可以用磁场控制软体机器人，或是用光、用电控制机器人，等等。

我们学院杨军教授的研究方向是致力于将化学和环境治理有机结合。我们都知道塑料是目前造成我们全球污染的非常大的污染物来源，那从大自然中能否寻求到解决这个废塑料的降解方法呢？杨军教授有一个重要的发现，有一种虫子是可以吃掉塑料的。他通过化学反应，对整个塑料的降解过程进行了跟踪，并发现了这种虫子体内的哪些蛋白、哪些酶起到了降解塑料的关键作用。这项研究对于解决全球的塑料污染问题是非常重要的启示。

化学学院对于学生的培养目标是怎样的呢？我们希望能够培养具有国际化视野的化学专业拔尖的创新人才，希望我们培养的化学人才具有扎实的化学基础，宽广的视野，并且能够利用化学的专长来解决其他领域难以解决的问题。同时能够吸收其他学科的营养，来拓展化学学科的外延。

化学学院培养目标

国际化视野的化学专业拔尖创新人才

- 有扎实的基础
- 宽广的视野
- 利用化学的专长解决其他领域难以解决的问题
- 善于吸收其他学科的营养来丰富化学的内涵，拓展化学的外延

北京航空航天大学 | 化学学院

我们学院通过一流的课程设置，以综合素质培养和专业知识技能作为支撑，不断提高学生的创新思维，拓宽国际视野，从而提高学生的综合能力。学生来到化学学院可以得到一流导师的培养，就像刚才介绍的化学学院拥有的优秀教师比例突出的优势。来到化学学院以后，本科生可以很早进入到教授的科研实验室内，能够早选课题、早入团队、早定方向。我们一定会为学生配备优质的师资，而且学生也可以与老师进行双向的选择。我们学院会全力支持学生的选择和发展，我们经常会聘请国际上知名的学者进行科研讲座和训练，像包括获得过诺贝尔化学奖的黑格尔教授，美国工程院院士 Ray H. Baughman 教授，还有 Chris 教授，等等。

我们学院与中科院理化所合作成立了科技训练营，专门培养学生参加像大学生科技竞赛、“挑战杯”等一些高水平的竞赛项目。我们会邀请很多国际顶尖的学者，来作为我们的引智科学家。我们学院也经常把优秀的本科生送到国外进行交流访问，包括像剑桥大学、密歇根大学，等等。

在本科生培养方面我们学院取得了非常卓越的成绩，比如说 2016 年的肖镇同学，还有 2017 年的蓝昊同学，都获得了北航本科生的最高荣誉——沈元奖章。他们不仅

在本科生阶段就发表了很多高水平的文章，还获得了众多的国家级奖励。当然，不只是这两位同学，还有一大批的同学在我们导师的指导下，都在高水平的期刊上发表了科技论文。除了刚才介绍的这两位同学，在“挑战杯”全国大学生课外学术科技作品竞赛中，郭大伟、陈景威和刘衣铭同学在 2015 年获得了全国一等奖，赵昱焱、苗伟宁、张春晖等同学是在 2017 年获得了全国特等奖。“挑战杯”是我们大学生科技竞赛的最高荣誉了。而且我们的历届学生也是在省部级竞赛中屡获佳绩，如北京市一等奖、省部级一等奖，等等。

接下来我们看一下毕业生的考研和就业形势。首先，化学学院本科生的读研比例平均都在 75% 以上，2018 年本科生读研比例更是高达 83%。从就业和升学情况来看，考研的学生大部分都进入了清华、北大、中科院，以及美国的加州大学、宾夕法尼亚大学，等等，并在国际、国内的著名高校学府进行了进一步的深造。

最后我们聊一下化学专业的毕业生都可以去哪里。大家都很担心学化学不好找工作，其实完全不是这样的。我们来看一下世界 500 强的企业，排名前十几位的有六家都是跟化学化工直接相关的。而且化学专业是进入现代科学大厦的一个最好的奠基石。学完化学以后，可以到一些研究所做化学研究员，到大学里做教授，也可以做一些专业人士，比如说法医、高级工程师，等等。其他职业方面，可以做药物开发的研究员、医药的销售代表、专利审查员，也可以到高中做化学老师，等等，这些职业都需要非常好的化学背景。

化学专业是进入现代科学大门最好的奠基石

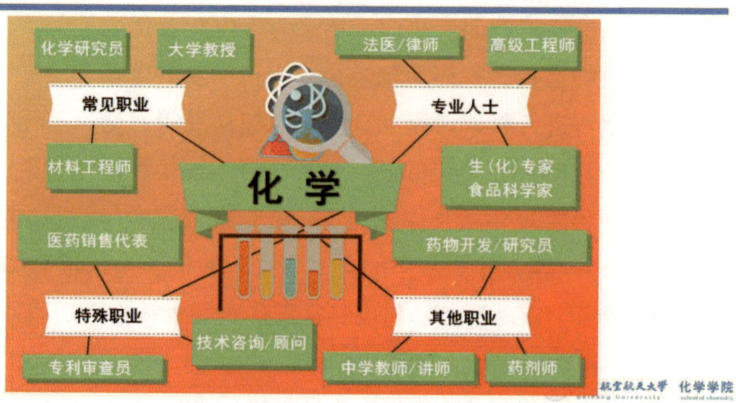

最后再说一下这几年大家经常听到的，就是我国很多科技方面面临的卡脖子的

问题。在十大卡脖子领域中，很多关键技术都是跟化学化工相关的，这主要是因为什么呢？就是因为我国基础科学的源头创新能力不足，不论是重大的科学理论突破，还是国家的重大需求，都需要基础学科的拔尖人才，那么这也是为什么今年教育部出台强基计划的原因，重点就是要鼓励学生选择像数、理、化、生这样的基础学科，我也衷心希望学生能够有志投身于化学这样一个基础学科的专业领域。

扫描二维码查看哔哩哔哩完整视频

空间与环境学院

学院介绍

学院概览

2016 年 2 月，北京航空航天大学为满足国家空天战略和环境保护事业发展的紧迫需求，在整合学校空间科学和环境科学学科的基础上，成立了空间与环境学院。学院现有空间科学与技术、环境工程两个本科专业，以培养高素质复合型人才为目标，本科毕业学生主要前往国内外一流高校和科研机构继续深造。

师资队伍

学院拥有一支年轻卓越的高水平国际化师资队伍，拥有包括国际宇航科学院院士、杰青、优青、长江学者等在内的专职教学科研人员 47 人，其中教授 17 人，34 人有留学和海外长期工作经历，50 岁以下教师占 85%。

科学研究

学院拥有国家自然科学基金创新群体、欧空局 SWARM 卫星计划中国数据中心、工信部重点实验室、北京市实验教学示范中心、北京市重点实验室等重要平台，近 5 年承担国家、省部级项目 110 余项，在国内外具有重要的学术影响力。

本科专业及培养体系

学院现有空间科学与技术、环境工程两个本科专业。结合北航大类培养理科试验班类培养方案，学院以培养思想素质高、专业能力强、具有国际视野和良好创新能力的人才作为办学方向，瞄准国际空间科学与环境科学前沿和国家的紧迫需求，培养一流专业人才。学院以“基础课程 + 通识课程 + 专业课程”的结构制定课程体系，培养模式注重通识和专业的全人培养，赋予学生自主选择专业、选择课程、选择教师的权利，真正实现办学以学生为本。

就业、升学、出国情况

学院致力于培养高素质人才，加强本研一体化教学体系建设，本科毕业在环境工程专业和新建的空间科学与工程专业直接攻读硕士、博士学位的人数逐年增多。近年来读研以及出国进修比例在 70% 左右，毕业生一次就业率一直保持在 100%，为航空航天、环境保护领域的政府部门、科研机构以及企事业单位输送了大量人才。

刘文龙

空间科学与技术专业介绍

亲爱的同学们，大家好，我是北京航空航天大学空间与环境学院的副院长刘文龙，我向大家介绍一下空间科学与技术专业相关的情况。我们学院所关注的主要科学问题是人类的生存环境和空间环境。随着人类社会文明的进步，空间技术的发展使得人类的活动逐渐从地面延伸到了太空，认识、保护和利用我们周围的生存环境就变成了关系到社会发展、人民生活和国家安全的一个重大的战略问题，随之而来就诞生了一个学科叫空间科学。那什么是空间科学呢？空间科学的定义是以航天器为主要平台，研究发生在日地空间、行星空间乃至宇宙空间的物理、天文、化学等自然科学现象。

很明显，这个学科的发展是伴随着人类空间技术的发展而逐渐成长起来的一门新型的综合性交叉学科。空间科学是现代科学中非常重要的一个前沿领域，2006 年的诺贝尔物理学奖获得者，宇宙胚胎学之父乔治·斯穆特教授于 2016 年到访北京航空航天大学，他的主要科学贡献是利用 1989 年所发射的 COBE 卫星研究了宇宙微波背景辐射，他发现宇宙微波背景辐射与黑体辐射非常吻合，从而为大爆炸理论提供了进一步的支持，这就是空间科学推动人类科学进步的一个重要例子。

空间科学也是与国防、航天和相关高科技领域密切联系的一个学科，特别地，空间科学非常关注太阳与地球之间的相互关系，也就是太阳上的一些剧烈活动如何影响我们地球的空间环境。日地空间环境主要包括太阳、行星际、磁层、电离层、中高层大气和临近空间几个部分，在日地空间发生的灾害性扰动对人类的航空、航天、通信和导航都有非常重要的影响。

空间科学的发展

中国空间科学的发展

中国航天局在2000年发表的《中国的航天》白皮书中，将空间科学、空间技术与空间应用并列作为中国航天发展的三大领域。

在2006年发布的《国家中长期科学和技术发展规划纲要(2006－2020年)》中，在16个国家重大科技专项中，涉及空间科学与技术的就包含了两个：载人航天与月球探测工程，高分辨率对地观测系统。

空间科学、空间技术和空间应用的共同协调发展必将极大地促近我国整体科技实力的提高，推动国家经济、社会的发展。

北京航空航天大学 BEIHANG UNIVERSITY

欧洲空间局在回答为什么要研究空间科学的时候，提到“空间科学是一个战略资产，拥有空间科学，欧洲空间局将能够保证技术的独立性，空间科学能保证欧洲文化的特征，有助于建立一个科学的社会，从而清晰地显示欧洲的能力和发展前景”。目前空间科学在国际上的发展非常迅猛，一些重要的空间大国和机构都已制订了自己新世纪的发展计划：例如美国的 NASA 制订了“超越爱因斯坦计划”，欧洲空间局推出了“宇宙憧憬”计划等。

空间科学的发展

国际空间科学的发展

目前空间科学在国际上发展非常迅猛。一些重要空间大国和机构都制订了自己新世纪的发展规划。

1）美国 NASA “超越爱因斯坦计划Beyond Einstein Program”。

2）欧洲空间局 “宇宙憧憬Cosmic Vision”计划。

北京航空航天大学 BEIHANG UNIVERSITY

空间科学的发展一直受到各国政府的关注，2004 年 1 月，时任美国总统布什发表了题为《美国空间探索远景规划》的讲话，他说要对太阳系的行星天体开展无人探测，利用先进的望远镜搜寻太阳系外其他恒星周围的类地行星，研究宇宙的起源、结构、演化和命运，拓展人类在月球、火星及其他天体上生存的可能。

在我国，空间科学的发展也有着很长的历史，2000年，中国航天局发表了《中国的航天》白皮书，其中将空间科学、空间技术与空间应用并列作为中国航天发展的三大领域。在2006年发布的《国家中长期科学和技术发展规划纲要（2006—2020年）》中，一共规划了16个国家重大科技的专项，其中涉及空间科学的就包含了两个：第一个是载人航天与月球探测工程；第二个是高分辨率对地观测系统。

中国空间科学发展一个非常重要的工程就是嫦娥计划，嫦娥计划是我国一个探测月球的工程，主要分成绕、落、回三步：第一步是利用飞行器环绕月球进行探测；第二步是将着陆器着陆在月球上，也就是大家所了解的嫦娥三号和嫦娥四号，分别在月球的正面和背面着陆；第三步就是回，回就是从月球上采集样品，然后返回到地球，由科学家进行研究。

嫦娥工程所取得的成果受到了世界的广泛关注，代表着我国空间科学发展的较高水平。除了嫦娥工程之外，中国还发射了一系列的空间科学的探测卫星：如2015年所发射的悟空卫星，这个卫星主要用来探测暗物质以及相关的性质；2016年我国发射了量子卫星，主要用来进行量子通信的验证，以及量子物理方面的一些研究；2017年我国发射了慧眼卫星，主要功能是对宇宙在硬X射线波段进行成像；2018年的时候，中国地震局牵头发射了“张衡一号”地球空间电磁试验卫星，该卫星主要用来探测跟地震相关的空间电磁信号。

除了已经发射的卫星和正在进行的空间科学项目之外，我国还规划了一系列的空间科学卫星计划：如2020年7月发射的自主火星探测卫星，这是中国第一次有能力把卫星送到火星的轨道；我国还在规划发展一系列的深空探测计划，例如小行星探测、木星探测等；同时中国也在积极与世界各国合作，搭建空间天气监测卫星系统，这个卫星系统最主要的特点是将在日–地系统中的五个拉格朗日点，也就是日–地系统中的引力平衡点处部署五颗卫星，用来监测空间环境的变化。另外，我国在风云卫星上面也会搭载与空间天气相关的一些仪器，也可以用来监测空间天气的变化，我国未来的空间卫星规划还包括“张衡二号”卫星、天琴计划、太极计划、爱因斯坦探针等一系列的空间科学卫星计划。可以看出，不管是在世界上还是在我国，空间科学的学科发展都处在一个黄金时期。

空间科学的发展

空间科学卫星计划：
火星探测：从月球到火星，2020年

北京航空航天大学
BEIHANG UNIVERSITY

正是在这样一个背景下，北航开始建设空间科学技术专业，2006 年北航设立空间物理二级学科硕士点，2010 年在宇航学院下设空间科学研究所，2011 年获批地球物理的一级学科硕士点，2015 年依托宇航学院的飞行器设计专业开始招收本科生。2016 年，北航整合了宇航学院下设的空间科学学科和化学与环境学院下设的环境科学学科，成立了空间与环境学院，着力发展空间科学与环境科学与工程专业。2017 年获批了空间科学与技术的本科专业，同年开始招收本科生并设立了空间科学的二级学科博士点。

经过几年的发展，空间科学与技术专业形成了一支非常优秀的教师队伍，一共有 19 名专职教师，分别来自于不同的高校和科研机构，研究方向涵盖了等离子物理、空间物理、天体物理、流体力学等各个方向。在我们的教师队伍中，人才比例非常高，一共有 8 名国家级的人才，与此同时我们还积极邀请了国内外著名的学者，来做我们的兼职博导或者讲座教授。我们的教师队伍积极承担国家重要科研项目，近五年获批科研经费达到了 8000 多万元，主持了包括国家基金委的创新研究群体、重点项目等一系列重要科研项目。空间科学技术专业也积极服务于国家的重大战略需求，例如我国组建了一个嫦娥四号核心研究团队，其中本校的曹晋滨教授担任了其中一个核心研究团组的组长，领导该组开展相关的研究工作。

空间科学技术专业主要是开展以下三个方向的研究：第一个方向是空间物理与空间天气的研究，主要是研究日－地系统中的基本物理过程，特别是与国防经济建设以及人类长足发展密切相关的太阳风暴、磁暴、亚暴等日 - 地空间天气的基本过程和规律并进行仿真；第二个方向是空间环境探测技术的研究，主要是面向国家国防和经济建设发展以及空间科学创新的重大需求，服务重大航天型号任务，发展先进空间探测技术和精密仪器；第三个方向是空间天文与基础物理的研究，主要是利用空间科学手段研究太阳物理、天体物理和理论物理问题，揭示引力的本质，构建量子引力模型，以及探究引力与强关联体系之间的联系。

在这三个研究方向上，我们取得了一系列具有国际影响力的重要的研究成果，我们的研究成果多次被欧洲空间局、美国地球物理学会还有其他的一些国际机构报道。

例如我们的老师 2012 年在行星际激波撞击磁层时所产生的和声波对能量电子加速的领域取得了重要的进展，这个成果被 NASA 评为 2012 年 THEMIS 计划的一个重要的成果，并在 NASA 的网站上进行了介绍。2013 年，我们发现了地球激光能量的一个来源，相关成果被欧洲空间局在主页上进行了详细的介绍；2013 年的时候符慧山教授在 *Nature physics* 杂志上发表文章，阐释了非稳态磁场重联中的能量电子的加速机制，这一工作引起了非常强烈的国际反响，欧洲空间局给予了非常高的评价，法国国家科学研究院也跟进做了报道；2015 年英国籍的 Dunlop 教授首次发现了地球磁层空间的磁层与电离层的电流耦合证据，这一发现也得到了欧洲空间局非常高的评价并以“七颗欧洲空间局卫星联合探测地球磁场”为题详细报道了这个新发现，

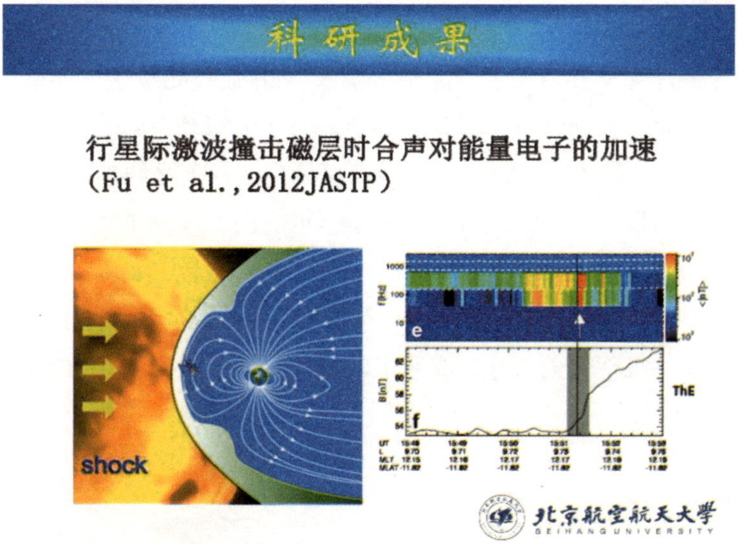

也成为了欧洲空间局 Swarm 卫星计划发射一周年的一个亮点成果；2015 年我们首次发现了地球上升调的快磁声波，这个成果被美国的地球物理协会作为研究亮点进行了报道；2018 年美国地球物理学会主办的地球物理研究进展的杂志对世界各国的空间科学的研究机构进行了一个排名，我们的排名是世界第 18 位，在我国的高校中是排在了第 3 位。

北航空间科学技术专业在空间探测技术方面也取得了非常重要的突破：我国在 2018 年发射了“张衡一号”卫星，它是我国全新自主研制的一颗地球物理实验卫星，是我国构建天空地一体化地震立体监测网的一个重要的空间观测平台。在这个平台中，我们承担了其中一个主要的载荷感应式磁力仪的研制任务，现在这一颗卫星已经在天上运行了两年多，运行状态非常好，也取得了高质量的探测数据，产出了重要的科研成果。

随着这几年的发展，我们建成了一系列教学和科研平台，2018 年获批了空间环境监测与信息处理工信部重点实验室，并与欧洲空间局合作成立了欧空局 SWARM 卫星计划数据中心。SWARM 是研究地球磁场的一个卫星计划，它主要由三颗同样的卫星组成，每颗卫星有五个仪器，我们与欧洲空间局签订的协议使得北航可以设立一个 SWARM 卫星数据的发布和存储的中心，同时我们也可以免费获得 SWARM 卫星所有的观测数据。我们在北京搭建了一个空间极弱磁场屏蔽实验室，这个实验室是目前国际上最先进的磁屏蔽的实验室之一，它将为“张衡一号”系列的其他卫星的感应式磁力仪以及其他空间极弱低频磁场探测任务提供实验的条件，也可作为本科生和研究生空间探测教学的实验基地。

空间科学技术的学生在毕业之后从事什么样的工作呢？这里列举了 2014 年至今所毕业的博士生的去向，可以看到大部分的博士生都是去到了高校或者科研院所继续从事科研工作；而硕士研究生的去向则更加广泛，很多同学选择了去航天类的国企，部分同学选择了去中科院等科研院所，也有同学选择了去华为等私企，还有同学去了金融机构或者教育机构；我们的本科生毕业之后，90% 以上的同学会选择继续深造攻读硕士。虽然空间科学技术专业是北航新建的专业，培养的学生不多，但是也涌现出了一批优秀的人才，在我国的空间科学、航天技术和国防领域挑起了重担。

空间科学与技术师资队伍

空间科学与技术学科硕士生导师

教师姓名	专业技术职务	学术头衔	最高学位和专业	最高学位获得学校
曹晋滨	教授	长江、杰青	博士、空间等离子体物理	法国Toulouse第三大学
M. Dunlop	教授	国家级人才	博士、理论固体物理	英国帝国理工学院
符慧山	教授	国家级人才	博士、空间物理	国家空间科学中心
於益群	教授	国家级人才	博士、空间与行星物理	美国密歇根大学
刘淼	教授	国家级人才	博士、理论物理	中科院理论物理研究所
姜杰	教授	优青	博士、天体物理	中国科学院研究生院
藤本桂三	研究员	国家级人才	博士、地球与行星物理	日本京都大学
汤海滨	教授		博士、航空宇航科学与技术	北京航空航天大学
刘文龙	研究员	青年长江	博士、空间物理	北京大学
吕浩宇	教授		博士、流体力学	北京航空航天大学
张海青	副教授	卓越百人副教授	博士、理论物理	中科院理论物理研究所
李柳元	副研究员		博士、空间物理	国家空间科学中心
曾立	副研究员		博士、核学科与技术	清华大学
马玉端	副研究员		博士、空间物理	国家空间科学中心
王新	讲师	青年人才托举工程	博士、空间物理	北京大学
杨俊英	讲师		博士、空间物理	国家空间科学中心

北京航空航天大学
BEIHANG UNIVERSITY

最后总结一下：我们空间科学技术专业，既面向国际的科学前沿，又面向国家的重大战略需求，有非常良好的发展前景，欢迎各位同学在报考的时候选择我们，我期待与同学们在北航相见，谢谢大家。

扫描二维码
查看哔哩哔
哩完整视频

孙轶斐

守绿水青山，筑共同未来——环境科学与工程专业介绍

大家好，我是来自北航空间与环境学院的孙轶斐。首先祝贺各位同学顺利地完成了高中的学习任务，即将步入人生的另一段旅程。下面由我来给大家介绍一下北京航空航天大学的环境科学与工程专业。我报告的题目是《守绿水青山，筑共同未来》。

这个报告的题目我斟酌了很久，后来决定引用世界环

境与发展委员会的一个著名的报告，这篇报告的题目是《我们共同的未来》。因为环境是全球乃至全人类一个共同的话题，不分种族，不分国家，所以我们要保护绿水青山，共筑我们共同的未来。

绪论：共筑我们共同的未来

我从几本在人类发展史上，对生态环境有着深远影响和意义的书来切入。

首先是《寂静的春天》。我们都知道，2015 年科学家屠呦呦获得了诺贝尔生理学或医学奖，她的贡献是发现了治疗疟疾的新药青蒿素。其实早在第二次世界大战之后，为治疗疟疾，还有一项诺贝尔生理学或医学奖诞生过，颁发给了来自瑞士的化学家穆勒，以表彰他发现了 DDT 这种化合物。

DDT 其实是一种杀虫剂，其化学结构如下图所示，全称为双氯苯基三氯乙烷，由穆勒给它命名为 DDT。DDT 拯救了千万人的生命，被誉为与原子弹、青霉素并列的第二次世界大战时期三大发明之一。

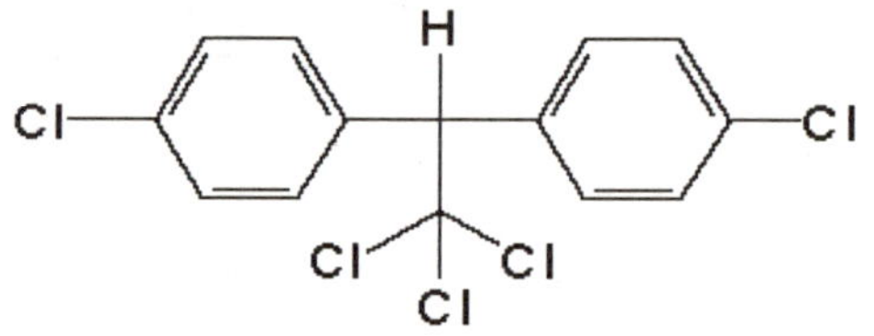

但是在 2001 年 5 月，在一个全球多个国家签署的著名的《关于持久性有机污染物的斯德哥尔摩公约》中，列出了需要控制的 12 种 POPs 污染物清单，其中就包含了 DDT。我们这里所说的 POPs 是 Persistent Organic Pollutants，就是持久性有机污染物，不是流行音乐。

美国的海洋生物学家卡逊在 1962 年出版了一本知名的著作，即《寂静的春天》，书中阐述了 DDT 等一些农药类污染物的富集、迁移、转化。此外在诺贝尔奖颁发给穆勒的十几年以后，又有科学家发现了这种农药对人类以及生态系统的危害。卡逊告诫人们要认识到使用农药的利弊，并且认识到生产农药可能导致的严重后果，最后她提出了我们人类应该选择“另外的道路”，这样才能可持续地发展下去。这实际上是早期人们对环境问题的一个反思，也是现代环境科学思想的启蒙。

在《寂静的春天》这本书里有一个例子，就是当向榆树喷洒农药 DDT 的时候，榆树叶上将会富集农药污染物，随着秋天到来，榆树落叶，落叶中的 DDT 的浓度大概是 100×10^{-6}；但是蚯蚓食用了落叶后，农药随之富集在蚯蚓体内，富集的浓度能

够到 140×10^{-6}；当知更鸟等鸟类食用了蚯蚓后，在它们体内这种农药的富集浓度又会翻倍。DDT 这种污染物，会严重影响动物对钙质的吸收，所以过量的农药会让鸟类所产的卵的壳较软，导致鸟类不能正常孵化，或者即便孵化出小鸟，小鸟也会很快死亡。

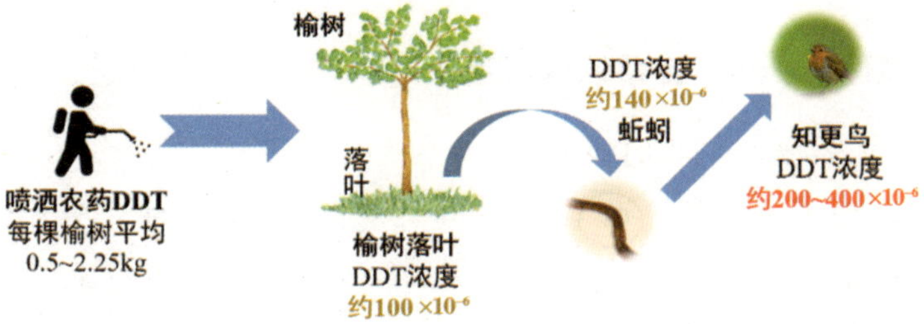

此外，在另一本书《失窃的未来》中，同样介绍了另一种污染物，即多氯联苯，英文简称为 PCB，它的分子结构是两个苯环连接，然后在不同的位置取代不同的个数的氯，这类物质由此而得名。在 20 世纪，北美的五大湖中密歇根湖里，发现了有工业泄露的 PCB，当时泄漏后这种物质在湖水中的浓度仅为 2×10^{-6}mg/kg。其中关于毫克每千克的概念，大家可以参考平时使用的药物的成分浓度，大约为 10 毫克每千克数量级，也就是 1 kg 体重下就需要食用几个毫克级别的量。据此可以看出，在密歇根湖的湖体中，PCB 的浓度是非常低的。但是到了水蚤体内，它的 PCB 富集浓度会达到湖水的 400 倍，随后 PCB 随着食物链级别的升高，例如糠虾捕食了水蚤，它体内的 PCB 的浓度大概是湖水的 4500 倍，之后在胡瓜鱼体内，PCB 的浓度已经富集到湖水的 76000 倍，接着更高级的食物链节点鳟鱼，其体内 PCB 富集的浓度是湖水的 83 万倍。污染物到了最后富集到了食物链的顶端，即黑背鸥，数据显示在安大略湖发现的黑背鸥，它们体内的 PCB 富集的浓度大概是湖水的 2500 万倍。

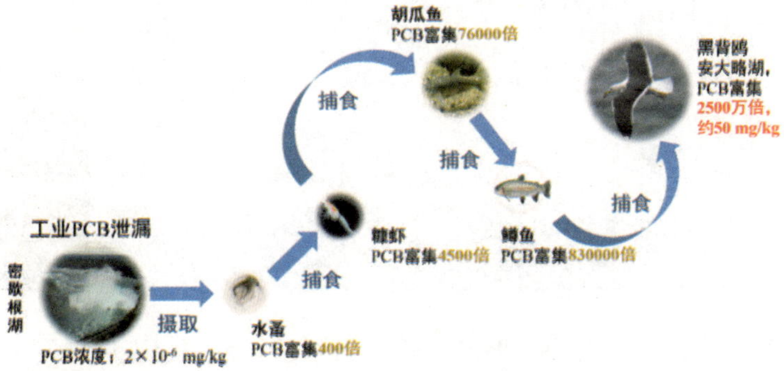

由此看来，随着食物链级别的升高，动物体内富集的持久性污染物浓度也在逐渐地增加。无论是 DDT、PCB 还是其他的持久性有机污染物，其具有的特征之一是亲脂疏水性，也就是说它在动物体内的脂肪内能够不断地蓄积、放大，难以自然降解，因此即便是在遥远的南极、北极，在动物体内都发现了这些物质。

那么由此可以见得，环境保护是我们刻不容缓的保卫战。

一、环境保护：刻不容缓的保卫战

环境问题的发展经历了四个阶段。

第一个阶段为萌芽阶段，这个时期主要是在工业革命之前，发生的现象是盲目开采、砍伐造成的水土流失以及土地沙漠化等。但是因为当时的工业不发达，所以环境问题不是特别突出。

第二个阶段为恶化阶段，这个阶段的主要问题是工业革命所引发的对煤、石油、天然气这些一次性能源的大量开采和消耗，以及大规模的化学品的生产。由此引起了大气、土壤、水的污染。

之后步入到第一次高潮，也就是 20 世纪的 30 年代到六七十年代，此为第三个阶段，这个时候由于整个世界的人口猛增，工业化的进程不断加快，而且工业扩大化、城市化急剧加速，因此引起了能源需求的快速增长，但是这个时期由于人们环境意识淡薄，所以发生了著名的八大公害事件。

到第二次高潮也就是 20 世纪 80 年代，即第四个阶段，这个时候出现了大面积的环境污染以及对生态的破坏，由于资源短缺，全球性的大气污染也在发生，经常出现一些河流污染、核泄漏等突发性的事件。

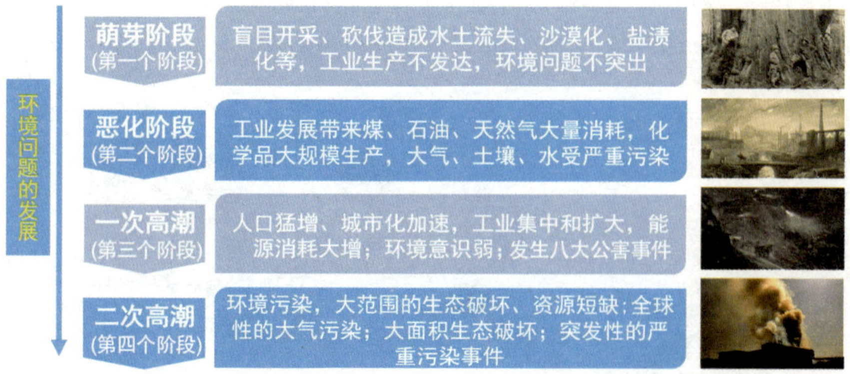

特别是世界著名的八大公害事件，其影响深远。第一起事件是发生在比利时的

马斯河谷事件，之后是美国的多诺拉事件，以及同样发生在美国洛杉矶的光化学烟雾，还有在20世纪50年代发生的伦敦烟雾事件，随后的四起均发生在日本，都是在20世纪50年代以后发生的，包括水俣事件、富山事件、四日事件和米糠油事件。总结而言，导致马斯河谷事件、多诺拉事件的主要原因为工业生产所产生的二氧化硫、重金属颗粒等污染物，这些污染物会给人体造成严重伤害，轻微的症状为眼睛发红，严重时则会导致哮喘或者其他呼吸系统疾病；伦敦烟雾事件是由于煤的大量使用，造成对大气的二氧化硫污染；洛杉矶光化学烟雾事件，则是20世纪50年代以后发生的，导致事件发生的主要原因是机动车尾气的排放，所排放的污染物与日光照射的紫外线发生了光化学反应；日本的水俣事件是甲基汞导致的水体中毒，甲基汞会给人体神经系统造成影响，危害人的健康；日本米糠油事件的罪魁祸首，前边我们也提到过，是多氯联苯，与北美五大湖中对鸟类的危害类似，也是因为含多氯联苯的米糠油泄露，危害了大量的禽类，随后人类误食导致人类生病，甚至死亡，其主要损害的方式是造成肝脏损伤、生殖系统的疾病、癌症等。

马斯河谷事件

多诺拉烟雾事件

伦敦烟雾事件

洛杉矶光化学烟雾

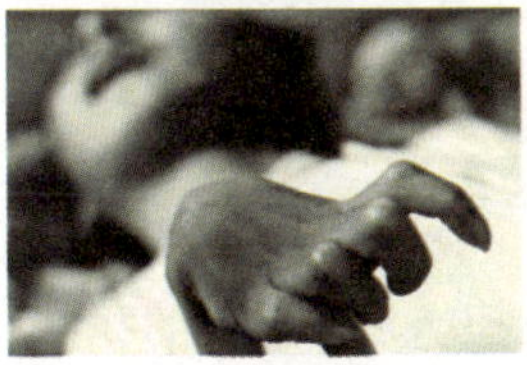
水俣事件

富山事件

四日事件

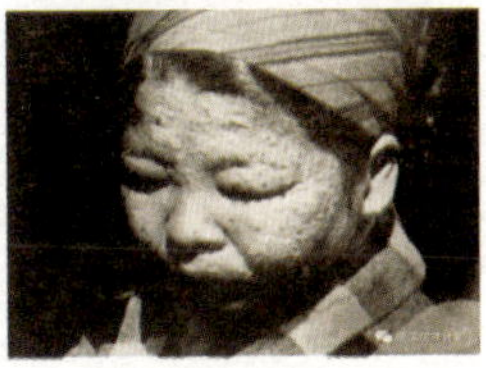
米糠油事件

我们都知道全球气候在不断变暖，每年温度都在上升，南北极冰盖加速融化，这导致极地生态发生变化，北极熊找不到能够栖息的冰盖；而对于人类而言，很多低海拔的城市未来可能面临被淹没而消失的困境，这些都是因为二氧化碳等温室气体的超量排放引起的。另外我们也知道，大概十年前开始，我们国家的一些地区出现了严重雾霾，但是经过治理，现在已经有了非常大的改善。此外，海洋污染导致某些海洋生物濒临灭绝，其中一些塑料类垃圾，包括现在备受关注的微塑料污染，对海洋的污染非常严重。除此之外，固体废物的污染也是比较严重的污染类型，固体废物与人们的生活息息相关，人类在生产生活中必要的产生了大量的垃圾，而未经处理随意弃置的垃圾很容易造成固体废物污染。我们国家从 2019 年开始将无废城市的建设提上日程，此外垃圾分类也成为 2019 年我们关注较多的关键词。所以应对环境问题的种种方面，我们都在不断努力。

从国家层面上讲，习近平总书记在十九大报告中指出，要加快生态文明建设，建设美丽中国。一是要推进绿色发展；二是要着力解决突出的环境问题；三是要加大生态系统保护力度；四是要改革生态环境监管体制。所以生态文明建设功在当代，我们为了保护生态环境要做出我们这代人的努力。另外，在 2018 年，习近平总书记在全国生态环保大会上也提出，生态文明建设是关系中华民族永续发展的根本大计。要有效防范生态环境风险；把解决突出生态环境问题作为一个民生的优先领域；同时要提高环境污染的治理水平。在这些国家重大会议上，国家领导人多次提到了生态环境，提出了建设生态文明，从中足以可见我们对生态与环境的重视，这是实现中华民族伟大复兴的重要的战略任务。

从国家行动上，我们可以看到，无论是污染治理、环境管理、生态保护、环保改革，还是环保宣传方面，国家都做出了各种举措，包括燃煤超低排放，京津冀、长三角、珠三角 PM2.5 治理，以及一些老旧车辆的淘汰，等等。在管理方面，还制定了各种国家标准、法律、法规。所以在环境领域的各个方面，我们正在不断地加强生态文明建设，这展现了国家对于环保领域的重视程度，这些举措是大家有目共睹的。

二、环境学科：意义、性质与担当

我们环境学科到底是怎样的一门学科，它的意义和性质以及担当是什么样的呢？

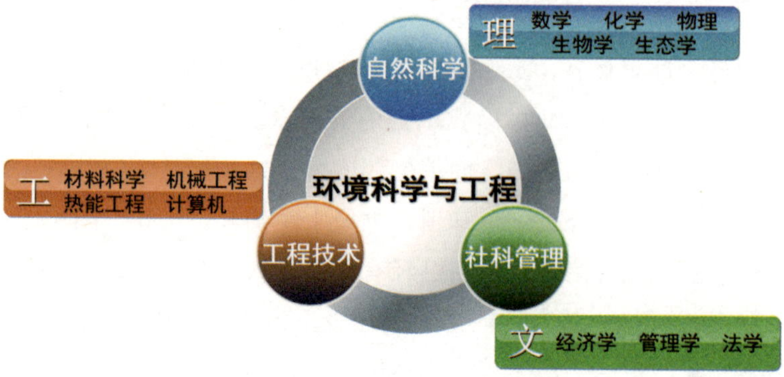

其实，我们环境学科是一个交叉性非常强的学科，环境科学与自然科学，包括理科中的数学、物理、化学、生物等学科都有深度交叉。在工程技术方面，则与材料科学、机械科学、能源科学、计算机等也都有广泛的交叉。在与社会科学的交叉方面，又需要涵盖经济学、管理学甚至法学这些方面。所以说环境学科是交叉性非常高的学科。

从分支的角度我们分为环境科学、环境工程，以及其他分支。环境科学主要是为了探索全球范围内的环境演化规律，主要内容是找到人类活动与自然生态之间的关系，以及环境变化对人类生存的影响，其研究的具体方向包括环境化学、环境物理、环境毒理、环境生态和环境健康等学科。而环境工程主要运用环境科学，以及其他交叉学科的基本原理和基础理论来研究污染治理的方法，开发污染防治技术，提高我们生存的环境质量。关于环境学科的其他分支方面，主要包括环境规划、环境管理、环境评价、环境法学和环境伦理学等，这些主要是研究理论与方法学的问题，为我们在环境问题中的决策、立法和管理等方面提供理论的支撑。

三、环境工程专业：发展与现状

北航的环境工程专业发展以及定位与社会需求密切相关，是为了在环境保护领域和行业内培养高级的工程技术人才。环境工程专业在学校的定位则是培养具有科学基础、人文素养、实践能力的高素质拔尖创新人才。在学科交叉方面，我们与材料、能源和生物等领域都有深度的交叉，借此来创建具有航空航天特色的环境工程专业。所以就我们目前的发展来看，一方面在国家层面上，我们在环境污染控制领域具有很大的工科优势；另一方面我们又具有北航的航空航天特色。

我们的发展历程：环境工程专业是1998年开始筹建的，当时隶属于材料科学与工程系，1999 年开始招收第一届本科生，2002 年建立了一级学科硕士点，之后我们获批了北京市的重点实验室、北京市的教学示范中心。随后在 2015 年、2018 年先后两次通过了《华盛顿协议》的工程教育认证，就是说我们颁发的学位将在国际的 21 个协议国得到互认，也是给同学们提供了一个走向国际的通行证。

2016 年，学校为适应环境学科的发展需求，整合了空间科学系与环境科学与工程系，成立了现今的空间与环境学院。经过四年的发展，于 2019 年获批了教育部的首批双一流本科专业建设点。目前已培养的学生包括本科生 700 余名，硕士生 300 余名，博士生 100 余名。从专业特色上讲，我们现具有四个专业方向，包括大气污染来源、效应和控制专业，主要研究 PM2.5 的治理、气溶胶的形成等；此外还有水污染控制与生态健康专业、固体废物处置与资源化专业以及环境新能源材料与器件专业。在污染控制、环境污染及控制技术方面，形成了特色。

另外，我们形成了有北航特色的空天环境态势感知和安全保障方面的专业研究，主要包括空天微环境智能监测、空天微环境安全与健康和空天能源安全与保障。

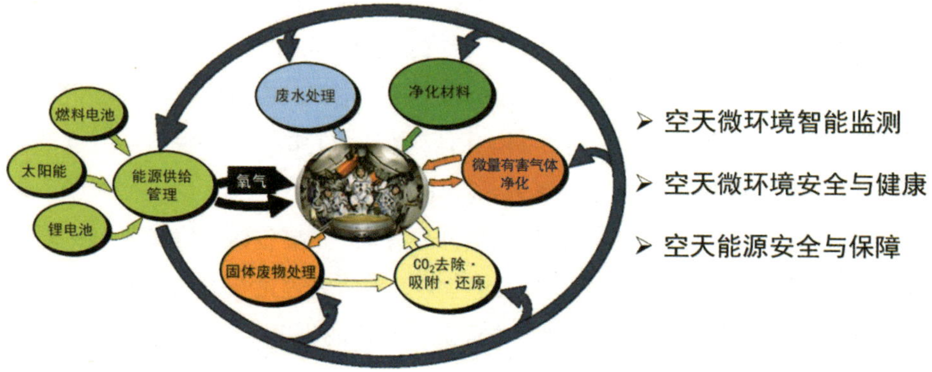

首先简单介绍一下大气污染来源、效应与控制方向。由于新冠肺炎的出现，大家对气溶胶这个关键词一定非常熟悉。我们的大气研究方向就是研究气溶胶的理化特性、光学特性和气候的影响，以及气溶胶的生物特性。此外还有微环境空气质量研究，即对我们生活中常见的室内环境进行研究，特别是对密闭舱室中空气质量改善的研究，例如对火车、飞机以及潜艇等舱室的空气品质进行保障。此外还有在工业生产过程中，对烟气的多污染物的净化，包括 PM2.5、二氧化硫、氮氧化物、挥发性有机污染物等有机废气的处理，以及大气污染形成的原因和对策研究。

其次，在水污染控制与生态健康方向，我们主要从事的研究是污水处理与资源化，污染物的生态毒理和健康效应，水环境的生态修复和污水再生，以及天然水环境中的污染物环境行为和生态风险评估。

再次，在固体废物处置与资源化方向，我们主要从事的研究是在垃圾焚烧或者是垃圾热解气化等热处理固体废物过程中对持久性有机污染物的控制机理和减排技术。此外我们还从事对生物质热解、气化过程的研究，主要内容是将我们所了解的秸秆等生物质废物转化成能源，包括生物气、生物油、生物碳等燃料或者化工原料，研究这种转化过程的机理，发展高效转化技术，以及在这些热处理过程中，对 POPs 等持久性有机污染物的分析方法，以及在环境中的化学行为。除此之外还有一个研究方向，即土壤修复与生态修复技术方向，这个方面的研究是为了改善土壤质量，治理土壤污染，这也是我们国家目前迫切需要的一种技术。

最后就是我们的环境新能源材料与器件方向，我们主要从事的是燃料电池的关键材料和器件研发，以及液流电池的关键材料和器件的研发。另外也会研究利用电化学的方法来进行污水处理。

在空天微环境监测方面，我们所从事的微环境研究主要为航空航天领域的舱室环境，包括密闭舱载人航天器里面气体的监测、生物监测、水质监测和环境调控。此外还在实现密闭舱室中水、气、固三相物质循环再生和利用方面也做了相关研究。另外，能源对于航空航天飞行器以及国防安全都具有至关重要的作用，所以我们针对空间能源方面对高能量密度、高功率、高可靠性的需求，研究开发航空航天能源器件。

我们拥有的师资队伍主力为专任教师 28 人，师资规模不算大。但是在这不大的教师团队里边，我们具有博士学位的教师就有 27 位，而且其中 18 位具有海外一年以上的工作学习经历。我们有国家级、省部级的各种人才，此外也聘请了中国科学院江桂斌院士作为我们的学术委员会主任，在清华、北大和中科院总共有 11 名长江学者和杰青作为兼职的博士生导师。从我们这个教师的职称结构可以看出，年龄在 45 岁以下的青年教师的比例占到 70% 以上，另外我们教师中具有海外一流大学博士学位的老师占全部教师的 32%，特别是在哈佛大学等一流大学具有博士后经历的老师占全部教师的 36%。所以我们是一个非常年轻的、有活力的教师团队。

我们的青年教师中，有 14 人是 2016 年以后入职的，他们全部都获批了国家自然科学基金的青年基金。另外我们在“十三五”期间，承担了国家重点研发计划的项目 1 项、课题 4 项，参与研发的项目若干项，承担的国家自然科学基金的教师比例占到了 90%。

下面这个图是 Nature Index 中给出的地球与环境科学院校 top50 排名，北航排名为 31。这个数据是 2018 年至 2019 年三个排名上涨幅度最大的学校，由此看来我们的环境学科是非常有潜力的，是一门发展空间较大的学科。

排名	机构	Count 2019	2018—2019 变化
3	斯坦福大学 Stanford University	202	39.7
13	香港科技大学 The Hong Kong University of Science and Technology (HKUST)	57	88.4
31	北京航空航天大学 Beihang University (BUAA)	31	72.6

我们也有很多的本科精品建设课程，以及研究生的建设课程，还有自己主编的教材，其中有的还被列入北京市精品教材，教师也多次获得教育学成果奖、西飞奖教金等，此外我们负责的校级的教改项目有十余项，发表教改论文数篇。

四、环境工程专业：学生培养

下面介绍一下学生培养的情况。我们的培养特色就是厚基础，宽口径，广交叉，重素养。厚基础现在以大类培养为基础，主要是培养专业的基础知识。宽口径则是到大二以后，如果选择了环境工程专业，我们将继续加深一些专业课程的学习，提升学生在环境监测、污染控制技术、环境管理、模型模拟、数值模拟等方面的能力。

另外我们也向化学化工、热工、生物等多专业、多方向进行交叉拓展，设置了通识课程、专业前沿课程、课程设计，还有一些专业实验课程，旨在提升学生的实践素养。

在培养理念上，我们践行教学和科研相结合的模式，充分利用各种科研的实验平台，展现学科前沿，突出航空航天特色。教育过程中直接进行科研实践、本科教学相结合的这种模式来培养学生的创新、科研能力。我们鼓励学生参加各种学科竞赛，包括“冯如杯”“挑战杯”，参与一些环境科学的论坛，参加各种创新创业计划，包括国家大学生创新创业训练计划、科研训练计划等，其中对学生的指导形式为导师制，以及导师、导生相结合的方式。对实践能力的培养主要在课程设计、生产实习、毕业设计几个环节来体现。

导师制，简而言之就是来到环境工程专业以后的所有学生都可以选择自己感兴趣的研究方向的导师来结对。导师为学生制定个性化的培养方案，其中教师提出的要求包括一学期参加一次组会、观察一次实验、阅读一篇文献，当然这只是最低要求。当学生时间充裕，也可以参与到实验室的实验研究中。我们的培养环节包括兴趣培养、过程指导，以及条件建设，主要是为了激发学生的兴趣，挖掘学生的潜力，而且学生培养过程是本研一体化的这种团队式的互动，因此有共同的资源分享。

我们在全世界各地和一些一流大学以及研究所都建立了合作关系，其中包括本科生的实习、实践项目以及交换留学项目，还有联合实验室合作交流等。在全球范围内经常邀请知名的专家学者来校内做学术报告。只是 2020 年因为疫情的原因，暂时没有赴国外实习的计划。今年已经毕业的学生，此前去过的国家包括美国、日本、加拿大。另外在更早的时候，学生也曾去过美国、加拿大、新西兰等国家进行交换留学，对于有意向交流、交换的学生，我们都能为其提供非常多的机会。我们学院的另一项特色就是拥有一个环境上市公司，即雪迪龙公司为我们提供奖学金，从本科生覆盖到博士生，奖励优秀学生。

学生的成果方面，我们专业的本科生经常获得国际会议的优秀论文奖，还有本科生发表过 SCI 论文。很多学生在创新实践中多次在“冯如杯”“挑战杯”中获得奖项，还有很多学生在数学竞赛、化学竞赛等学科竞赛以及各种创新创业竞赛中获得过奖项。另外，从 2017 年开始，全国高校类环境专业本科生评选优秀毕业论文，我们系的学生连续三年获奖。

我们的研究平台是北京市的教学示范中心，是北京市的重点实验室，其中包括大气污染控制实验室、水污染控制实验室、环境化学实验室等。

另外我们为本科生学生提供科研平台，供他们做工程实践或实验使用，我们拥有高端的仪器设备，能够完成包括污染物的分析、结构形态的表征、物相的表征等。

毕业后，升学就业基本情况为：本科生的毕业和就业率为 100%，80% 的学生毕业以后从事的方向与导师的研究方向基本吻合。此外攻读硕士和博士学位的学生逐年增加，有很多毕业生选择到国内其他大学以及世界一流大学去继续深造。另外，想就业的学生也有很多在本科毕业后就直接考取了生态环境部的公务员。还有很多学生到央企、国企或者上市公司工作。

从毕业生就业的方向我们可以看到，毕业生最终所从事的工作包括了环评单位、设计院、国企、外企，以及环保监测站、环境设计院等，从事的职业包括政府官员、环评专家以及技术专家等。从继续深造的情况来看，大多数毕业生是在教育科研领域，或者工程领域从事相关的工作。

另外也有一些同学利用自己的环境基础知识，在金融领域进行投资，或者在银行从事相关的工作。从毕业生发展的跟踪情况来看，多数毕业生在毕业五年后，已经成为了单位的技术骨干、管理中层，这实现了我们的培养目标。

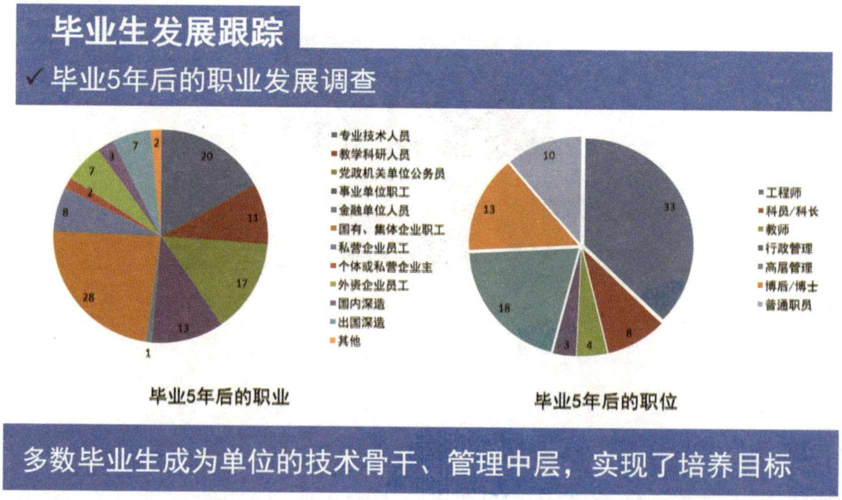

最后我们回到我们最终的主题，就是共建我们共同的未来。在《我们共同的未来》这个报告中，阐述了 20 世纪发生的一些重大的环境事件，所以我们要面临共同的问题，人类要面临共同的挑战，以及共同的努力。因此我们要维持生态环境和经济发展的平衡，要走可持续发展的道路。实际上，《寂静的春天》也解答了另一条道路是什么，就是可持续发展。

所以在我们环境人的共同努力下，我们能守护蓝天、白云和绿水青山，让垃圾能得到有序的处理，让洁净的土地给我们提供安全的食物。这也达到了李清照诗词的境界，这个也是我非常喜欢的一句诗词："天接云涛连晓雾，星河欲转千帆舞"。

希望大家加入我们空间与环境学院，谢谢！

扫描二维码查看哔哩哔哩完整视频

8 社会科学试验班

人文与社会科学高等研究院

学院介绍

学院概览

人文与社会科学高等研究院（简称高研院）成立于 2010 年 11 月，学院秉承“融汇中西、贯通古今、承续文化”的宗旨和“交叉渗透、涵育创新”的办院理念，积极探索通识教育与专业教育相结合的人才培养体系，承担哲学一级学科和文化传播与管理交叉学科建设，着力办好“知行文科试验班”（本科生）、“哲学”和“文化传播与管理”专业（研究生），培育面向未来、汇通古今中西的高层次领导领军型文科精英人才。

师资队伍

高研院现有专任教师 26 人，其中国家“万人计划”哲学社科领军人才 1 人、教授 5 人、副教授 11 人。教师学缘结构良好、国际化程度高，涉及哲学、管理学、传播学、法学、经济学等学科方向，是一支学科交叉融合、结构梯队合理、创新能力突出的高素质师资队伍。

科学研究

高研院学科布局完整，重点特色突出，科研团队健全，关注基础性、应用性人文社科交叉领域重大现实问题的研究，承担了包括国家社科基金重大项目、国家高端智库重点项目、国家自然科学基金项目等一大批科研课题。创办了高研论坛、艺文雅集等学术品牌和《文化传播》《自然国学评论》学术集刊，注重文化传播与管理、自然国学、哲学与文化、法律与社会等领域的比较研究优势和学术成果。

本科专业及培养体系

“知行文科试验班”是北航最早设立的四个校级人才培养试验班之一，该试验班一年级结束前从文科生中择优选拔 30 人，学籍属于高研院，专业教育（行政管理、经济学、法学、外语）委托相关专业学院培养，高研院重点讲授中西文明文化、优秀经典研读、文学艺术素养、实践创新能力等核心通识课程，逐步构建了“通识与专业相结合、外校与本校师资相结合、核心课程与读书小组相结合、课堂教学与文艺生活相结合、国内培养与国际拓展相结合”的“五结合”特色教育模式。

就业、升学、出国情况

高研院迄今已培养 6 届“知行文科试验班”优秀毕业生，就业率为 100%，平均升学深造率为 93%，其中 70% 继续在北大、清华、人大等国内一流高校读研深造，25% 到美国、英国等著名高校深造。历届毕业生先后被英国伦敦大学学院，美国加州大学伯克利分校、康奈尔大学等国际名校，以及北大、人大等国内知名大学录取，连续多年被评为北航毕业生就业工作“高质量留学奖”和“就业工作先进学院”。

人文社会科学学院（公共管理学院）

学院介绍

学院概览

学院成立于1997年，现设有行政管理系、经济系、心理学系、汉语言文化系、高等教育研究院、艺术教育中心等6个系院（中心）。涵盖4个学科门类（管理学、教育学、经济学、文学）。学院拥有“公共管理”博士后流动站和一级学科博士点，教育学、理论经济学和心理学3个一级学科硕士点，公共管理硕士（MPA）和教育硕士（科学与技术教育）2个专业学位硕士点，行政管理、经济学和汉语言文化（留学生）3个本科专业。在2017年教育部学科评估中，公共管理一级学科获得A–；行政管理专业2019年获批入选首批“国家一流本科专业”建设点。

师资队伍

拥有专职教师72人，其中教授28人，副教授40人，博士生导师20余人。80%以上专职教师具有博士学位和海外留学背景。学院有多位教师担任教育部教指委委员、国家一级学会理事以上学术职务，多位教师入选教育部新世纪（跨世纪）人才、北京市社科理论人才“百人工程”学者等。

科学研究

学院建有首都高等教育发展研究基地等6个省部级基地，以及公共管理系统工程实验室等多个实验室。近年来，学院获批国家高端智库重点项目、国家自然科学基金、国家社科基金、教育部哲学社科重大招标项目等大批课题，并获评多项国家级、省部级科研奖，年科研经费近千万元。

本科专业及培养体系

学院设有行政管理、经济学两个本科专业，通过完善的课程体系和优良师资，注重学生知识、能力和素质的建构，致力于培育服务国家治理体系和治理能力现代化的高素质人才。

就业、升学、出国情况

学院学生的升学率接近 80%，其中出国留学学生的比例逐年提升，大部分学生被世界名校录取。学院先后与美国、德国、加拿大、澳大利亚、墨西哥、日本等国家的 10 余所著名大学建立了合作关系。毕业生多在各级党政机关、企事业单位、金融机构从事相关工作，在社会上享有良好声誉。

任丙强

人文社会科学学院（公共管理学院）欢迎你

各位考生家长、各位同学大家好！今天由我给大家介绍一下北航人文社会科学学院（公共管理学院）的基本情况，介绍分为四个方面，第一是学院的基本情况，第二是学科建设，第三是专业情况，第四是人才培养。

在北航读文科是一种什么样的体验？可能有很多人都会提出这样一个问题，大家很容易把北航定位成为一个工科院校，那么工科院校的文科是什么样子？大家可能会想是不是北航的文科很差？去北航读文科，会不会受到歧视？今天我就把学院的情况给大家做一个简单介绍。

首先，我觉得把北航定位成工科院校是不太准确的。目前我们应该将北航定位为理工科见长的高校。北航目前的学科定位可以用十六个字来概括，即“顶尖工科、一流理科、精品文科、优势医工”。这样就可以看到，北航并不是只有工科，而是还有非常强的理科和非常强的文科，以及医工交叉学科。那么，北航的文科到底处于什么样的位置呢？下面我们针对学院的情况给大家做个简单介绍。在北航，正是因为之前的文科发展起步较晚，因此学校非常重视文科发展，从各个方面对学院给予了极大的支持。正是在学校的这种支持之下，使得北航的文科发展有了长足的进步。

我们学院门口挂的牌子上有两个学院名称，一个是人文社会科学学院，另一个是公共管理学院。现在我简单介绍一下学院的历史，我们学院设立了北航最早的文科。早期承担整个北航的社科思政教育、马克思主义教育。随着发展，于 1997 年成立了人文社会科学学院。接着又发展形成了目前公共管理占据优势的专业特色。结合专业特色，之后成立了公共管理学院。公共管理学院一经成立，就得到了非常迅速的发展，并于 2011 年成为全国首批 24 所招收公共管理专业硕士（MPA）的院校之一。我院于 2010 年设立了公共管理一级学科，2012 年成立了博士后的流动站，在 2012 年第三轮学科评估当中，公共管理一级学科全国排名第 12，在最近的一轮学科评估当中，全国排名并列第八。

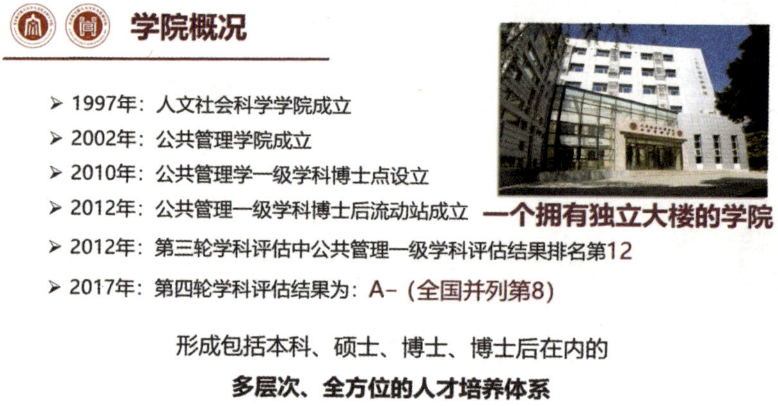

从这个简单的发展历史可以看出，公共管理发展是非常迅速的。下面我给大家介绍一下学院的教学条件。从硬件上看，学院具备全国一流的公共管理学院的硬件设施。我院拥有一栋独立的办公楼，办公楼前面是一个非常大的阳光房。夏天透过玻璃房的阳光，你可以喝一杯咖啡，与学问深厚的教授进行学术交流，与同学们一起畅谈理想。我想这也许就是大家想要的大学生活。

另外，我院还建有领导力实验室，这也是我院最新建设的实验室。在这里同学们可以进行社会科学的实验教学、进行学术讨论，也可以开座谈会，等等。在办公楼的一层还设有一个大讲堂，很多比较大型的报告、会议都在这里举行，我院的“人文讲堂”启动仪式也是在这里举行的。

下面我从学科的角度来介绍学院的发展和机构设置情况。我院本科教学设置了四个机构：第一个是行政管理系，第二个是经济学系，第三个是心理学系，第四个是汉语言文化系。目前本科只有行政管理系和经济学系在招生。从专业硕士点来看，学院设有公共管理、MPA 和教育硕士；一级硕士点包括教育学、理论经济学、心理学；另外学院还设置了公共管理一级学科的博士点和博士后流动站，所以我们学院已经形成了从本科到硕士到博士到博士后的完整的公共管理的培养体系。

学科建设情况

院系设置：行政管理系、经济学系、心理学系、汉语言文化系、高等教育研究院、文化艺术教育中心

专业学位硕士点：公共管理硕士（MPA）和教育硕士

一级学科硕士点：教育学、理论经济学和心理学

一级学科博士点：公共管理

博士后流动站：公共管理

本科招生专业：行政管理系和经济学系

在科学研究机构方面，学院也设立了多个省部级的科研基地，包括首都高等教育发展基地、国家少数民族双语教育监测基地、全国高等教育质量监督评估基地，等等。在科研项目方面承担了各方面的项目，包括国家哲学社会科学重大招标的公关项目，以及国家自然基金、国家社科基金等各类项目。而且我们在实验室的建设当中也投入了大量的资金。现在正在筹建的是公共管理系统工程实验室，这是学院接受北京市双一流经费的资助，努力建设一个将工科、文化以及社会科学相互交叉融合在一起的实验室。我们希望在交叉学科当中找到学院的科研方向和发展方向。

除了这个正在筹建的实验室之外，学院还有开放领导力实验室、公共管理案例实验室、经济行为与政策模拟实验室等。这些实验室在教学科研当中，能够给大家提供良好的教学、科研环境。

下面我就对专业做一个介绍，首先介绍两个本科专业，其中重点介绍行政管理学，后面会有专门的老师对经济学专业单独做一个深入的介绍。行政管理学是致力于为各级党政机关、社会组织以及企事业单位培养具有领导领军潜质的高级管理人才。因此这个专业实际的目标是——为了服务人类更幸福的生活而存在。行政管理（或称为公共管理）实际上就是我们如何能给社会、给国家提供更良好的公共服务，那么也就是说所有这一切的研究活动、实践活动都是为了人们能有更良好的生活。

我院在行政管理专业有这样几个特色的方向，第一个是公共安全的应急管理，其次还有公共政策研究、廉政理论研究、文化传播理论、环境治理理论，等等。我院有教授长期从事公共安全应急管理方面的工作，对公共安全应急管理进行了深入研究，写出了大量的文章，形成很多智库的报告，为国家提供政策咨询。

现在重新来看看，北航的行政管理专业在全国到底是一个什么样的位置？值不值得大家来考虑？以北航行政管理系为主体参与的全国公共管理一流学科的评估就是一个重要的评价指标。我们知道，教育部的一级学科的评估是国内最权威、最科学、最公正的，所以，它能够比较真实地反映一个学科的科学研究状况。

在 2012 年第三轮学科评估中我院公共管理一级学科全国排名第 12，2016 年这个成绩又向前进了一步，我们的评估结果是 A–，全国排名并列第八。那么这个 A–是什么概念？其就是在所有全国参加公共管理一级学科评估的学校中，我们学科处于前 5%~10%。达到这个排名位置其实是非常困难的，而且北航的文科处于后发展状态，能迅速达到目前这个位置，是一个非常了不起的成绩。

我们的行政管理（公共管理）跟哪些学校处于同一档次？与我们学院并列的有北京师范大学、复旦大学、上海交通大学、四川大学等。像北京师范大学、复旦大学都是老牌的实力强劲的综合性大学，在公共管理方面是排头兵。我们现在能够跻身于他们之列，觉得倍感荣幸，也倍感压力。通过这个学科评估排名，同学们就能够对我们公共管理学科在全国的地位有一个比较清晰的了解。

在 2019 年底，北航行政管理学专业成为首批国家级一流本科专业建设点，这也是非常不容易的。全校只有 19 个首批国家一流本科专业的建设点，我们是其中之一。

下面简单介绍一下什么是行政管理学。大家要来到公共管理学院学习行政管理学，就要对它有一个基本的认知。行政管理学也可简单地将其等同于公共管理，它主要研究公共部门如何能够更好地利用资源，为社会、为国家提供更优质的公共服务。政府应该如何服务社会，如何管理社会，这就是行政管理的核心内涵。这样同学们就对这个学科有了非常简单明了的理解了。基于这样的理解，行政管理学究竟要研究哪些重点内容呢？我简单地挑一些列出来，但它并不是全部，也不见得总结得非常科学，目的是希望能直观地让大家知道，这个学科要研究什么。

行政管理首先要研究政府的公共服务。什么是公共服务？我们的医疗、教育、基础设施其实都是公共服务。那你看看这个学科研究范围广不广？

其次，行政管理还研究公共政策的制定与执行，即一个政策它是怎样制定出来的，它又是如何被良好地执行下去的。如果执行不了，那么它存在什么问题，我们如何对一个政策进行评估，这也是我们所研究的问题。然后是政府的绩效评估，如果要不断地完善政府的管理，那么我们就要对它进行评估。怎么才能使政府提供更良好、更优质的服务，这就需要研究它的绩效。

再次，我们还要研究政府的行政管理改革，就是说怎样才能使政府不断地前进，不断地提高，满足人们对政府的要求。这就是我们所谓的行政改革研究。

最后，行政管理还要研究政府的社会管理。社会管理包含的方面更广，如何管理经济，如何管理文化，如何管理网络，如何管理社区、城市等都属于政府社会管理的范围。就像现在所面临的新冠疫情一样，为什么我们国家的新冠疫情能够得到这样迅速、果断、有效的处置？实际上这跟我们国家的行政管理体制密切相关，跟国家的行政能力密切相关。所以正如十九届四中全会提出的，行政管理综合起来在于研究政府治理体系与治理能力的现代化问题，这是我们研究的一个核心。

下面我就谈谈大家关心的其他几个问题。

第一个问题是为什么要选择公共管理或者行政管理专业，或者说行政管理专业的学生有哪些不同之处？这里我简单提出两个原因。第一个原因就是行政管理能够培养一种理性而包容的人格。我们学行政管理容易培养和训练出一种理性的思维。这里的理性首先是人们对于价值理性的思考，例如对自身权利的深入反思，要从哲学层面对政府权力进行深入探讨，这就是高度的价值理性。其次，在研究政府政策制定执行的时候，公共管理研究者必然要考虑成本收益，即工具理性问题。

同时行政管理专业还容易养成一种宽容的人格。因为从马克思主义的观点来看，政府的管理永远面临着解决不断出现的问题，旧的问题解决了，新的问题就会产生，正是在不断地解决问题当中，来不断地提高政府的能力。那么这样的话你就会站得更高，思考的问题更广，更容易产生包容性的人格。第二点强调的是，如果你在未来从事行政管理工作，你会有非常强的价值成就感。这种价值成就感就是马斯洛所说的需要层次论中的最高需求。最基本的是生存层次的需要，接着是安全需要，等等，但最高的是自我实现。

那么怎样才能自我实现呢？其实任何伟大的个人，他的自我实现最严格的标准就是要服务于其他人，你只有服务于其他人，为其他人创造价值，才能够实现自我。只有在服务于他人当中，才能实现自我。公共管理专业毕业生的最终去向大多是政府部门、企事业单位，或是公共组织，而这些组织恰恰都是为他人提供服务的。你在服务他人的时候，实现了自我的价值。所以我说是非常有成就感，非常有价值感的一种工作。

第二个问题我想强调的是，并不是每一个学生都适合学行政管理，它有一些特殊的要求。那到底是什么样的要求呢？首先要有强烈的自我认可的精神。这种自我认可精神其实是一种动力，让你去追求自己的目标，为了达到自己的目标持续不断地努力，认为自己的行动是有价值的。这种动力如果与服务于社会、服务于大家的目标相结合，就能获得更大的成就。

第二点是要有公益精神和服务的品质。公共管理（行政管理）说到底其实是一种公共服务问题，即怎么样能更好地服务于这个社会，怎么能用政府的权力更好地为公众提供高质量的公共服务问题。所以在这个过程当中，它要求任何一个从业者都必须秉持公益性的职业伦理。

第三点就是要有领导和激励他人的能力。这一点也非常重要，它是作为一个领导应具备的基本条件。在追求公益以及持续不断的自我的肯定过程当中，作为领导也要激励他人，学会领导他人，要激励整个团队，这样你才能够真正成为一个优秀的公共管理者。

第三个问题我想谈的是，行政管理专业毕业生的就业情况。我想很多考生，尤其是很多家长特别关注这一点。其实这个问题需要特别深入地进行分析。考生如果能够进入到我们的专业，经过四年的培养，学生一定会不断提高自身的优势。现在很多大学都在招行政管理专业的学生，就是说，所有的大学都有大批的行政管理毕业生涌向社会，那么我们的优势在哪儿？我们能找到工作吗？这一点大家不必过度担心。北航的行政管理毕业生绝对不用担心工作的问题，下面会讲到毕业生的去向，我们会通过毕业生的去向来解释这个问题。

我们学院另外一个本科招生专业是经济学专业。经济学专业是着力培养具有扎实的经济学理论基础，较强的数理分析能力和外语运用能力，具有团队合作能力，创新、创业能力和国际交流能力的通识型、复合型高级管理人才。如果说行政管理专业是为实现更美好的社会生活而服务，那么经济学则是为满足人们美好生活的需要，合理配置资源并奠定物质基础。我们学院的经济学专业有一些特色的方向，包括经济学理论、国防经济学，还有全球经济史，等等。经济学专业在学生培养方面独具特色，老师们着力于学生的培养，产生了非常积极的效果。经济系的同学多次获得首都“挑战杯”的奖项，还曾获得过全国“挑战杯”一等奖。这对于我们这样一个后发展的文科专业来说，一个非常了不起的成绩。

下面我简单介绍一下学院的师资。本科专业要能够培育良好的人才，能够提供高质量的课程，都离不开高质量的教师队伍。我们学院教师队伍应当说是结构较为完整，师资较为雄厚的。目前，学院有教授 28 人、副教授 40 人，还有专职的博士生导师 20 余人，这些教师都是毕业于国内外著名的高校。

我们学院在人才培养上面的特色可以总结为三点：第一是通识教育加专业教育。这一点其实是北航整个本科生培养的特点。文科也和其他专业一样，第一年不分专业，整个是大类招生，第一年同学们学的课程都一样，在一年之后所有的学生都可以自由地选择文科的各种专业。然后后三年进入学院进行专业课的学习。这样通识教育加上专业教育就能赋予同学们广博的知识和精深的专业教育，既有通识性的文史哲的教育，也有精通某一领域的专业教育。希望这样培养的人才是全面的人才，而不是只精通一方面。所以这是在践行复合型人才的培养目标。

第二是我的专业我做主，这一点是北航不断改革形成的一个人才培养特色。第一年大家可以自由地选专业，第二年是不是也可以选？仍旧可以选。不但你可以调整到其他系，甚至院内各个系之间，经济学、行政管理专业都可以相互转换。如果你想要学另外一个专业了，你随时可以换到另外一个专业去，这就是我的专业我做主。甚至还有一个学生，从我们学院去航空学院读本科生了，从文科跨到工科去读书。你可以看到在北航读文科是非常自由、非常灵活的。

第三是从课程设置上来看，真正做到交叉融合。课程设置包括行政管理学的课程、经济学的课程、心理学的课程、法学的课程。在所有的必修课、选修课当中都有这类课程设置。其结果就是在自觉不自觉地形成了新文科的一种教育模式。我们不是专门固守专业，只学专业课程，而是打通壁垒。恰好我们学院也具有学科交叉融合的优势，学院本身有心理学系、经济学系、行政管理系，正好利用了这种优势，打通专业壁垒，形成了新文科的育人模式。

下面再讲一些学术的交流与竞赛。学科竞赛有院级和校级的两个层次，院级的

竞赛叫“人文杯”，从大二进入学院，老师和学长就会告诉你，要想学术发展，可以选择一个题目尝试进行学术竞赛比如参加“人文杯”。在参加了院级学术竞赛之后，如果觉得自己有学术潜质，还可以接着参加学校的“冯如杯”。如果能获得了校级的“冯如杯”奖项，那就说明你的学术潜力得到了认可。现在我们学院每年都会有学生获得“冯如杯”的一等奖。如果学生获得“冯如杯”一等奖，在北航就可直接自动获得保研推免名额。

北航文科学生的国际交流活动是非常频繁的。北航为本科生提供了非常优厚的国际交流条件。大家可以选择申报学校的“远航计划”，其中就有各种各样的资助计划，还有跟国外学校的合作计划。如果说学校的计划申请不了，还可以申请学院的计划。我们学院每年都要拿出将近几十万元的经费来专门资助本科生出国。今后我们打算要把本科生的出国率提高到50%，甚至更高。这就是说，学院高度重视本科生的国际化培养，让他们具有国际视野。

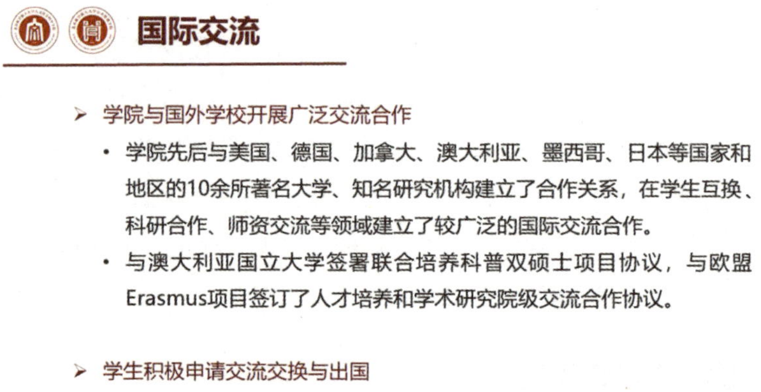

大家可能还非常关注我院的保研情况。从保研率上来看，我院跟北航其他学院一样为20%的保研率。以2016级为例，行政管理专业最终的保研率为33%，经济学专业更高一点，达到了36%。保研推免生的去向既可以留在本院继续攻读硕士研究生，也可以申报北大、清华等其他知名的高校攻读硕士研究生。

最后，我们来看一下学院升学率的统计。2016年，毕业生基本上是：国内读研率33%，出国23%，总的升学率在57%。这意味着什么？学院将近60%学生是出国和读研究生了，只有40%的学生选择本科毕业找工作。少数选择就业的同学也几乎不存在就业难问题，或者说就业率几乎是100%。2017年，学院的整个升学率为73%；到2018年，升学率是79%；2019年最新的数据稍微降低一点，达到63%。毕业生大体上是 1/3 出国，1/3 上研，1/3 就业。

就业情况

2016—2019年本科生与研究生就业率

类别	年份	毕业生人数	就业合计（含升学）	未就业	就业率
本科生	2016	103	101	2	98.06%
	2017	105	104	1	99.05%
	2018	95	94	1	98.95%
	2019	106	99	7	93.4%
硕士研究生	2016	95	94	1	98.95%
	2017	93	91	2	97.85%
	2018	76	72	4	94.74%
	2019	98	98	0	100%

学院毕业生的就业率达到了 98%、99%。有同学或者家长可能会说，你们这是不是还没有达到 100%？其实是有的同学就不想就业，这种情况很正常。但无论毕业生如何选择，北航人文社会科学学院（公共管理学院）的毕业生都在祖国各地、在各个行业、在各个岗位上兢兢业业地无私奉献，用自己的知识来创造更加美好的生活。

最后我真诚地希望广大的考生、广大的家长，能够关注我们北航，欢迎加入北航大家庭，欢迎加入北航人文社会科学学院（公共管理学院），我们在北航等你。

扫描二维码查看哔哩哔哩完整视频

沈映春

经世济民，理工特色

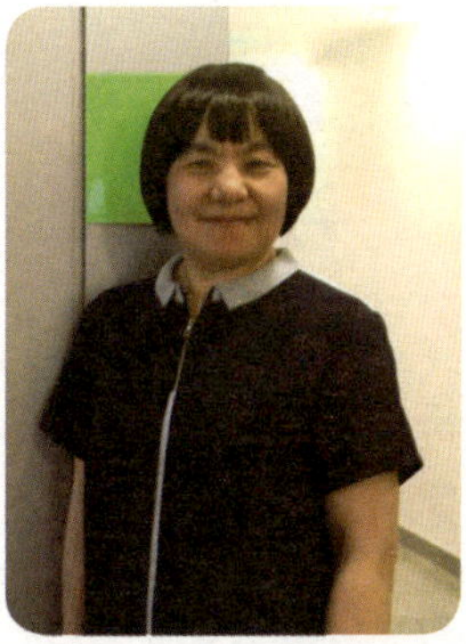

各位同学、家长，你们好！我是北航人文社会科学学院经济系的系主任沈映春。下面我来给大家介绍一下北航经济学专业，今天我们的主题是“经世济民，理工特色”。

经济学是个什么样的专业呢？有人说经济学是社会科学的皇后，我们知道在西方人眼里，女性是很伟大的。那么作为皇后，她的地位也是至高无上的。也有人说，经济学是“帝国主义”。在社会科学领域只有经济学才能睥睨群雄。为什么说是帝国主义呢？我是这么理解的，因为经济学的很多分析方法、研究方法，现在大多被其他的社会学科采用。大家都知道我们科学领域里面的最高奖项是诺贝尔奖，而在社会科学里面，唯一设有诺贝尔奖的是经济学这个学科。可见经济学在我们人类社会发展当中，起的作用有多么的重要。在我们的生活中，可以说经济学无处不在，无时不在，它和我们每个人的生活息息相关。大到宏观面，国家的经济管理；小到微观领域，比如企业、家庭、个人、民生，都可以从经济学找到一个切入点。

下面我从历史沿革、发展现状、人才培养和未来展望四个方面来介绍我们北航的经济学专业。经常有亲戚朋友问我在北航哪个部门工作，当听说我在北航经济系时，他们有些疑惑，北航还有经济专业？可能在一般人的眼里，北京航空航天大学只有跟航空航天相关的专业，好像经济学跟它不搭界，这只能说这些人对我们这个文科专业，对经济学专业还是不太了解。

一、历史沿革

北航的经济学科，作为学科来说应该是比较早了。那么作为经济专业，设立经济系来说它的历史不是特别长。我们是 1998 年才成立的经济学本科专业，1999 年是第一届招生。在之前我们人文社会科学学院，有一个经济教研室，我们现在的经济系是原来的经济教研室转变而来的。2004 年我们设立了一个应用经济学这个一级学科下的二级学科，国民经济学的硕士点。这里我要说一下，北航应用经济学一级学科下面还有两个二级学科，国际贸易、金融，它设在我们北航的经济管理学院。

2017 年我们成功申请了理论经济学的一级学科硕士点，这样改变了我们北航原来只有应用经济学一级学科的局面，应用经济学和理论经济学学科点都齐全了。

从我讲的主题，大家知道了经济学是一个什么样的学科——“经世济民”。还有一个就是“理工特色”。我们北航的经济学的“理工特色”体现在我们整个本科的培养计划里面。

我们培养的是具有扎实的经济学理论基础和比较强的数理分析能力，同时又要对自然科学和工程技术有一定了解的通识型、复合型的高级经济学人才。所以在学生的能力培养上，我们有下面八个方面的目标（见下图）。比如说我们要对自然科学有一定的了解，然后才能够运用经济学的知识去分析研究我们国家社会以及身边的一些经济问题，以及这种团队合作能力、创新创业能力，等等。

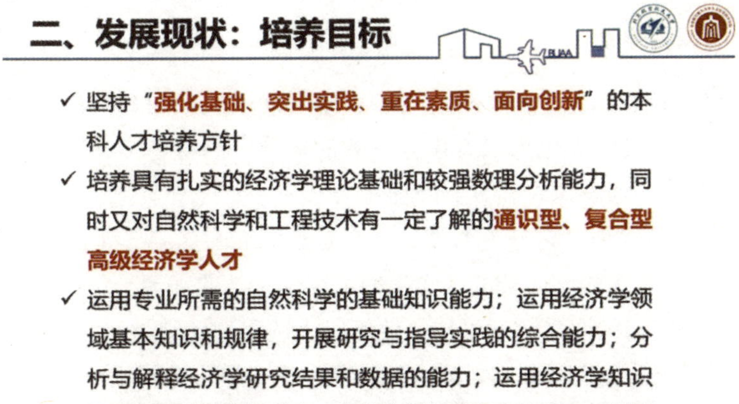

二、发展现状

1. 前沿型培育理念

下面我来具体介绍一下我们北航经济学的特色优势。第一体现在我们的培养理念是前沿型的。北航是一所工科很有优势的高水平的大学。所以我们北航的经济学是要以理工交叉融合作为一个培养战略、培养目标。北航的文科是精品文科，我们经济专业的研究方向或者特色优势在以下几个方面，即经济增长理论的研究、科技创新、军民融合、人口资源环境经济学等。

在本科生培养上，我们突出一个理工特色。因为北航理科、工科很强，所以我们要依托这种理工科的优势，强调学科交叉和跨学科的培养。在我们整个的培养环节、培养计划里面，主要是突出培养学生的动手能力和实践能力。借鉴理工科专业的实验教学，并结合我们经济学专业的特点，逐步推进实验性、体验性的教学。

2. 专业型师资队伍

现在我们的专业任课教师有 16 名，其中有 4 名教授、7 名副教授（博士毕业的占 87.5%）。近年新进 5 名教师，分别来自东京大学、布里斯托大学、诺丁汉大学、清华大学、北京师范大学等国内外名校。这些新进来的教师也是很厉害的，在短短的三年时间里，拿到了国家自然科学基金、国家社科基金、北京市社科基金等。今后我们还将持续引进经济学中的高端人才。

3. 综合型课程体系

北航工科比较突出，但它是往综合型大学方向发展。在我们经济学本科人才培养中，从课程体系设置上也可以看出我们北航经济学的特色。课程体系分为 3 个课程模块：基础课程、通识课程和专业课程。

第一类是基础课程，它分为两类，一个是数学和自然科学类的，有几个学分的必选课；还有一个是工程基础类的，学生们可结合自己的兴趣，选择很多理工科的一些课程。比如我们有的同学数学不错，他可以去选我们的数学二学位、生物二学位，还可以选修跨专业的理工科课程，如大学物理、电工学、机械设计等。

第二类是通识课程，它分为核心通识和一般通识。我们北航的文科是大类招生，第一年学生集中在我们文科书院（知行书院）学习一年，第一年是不分专业的。在第一年的通识教育结束之后，学生们根据自己的兴趣选择专业，如经济学、行政管理、法学等。在第一年的课程里，全都是通识课。因为我们的理念是学贯中西，博古通今。同学们要学习中西方文明史、文化史，中西方经典如《论语》《理想国》等这些经典都要学习，这是我们北航书院制的一个特点，这个书院制我们从 2012 年开始实施到现在，已经有八年的时间了。

第三类是专业课程，专业核心基础课如微观经济学、宏观经济学、计量经济学，及专业一般基础课如公共经济学、经济思想史、金融学、国际贸易、发展经济学、产业经济学、新制度经济学等，这些课程与其他综合性大学经济专业一样并无差异。

此外北航还开设了一些具有工科特点的课程，如技术经济学、经济预测和决策、创业实践等。

课程模块	序　列	课程类别
Ⅰ基础课程（19 学分）	A	数学与自然科学类
	B	工程基础类
	C	语言类
Ⅱ通识课程（49 学分）	D	思政类
		军理类
	E	体育类
	F	核心通识类
	G	一般通识类
	H	博雅类
Ⅲ专业课程（70 学分）	I	核心专业类
	J	一般专业类

◎ 专业核心基础课：微观经济学、宏观经济学、计量经济学；

◎ 专业一般基础课：公共经济学、经济思想史、发展经济学、产业经济学、技术经济学、新制度经济学等；

◎ 专业方向课：金融学、证券投资与管理、会计学、财务管理、国际贸易与实务、国际商务、市场营销、经济预测与决策、创业实践等；

◎ 专业实验课：经济学、金融学、证券投资、投资项目决策分析、国际商务等实验。

4. 实践型教学特点

前面讲到我们专业培养的一个特点和重点是要突出学生的动手能力和实践能力。所以学校和学院投入了大量的财力来进行硬件建设，比如我们有“经济行为与政策分析实验室”，还有一个利用北京市双一流重点建设项目建立的“公共管理系统工程实验室”，它是一个综合性的，既可以做一些经济学、心理学、行政管理或者与工科结合的相关实验、研究，也可以做智慧课堂。为提高学生的动手能力、实践能力，专业课教学中设计了许多实践环节。如在证券投资课上，同步举办模拟股票投资比赛。学生们通过模拟操作，结合书本和上课知识来真正掌握股票投资技巧。

二、发展现状：特色优势

➢ 5. 实力型软科排名

软科世界一流学科排名
ShanghaiRanking's Global Ranking of Academic Subjects 2020

经济学
(中国内地大学)

中国排名	世界排名	学校名称	总分
1	51-75	清华大学	
2-3	76-100	北京大学	
2-3	76-100	厦门大学	
4-5	101-150	上海交通大学	
4-5	101-150	上海财经大学	
6-9	151-200	北京航空航天大学	
6-9	151-200	北京理工大学	
6-9	151-200	北京交通大学	
6-9	151-200	中国人民大学	
10-23	201-300	北京师范大学	
10-23	201-300	中央财经大学	
10-23	201-300	复旦大学	

尽管北航经济学专业历史不长，但是它学科的排名还是不错的。最新的软科排名在全国的 6~9 名，已和老牌经济强校并驾齐驱了。当然软科的排名指标可能与其他机构的排名指标不太一样，但也从某个方面说明了我们北航经济学的实力。

三、人才培养

第三个方面我来介绍一下人才培养，这可能也是我们很多家长和同学们比较关心的。

1. 良师益友，教学相长

在人才培养上，因为我们北航是“985”的研究型大学，所以我们不是简单地只培养有一定动手能力或一定专业知识的人才，我们需要培养的是研究型、创新型人才！因此我们学院整个的办学环境，除了有一些综合实验室、专业实验室外，还有整套人文涵育的计划，包括人文苑、师生学术坊、学术资料室等固定的师生交流空间，同学和老师可以经常在这里举办沙龙活动。

2. 氛围浓厚，乐于钻研

北航人文学院有着浓厚的学术氛围，不定期开办“人文讲堂”系列讲座，充分利用国际国内、校外校内资源，邀请知名专家、学者及人文艺术名家做讲座，与同学们分享公共管理、经济学、教育学、心理学和人文艺术学科前沿动态与研究方法，营造浓厚的学术氛围。有一点，我要特别强调一下，我们北航做得特别好，这就是实行导师制，学生从一进北航，就配备了导师。进大二分专业后，也会配专业的指导老师，一直到学生本科毕业。在这四年学习期间，导师会结合自己的研究领域，带领着本科生搞学术，做研究写论文。

还有就是我们的学科竞赛，比如说我们北航知行书院，大一就可参与“社科杯”的竞赛。之后有人文社科学院的“人文杯”，学校的“冯如杯”，还有北京和全国的“挑战杯”。经济专业学生还创办了自己的学术组织“经济学会”，开展“聚焦科创，共话金融”等多期主题活动，并坚持创作《经济学报》。通过《经济学报》我们可以看到大一的学生刚接触到经济学原理这个课之后写的小论文，尽管论文有一些稚气，但学生已经开始对研究产生浓厚的兴趣。大二学生的习作如“宿舍经济学”“逃课的制度分析”“体育中的经济学”等。学生利用经济学基本原理来分析身边的一些现象。由于浓厚的学术熏陶，学生主动投身学术科研，屡创佳绩。近年学生先后获得第 9 届、10 届首都“挑战杯”，第 15 届全国“挑战杯”一等奖；获得 2016 年全国和首都“创青春”大学生创业大赛金奖；每年都获得北航“冯如杯”竞赛一等奖等各种奖项。

学生作品

■ **大二习作：**

1.“对助学贷款新政策的经济学思考”；2.“逃课的制度分析”；3.“宿舍经济学”；

4.“体育中的经济学” ……

从身边的现象入手，运用经济学的供需原理、均衡价格原理和新制度经济学中道德风险、逆向选择等理论来探讨生活中的问题。

大三“挑战杯”“冯如杯”代表作品：

1.“挑战杯”全国一等奖——“京津冀雾霾空间关联特征及其影响因素的空间溢出效应分析——基于空间自相关和空间杜宾模型”（2017年，王一辰、李琳婧）

2.“挑战杯”首都一等奖——“京津冀非农转移阶层收入水平代际流动影响因素实证研究——基于821份样本调查问卷”（2019年，王逸琪、王舒、罗湉予、许蓝方等）

3.“冯如杯”一等奖——“资源型城市高技术产业集聚与都市圈的互动关系探究——基于区位熵灰色关联度和GEM模型”（2014，王志文）

4.“冯如杯”一等奖——“京津冀都市圈产业结构与城镇空间模式协同状况研究——基于区位熵灰色关联度和空间引力模型（2015，闫佳琪）

从学生科研选题就可以明显地看出，从大学低年级到高年级的科研训练，学生的水平已经有了很大提高。论文选题也更广阔，开始关注我们国家的战略，国家重大社会问题、经济问题，能运用专业的知识来进行分析了。

3. 胸怀寰宇，国际视野

近 3 年，我院与 9 所海外知名高校、院所新签订 10 份合作协议。积极拓展国际合作资源，鼓励学生增强国际化视野，2016—2019 年共选派 300 余名学生出国出境学习，同时邀请国外的专家来进行短期的讲学等。

4. 路径宽阔，前途光明

由于我们严格的、高标准培养环节，所以培养的学生质量是相当好的，毕业学生广受欢迎。

本科生毕业去向方面，北航保研的比例是 20%，经济系是 25%~30%。出国读研的比例大概是 25%~35%，再加上考研的，所以我们的深造率是 65%。如 2016 级本科（2020 届毕业生），44 个学生，保研的有 11 人，其中北京大学 2 人，清华大学 1 人，复旦大学 1 人，北京师范大学 1 人，中央财经大学 1 人，北航留校的 5 人。境外留学的学生占学生总数的 15% 以上，去向最多的是美国哥伦比亚大学、康奈尔大学、杜克大学、宾夕法尼亚大学，伦敦政经、国王学院等。我要说一下我们学生在国外受欢迎的程度，如哥伦比亚大学招生部门的老师还专门给我写信，让我推荐学生。原因是我们 2009 级梁牧笛同学在哥伦比亚大学表现得太优秀了。

前面我们说的是本科毕业生，有 65% 选择深造。我们研究生的毕业去向也是相当好。下图是我们 2019 届研究生的毕业去向。大部分毕业生去的是金融对口单位。

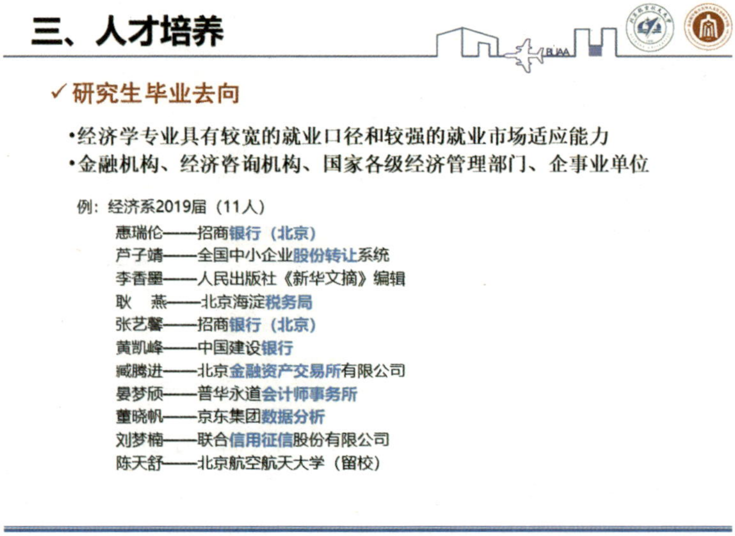

我们经济专业杰出校友很多，下面是部分校友的介绍和寄语。

周振吉（2000 级），现在是上海大朴资产管理有限公司的市场总监，曾任职于中国工商银行、上投摩根等单位。

他说："经济学传授给我们的是社会活动最基本的道和理，直到今天我仍会在工作实践中不断想起本科时学到的那些经济学经典。"

李宁（2000 级），现任天弘基金公司经理。

他说："在运气方面，这个世界从来都不会公平，比如说，在金钱如此重要的时代，有一个学科'经济学'它能让你比别人占据天然的优势。"

方玉红（2002 级），国投泰康信托有限公司研究发展部部门负责人，曾任职于北京市财政局、信托协会等。

他说："选择经济学意味着更多更好的职业发展机会。"

肖凤军（2005 级），杭州电子科技大学老师。畅销小说《学院路 16 号》的作者。曾任北航经济学会会长。2018 年创办了"邂逅斯年"这个高端婚恋平台公司。

他说："经济学专业学习的四年是我人生中最重要的四年，经济学改变了我的命运。经济学让我对经济和社会活动充满热爱，也让我有了从探索发现规律的视角看待社会现象。这些让我终身受益。"

刘浩宇（2007 级），某私募基金投资交易员。

他说："经济学不是科学，而是一门可以使人幸福的艺术。"

梁牧笛（2009 级），现任职于金融监管领域，同时在清华大学五道口金融学院读博，曾获得首批国家留学基金委提供给硕士生的留学基金，赴美国哥伦比亚大学深造。

她说："经济学把我们带向更有效率和更高效用的未来，每一点研究成果都在推动现实世界变得更好。"

魏潇潇（2010 级），现任职于中国统计局信息报社总编室。

她说："当你走进经济学专业的世界，理性的思维、清晰的逻辑、多元开放的氛围都将赋予你与众不同力量——世界豁然开朗，睿智的你也将闪闪发光。无论学业深造，还是职场就业，经济学无疑将带给你更宽的选择、更高的站位、更优的方向。"

范李悦（2010 级），现任某新三板挂牌上市公司股东、某科技金融创业公司合伙人、投资人，某数字货币集团副总裁。

她说："经济学是一门你不了解时觉得遥远无用，了解后只觉得书到用时方恨少的学科。它对我最大的影响是，看清商业运行的本质，冷静思考游戏规则，遇事不焦虑，伺机而行。”

刚才我们讲了人才培养，以及我们经济学专业的发展现状，下面再讲一下我们北航经济学的未来。

四、未来展望

前面讲到我们北航经济学更多的是依托北航的这种理工特色，从我们的人才培养到老师的研究方向，以及讲到一个学科交叉，那么在未来，我们也要与时俱进。北航的信息技术、大数据、仿真模拟等都非常厉害，我们要和北航的理工科专业有更多的这种交流、交叉，用于我们的学生培养和研究。在实验方法这方面，比如说我们经济学经常采用的一个方法就是调查，问卷调查、访谈等，来获取我们相关的一些数据，那么现在我们可以利用什么呢？就是决策神经科学的方法，包括通过监测生物反应，来追踪顾客的注意力和偏好。所以这些是北航的一个优势了，那么多的理工学科的资源，等待我们去利用。

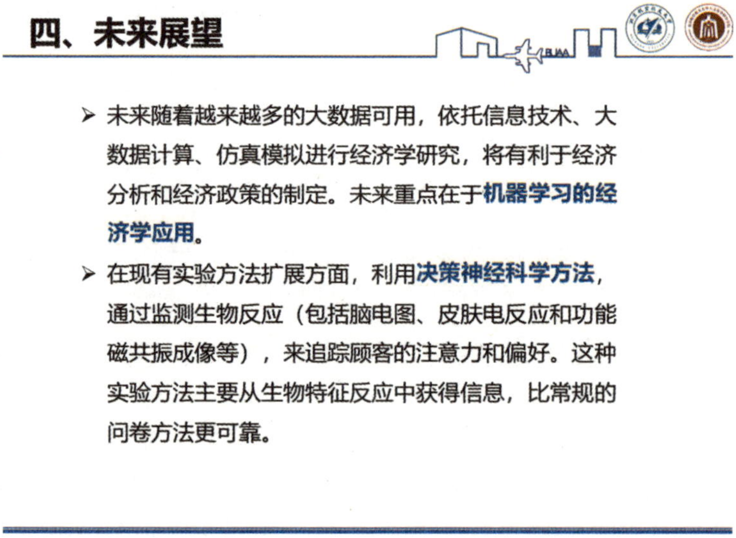

以上就是我今天要给大家介绍的，我们北航经济学专业的一些情况，欢迎广大的考生能够选择我们北航，选择我们北航的经济学专业。

扫描二维码查看哔哩哔哩完整视频

外国语学院

学院介绍

学院概览

外国语学院成立于 2007 年，前身为 1985 年成立的北航外语系。2010 年获批外国语言文学一级学科博士点。在 2017 年教育部学科评估中，外国语言文学一级学科获得 A–，进入全国一流学科行列。

师资队伍

学院现有教职工 114 人，其中教授、副教授有 72 人，博士生导师 12 人，青年长江学者 1 人，教育部“新世纪优秀人才”获得者 2 人，中美富布赖特学者 5 人。

科学研究

近五年来，学院获得国家社科基金项目二十余项，省部级人文社科基金项目三十余项，被 SSCI、SCI、A&HCI 收录的高水平期刊论文七十余篇，外语类被 CSSCI 收录的论文一百五十余篇，学术专著五十余部。

本科专业及培养体系

学院设有英语、翻译、德语三个本科专业。新生日常管理归知行书院，学业有导师指导。学生入学后即可参加外国语学院专业选拔，参加专业学习。一二年级为基础阶段，重视通识教育，加强语言知识学习与技能掌握；三四年级为专业阶段，分成语言学、文学、修辞学、翻译、德语等方向。学院提供丰富的专业必修课程和选修课程供学生根据专业发展兴趣进行选择。学生也可以修读其他专业的二学位。学院同时提供充足的国（境）外名校交换交流学习机会。

就业、升学、出国情况

本科毕业生多年来就业率在 99% 以上，升学率 79% 左右，国外升学深造率 50% 左右。他们或继续深造于国内外一流名校（国内如北大、上海交大、北外等，国外如剑桥大学、帝国理工学院、伦敦政经学院、哥伦比亚大学、约翰霍普金斯大学、卡内基梅隆大学、悉尼大学、柏林自由大学、鲁汶大学、多伦多大学等），或就业于政府部门、央企、外企和事业单位等。

卫乃兴

北航外国语学院介绍

亲爱的各位同学、各位同学家长：我是北京航空航天大学外国语学院的卫乃兴。我热忱欢迎广大考生踊跃报考北京航空航天大学外国语学院。利用这个机会我向大家介绍一下我们学院外语专业的有关情况，供大家参考。我的介绍分为五个部分，第一部分，北航外国语学院培养怎样的人才？第二部分，人才背后的外语师资如何？第三部分，我们有着怎样的学科和专业？第四，我们的教育理念是什么？第五，我们的毕业生去向如何？

一、北航外国语学院培养怎样的人才？

多年来，我们一以贯之地秉持为国家建设和民族复兴培养一流中坚力量和领军人才的宏旨，不断求索、不懈努力。进入北航的学子都是从千万考生中脱颖而出的天之骄子，我们有责任将他们培养成弘毅笃实、胸怀天下、博学明辨的新一代中华儿女。他们应当在未来驰骋于国家建设与人类科学文化事业的前沿阵地，为民族复兴和人类文明做出卓越贡献！

建校伊始，北京航空航天大学就一直和国家的命运、民族的强盛紧紧联系在一起。我们的校长徐惠彬院士强调，选择北航就意味着选择使命，选择担当。进入中国特色社会主义新时期后，习近平总书记提出了构建人类命运共同体的宏大目标。就外语学子而言，我们尤其要具有家国情怀和国际视野，勇于在中华民族复兴的伟大事业中承担更大使命，为中华民族自立于世界民族之林，成为真正的世界强国，贡献自己的力量。

过去数年，我们为国家培养了一大批驰骋国际国内重要领域的领军人物和中坚力量。比如，2004 级英语专业学生王冰汝，目前是凤凰卫视驻华盛顿的首席记者。

王冰汝同学无论在南海岛礁问题、中美关系问题，还是在新冠肺炎病毒等诸多问题上，永远都是中华民族在国际新闻界的代言人之一，传递着中国声音，捍卫着民族利益。她犀利的问题、流畅的英语、高雅的品味永远都是一张靓丽的风景和名片！

再如国台办新闻发言人朱凤莲女士。这位75后拥有北京航空航天大学外国语言文学学士和硕士学位的国台办发言人在2019年11月27日的国台办新闻发布会上首次亮相，随即引起全国各大媒体竞相报道。朱凤莲女士首次登场便用标准流畅的普通话、客家话、广东话和闽南话交替致辞，问候台湾同胞，欢迎两岸记者。她自如的语言和得体的举止迅速拉近了国台办与记者们的距离，为她的首秀加分不少。同时我们知道她的英语和法语也是一流的水平。这就是语言的力量。古人有言，“一言丧邦，一言兴邦”。足以说明语言的力量。语言的力量，尤其外语的力量，可以助我们更好地成才，更好地在自己工作的领域做出更大的成就。朱凤莲学姐凭借雄厚的知识和娴熟的语言能力正奋战在维护国家统一、实现民族复兴的前沿阵地！

北航外院学子志在高远，本科学业结束后大都选择进一步深造。他们当中既有在国内读研的，也有一大批负笈海外名校，继续攻读硕士学位和博士学位的。2016—2018年间，我们的本科毕业生80%都被名校录取读研。其中大部分都远赴国际名校，比如牛津大学、剑桥大学、芝加哥大学、哥伦比亚大学、约翰霍普金斯大学、卡耐基梅隆大学、多伦多大学、爱丁堡大学、伦敦政经学院、帝国理工学院、鲁汶大学、哥德堡大学等。这些外语学子正在世界名校孜孜以求，追求真知。未来他们必将成为驰骋国际的重要力量。

2004级外院本科生郭颂丹获北航推荐，于2008年就读香港理工大学英语系，先后攻读了英语语言学硕士和博士学位，目前在香港理工大学人文学院英语系从事教学和科研工作。2005级本科生罗智雯，在北航外院攻读完英国文学硕士之后，于2012年到英国的华威大学继续攻读了博士学位，目前已是华威大学一名华人青年才俊。同一届同班同学童欣本科毕业后留学澳大利亚麦考瑞大学，攻读会计硕士专业，目前任职澳洲联邦银行高级绩效分析师。2009级本科生李双在北航外院完成了本硕学习后，目前在世界名校鲁汶大学攻读翻译学博士学位，即将完成学业。2013级本科生穆赛同学已完成了在约翰霍普金斯大学的硕士学业，回国就职于国家开发银行总行。2014级英语专业本科生陈晨目前在哥伦比亚大学攻读硕士，成绩出类拔萃，发展潜力巨大。

北航外国语学院高度重视学生的厚实知识基础和表达能力。北航英语精英班多年的砥砺前行，培养了一批批才思敏捷、表达自如的国际国内最佳辩手，获得了广泛高度认可。这些最佳辩手大都走进了国内国际名校深造。比如，2015 级本科生李安琪是我们众多国际英语辩论大赛最佳辩手的一个代表。不久前，她几乎同时获得了牛津大学和剑桥大学国际关系专业的录取通知书。另一个最佳辩手杜文斌到了剑桥大学深造。

我们的学生显示了卓越的创新能力，过去 3 年间在国际国内科技创新大赛、英语演讲比赛、英语写作比赛、各类翻译比赛中屡屡夺魁，获得 60 项嘉奖。尤其是 2019 年，外院学子获得了北航学生最高荣誉奖项沈元奖章、北航榜样、理论修养之星、五四奖章，等等。我们为学生取得的成绩由衷地欣喜！得天下英才而育之，真乃师者一大乐事！

二、我们有着怎样的师资？

我院汇聚了一支优秀的外语专业师资队伍。全院有 16 名教授、12 名博士生导师、56 名副教授。其中，青年长江学者 1 名，“新世纪优秀人才”2 名，北京市教学名师 1 名，洪堡学者、富布莱特学者和蓝天学者共 8 名；国务院学科评议组成员 1 位，教育部各类教学指导委员会委员 3 位；担任重要国际、国内学会 / 研究会主任、副主任、秘书长职务的教师共 5 位。

北京市教学名师胥国红教授率先在学院建立了名师工作室，带领着一支团队，培养起一大批年轻的教学新秀和讲坛明星。这些老师视生为友，大爱无疆，执子之手，与子同行，为国家培养了一批又一批出类拔萃的人才，桃李芬芳，深受学生爱戴！

吴晓樵教授是著名的德语文学专家和日耳曼学家。他是德国哥廷根大学的博士和洪堡学者，是德国弗莱堡大学高等研究院、海涅学会、赫贝尔学会、日耳曼语言文学联合会等多个国际研究组织的会员和会士。作为教育部专项资助的全国德语界唯一一名青年长江学者，吴晓樵教授多年来孜孜不倦地致力于德语文学研究和中德交流历史研究。他取得的累累硕果，广为学界认可赞誉。

梁茂成教授是国内著名的语料库语言学学者和计算语言学学者，在语料库建设、语言信息计算和应用语言学研究等领域成就斐然，对推进语料库语言学在中国的发展做出了重要贡献。他目前担任中国语料库语言学学会会长、中国语言测试专业研究会秘书长和多个学会的常务理事。

任伟教授是国际二语语用学领域不可多得的青年才俊，一颗冉冉升起的学术明星。他在语用学研究、二语习得和教学研究、网络语用研究方面著述甚多，影响广远。他目前担任多个国际学术期刊的编委和研究会理事，对二语语用研究提出了一系列新概念、新思想和新方法。

文军教授是国内著名的翻译学家，长期从事典籍翻译以及翻译史和翻译理论研究；长期担任教育部英语专业教学指导委员会委员，全国翻译资格考试专家委员会委员，北京市英语专业群专家委员会委员，全国典籍英译研究会副会长。

彭予教授是国内著名的英美诗歌学者、文学翻译家，在英美国诗歌、文学和应用翻译等领域做出了杰出的贡献。他曾主持教育部人文社会科学研究规划基金项目美国自白诗研究，出版专著 6 部，译诗集 4 部，发表论文 50 余篇。

李福印教授是国内著名的认知语言学专家。他数十年如一日，穷首皓经研究人类语言的认知、概念化及表征问题，产出了一大批学术著述，对认知语言学在中国的推进和发展付出了辛勤的努力，做出了独特的贡献。

王义娜教授在英汉对比及认知研究领域，武晓霞教授在俄罗斯文学领域，田俊武教授在美国文学领域，王泉教授在中西哲学及文化对比领域，都矢志不渝耕耘不辍，桃李芬芳。

三、我们有着怎样的学科和专业？

北航外国语学院的外语专业走过了40年的风雨历程。经过几代人筚路蓝缕、上下求索，我们的外语专业长足发展，成就喜人。在2016年完成的全国第四轮学科评估中，我们的外国语言文学学科名列全国A类学科，受到全国同仁和社会各界的高度认可。

我院共有三个本科专业，分别是英语专业、翻译专业和德语专业。英语专业于1978年建立，通过40多年的不懈努力和艰苦奋斗，目前已发展成为国家级一流学科专业建设点。翻译专业于2010年建立，虽然时间不长，但是经过十几年的奋斗，目前在全国排名遥遥领先。尤其在2019年的全国翻译专业排名中，我们在全国267个翻译专业中位居第二。德语专业于2004年设立，十多年沧海桑田，我们的德语文学研究和德语语言学研究取得了骄人业绩。在全国排名中，我们多次名列前茅。根据2020年中国科教网刚刚做出的专业排名，北航的德语专业位列全国第七。

四、我们有着怎样的教育理念？

数十年的外语教育实践使北航外国语学院凝练出了一套独特的教育理念和专业

定位思想，那就是：强基固本，多元拓展，科研助推，国际一流。

所谓强基，就是夯实学生的语言技能，这是专业基础所在，区别于非外语专业学生的底线知识所在。我们必须构筑起学生扎实雄厚的外语语言知识基础以及语用能力。固本就是强化人文基础知识的滋养与训练。我们的专业根植于人文学科。人文学科使我们拥有关切人类终极命运的情怀，具有区别于其他学科的观察世界、提出问题、解决问题的视角和方案。我们的学生应有广博的人文知识积淀。

科研助推是北航外语专业的特色——我们彰显科学素养的培育。身处北京航空航天大学这所世界科技名校，我们的学生务须具有科学素养和科研能力。我们鲜明的特点就是依托北航卓越的科学研究实力，助力我们的外语专业教育。我们走交叉融合之路，注重培养科学研究必需的逻辑思维能力、抽象思维能力、形象思维能力、类推结论能力，等等。多年来，我们的学生积极参加学院教师承担的各类科研项目，获得了基础性的科研工作技能，培养了敏锐的观察数据的能力、查阅文献的能力、推理结论能力，等等。许多同学走上了交叉致学、跨界发展之路，卓尔不群！

融入国际既是目标，又是实实在在的行动。我们以国际一流大学的专业标准为标准，走国际化办学路径，培养学生融入国际、驰骋国际的能力。这体现在下面即将讲到的培养方式中。

培养方式是践行教育理念的途径。我们走的是书院制、导师制、小班化、多元化和国际化路径。所谓书院制，我们的学生入校之后，都进入知行书院进行大类通识教育的培养。每个学生入校之后，都配有一名学业导师，密切跟踪学生的思想、生活和学业发展，助其健康、顺利发展。我们外语专业的学生全都采用精英培养模式，每个班不多于 20 名学生，有些班是 15 名学生。多元化意味着我们的学生可以走多学科发展的路径，除了外语专业学位之外，学生还可以选修多个第二学位。

精英教育是北航所有学科采用的教育模式。北航召集来的全是天之骄子，我们必须走精英教育之路，把学生培养成未来各行各业的领军人物和领导力量，培养成国家建设和民族复兴大业的栋梁之材。我们的精英教育决定了师生无间、密切交流、切磋研讨的教育模式，以此实现我们的教育目标和理念。

国际化之路大大提升了我们的办学水平。每年我们都派出大批的学生到国际名校进行交流。总体而言，德语专业的学生 100% 都要到德国进行交流学习，英语专业和翻译专业 75% 的学生都要出国、出境交流学习。我们每年举行赴剑桥大学、鲁汶大学等世界名校的暑期学校学习，选修这些学校的课程，进行学术交流和访问。

除了派学生到境外、国外进行学术交流访问之外，我们每年还聘请大量的国际名校老师来校任教、讲座和指导学生学习。如卡耐基梅隆大学的老师、国际《语用学期刊》的副总编、英国伯明翰大学的教授、奥克兰大学的教授，德国马格德堡大学的教授、宾夕法尼亚大学的教授都是常客。

多年来，我们学生的足迹遍及全球。剑桥大学、利兹大学、澳大利亚科廷大学、比利时鲁汶大学、德国马格德堡大学、汉诺威大学、斯图加特大学、乌珀塔尔大学、中国香港城市大学，等等，都活跃着我们的学生！

大批学生走出国门，感受多元文化，开阔国际视野，融入国际化浪潮，提升了国际交流能力。

五、北航外国语学院的毕业生走向何方？

80% 的北航外院学子完成本科学业之后都要到名校深造。其中至少一半都到了国际顶级名校，如牛津大学、剑桥大学、伦敦大学学院、伦敦政经学院、哥伦比亚大学、约翰霍普金斯大学、爱丁堡大学、多伦多大学、哥德堡大学，等等。在读研的学生中，一部分学生继续选择外语专业的语言学方向、文学方向、翻译方向进行深造，另有 30% 的学生跨学科发展，进入其他专业领域深造。有的学生进入了人工智能领域攻读学位，有的从事国际法研究，有的在进行国际教育研究，还有的在攻读航空航天学位，等等，不一而足。

本科毕业后选择就业的外院学生虽然为数不多，但他们大都分布在政府机关（如外交部、商务部、国家安全部、外专局、驻外机构）、大型企业、航空航天企事业单位，有的已成长为大型企业单位的首席翻译，有的进入高管阶层，成为重要的领导力量，也有奋战在基层一线的中坚业务力量。社会各界对北航毕业生尤为青睐，对我们学生的素质、能力高度认可。我们的毕业生对自己工作的满意度极高，83% 的人相当满意；毕业生工作与自身期望的相符程度高，85% 的毕业生认为工作与自身期望很相符，发展空间大，发展前景好。

我们培养了一大批星汉灿烂的杰出校友，遍布在学术界、外交界、企业界、政界以及其他各行各业。澳大利亚莫纳什大学的徐志长教授、芝加哥大学的杨君教授、香港城市大学的李斌教授、华威大学的罗智雯博士、香港理工大学的郭颂丹博士等在学界扬帆远航。张玮玮博士在鲁汶大学获得了欧洲学生最高学术奖——居里夫人奖，是一颗冉冉升起的新生代学术明星。北京科技大学的张敬源教授、浙江大学的周欣悦教授、北京语言大学的王振亚教授等早已是国内学界的领军人物。国台办发言人朱凤莲、凤凰卫视驻华盛顿首席记者王冰汝等是新闻领域的杰出代表。菊香书屋的董事长孔冬梅女士、鑫诺卫星副总裁熊莉先生等是业界翘楚。以陈晨、李双、张颖涵、况庆、贾勉等为代表的一大批北航外院学子正在自强不息，上下求索，奔

扫描二维码
查看哔哩哔
哩完整视频

向理想的彼岸！

亲爱的各位同学，你志在何方？

我们希望你是驰骋国际国内，领军前沿阵地的未来中坚人才！

欢迎加入北航外国语学院，我们助你梦想成真！

法学院

学院介绍

学院概览

北航法学院成立于20世纪90年代高等教育大转型浪潮之中，始终坚持谋求“全球视野、长效发展”，对标北航建设扎根中国大地世界一流大学定位，以开创和发展现代新型法学教育为目标，坚持“规范化、国际化、战略特色化”办学方针，经过二十余年的快速发展，已成长为学科基础扎实、研究特色鲜明、人才培养卓越的国内知名法学院。

师资队伍

实力雄厚、结构合理、国际化程度高。专任教师60人，含教授20人、副教授25人。92%以上具有博士学位，90%以上具有留学1年以上经历，15%具有海外博士经历。1人为教育部长江学者特聘教授，2人为国务院政府特殊津贴专家。

科学研究

北航法学院是教育部首批“卓越法律人才计划”培养基地，是“985”工程重点学科建设项目承载单位和北航“双一流大学”工程建设支持单位，注重战略基础和前沿创新研究，先后建成8个省部级以上重点科研基地和战略智库。

本科专业及培养体系

现有法学一级学科博士点、法学一级学科硕士点、法律专业硕士学位点、法学本科学位等完整的学位授予体系。2012年，获批教育部“本科生法学实训平台”和“国家卓越法律人才培养基地”。2017年，在教育部第4轮学科评估中位居全国第15名（并列），其中人才培养质量排名第13名。2019年获批法学学科博士后流动站。2019年入选国家首批一流本科专业建设点。着力培养法学知识扎实、实践素质突出、掌握工业与信息化知识的复合型卓越法律人才。

就业、升学、出国情况

我院本科毕业生就业率和就业质量长期保持双高。最近三届本科生毕业半年后的就业率一直保持在97%以上。学院本科毕业生在国内攻读硕士学位的比例为30%左右、出国深造率30%左右。法学院毕业生进入国家党政机关人数始终位列全校第一，并多次荣获学校“毕业生就业工作先进院系”称号。

龙卫球

欢迎你来到新科技时代的新文科世界

各位同学好，各位家长好，非常高兴在这里向大家介绍北航文科招生情况，欢迎你们来到新科技时代的北航新文科世界。

我想介绍四个部分的内容：什么是北航的新文科；北航的新文科是怎样的一个体系；大学第一年怎样进行通识教育；最后介绍文科阶段的专业教育。

你们也看到北航文科大概有这么一些学院：人文学院、外国语学院、法学院、人文社科高等研究院、新媒体与艺术学院、经管学院、马克思主义理论学院。需要注意的是：后面两个学院，马克思学院不招本科生，经管学院则主要面向理科生招生，所以它们在整个大文科里面又有点不一样。

一、北航和她的新文科

大家想要真正了解北航这所大学的话，我们可以先给它一个界定，就是她是中国真正的顶尖大学之一，如果还要进一步了解北航的话，那么至少可以给出下面三个描述：

第一，教育的一流资源应有尽有，我们知道，一所大学的最重要基础，就是有没有一流的教学资源，教学资源意味着能走多远，北航教学资源在国内最顶尖，别人有的，我们都有，比如说“211”“985”双一流这些资源，北航都具有，而且，我们还有别人没有的，比如说科研经费人均全国第一、第一批研究生院学校等。

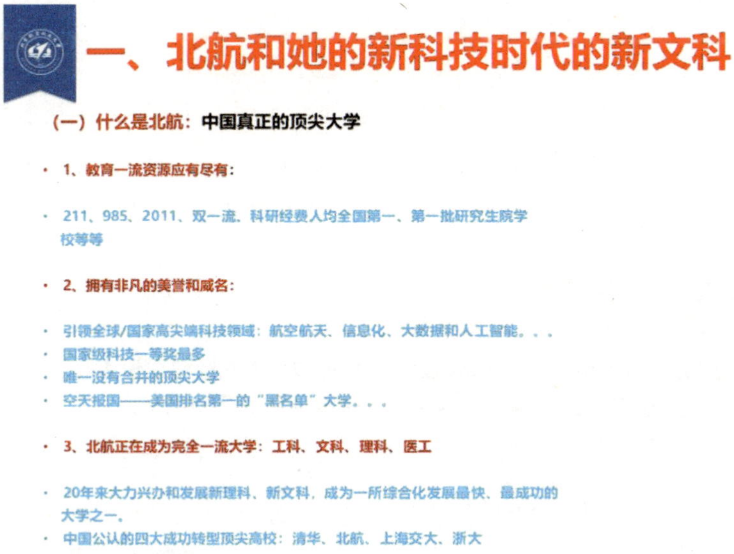

第二，北航享有非常好的声誉，具体表现在北航是一所工科领域的引领型大学，从航空航天到现在的信息化，北航拥有的国家科技一等奖最多。北航是一所没有进行过合并的顶尖大学，这样的大学是很少的，是纯粹凭借自身的力量走向综合的大学。

第三，北航正在成为完全一流大学，也就是说，北航现在事实上是一所综合性大学，有很多人认为北航只是一个工科大学，的确我们是从工科大学走来的，但是我们现在完全是一所一流大学，工科、文科、理科、医工，这些学科群都已崛起，所以在目前有个评价说，北航是综合化发展最快也是发展最成功的大学之一，类似的大学大家是知道的，一个是清华，另一个就是我们北航，当然还有京外的两所大学——上海交大和浙江大学。

北航的文科是在北航这样一所特殊的理工优势的大学里办起来的文科，所以北航的文科实际上是新文科，或者说新科技时代的新文科，它也有三个很重要的特点：

第一个，代表新时代进行时的文科，特别是与科技融合的文科。

第二个，北航的文科是扎根北航优势的文科，我们叫强强结合，它是直接接轨了北航新工科的文科。北航这所学校还有一个特殊性，就是北航是一所战略性大学，它直属于工业和信息化部，服务于国家的相关新思想、新战略、新需求、新产业。

第三个，北航的新文科也代表了人类开拓创新的文科，我们是开放性办学，是面向世界的办学，北航始终都要瞄准世界的前沿，文科也是如此，瞄准新科技革命这个背景，破解三大关系：人与世界、人与人、人与自我。

北航为了把新文科建设起来，20 年来实施了很多战略，其中一个很重要的战略就是精品文科，直接对准人文社科发展的新使命要求，其中，对内服务国家治理体系和治理能力现代化，要讲实用；对外要应对文明的竞争与博弈、推动构建人类命运共同体，我们的文明体现出一种世界的胸怀、世界的眼界、世界的能力。

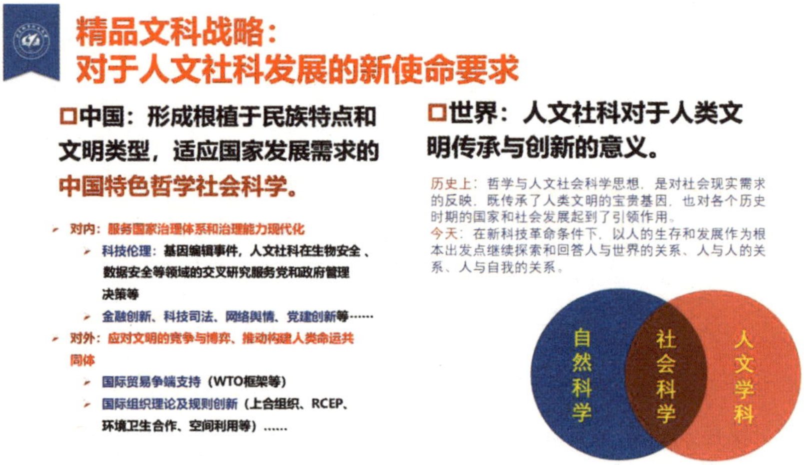

二、北航的新文科人才培养体系

现在学校给新文科一个定位，就是以大类培养作为基础架构的体系，知行书院 + 七大文科学院：知行书院代表大类培养的基础，七大文科学院是专业培养，七大学院一共拥有文科类的一级学科 13 个，其中有博士点的一级学科是 5 个。

北航文科人才培养是精品培养模式，在人才培养方面，对学生培养提出了领导领军人才的要求，文科生招的数量不那么多，但是强调的是培养成两领人才，利用国家一流教育资源培养国家人才里面的顶尖部分是我们的使命。那么，为了达到这个精品培养的目的，我们选用大类培养的办法，卓越的通识能力是我们的一个基础，专业宽口径是我们另外一个基础，我们本科阶段要解决两个基础问题。

三、北航文科的大类培养，重点是知行书院通识培养机制

我校本科一年级不分具体专业，二年级才开始选专业，也就是说，学生的培养首先是以通识教育作为基础的，同时希望专业上也是宽口径的，这样的培养模式可以让学生将来走得很远。学生二年级才选专业，意味着可以先用一年的时间来了解

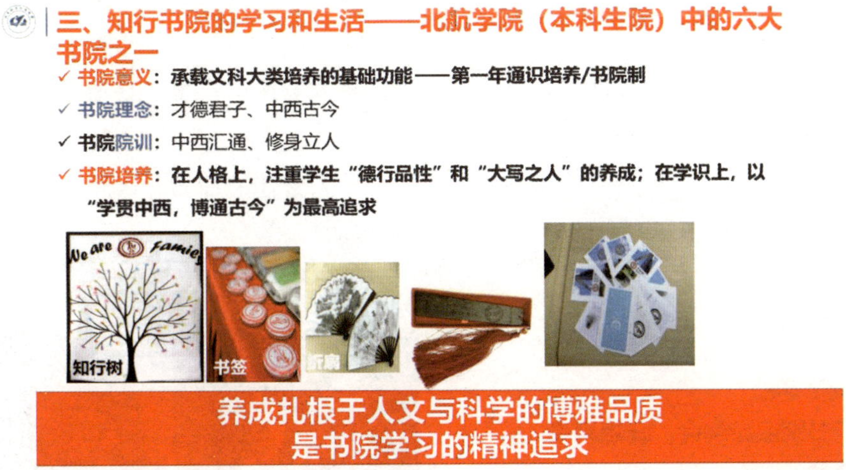

自己的兴趣，或者培养出兴趣，强调自主性。这种模式是全国最早的，当然也是一种国际化的趋势，现在很多大学开始借鉴这个模式，大家可以看到，北航的本科建了一个大学院叫北航学院，著名的哈佛大学就建立了一个哈佛学院，哈佛学院就是培养本科生的，北航学院有六大书院，即把本科生分成六大类，放在这六个大类的书院里面进行大类培养。

知行书院是文科的书院，这个书院的意义是承载文科大类培养的基础功能，把第一年级的通识培养还有书院培养承载下来，当然二到四年级，也继续进行书院培养，不过那个时候，我们这些专业学院需要跟进，使专业培养成为培养的重点。

书院培养在它的模式上特别注重学生的综合性，在大学四年的学生成长过程中，综合培养就是对学生人格的培养，在人格上，注重学生的德行品性和“大写之人”的养成。中国古代文化传统里面，有一个很重要的内容，就是怎么变成一个君子、一个大写的人。我们需要将一个卓越的学校的大学生培养成能够承担责任、将来能够为社会做出重要贡献的人。

知行书院的育人体系，大家看到其实是四块：立德、治学、塑品，还有敏行，每一块都有一个特定的架构和一套特定的执行体系。

立德当然主要是人格中最重要的一部分，北航是一所具有爱国情怀的学校，我们做航空航天信息化研究，需要有牺牲精神、奉献精神和拼搏精神，这个德不仅仅是简单的品德，而更多是一种比较博大精深的品德。

在治学方面，我们深入推进了导师制工作，本科生是配导师的。大家知道，牛津大学本科生就是导师制，我们把这个引进过来了，以营造和谐的导学关系，引导学生的创新思考。

塑品，就是通过开放性的教育，把全国的重要资源引进来，打造博雅课堂，把学生塑造成拥有更好品质的、眼界更开放的人。

敏行，就是倡导实践，培养动手能力和与他人合作的能力，以及自觉服务于社会的能力，当然也包括自身能够去发现问题的能力。

知行书院——敏行

大型文体活动：

- **知行书院迎新晚会、元旦晚会**
- **运动会**
- **校庆嘉年华**

四、文科阶段的专业教育

现在介绍一下文科阶段的后三年，就是二到四年级的专业教育。

首先，要注意两点：第一点，就是在大一这一年基础通识教育结束之后，学生按照志愿优先、成绩排序、计划控制的基本规则来确定专业。填报哪个专业由学生自己来选择。之后按照成绩排序、计划控制的规则进入到四个学院去学习和生活，其中包括学院的特色班——知行实验班。第二点，一些文科学院有特殊保留权利，新媒体学院由于艺术特殊性，一年级直接录取；马克思主义理论学院暂时不招本科生，而以硕士为起点；另外，经管学院主要面向理科背景的学生进行招生。

四、文科阶段专业教育：五个学院的文科专业教育

1.大一学年结束后，学生按照“志愿优先、成绩排序、计划控制”的基本规则进行志愿填报、成绩排序和专业确定，进入人文社会科学学院、法学院、外国语学院、人文与社会科学高等研究院（知行实验班）4个学院学习生活。

2.注意：新媒体学院由于艺术特殊性，一年级直接录取。马院现在暂时不招本科学生。经管学院主要面向理科背景学生，参加理科群的招生培养体系。

其次，我们来看看这些专业学院到底有什么资源，有什么样的特色，有什么样的优势。

一是人文学院，也叫公共管理学院，这个学院是文科学院里面一个综合性的学院，它在人才培养体系上应有尽有，包括本科、硕士、博士、博士后在内，建立了全方位多层次的人才培养体系，也就是说在这个学院你想要从本科读到博士都有机会。

它的学科其实很多，我们看到至少有四个一级学科，但是真正本科招生的就两个，这一规定是经过论证的，这两个适合北航来发展，也适合北航来培养：一个就是行政管理专业，另一个就是经济学专业。大家注意到，它在国内的排名，公共管理这个学科全国排并列第八，可见它是非常强大且具有培养优势的一个学院。

人文学院具有很强的科研教学能力。我们要培养卓越的人才，不是简单地从课本到课本，还需要培养学生的研究能力，而这个研究能力需要通过科研资源来体现。人文学院具备很强大的科研教学能力，从高端智库到重大的课题，应有尽有，特别是还包括很重要的智慧课堂和重大的基金项目等。它的培养定位有几点也很重要：一个就是培养方案，它是从知识、能力和素质三个方面来设计培养方案，提出了三大具体要求；另外要注意它的培养目标，人文学院的培养目标是要把学生培养成具有高度社会责任感、掌握本专业丰富理论与知识、富有创新潜质和团队精神的高素质人才。

人文学院的师资力量是非常雄厚的，教授 25 人，副教授 40 人，博士生导师 20 余人，这是一个多层次的队伍，老中青结合得非常好。

本科生保研率，行政管理专业达到了 33%，经济学专业达到了 36%，加上出国深造的比例，我们看到，2017 年达到了 73.33%、2018 年达到了 78.95%。我们的学

生都去什么地方深造读研了呢？在国内有北大、清华、人大等；在国外，则是伦敦政治经济学院、哥伦比亚大学、约翰霍普金斯大学等世界名校，毕业生就业率不管是本科生还是研究生，都是100%。学院成立时间虽然并不很长，但知名校友培养得还是很多的，例如，宁夏回族自治区人民政府副主席刘可为，还有很多创业者，例如开心麻花的联合创始人和陌陌的联合创始人。

二是法学院。经过20年的定位与科技融合，北航法学院已然成为国内知名新型法学院。法学院同样具有完全的培养体系，从本科、硕士到博士再到博士后都有。硕士在法学领域是非常复杂的，有很多培养方案，例如法学硕士、法律硕士，法律硕士里面又分法学出身的法律硕士和非法学出身的法律硕士，还有非全日制，我们应有尽有。最高人民法院在北航法学院建有一个重要基地，即少年司法研究基地，这是国内唯一的，周强院长亲自来揭牌，法学院还有自己的图书系统和二学位培养方案。

法学院师资一流，有70多位教职员工，其中教授20位，副教授25位，有教育部长江学者，中组部“万人”哲社领军人才，教育部宝钢优秀奖有两位，北京市优秀教师有三位，师生比突出，生师比是7∶1，高于学校平均的12.8∶1。

北航法学院的理想是：服务当下法治，匡扶时代正义，培养卓越法律人才。我们特别注意培养学生的实践能力，考虑到我们法学院的学生最后可能大多数去公检法等政府机关，所以我们特别注重学生公益素质的培养：在学校阶段，培养学生的法律援助能力，为弱势群体打官司，这里面我们为学生建立机制，让学生去做这样的服务，锻炼这种能力，培养这种情怀，北航法学院的学生为社会弱势群体无偿代理法律援助 400 余件，挽回经济损失上百万元。我们很多学生还在中学里当学生的导师，我们也搞模拟法庭，法学院的模拟法庭是非常重要的，我们的学生将来是要实战的，所以要学案情分析、角色划分、检察官、法官、律师、法律文书、实战预演、法庭抗辩。我们的学生拿到了首届国际辩论中国公开赛模拟法庭冠军、中华法学硕博英才全国模拟法庭竞赛冠军、北京市模拟法庭竞赛一等奖等极高荣誉。

习近平总书记对青年法律人的殷切期待

理论与实践相结合

——法学教育要处理好知识教学和实践教学的关系，打破高校和社会之间的体制壁垒

——在做好理论研究和教学的同时，深入了解法律实际工作，促进理论和实践相结合

——服务社会，青年担当

北航法学院毕业生就业率在 98% 以上，这个比例非常高，因为法学的就业有一个要求，要参加全国统一的司法考试（现在叫作法律职业考试），这是一个职业门槛，就像医学的医师资格考试一样，法学也是有职业门槛的。2017 年毕业生质量排名全国第 8，学生毕业就业去向多元化，有的愿意去党政机关，有的愿意去大国企，有的愿意去高校，也有的愿意去律所，其中去党政机关的占到了 33.30%。2018 年司法部颁布了《国家统一法律职业资格考试实施办法》之后，其一是更规范了，另一个是就业面更宽了，很多国家机关包括立法机关必须要有法律文凭的人，这对我们科班生来说是更加有利的，机会更多了。我们很多博士毕业后，有去中国政法大学教书的，有到华东政法大学教书的，还有到南京大学教书的，这些去向都是非常不错的。

我们也培养了大批优秀的毕业生，例如中纪委、最高人民法院、最高人民检察院等都有我们的杰出校友，毕业生中还有北京市首届十佳公诉人、大律师。此外，我们还有一些创业先锋，比如说 91 金融的创始人，国家万人领军人才 30 多岁的许泽玮；还有一个郜鑫来，福布斯青年 30 人排行榜，做飞行汽车，非常年轻就去创业，毕业才三年；还有今日头条法务负责人等。

三是外国语学院，其定位是理工科背景的创新型外国语学院，是一所很实用的外国语学院。外国语学院同样拥有完整的人才培养体系，本科、硕士、专业硕士、博士和博士后应有尽有。北航和清华、浙大、上海交大共列为中国理工系外语四大强校。2010 年获批的博士点一级学科，在 2017 年教育部的学科评估中，其外国语言文学排名全国并列第九，在第一方阵里面。它的亮点专业有英语、文学、外国语言学以及应用语言学。

外国语学院师资非常雄厚，师资规模很大，一共有 114 位教师，其中，教授、副教授加起来 59 人，包括中美富布赖特学者 5 位。外国语这个专业的重要性我想大家都很清楚，可以说是价值自证，语言的重要性人尽皆知。博雅一个重要的要素就是语言能力，外国语学习不仅仅是培养语言本身，而且也培养语言的应用，它跟专业是可以结合在一起的。北航外国语学院本科专业设有三个具体的方向：英语、翻译和德语。学校对外国语学院在国际交流上做了很大的支持，学院现在有充足的到国内、境外名校交流交换的学习机会。

外国语学院的升学就业率在 99% 以上，其中升学率 79% 左右。本科往上再读研究生的比率是非常高的，出国深造的占到 50%。去哪些地方深造呢？在国内有北大、上海交大、北外等，在国外是剑桥大学、哥伦比亚大学、悉尼大学等，都是一流大学。就业去向有政府部门、央企、国企、外企、事业单位，知名校友有于璐巍、孔东梅等；同样也有一流的企业家；也有从政的，像浙江省委宣传部副部长赵磊等。注意，学外语出来国际关系能力是很强的，所以走出来了不少发言人或者国际记者，最近很火的，例如国台办发言人朱凤莲和凤凰卫视的明星记者王冰汝，都是北航外国语学院的本科生。

四是人文与社科高等研究院，该院建立了一个特殊机制，对文科进行综合实验培养的精英班试点。2010 年，在当时学校的杜书记、怀校长的支持下建立了这个学院，2011 年开始选拔知行文科试验班，进行拔尖人才培养试点。在今天这个历史点上，文科培养我们要做一种试验，就是用这个班来做试验，要给它投入很多资源。高研院的“知行文科试验班”是北航最早设立的四个校级试验班之一，工科也有一两个，理科还有一个华罗庚试验班。以文史哲艺为入口，以政经法管为出口，专业宽口径，贯穿“一制三化”。至今已经十年，培养了六届毕业生，六届毕业生中平均升学的深造率达到 92.5%，这是一个非常高的比例，70% 多在国内一流高校深造，另外 21% 到了美国、英国等国家的著名高校。

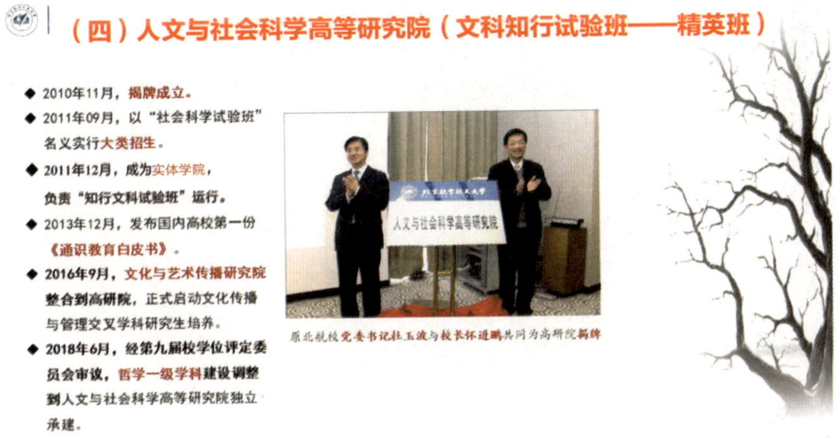

该学院的第一个优势就是培养模式为通精专融合，通识教育、精英教育、专业教育相结合，旨在培养面向未来、汇通古今中西的、高层次领导型领军型精英人才，即精英中的精英。所以，引入三套培养方案，一套是通识教育的培养方案；一套是精英训练方案；还有一套专业培养方案，由我们各学院来帮助实施。

第二个优势就是文化实践，强调文化实践性。其具体体现形式有暑期游学和毕业大戏。

第三个优势就是培养学生的主体精神，要求学生极具主体性，如何把这个主体能力培养出来，这是学院的一个重点。导师制、班主任、辅导员，这样一个架构下来解决学生主体培养的基础，实际上是一个完全以学生为主体来进行培养的体系。

第四个优势就是育人效果显著，保研出国率高。这个学院有个特点，学校给它保研率极高，比方说别的学院只有 30%，它却到了 60%~70%，甚至是 70%~80%，但是很多学生不想要这个指标，想要出国，所以就放弃指标了，有 21% 的学生出国了。

今天从四个方面给大家介绍了北航的文科，我们再简单地回顾一下：注意北航的文科定位是新科技时代的新文科；注意北航文科的培养是大类培养，知行书院加七大学院，但我们也特别强调了，几个学院有特殊性，有的是一年级直接招生如艺术学院，有的是面向理科招生如经管学院，有的是本科不招生比如马克思主义理论学院，实际上最后是四个学院招收文科本科生；注意这个培养体系在一年级有个很重要的通识教育，强调宽口径，强调成人就是完全人格的培养；注意我们的专业培养有我们的特点，但专业学院各自都有很好的教育资源。

北航非常欢迎一流的学生加入。一所好的大学，最重要的就是吸引最好的学生

扫描二维码查看哔哩哔哩完整视频

到它这里来，培养一流的人才才是一所大学最主要的目标，我们已经做好了一流的准备，翘首以盼一流的学生到来。

北航是新时代文科人的最佳选择，欢迎你们选择北航，成为北航人，谢谢大家。

9 提前招生类

飞行技术

飞行学院介绍

学院概览

北航飞行学院成立于 1993 年 9 月，由北京航空航天大学与中国南方航空股份有限公司联合创办。学院充分利用学校已有教学资源，发挥校企合作办学的优势，培养研究型的民航界领军领导人才，同时培养具有总师潜质的无人驾驶航空器系统工程设计师和架构师。

师资队伍

学院依托北京航空航天大学优秀教育教学资源，结合校企合作和国际合作，采用校内外兼聘、双聘等方式构建多元化的教师团队开展人才培养。科学研究学院获批中央高校教育教学改革专项“无人驾驶航空器系统工程”双一流学科建设项目和“双百工程（优质课程）”建设项目，以及中国民用航空局“智能法规库”建设等多个教学和科研项目。

本科专业及培养体系

学院以“建设一流国际化飞行学院”为发展方向，设有“飞行技术”“交通运输（民航机务工程）”“无人驾驶航空器系统工程”三个本科专业。飞行技术专业通过理论学习、国外飞行训练、职业资格取证和综合素养教育四大体系，实施准军事化管理，培养研究型的民航界领军领导人才。交通运输及无人驾驶航空器系统工程专业通过理论知识学习，紧密结合实习实践，培养具有有人机/无人机专业知识及工程实践能力的行业领军领导人才。

就业、升学、出国情况

飞行技术专业属于校企联合培养模式，因此本专业毕业生具有行业倾向性，学生顺利毕业之后大部分会直接入职国内各航空公司相继担任航线运输副驾驶、机长等工作岗位。除升学深造外，交通运输专业和无人驾驶航空器系统工程专业的毕业生会应聘到各大国企、科研院所等单位工作。

设计学类

新媒体艺术与设计学院介绍

学院概览

新媒体艺术与设计学院下设数字动画艺术系、视觉传达设计系、绘画系、数字媒体艺术系及数字媒体北京市重点实验室。学院从 2007 年起招收硕士研究生，拥有设计学一级学科硕士授予权。学院秉承以质量为重、追求卓越的办学宗旨，发挥生师比优势，实行小班化、导师制的教育；学院顺应信息时代发展趋势和社会需求，重视兼具艺术素质与数字技术能力的复合型人才培养。

师资队伍

学院拥有一支职称与专业结构合理的优秀师资队伍，目前有教职员工 33 人，其中专任教师 25 名，包括教授 3 名，副教授 14 名，具有博士学位 13 人。教师主要来自清华、北大、央美、川美、北航、北理工及海外高校，含 10 个以上专业及研究方向。

科学研究

学院拥有覆盖专业教学创作的实验室和专业展览场地，不间断举办各类艺术作品展和教学交流展，是虚拟现实技术与系统国家重点实验室、数字媒体北京市重点实验室的承载学科，共享数字科技高端实验环境。学院教师承担了国家自然科学基金、国家社科基金、教育部人文社科基金等研究型科研项目，师生作品参加国内外重要展览。

本科专业及培养体系

学院按照小班化、导师制培养模式实施专业教学。教学实行学分制，分两个阶段实施专业教学。学生在前四个学期学习综合专业基础，自第五学期开始根据自己的志向选择任一专业方向（综合绘画、数字动画艺术、视觉传达设计、数字媒体艺术）学习。学院现有两个本科专业：绘画专业与视觉传达设计专业，旨在培养具备宽厚人文社会科学基础、系统掌握扎实的专业知识和技能、具有引领时代审美品质的美术创作与设计能力的高级专门人才，以及具有时代创新精神和创新能力的新媒体艺术设计高级专门人才。

就业、升学、出国情况

学院具有新媒体传播特色的综合专业教育使学生拥有较宽广的就业能力。毕业生连续多年就业率为100%，本科生读研率在50%以上，分别到清华、北大、北航、宾夕法尼亚大学、卡纳基梅隆大学、英国皇家艺术学院、巴黎高等美术学院、卡塞尔艺术学院、九州大学等国内外高校读研。毕业生主要从事影视动画、游戏原画、平面、交互、信息艺术设计、综合绘画、图画书创作、插画、出版编辑等工作。

沈旭昆

新媒体艺术与设计学院介绍

各位同学，大家好！我是北航新媒体艺术与设计学院院长沈旭昆，下面由我向各位介绍我们新媒体学院的历史、现状及未来。

我将从以下几个方面来介绍我院的相关情况。

第一个方面是学院的基本情况。大家知道新媒体艺术和设计发展到今天，国内外的高校有两大发展趋势。一是历史悠久的传统的艺术设计学院，与时俱进，推动艺术设计学科和科学技术相结合，拓展艺术的社会价值，使它融入更广泛的领域。二是以理工大学为依托的艺术设计学院，通过学科交叉提升艺术设计中的科学和技术运用，促进艺术与科技成果转化为社会生产力。大家可能会有疑问，像北航这样一个志在凌云的理工院校怎么会有新媒体艺术设计专业和学科呢？

这要从2002年说起，照片上的两位学者，一位是信息领域的科学家怀进鹏院士，当时是我校即将提任副校级领导的计算机学院教授。另一位是龙全教授，当时是四川美院的院长助理。一个科学家，一个艺术家，两人在教育部干部管理学院学习，他们经过深入交流，互相欣赏，一拍即合，确定在北航建立新媒体艺术专业，于是我校从四川美院引进了以龙全教授为学术带头人的团队，在计算机学院建立了除两个纯计算机专业之外的第三个专业方向，即新媒体艺术专业。在 2006 年独立成立了新媒体艺术与设计学院，在学科发展获批了美术学绘画专业、艺术学硕士授予权，2011 年获批设计学一级学科硕士授予权。

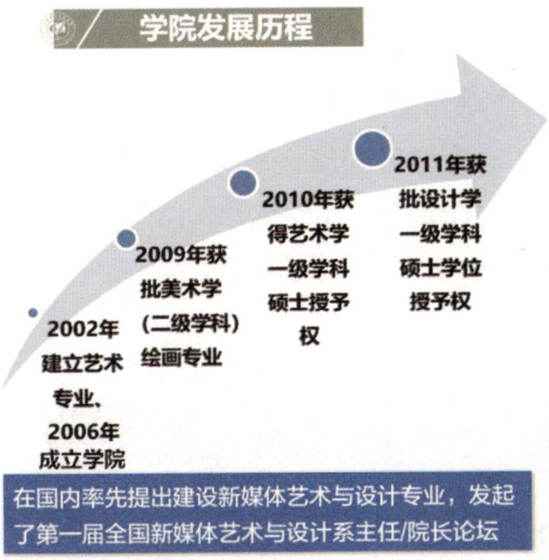

怀进鹏 院士

龙全 教授

大家看到，我们学院的名字起得有前瞻性，叫新媒体艺术与设计学院，那可是 19 年前就起了这样的名字，是国内最早开展新媒体艺术与设计专业教育的院系之一，我院以艺术设计和信息技术深度结合为特色，拓展新的艺术设计应用领域，随后我院发起了全国第一届新媒体艺术与设计系主任 / 院长论坛，并担任首届执行主席。

北航新媒体艺术与设计学院的发展理念是什么呢？学院坚持美术和设计深度结合，艺术和信息技术交叉融合，坚持做强主流学科，拓展交叉特色学科，构建美育通识教育体系，支撑校园文化建设，服务国家的重大需求，在人才培养、学科建设、文化传承方面，探索艺术、设计和技术之间的创造性关系，走出新媒体艺术设计的北航发展之路。

在这样的发展理念下，学院根据学科布局和交叉融合的需求，建立了一支规模适当、结构合理、艺术和技术相结合的师资队伍。目前学院有 35 名教职员工，其中专任教师 27 人，职称分布和年龄分布、学位分布合理，老师分别来自英国中央圣马丁、意大利米兰理工、德国卡塞尔艺术学院，以及清华、北大、央美、中传等国内外一流高校。教师的学科背景覆盖了十个以上的专业方向，具有很强的学科交叉能力。师资以中青年为主，54% 的教师具有博士学位，这个比例在理工科不算高，但是在艺术类院系中就比较高，副高职称以上的教师达到 62%。学院包括了四个系，即绘画、视觉传达、数字动画、数字媒体，拥有两个重点实验室支撑平台，一是虚拟现实技术和系统国家实验室，二是数字媒体技术北京市重点实验室，建设有北航艺术设计中心。

学院还建立了各类实验室，包括数字印刷、数字摄影、互动交互，以及定格动画、新媒体艺术影像等，来支撑我院的教学、创作和研究。

艺术设计学科需要经常举办展览，以促进相互学习交流。学院所在的逸夫科学馆中庭建有“启航艺术空间”，日常课程展都会在这里展出，平均一年下来有近 40 场这样的展出，同学们在这里可以互相观摩，互相启迪，互相学习。年度本科生和研究生毕业作品会在学校的北航艺术馆进行汇报展览。

我要汇报的第二个方面是研究与创作，一个高水平的学科一定要有高水平的研究、设计和创作能力。学院承担了一大批有重要影响的国家级、省部级研究设计项目。从 2015 年到 2019 年，我院承担的国家级重点研究课题、艺术基金课题、自然科学基金课题等呈现快速增长的趋势，平均每年增长率达到 50% 以上。例如，第一个课题题目为“基于混合现实的冬奥会态势可视化与会商技术”。我们可以看到该课题是一个设计和技术相结合，直接服务于 2022 年冬奥会的课题，为学生的设计实践提供了高起点的平台。

教师的创作研究水平直接体现了学院的学术水平和培养能力。老师们积极参加各类高水平的展览，例如李佳副教授和赖盛副教授分别入选了第十届全国美展和第十三届全国美展，能够入选五年一度的全国美展十分不易。

我们承担了教育部十三五“奋进之笔”项目“中国考试博物馆”。中国考试博物馆是教育部考试中心为弘扬传承中国历史悠久的考试文化，展现新中国成立以来，特别是我国改革开放和恢复高考制度40余年以来，中国现代考试制度改革为国家现代化建设做出的重要贡献而建设的，该博物馆完全是在数字空间中，是线上的虚拟博物馆。该项目历经三年设计建设，已于去年开通，在教育部引起了很大的反响，获得了专家的高度评价。因为教育部自身难以建设一个实体考试博物馆，而建设在数字空间中，文物展品通过数字化为我所用，是切实的解决方案。虚拟考试博物馆展现了从秦汉、隋唐到明清，直至近现代中国2000多年历史中各类考试制度为国选才的历程。我们还为中国科技馆设计完成了走进京剧国粹项目，用户可以佩戴虚拟现实头盔，使用手柄对京剧年谱、服饰、道具进行选取，完成交互体验。这个工作是一个展示汉字演变的交互作品，是科技部支撑计划的重点项目，这个设计在对外汉语教学当中发挥了很好的作用，主要展现了汉字从甲骨文、篆字等，一直到繁体字向简化字的演变，用动画、变形的可视化形式来进行说文解字，展示了汉字的整个进化过程。

老师们圆满完成了项目研究，取得了突出成绩，将作品带到国内外举办个展、群展。下图展示了近几年的重要展览，例如，在德国举办了学院教师作品展，叶强教授和赖盛副教授先后在国内外重要的博物馆、美术馆里举办展览。据不完全统计，近年学院教师参加了国内外重要展览50余次。

从上面的介绍可以看到，经过了十几年的发展，我院在研究、创作方面取得了显著成绩，产生了很好的学术影响力。下一步，学院将聚焦文化自信、服务设计和社会创新，深化艺术设计和科技的交叉融合，在做强美术、视觉传达这样的传统学科的同时，开展沉浸式媒体呈现和交互设计、智能设计、视觉信息设计和云展览等新方向，服务国家的文化自信和创新、中国制造等战略需求，取得重大成果。

我汇报的第三个方面是人才培养。在人才培养方面，我院凝练了三个层次的“223”点：第一层的2是两个融合，即美术和设计的深度融合，艺术和科学的交叉融合。第二层的2是两个视野，即国际视野和设计泛在的视野。第三层的3是学科融通能力、独立审美能力和创新设计能力，这构成我院人才培养的理念和目标。

在人才培养支撑方面，我院努力建设好学科交叉基地以支撑学院特色发展。我们前面讲到了，我院的特色是艺术设计和信息技术密切结合，和北航的优势学科密切结合，这些交叉研究基地的设立，将有力支撑人才培养。我院大力加强国家级和省部级基础研究的申报，例如艺术基金、自然基金等，也有组织地申报、承担重大设计项目。

第四个方面是鼓励学生参加高水平的竞赛，拓展学生课外培养渠道。培养方案分为两个大的阶段，学院实行完全学分制，第一阶段为专业基础课程阶段，学生在这个阶段需要学习较宽的专业基础课程。第二阶段为专业课程学习阶段，学生可以根据自己的兴趣爱好，选择绘画、视传、数字动画、数字媒体等方向进行深化学习，学院提供了充足和良好的课程，开展启发式学习、小班化教学、个性化培养，每门课程学习完成以后，都会进行课程展览。同学们在四年的培养，以及后续的读研过程中，均有机会参加很多高水平的展赛。从2015年到2019年我院学生获奖面积大，数量多。例如，我院连续三年在国际顶尖的IF设计中获奖，且2019年、2020年两次获得年度最佳奖。又例如，获金犊时报奖、安妮动画节奖、全国美展入围等，体现出学院的高水平培养能力。同学们在北航优良的环境中成长，获得北京市三好学生、优秀学生干部、北航学生最高奖——沈元奖章等各类荣誉。在2019年我们获得了一批这样的荣誉，包括北京市先进班集体、本科生十佳班集体等，同学们在专业上收获的同时，在思想品格、理想抱负等各个方面也得到了很大提升。

我们的就业情况怎样？我们的本科生和研究生就业率均为100%。由于宽口径、厚基础的培养模式，学生的就业适应性宽，既有像百度、阿里巴巴这样的大型互联网企业和高技术企业，也有像中航工业、中国工商银行等这样的国有企事业单位，还有像北京人大附中、十一学校这样的顶尖高中。在升学方面，我院本科生的升学率超过了50%，去向包括北大、清华、英国皇家艺术学院、美国宾夕法尼亚大学、美国卡耐基梅隆大学等国内外一流高校。我院的人才培养能力和水平为学生们的职业发展和进一步深造提供了广阔的空间。我院的毕业生中已经涌现出一批优秀校友，他们已在各自的领域初步显现出自己是很有发展潜质的优秀人才。例如张甜甜，我院2007级的本科生，她是 Vigo 公司的联合创始人，入选了 2017 年福布斯中国 30U30。

2004 级本科生米粒，也是我院 2008 级硕士研究生，创建了自己的 VR 创业公司，他在电影《大圣归来》和《小门神》担任故事板导演，他的作品《拾翠老人》入选了威尼斯电影节，在业界已有较大影响力。

我们的一些优秀毕业生服务于中国商飞这样的大型国企，已经担任了设计部门主要负责人。

下面我向各位同学报告的是国际合作交流方面，在北航这样一个双一流高校中，学生需要具有广阔的国际视野。我院除了可以让学生参加学校与国际名校签署的学生交换计划外，也在不断拓展学院和相关国际一流学校的合作渠道，比如，我院与意大利威尼斯美院签署有双边互换师生交流协议，每年均有教师和学生相互进

行长期交流学习。米兰理工设计学院是一所强工科世界一流大学，它的设计学院排名全球第六，我们与米兰理工设计学院建立了很好的合作关系，达成了开展 Summer School 协议，正在积极推进互换学生合作。

学院每年 10 月举办国际艺术交流月活动，主题与时俱进，瞄准人才培养、学科建设和国际前沿话题。2019 年的主题是图像和媒介，包括国际教育论坛、工作坊、作品展等活动，中外师生在一起就专业培养、设计实践进行交流、观摩、学习。国际艺术交流月已经成为我院的品牌活动。

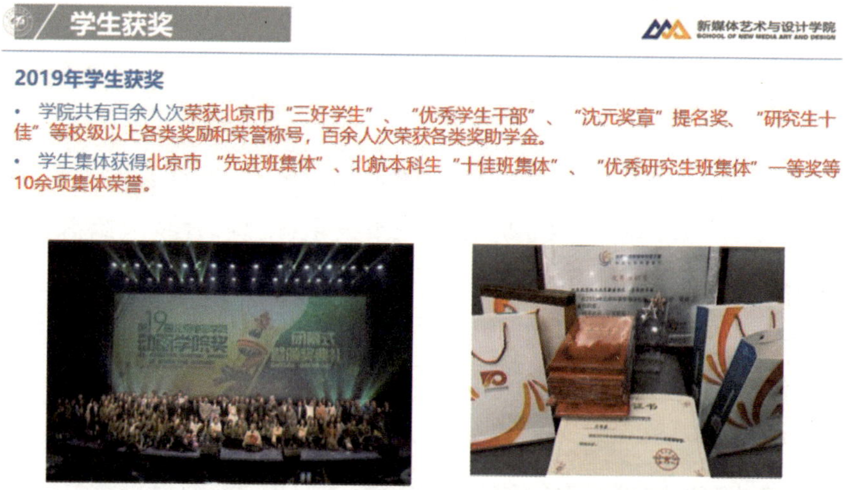

我们每年通过校专家引智计划，邀请国际顶尖的艺术家和学者来学院进行授课和讲座，其中包括了国际动漫学会的主席、德国卡塞尔艺术学院研究西方艺术史的著名的教授等。

为使学生开阔视野和深入了解不同文化，每年暑期我院都会由专业老师带队，组织学生进行海外学术考察，去欧美著名艺术馆、博物馆进行现场参观学习，专业老师对著名作品的创作背景、艺术流派、创作技法、表达意象进行现场讲解，学生们受益匪浅。

我院是北航唯一的艺术门类学院，也是设计学一级学科建设的承载学院，肩负着北航艺术通识教育的责任，也肩负着为学校的大学文化做出贡献的责任，我们连续七年承办北航“诚信，勤俭，廉洁创意设计”大赛。这个大赛刚开始以我院为主，现在已经扩展到北航的其他学院，去年有 25 个院系，共计 600 多件作品参赛，不但在北航产生了很大的影响，而且对北京市相关部门引起了很大的反响。

学院的各种群团活动非常丰富，有各类文体竞赛、年终师生晚会等，丰富了校园文化生活，也促进了师生沟通交流。学生通过我院艺术设计中心为学校的相关部门提供艺术和设计服务，从国际会议海报、北航毕业证书，到各类学校纪念礼品、视觉导引设计等，都有我们学生和老师的身影，为学校的大学文化建设做出了应有的贡献。

2019 年全国大学第 16 届“挑战杯”科技竞赛在北航举办，整个“挑战杯”的视觉形象、卡通，以及礼品设计等都由我学院师生承担。在展示北航近年来辉煌成就专题展览“今日北航”设计中，我院师生也发挥了重要作用。

北航确立了“顶尖工科，一流理科，精品文科，优势医工”的十六字学科发展战略部署。作为北航的一分子，遵照艺术教育规律，追求卓越，培养精英人才是我们的职责。通过和北航的优势工科、信息学科密切的融合、交叉的融合来提升学院的竞争力是我们的发展之路。

各位同学，从前面的介绍已经看到，我院十九年一路走来，各方面都取得了很好的成绩，正处在承上启下、快速发展的历史机遇期，面对国家、社会以及行业对高端艺术设计人才的需求，在北航这片沃土上，我院走什么样的道路，将要走向何方呢？我们已经确立了三个阶段的发展目标。

第一个阶段就是到 2022 年北航建校 70 年、我们建专业 20 年的时候，使我院进入国内先进的行列。第二个目标在 2032 年，也就是再经过十年建设，将学院建成国内一流的新媒体艺术与设计学院。第三个阶段就是到 2052 年，也就是北航建校 100 年，我们建专业 50 年的时候，将学院建成扎根北航的、国际一流的新媒体艺术与设计学院。

同学们，在北航强工科背景下的新媒体艺术与设计学院，正在不断践行“德才兼备、知行合一”的校训，正在阔步前进，走向辉煌。如果大家选择我院，我相信学院定会不负你们的选择。我要介绍的就是这些。谢谢！

扫描二维码查看哔哩哔哩完整视频